STANISŁAW LEM

Philosophie des Zufalls

Zu einer empirischen Theorie der Literatur

Band I

Aus dem Polnischen von Friedrich Griese

Verlag Volk und Welt Berlin

Autorisierte Übersetzung

Mit einem Nachwort von Herbert Hörz

ISBN 3-353-00318-5

1. Auflage
Lizenzausgabe des Verlages Volk und Welt, Berlin 1988
für die Deutsche Demokratische Republik
L. N. 302, 410/32/88
Nutzung der deutschen Übersetzung von Friedrich Griese mit Genehmigung des Insel Verlages Frankfurt am Main

Originalausgabe: *Filozofia przypadku. Literatura w świetle empirii,*
erschienen bei Wydawnictwo Literackie, Kraków, 2. Auflage 1975;

Printed in the German Democratic Republic
Einbandentwurf: Schulz/Labowski
Satz, Druck und Einband: Karl-Marx-Werk Pößneck · V 15/30
LSV 7222
Bestell-Nr. 648 883 0

01200

Vorwort

Dieses Buch ist – nach der »Summa technologiae« – mein zweites unvernünftiges Unternehmen. Unvernünftig, weil beide, nach dem Ausdruck eines meiner besten Freunde, Versuche einer »allgemeinen Theorie von Allem« sind oder sein möchten. Während in der »Summa« die Technologie als solche, säuberlich abgegrenzt, nicht so sehr den Gegenstand der Überlegungen bildet, sondern vielmehr einen relativ homogenen Standpunkt vermittelt, ist es im vorliegenden Buch die Literatur, die einen solchen Standpunkt liefert.

Deshalb wurde die Isolierung des Erkenntnisgegenstandes – unerläßliche Voraussetzung einer jeden ordentlichen Untersuchung – zwar angestrebt, ließ sich aber in beiden Fällen (ungeachtet ihrer Unterschiede) nicht aufrechterhalten. Beim Schreiben zeigte sich diese »Transzendenz« (als ständige Überschreitung der Grenzen des Themas) darin, daß es mir nicht gelingen wollte, die vorliegende Arbeit eindeutig auf einzelne Hauptteile und Kapitel aufzuteilen und in deren Grenzen zu halten, wie es bei einer streng monothematischen Studie der Fall ist; ich fand nämlich keine generellen Zäsuren, wie sie der Trennung zwischen Anatomie und Physiologie entsprechen; der Anatom versagt sich, wenn er etwa die Lunge beschreibt, jeden Übergriff auf das Gebiet des Physiologen, der wiederum dem Anatomen nicht in die Parade fährt. Diesen Vergleich werde ich bereithalten, denn er wird uns noch von Nutzen sein.

Statt das Ganze in der gleichen Art, wie man ein Haus aus Ziegeln errichtet, aus einzelnen Kapiteln zusammenzufügen – ein Verfahren, das ebenso sehr unfreiwillige Komik enthält, wie es irritiert –, habe ich gleichsam nur eine Einführung nach der anderen geschrieben: eine soziologische, informatorische, strukturalistische, logische usw. Aber auch diese »Einführungen« überlappten sich in unerträglicher, wenn auch unvermeidlicher Weise. Wenn ich die Arbeit an dieser »Einführung in die Einführungen in die Theorie der Literatur« während einiger Jahre ruhen ließ, so deshalb, weil die Aussicht auf einen Band, in dem alles nur begonnen, angekündigt, angeschnitten, aber nichts abgeschlossen oder beendet wird, allzu entmutigend war. Der Wunsch, Abgrenzungen zu schaffen – und seien es auch nur Imitationen von Abgrenzungen in Gestalt vorläufiger Klassifikationen –, war noch weniger realisierbar als in der »Summa«, und etwaige Abgrenzungen waren – was mich ebenfalls quälte – noch weniger begründbar als dort. Denn niemand hatte, soweit mir bekannt war, die technische Evolution mit der biologischen verglichen, und ich hatte daher bei der »Summa« zumindest insofern ein ruhiges Gewissen, als ich glaubte, nicht auf fremden Blumen herumzutrampeln und mich nicht in dichtbevölkertem Gebiet herumzutreiben. Das Gebiet der Literaturwissenschaft kann jedoch schwerlich als eine Wüste oder als eine menschenleere Insel betrachtet werden. Weder war es möglich, alle wichtigen Arbeiten zu berücksichtigen, noch, sie gänzlich zu übergehen. Dabei verhält sich die physikalistische Methode – gleichgültig, was man sonst Gutes über sie sagen mag – immer ein wenig wie ein Panzer: sie verschont nichts und niemanden auf ihrem Wege. Ihr Steuermann kann sich jedoch nicht nur auf die Rücksichtslosigkeit des Instruments berufen – dafür ist dieser Panzer allzu immateriell.

Die Literatur gehört zu jenen Sphären menschlicher Tätigkeit, die marginal und zugleich unübersehbar sind, denn die Theorie der Literatur hat es sowohl mit der Biologie als auch der Psychologie und der Soziologie (des Autors wie des Lesers) zu tun, mit der Organisations- und der Informationstheorie, der Ästhetik, der Erkenntnistheorie, der Kulturanthropologie usw. Man kann daher zwiefach verfahren: entweder wissenschaftlich, also vernünftig, indem man in der Einleitung erklärt, was zur Theorie des Werkes sensu stricto gehört, und in allen komplizierteren Fragen einfach auf die entsprechenden Fachwissenschaften verweist; oder auch unvernünftig, indem man »alles«, was zur Literatur gehört und mit ihr zusammenhängt, auf eigene Faust zu erkennen versucht, innerhalb eines Buches, also auch innerhalb des einen Menschen, der es schreibt.

Die Wissenschaften gehen vernünftig vor, was man daraus ersieht, daß sie »alles« untereinander aufgeteilt haben und keine versucht, »alles« für sich zu beanspruchen. In der Anatomie darf man beispielsweise nicht von der Tatsache, daß die Knochen den Körper stützen, zu der Feststellung übergehen, daß ein Knochen als Instrument dienen kann. Die Wissenschaften haben, obwohl sie keine Hyänen sind, diese Knochen auf ihre jeweiligen Gebiete verschleppt, und gemäß der dort geltenden Richtlinie ist ein Schienbein für den Anatomen nicht dasselbe wie für den Anthropologen und für den Anthropologen nicht dasselbe wie für den Genetiker. Der junge Medizinstudent wundert sich allerdings, wenn er darüber nachzudenken beginnt, was es eigentlich damit auf sich hat, daß die Anatomie über den Menschen in einer ganz anderen Sprache spricht als die Physiologie und daß beide Fächer unterschiedliche »Schichtungen« in ihm sehen; für den Anatomen sind nämlich die »Schichten« der Knochen, der Muskeln und der Blutgefäße Gegenstand gesonderter Beschreibungen, während für den Physiologen das Knochensystem ohne das Muskelsystem keinerlei Autonomie besitzt. Beide befassen sich eben nicht mit den gleichen Strukturaspekten des Organismus. Ihre klare Ordnung gewann die Biologie des menschlichen Organismus nicht auf Anhieb, und die Erkenntnis seiner Strukturen richtete sich nicht nach deren »objektiver Wichtigkeit«, sondern nach deren mehr oder weniger leichter Isolierbarkeit. Wenn man einen Menschen aufschneidet und kocht (für epistemologische, nicht für kulinarische Zwecke), entdeckt man ganz leicht das Skelett in ihm; falls jemand genügend Geduld aufbringt, zeigt es sich übrigens »von selbst«. Es war denn auch eine seit jeher bekannte Körperstruktur, und es hat, was seine Darstellung in wissenschaftlichen

Büchern betrifft, sogar unterschiedliche Moden gegeben. Daß man das Skelett in den Lehrbüchern von heute in »Hab-acht-Stellung« präsentiert, ist eine genauso vergängliche Mode oder Konvention wie der frühere Brauch, Skelette in den wissenschaftlichen Büchern in erhabener oder melancholischer Pose zu zeigen, ja sogar in einer anzüglichen Tanzhaltung, so als habe man sie bei einem Schelmenreigen fotografiert. Diese Vielfalt der Darstellungsweise rührt daher, daß das Knochengerüst des Menschen seit sehr langer Zeit bekannt war und daß die unterschiedlichen Moden, das heißt Stile der wissenschaftlichen Betrachtungsweise, sich während der langen osteologischen Diachronie ganz einfach viele Male zu ändern vermochten. Bei den Strukturen des Gefäß- und des Nervensystems war es dagegen so, daß man sie sehr lange nicht in ihrer Eigenständigkeit erkannte, ja, man hat nicht einmal gesehen, wie die Arterien und Sehnen mit dem Herzen zusammenhängen, und als es dann schließlich zur »Schichtentrennung« kam, hat sich rasch eine einzige Darstellungsweise für das Kreislauf- und dann auch für das Nervensystem herauskristallisiert.

Wir haben hier auf den Unterschied aufmerksam gemacht, der zwischen dem Inhalt einer erlangten Erkenntnis und dem Stil beziehungsweise der Mode der Darstellung dieser Erkenntnis besteht; es ist aber durchaus nicht immer so, daß – wie in der Anatomie – der Stil nichts an den Tatsachen ändert – oder die Tatsachen am Stil.

Am schwierigsten war es, die Struktur des Gehirns zu enthüllen, was man daran sieht, daß wir sie bis heute nicht kennen. Zuerst in der Osteologie, dann in der Myologie und noch etwas später in der Splanchnologie kam es zur wechselseitigen Zuordnung zwischen anatomisch entdeckten Strukturen und funktionalen Strukturen. Eine solche Verbindung herzustellen ist beim Skelett sicher recht trivial, aber beim Gehirn schon nicht mehr, denn dort ist sie noch nicht gelungen. Jene innere Landschaft des Gehirns, welche die Medizin ihren Adepten in der Anatomie vorführt und die voller schöner und die Phantasie anregender Namen ist (»Horn des Hippocampus«, »Vierlingskörper«, »Kammern«, »Wasserleitung des Sylvius«, »Mandelkern«), ist ganz und gar nicht dieselbe, welche die Neurophysiologie präsentiert. Bis in die letzten Jahre hinein hat der große Balken, jenes riesige Gebilde, das die Hirnhalbkugeln miteinander verbindet, die Physiologen so sehr zur Verzweiflung gebracht, daß jemand halb im Ernst meinte, dieses (wie es damals schien) unnötige Objekt diene dazu, die Wissenschaftler unglücklich zu machen. Versuche, experimentell entdeckte funktionale Strukturen des Gehirns mit anatomischen Strukturen zu verknüpfen, führten zu einem gewissen »Gezerre in zwei Richtungen«; zunächst meinte man, jede Funktion habe ihr eigenes, anatomisch unterscheidbares Zentrum im Gehirn, dann meinte man, solche starren Kommandozentralen gebe es dort überhaupt nicht, und jetzt ist man zu einem Kompromiß, wenn auch nicht zu einer endgültigen Einigung in dieser Sache gekommen. Nicht einmal einen provisorischen Ausgleich fand indessen der Streit um die »Lokalität« oder »Nichtlokalität« der Strukturen des literarischen Werkes, darüber, ob es eine »funktionale«, von der »anatomischen« unterscheidbare Struktur besitzt; mag es auch kein sonderlich wirksamer Trost sein, so sollte man doch daran denken, daß auch andere ähnliche Schwierigkeiten haben wie wir. Optimistischer stimmt dann schon die Erkenntnis, daß man sich von manchen Dilemmata befreien kann; wenn das den Erforschern des Organismus gelungen ist, wird es vielleicht auch anderen gelingen – in der Theorie der Literatur.

Gewiß: mit dem literarischen Werk verhält es sich scheinbar ähnlich, nur viel schlimmer, weil wir empirisch keine Grundstruktur aus ihm herauskochen werden, durch Skalpelle keinerlei »Schichten« in ihm freilegen werden, und obwohl es – in Gestalt von Schnürchen gedruckter Buchstaben und ihrer vollkommenen, für immer erstarrten und unbeweglichen Ordnung auf den Seiten des Buches – seinen sehr gut sichtbaren »histologischen Aufbau« besitzt, so ist das Werk doch ein eigentümliches Gebilde, das durch keine Analyse zu fassen, zu definieren und zu erschöpfen ist. Wer sich mit schlichtem Gemüt und wißbegierigem Geist daran macht, es zu erforschen, in dem Glauben, etwas so Gewöhnliches wie die aufgezeichneten Märchen eines alten Mütterchens könne keine Probleme aufwerfen, die sich der Theorie widersetzen, den führt die Altweibererzählung an den Steilhang der Ontologie, den stößt sie in die Tiefe der logischen Paradoxien und Antinomien, den verwirrt sie durch Tausende rätselhafter Fragen und lockt ihn auf die Irrwege von »Form« und »Inhalt«, den schreckt sie durch die grenzenlosen Räume der Virtualität der Bedeutungen und durch andere Unendlichkeiten, die dem Wahrheitssucher den Atem, die Gesundheit und die Orientierung rauben, bis er schließlich glaubt, die Geschichte von Hänsel und Gretel könne man vollständig erst in der Unendlichkeit selbst erforschen, nachdem man zuvor die Theorie der Kultur- und Mythenentstehung, die strukturale Linguistik und die Theorie der gesellschaftlichen Strukturen im besonderen sowie der semantischen Strukturen im allgemeinen studiert hat, dazu die vergleichende Anthropologie und die Genologie einschließlich der Informations- und Organisationstheorie, wovon ja eingangs schon die Rede war.

In einer solchen Situation kann uns nur Besonnenheit retten. Die Problematik, die uns eine theoretische Sintflut zu bescheren droht, müssen wir in der Weise »bewältigen«, daß wir ihre besonderen Aspekte ganz schlicht in Umschläge stecken und an die entsprechenden Disziplinen adressieren, denn sie sind ja dazu da, uns zu helfen; schließlich haben wir es dann nur noch mit Hänsel und Gretel zu tun, zuzüglich der Fragen des Stils, des Erzählers, der Erzählung, der ästhetischen Qualität, der Lexik – und mit solchen Problemen werden wir, da wir zuvor die ontischen und epistemischen Ozeane abgeseiht haben, sicherlich fertig werden. So verfährt man übrigens in jeder Wissenschaft; wollt ihr die chemische Zusammensetzung des Knochens wissen, so fragt den Chemiker und nicht den Anatomen; interessieren euch die Schwingungen der Atome in dem Knochen, so stellt sich der Theoretiker der Festkörperphysik als der kompetente Fachmann heraus.

Dieses bewährte Verfahren stößt jedoch, was das literarische Werk und die Literatur betrifft, auf zwei unangenehme Hindernisse. Erstens mögen sich die Adressaten jener Verweisungen nicht immer mit Literatur befassen, zumindest nicht beruflich. Während wir den gesamten Bereich der statistischen Theorie der Rezeption des Werkes, die ja ein typisch gesellschaftlicher Prozeß ist, bereitwillig dem Soziologen überlassen wollten, ist er auf dieses Geschenk durchaus nicht erpicht. Der Philosoph dagegen mag geneigt sein, das Werk zu untersuchen, doch tut er das auf seine Art, und wir werden uns später den Kopf darüber zerbrechen, was an seiner Theorie auf das Werk und was auf seine eigenen Anschauungen zurückzuführen ist. Hat man denn je erlebt, daß ein Philosoph dem Physiker, dem Anatomen, dem Mechaniker oder dem Evolutionstheoretiker beim Aufbau der Theorie innerhalb der jeweiligen Fachdisziplin geholfen hätte? Hier liegt die erste Schwierigkeit.

Eine andere rührt daher, daß unsere Bettelbriefe Folgen zu zeitigen beginnen. Wir hatten sie abgeschickt und uns dadurch auf einen Schlag aller gordischen Knoten des Problems entledigt, doch mit der Antwortpost kommen, wie sich herausstellt, Resultate, die wir uns nicht sonderlich gewünscht haben. Nachdem wir uns selbst unserer eigenen Maßstäbe beraubt haben, stehen wir vor einem Flickwerk, zusammengestückt aus den Beiträgen jener wohlwollenden Gelehrten, die uns zu Hilfe eilten. Der Soziologe hat sich Mühe gegeben und schreibt uns, es gebe nicht *ein* Werk, sondern in jedem einzelnen Falle gebe es ebenso viele Werke, wie es kulturell homogene Lesergruppen gibt, die den Text in der Rezeption stabilisieren. Der Philosoph hat sich ebenfalls angestrengt und weiß schon, daß es sich bei dem Werk in Wirklichkeit um ein einziges handelt, das sich in alle Ewigkeit gleich bleibt, und falls jemand anderer Ansicht ist, so täuscht er sich, denn die Lesart des Textes ist durchaus nicht identisch mit dem Werk. Weiteren Besuchen des Briefträgers mit den folgenden Antworten der entsprechenden Fachleute müssen wir mit Bangen entgegensehen.

Wem sollen wir glauben? Wo ist das oberste Gericht, das unsere Zweifelsfragen entscheidet? Zum erstenmal drängt sich hier der verlockende Wunschgedanke auf, daß es gut wäre, wenn wir uns aller Probleme selbst annehmen und sie in eigener Regie bewältigen würden. Warum sollten wir, wenn der Anatom seine Skelette nicht den Physikern, Mechanikern und Ingenieuren schickt, sondern sie selbst untersucht, das Werk in so viele »Stückchen« parzellieren, wie es wissenschaftliche Professionen gibt? Wissen wir – o Gott – überhaupt selber, was wir eigentlich fortschicken und wonach wir fragen? Ist das, was der eine Forscher als »Schema« bezeichnet, identisch mit dem, was ein anderer mit dem Namen »Struktur« umschreibt?

Wie man sieht, erwächst die Neigung zur Proklamation der Erkenntnisautarkie nicht aus Selbstgewißheit, nicht aus der Überzeugung, man besitze die umfassende Vernunft, sondern im Gegenteil aus der Erfahrung, daß das Gehör, das eingangs der Vernunft gewährt wurde, zu Durcheinander und Verwirrung führt.

Dann taucht aber die Frage auf, wie die nunmehr souverän gestaltete Arbeit angemessen thematisch organisiert wird. Doch wie geht man vor? Alphabetisch, angefangen mit »A« (»Anthropologie des Werkes«, »Anatomie des Werkes«), geht es nicht – das wäre allzu dumm. Man muß das Werk in das terminologische und methodische Gebiet mal der einen, mal der anderen Wissenschaft einführen, es also sukzessive unter wechselnden Aspekten analysieren – mal unter dem Aspekt der Logik, mal dem der Kultur, der Informatik, der Sprache, der Erkenntnistheorie, der Genetik und schließlich auch der Physik: dies für alle Fälle und der Vollständigkeit halber.

Doch was geschieht nun? Es zeigt sich, daß wir nicht wissen, wo wir – innerhalb der jeweiligen Disziplin –

beginnen sollen. Denn wenn die Geschichte von Hänsel und Gretel ein Kulturprodukt ist, muß man sich die Kultur anschauen. Aber wo den Anfang bei ihr machen? Doch wohl nicht bei dem Affen, der als erster vom Baum herabstieg? Also, das war scherzhaft gemeint. Doch wenn es um das Märchen als ein sprachliches Gebilde geht, dann sind die Bedeutungen der darin vorkommenden Sätze und Ausdrücke wichtig; wir haben indessen weder eine linguistische noch eine informatorische Theorie der Semantik. Wie sollen wir also »auf die Schnelle« schaffen, was den Linguisten und den Informatikern während so langer Zeit nicht gelungen ist?

Aber schließlich, wir sagten es schon, arbeiten wir nicht in der Wüste. Wir haben hervorragende und kluge Vorgänger. Nicht ihnen gilt unser Mißtrauen, das, in der Form des Gebots, an allem zu zweifeln, als Inschrift auf den Fahnen der Wissenschaft steht. Wenn wir die schwindelerregende Höhe des Gebäudes der kritischen Literaturwissenschaft ersteigen, treffen wir dort auf gelehrte Spezialisten, die über die »semantische Struktur des Werkes« sprechen. Wenn wir sie fragen, wie streng sie die semantischen Begriffe definieren, verweisen sie uns, ungehalten darüber, daß wir in derart naiver Weise ihren Diskurs unterbrechen, mit einem Handzeichen auf die unteren Stockwerke – zu den Linguisten.

Aber dort waren wir schon. Um ehrlich zu sein, nicht dort, denn unterhalb dieses oberen gibt es überhaupt kein tieferes Stockwerk: die Linguisten sitzen ganz woanders und befassen sich innerhalb der Sprache mit einem völlig anderen, nämlich asemantischen Aspekt. Eine herbe Abfuhr befürchtend, fragen wir schüchtern, ob die »Struktur«, von der so häufig die Rede ist, aus der Logik oder aus der Informationstheorie stammt, ob sie also deterministisch oder vielleicht stochastisch ist. Und wie verhält sie sich zu dem, was Bourbaki schrieb? Oder auch zu dem, was Bar-Hillel im Zusammenhang mit den Schwierigkeiten schrieb, auch nur den Begriff der Semantik zu konstruieren?

Doch nun mag niemand mehr auch nur mit uns reden.

Wir bleiben allein – und es dämmert uns allmählich, daß wir die Theorie des Werkes nach der alten Methode Robinson Crusoes werden errichten müssen, unter ständiger Gefahr des Ertrinkens, aber wenigstens in dem Wissen, daß, wenn wir untergehen, es auf eigene Rechnung geschieht und daß wir nicht durch den Ballast unklarer Begriffe in die Tiefe gezogen werden; bei diesem Unglück wird uns der tröstliche Gedanke begleiten, daß, wenn schon niemand uns aus dem Irrtum herausgezogen hat, doch auch niemand uns in seine Abgründe hineinstieß. Die Aufgabe erwies sich als ein Moloch, und am besten, d. h. am vernünftigsten wäre es, die Flucht zu ergreifen. Doch ist es nicht gerade die Bestimmung der Vernunft, daß wir mit ihrer Hilfe die Tiefe sondieren?

Aus derartigen Überlegungen erwuchs der Entschluß, dieses Buch zu schreiben, und durch sie wird, wenn auch nur streiflichtartig, bereits deutlich, warum das Ganze eigentlich den Titel verdient hätte: Theorie der Unmöglichkeit einer Theorie des literarischen Werkes. Sie lassen zugleich unzählige Ausfälle und Exkursionen in die verschiedensten Richtungen erahnen, für welche das Problem der Literatur nur den Ausgangspunkt bildet und von denen es in diesem Buche wimmelt. Es gibt jedoch keinen Grund, warum ich im Vorwort mit einer Inhaltsangabe beginnen sollte, denn auf Leser, die sich schon durch ein Vorwort abschrecken lassen, rechne ich nicht. Also noch einige Worte darüber, was dieses Buch sein sollte, aber nicht ist.

Mir schwebte eine experimentelle Methode vor, die nicht nur den Aufbau des jeweiligen Werkes untersuchen, sondern durch aktive Einmischungen, Störungen, ja sogar verstümmelnd in seinen »Organismus« eindringen würde, um die Widerstandsfähigkeit des Textes und seine »Gesamtreaktionen« auf derartige Eingriffe festzustellen. Gerade auf diese Weise entdeckt man ja in der Empirie das Vorhandensein und die charakteristischen Eigenschaften der unterschiedlichsten Strukturen, und etwas von diesem Konzept ist in dem Buch enthalten geblieben. Außerdem hatte ich die Absicht, spezielle Präparate herzustellen, künstliche »Mikrowerke« gewissermaßen, ausdrücklich zu dem Zweck geschaffen, diese oder jene theoretische Behauptung zu belegen; dies wäre dann die Methode der »isolierten Züchtung«, des »isolierten Organs« oder des »verkleinerten Modells«. Denn das »normale« Werk wird ja nicht dafür geschrieben, daß man an ihm die Strenge einer Theorie untersuchen kann, so wie der Frosch nicht dazu da ist, daß man an ihm die Theorie der Reflexe überprüft. Da man aber sowohl ein Froschbein herauspräparieren als auch ein »vereinfachtes Modell des Frosches« konstruieren kann, wollte ich auf unserem Gebiet ähnlich verfahren. Dann kam ich jedoch darauf, daß ich mir nicht alles würde ausdenken müssen, weil mir meine eigenen nichttheoretischen Bücher als Präparate dienen können. So manche Szene aus den »Memoiren, gefunden in der Badewanne« würde sich beispielsweise für das semiotische Problem der »zeichenhaften Situation«, der Signalisierung von Bedeutung durch Objekte, eignen. Der Held dieses Buches glaubt ja, ein institutioneller Jemand signalisiere ihm durch die Warzen eines ehrwürdigen Greises gewisse Geheimnisse. An diesem Buch ließen sich noch viele weitere Probleme aus dem Bereich der »semantischen Strukturen« demonstrieren.

Eine der Thesen dieses Buches besagt, daß zwischen dem semantischen und dem axiologischen Wert der Bedeutung ein enger Zusammenhang besteht. Da ich nun bei der Analyse der eigenen Texte davon ausgehe, daß sie »semantische Überschüsse« enthalten, hieße das zwangsläufig, daß sie in irgendeiner Weise »wertvoll« sind. Eine Seite weiter hätte ich dann über Faulkner oder Thomas Mann schreiben müssen. Eine feine Nachbarschaft! Eine fünfhundert Seiten starke Theorie des Werkes speziell zu dem Zweck zu verfassen, um die eigenen Schöpfungen auf den literarischen Olymp zu heben – das ist schon ein Einfall. Da mir daran jedoch nicht gelegen war, mußte ich von dieser Konzeption Abschied nehmen. Weil mir aber auch die Idee, »synthetische Schöpfungen« zu ersinnen und sie mit echten zu vergleichen, verdächtig zu erscheinen begann, gab ich das ganze Projekt auf.

Ein gesondertes Problem bildete die Frage der Meßtheorie, auf der die gesamte Empirie beruht. Es ging um ein Pendant für die Literaturwissenschaft. Im Buch berufe ich mich häufig auf Gesetzmäßigkeiten statistischer und stochastischer Art, nicht nur im Bereich der Artikulationsphänomene, sondern auch im Hinblick auf die Theorie des Werkes und der Kultur. Das klingt nach einer bloßen Behauptung, denn statistische Methoden sind in den oberen Stockwerken des literaturwissenschaftlichen Gebäudes noch nicht heimisch geworden. Deshalb erkennt man nicht, daß sie im Sinne einer empirischen Widerlegung von Beweiswert sind. Sehr vereinfacht ausgedrückt, geht es um folgendes. Wenn jemand, statt zu fragen: Wieviel kosten diese Möhren?, fragt: Was kosten diese Möhren?, so ist das ein sprachlicher Fehler. Wenn tausend Leute so sprechen, bleibt diese Ausdrucksweise fehlerhaft. Wenn jedoch dreißig Millionen Polen dreißig Jahre lang so sprechen und nur noch hundert Sprachkundige fragen »wieviel?«, dann ist nichts mehr zu machen: der Fehler ist zur sprachlichen Norm geworden, die Sprache hat sich weiterentwickelt, und die Sprachkundigen stehen auf verlorenen Positionen. (Dies ist kein besonders glückliches, aber zumindest deutliches Beispiel.) Nun kann aber nur eine statistische Untersuchung in dem Teil der Meßtheorie, der sich mit der Statistik befaßt, eine sinnvolle Antwort auf die Frage geben, inwiefern Gruppen von unterschiedlicher zahlenmäßiger Stärke für den Übergang von der Abweichung zur Regel und ähnliche Probleme repräsentativ sind. Diese Fragen hängen jedoch mit der Theorie der mathematischen Erwartung und der Wahrscheinlichkeitstheorie zusammen, und sie leiten außerdem über zu Problemen der Stochastik, der Markow-Prozesse und der Ergodik, die extreme Verteilungen innerhalb probabilistischer Systeme untersucht. Das alles steht in einem sehr engen Zusammenhang mit der Theorie des Werkes, von der in diesem Buch die Rede ist. Entsprechende Ausführungen hätten jedoch den Rahmen dieser Theorie völlig gesprengt (ähnliche Schwierigkeiten hatte ich schon früher beim Schreiben der »Summa«). Ich mußte mich daher, wenn auch ungern, damit abfinden, daß meine Behauptungen unbewiesen bleiben. In allen Fragen, welche die Meßtheorie und mit ihr zusammenhängende wahrscheinlichkeitstheoretische Probleme betreffen, muß ich den Leser leider auf andere Quellen verweisen.

Das Buch ist jedoch auch ohnedies eine vielköpfige Hydra mit ständig wechselnden Häuptern: einem informations-theoretischen Kopf von beträchtlichem Umfang, einem linguistischen Kopf, einem logischen Köpfchen und einer ganzen Reihe kleinerer Köpfe. Sie alle hängen, wie mir scheint, mit dem Korpus des Themas zusammen und sind daher nicht gänzlich unangebracht. Dennoch kann das Buch – mögen die Überschriften der einzelnen Kapitel das auch in Abrede stellen – nicht mehr sein als eine bloße Ansammlung von Einführungen, die lockerer Marschordnung auf das unerreichbare Ideal zustreben: die empirische Theorie der Literatur.

Krakau, im August 1967

Vorwort zur 2. Auflage

Die Änderungen, die ich in dieser Auflage vorgenommen habe, betreffen vor allem den Strukturalismus. Das Kapitel »Formale und semantische Struktur« wurde ersetzt durch ein neues: »Ausflug in die Genologie«. Ich gestehe, daß ich meine Kräfte nicht geschont habe, um die Nutzlosigkeit von strukturalistischen Untersuchungen in der Literatur zu beweisen. Außerdem habe ich einige Textstellen gestrichen, weil sie entweder zu kompliziert waren oder weil die dort behandelten Fragen in das neue Kapitel aufgenommen worden sind. Bei dieser Gelegenheit möchte ich allen Teilnehmern an einer Diskussion über dieses Buch, die im Sommer 1970 im Institut für literarische Forschungen stattfand, und besonders Herrn Professor Henryk Markiewicz für wertvolle kritische Anmerkungen danken.

Krakau, im Oktober 1973

I.
Einleitung

1

Die Wissenschaftsgeschichte ist ein Evolutionsbaum, der »botanisch« insofern interessant ist, als die Äste, die von dem Stamm ausgehen, diesen nicht beseitigt haben und darüber hinaus sich nicht nur verzweigen, sondern zuweilen, nach erlangter Selbständigkeit, erneut zusammenwachsen. Der Stamm, aus dem die Sprosse der Wissenschaften hervorwuchsen, ist die Philosophie als eine »innersprachliche« Tätigkeit; historisch entstand die Empirie durch einen »Verrat«, denn der Philosoph, der, bildlich gesprochen, die Sprache verläßt, um Experimente zu machen, verwandelt sich in einen empirischen Wissenschaftler. Die (uns hier nicht so sehr interessierende) Tendenz der Äste zu einem erneuten Zusammenwachsen bedeutet, daß die einzelnen Disziplinen (z. B. die Chemie gegenüber der Physik, die Biologie gegenüber der Chemie) auf volle Souveränität verzichten, daß die unüberschreitbaren Grenzen zwischen ihnen sich verwischen. Der philosophische Stamm dieses üppigen Baumes hat sich zwar verjüngt, ist aber nicht restlos in den Verzweigungen der exakten Wissenschaften aufgegangen. Manche glauben, daß es eines Tages doch so kommen werde, weil alle »ursprünglich philosophischen« Probleme von den einzelnen Fachwissenschaften übernommen würden.[1]

Es gibt sogar Philosophen, die als Liquidatoren ihrer selbst diese Perspektive vertreten. Andere erklären demgegenüber, die Philosophie könne nicht untergehen und dafür gebe es gleich zwei Gründe: weder als Sammlung übergeordneter Direktiven, denen die Einzelwissenschaften unterworfen sind, noch als sogenannte »Metaphysik« könne die Philosophie untergehen. Eine Sammlung oberster Direktiven für die Wissenschaft ist

Anmerkungen finden sich am Schluß des Bandes.

selbst keine Wissenschaft und kann auch nicht buchstäblich zur Wissenschaft werden, obwohl man sie wissenschaftlich untersuchen kann. Jede Wahl einer Verhaltensweise setzt die Existenz bestimmter Werte voraus, man kann also nicht wählen, wenn man nicht zuvor ein Werturteil getroffen hat, und das bedeutet: die Wissenschaft, die nichts bewertet, sondern lediglich feststellen möchte, »wie es ist«, hat dennoch einen Bewertungsakt hinter sich, nämlich den, aus dem sie, als eine aus verschiedenen Verhaltensmöglichkeiten ausgewählte, selbst hervorgegangen ist (denn wissenschaftliche Tätigkeit ist ja kein zwangsläufiges Verhalten, da die Physik z. B. nicht unter demselben Zwang steht wie der Stein, der im Schwerefeld fällt). Möglich, daß derjenige, der die Entscheidung trifft, sich nicht dessen bewußt ist, daß er zwischen verschiedenen Werten wählt oder daß andere das für ihn getan haben; daraus folgt jedoch nicht, daß es diese Wahlsituation und diese alternativen Werte nicht gibt. Man könnte diesem unliebsamen Urteil, das der Wissenschaft die Souveränität abspricht, entgegenhalten, die Wissenschaft sei eine Fortsetzung natürlicher, auf Homöostase zielender Tendenzen des Lebens. Es zeigt sich jedoch, daß diese Homöostase auf der anthropologischen Stufe der Evolution gerade darin besteht, daß die Evolution ihr »Produkt«, nämlich den Menschen, mit einer gewissen Wahlfreiheit hinsichtlich seiner Verhaltensweisen ausstattet. Vergeblich ist also unser Wunsch, uns der Freiheit zu entledigen, die unmittelbar die gesamte Axiologie impliziert. Jeder von uns trifft unweigerlich dauernd irgendeine Wahl, und es ist auch kein wirksames Argument, wenn man, um den Philosophen zu ärgern, in äußersten Negativismus verfällt und am Ende Hungers stirbt, denn auch der, der sich einer Wahl enthält, trifft eine Wahl. Durch alles, was wir tun, stellen wir die Entscheidungssituation, der wir uns vergeblich zu entziehen versuchten, wieder her. Wir sind nicht zur Wissenschaft verurteilt; wenn wir sie wählen, sprechen wir uns, genauso wie wenn wir das Leben wählen, für einen bestimmten Wert aus. Weil aber die

Empirie auf ihre Art nichts mit den Werten anfangen kann, bleibt immer ein Rest, der nicht Wissenschaft ist und der Philosophie zugeschrieben wird.

Derjenige nun, der die Metaphysik wählt, der also die Welt insgesamt »innerhalb der Sprache« organisiert und damit über alles, was wissenschaftlich feststellbar ist, hinausgeht, stößt auf die Kritik des Wissenschaftlers, der ihm vorhält, er »vermehre die Wesenheiten über das unerläßlich Notwendige hinaus«, er verstoße also gegen Ockhams Regel. Darauf erwidert der Metaphysiker jedoch, diese Regel sei keine logische Denknotwendigkeit und könne nur unter Berufung auf die Erfahrung begründet werden. Man dürfe jedoch weder Werte noch Regeln der Erfahrung, die das höchste Tribunal der Erkenntnis seien, durch Berufung auf ebendiese Erfahrung beweisen, weil dadurch der Beweis in einen Zirkelschluß gerate.

Darauf der Empiriker: Wer über die Welt spreche und glaube, seine Vernunft sei allen Vorurteilen und Verwicklungen in der Welt enthoben, erliege in Wirklichkeit sogar dreifach den Einflüssen der Welt: den biologischen (des aus dem Tierreich »mitgebrachten« Körpers), den soziokulturellen (der in seiner menschlichen Umgebung verfestigten Stereotype) und schließlich den sprachlichen (denn sich von Vorurteilen, religiösen beispielsweise, frei zu machen bedeutet noch nicht, jegliche Vorurteile zu vermeiden, denn dann bleiben noch jene Vorurteile, die möglicherweise in der Struktur der Sprache selber stecken; wir wissen ja nicht von vornherein, ob die Sprache ein erkenntnistheoretisch »neutrales« Instrument ist oder ob sie nicht vielmehr bestimmte »Ordnungen« gegenüber anderen privilegiert).

Der empirische und der metaphysische Standpunkt heben sich, wie man sieht, gegenseitig auf; jede Seite macht der anderen klar, daß die vorgeschlagene Erkenntnismethode sowohl »unbegründet« als auch »unmöglich« ist. Der Empiriker erklärt dem Metaphysiker, wie wenig souverän seine Vernunft ist, und der Metaphysiker erklärt dem Empiriker, wie ungültig die Erfahrung ist.

Wäre die Welt vollkommen logisch aufgebaut, dann würde sich zeigen, daß beide Standpunkte gleichermaßen unfruchtbar für die Erkenntnis sind, Achilles würde niemals die Schildkröte überholen, und Geschwindigkeiten, selbst Lichtgeschwindigkeiten, würden sich arithmetisch addieren.

Denn aus der Metaphysik folgt ja nichts, was als eine notwendige Eigenschaft der Welt gelten könnte, und sie enthält nichts, was sich nicht anzweifeln ließe, einschließlich des Syllogismus als Deduktionsmaschine und der Philosophen selbst, die sogar die Berechtigung syllogistischer Folgerungen anzweifeln würden. Erkenntnis bedeutet, Gewißheit zu erlangen – in welcher Frage auch immer; nun gibt es aber kein Verfahren, das den Hunger nach Gewißheit stillen könnte, wenn er nur entsprechend ungebärdig ist.

Es gibt also nicht eine einzige, weil notwendige Metaphysik, sondern eine Vielzahl einander widerstreitender Metaphysiken. Von den Annahmen, die man macht, hängt nämlich das Weltbild ab, das entsteht, einschließlich der »Notwendigkeiten«, die leider nicht »im nackten Sein selbst« wurzeln, sondern lediglich in den zuvor gemachten Annahmen.

Wäre aber der Zweck der Erfahrung nicht ein Informationsgewinn, der sich bei weiteren Erfahrungen (Experimenten) nutzen läßt, sondern eine Instanz, die ihrer Natur nach selbst nicht »Erfahrung« ist, dann würde die Empirie zu einer Mühle, die nichts als Beliebigkeit mahlt.

Daß es eine Vielzahl von Metaphysiken und nur eine Empirie gibt, deutet jedoch darauf hin, daß die Welt nicht logisch aufgebaut ist. Die Welt ist, anders gesagt, ein so eigentümlicher Ort, wo Achilles die Schildkröte überholen kann, wo Geschwindigkeiten sich nicht arithmetisch addieren, wo einfachere zu komplexeren Systemen werden und anfangs informationsarme Systeme sich mit Informationen anreichern können. Materiell kann man sich an diesem seltsamen Ort zwar nicht, wie es der Freiherr von Münchhausen getan hat, am eigenen

Schopf aus dem Sumpf ziehen, doch informationell kann man das. Insofern ist die Welt parteiisch, denn sie gibt auf unlautere Weise jenen recht, die derart unverbesserliche Optimisten sind, daß sie ihre eigene Tätigkeit nach dem Zirkelschluß eines logischen Beweises beurteilen. Selbstverständlich ist die Vermutung zulässig, daß die Logik sich im Grunde eine ungebührliche Allgemeingültigkeit anmaßt und daß es sowohl solche Seinssphären oder konkreter: solche Wertintervalle von Systemparametern (im physikalischen Sinne) gibt, in denen sie auch als ein Instrument zur Entscheidung empirischer Fragen brauchbar ist, als auch solche, in denen sie für entsprechende Zwecke radikal verändert werden muß. Was uns wiederum zu im strengen Sinne sprachlichen Problemen bringt, denn es gibt keine Logik ohne Sprache. Würden wir uns aber auf derart passionierende Überlegungen einlassen, dann kämen wir ganz und gar von dem Thema ab, das uns eigentlich erwartet.

Die Verselbständigung der Wissenschaften besteht, wie gesagt, in ihrer wachsenden Unabhängigkeit von der Philosophie, die sich darin äußert, daß das Spezialgebiet jeder einzelnen konkreten Disziplin in ontologischer Hinsicht neutral wird. Während nämlich das System des Philosophen sein Weltbild beeinflußt, braucht das philosophische System eines Physikers bei der Entscheidung von streng physikalischen Problemen durchaus keine Rolle zu spielen. Gewiß optiert der Physiker schon durch sein Verhalten für eine bestimmte Philosophie, doch kann er das auf eine vage Art tun, als ein, wie man so sagt, »naturwüchsiger« Realist oder Materialist. Genauso verhält sich die Eidechse, die ein Ei im Sand vergräbt; sie rechnet damit, daß am nächsten Tag die Sonne aufgeht, ist also ebenfalls eine Anhängerin der Möglichkeit der Vorhersage und des Szientismus, und sie zieht die umfänglichen Darlegungen, mit denen die Philosophen die Berechtigung der Induktion zu zertrümmern vermochten, überhaupt nicht in Betracht.

Bei den ausgereiften Wissenschaften ist der Philosoph ein Zuhörer, der zur Kenntnis nimmt, was die Spezialisten entdecken, so zum Beispiel, daß die Bedeutungsgrundlage bestimmter Wörter in Verdichtungen der Alltagserfahrungen besteht, die eine Interaktion bestimmter Objekte (nämlich der Menschen) mit anderen Objekten ist, und zwar in einer – nach kosmischem Maßstab – »mittleren« Größenordnung (wobei die Dimensionen der Elementarteilchen das untere und der Durchmesser der sichtbaren Konzentration der Metagalaxie das obere Ende dieses Maßstabs bilden); daher schreibt man den Begriffen, die innerhalb dieser Größenordnung und nach diesem Maßstab praktisch anwendbar sind, so etwa der »Gleichzeitigkeit von Ereignissen«, absolute Gültigkeit zu, was nicht mit der Wirklichkeit in Einklang steht, usw.

Bei den nicht so ausgereiften Wissenschaften dagegen, zu denen die Geisteswissenschaften gehören (und zu denen gestern noch die Biologie zählte), liefert die Philosophie weiterhin nicht nur generelle Ansätze, sondern einschlägige fachliche Feststellungen. Hier geht es aber nicht darum, Gegensätze zwischen verschiedenen philosophischen Auffassungen hervorzukehren, sondern darum, den Untersuchungsbereich, die Methodologie, die grundlegenden Termini und den ganzen Begriffsapparat überhaupt ontologisch zu neutralisieren. Damit ist dann auch ein erster Schritt getan, um dieses geschätzte Gebiet, nämlich die Literaturwissenschaft, für die Empirie zurückzugewinnen.[2]

2

Wenn von der Existenzweise des literarischen Werkes die Rede ist, kann es sich um zweierlei handeln. Man kann nämlich nach dem »ontologischen Status« des Werkes fragen und ihn im Reich der platonischen Ideen oder im »reinen Bewußtsein« ansiedeln. Man kann sich aber auch auf die Frage beschränken, ob das Werk in der Weise von Objekten oder eher von Prozessen existiert, ob es eher einer komplizierten Maschine oder der Embryogenese ähnelt.

Eine ordentliche Abgrenzung zwischen dem »Philosophischen« und dem »Empirischen« innerhalb der Literaturtheorie ist – zugegeben – eine nicht nur schwierige (und auch verfrühte), sondern eine grundsätzlich anfechtbare Aufgabe. Der einzige »Sensor«, den man an einen literarischen Text anlegen kann, stellt der Leser dar, und der ist kein objektiver Maßstab im physikalischen Sinne. Es ist auch nicht möglich, die einzelnen »Konkretisierungen« des Werkes, die bei seiner Rezeption entstehen, miteinander zu vergleichen. Man kann überdies annehmen, daß es niemals möglich sein wird, Algorithmen zu konstruieren, die es erlauben würden, die »menschliche« Lektüre durch formale Prozeduren am Text zu ersetzen und so zu »objektiver« Meßbarkeit der verschiedenen »Qualitäten« des Werkes zu gelangen.

Wir hatten jedoch vor, bestimmte, sehr allgemeine und zugleich fundamentale Probleme zu erörtern, die nicht akademischer Natur sind. Insbesondere wollten wir herausbekommen, ob man dem Werk »objektives« Sein in einer Gestalt, an der Konkretisierungen durch die Leser nichts zu ändern vermögen, zuschreiben darf. Existiert nur ein Hamlet, oder gibt es ebenso viele Hamlets, wie es Leser des Dramas gegeben hat? Ist alles, was man im Zusammenhang mit einem Werk äußern kann, nur subjektives Erlebnis, Impression, Gefühl und Wertung?

Aber gibt es denn eine objektive Methode, um das nicht unmittelbar Objektive zu untersuchen? Wie es scheint, ja. Es gibt nämlich Betrachtungsweisen oder Ansätze, die keiner bestimmten empirischen Wissenschaft zuzurechnen sind, sondern sich in allen erfolgreich anwenden lassen. Diese Ansätze beziehen sich auf beliebige Elemente, die nicht unbedingt »substantiell« sein müssen. Das »Material«, aus dem ein Untersuchungsobjekt besteht, interessiert sie überhaupt nicht. Das Objekt könnte, wie gesagt, aus Geistern oder auch aus Ektoplasma bestehen; wenn es sich nur wenigstens partiell vom »Rest der Welt« unterscheiden läßt, wenn es nur irgendwelche Regelmäßigkeiten aufweist, kann man dank der Tatsache, daß bei einer erheblichen Anzahl verwandter Fälle ein empirischer Test möglich ist, eine ganze Menge sicherer Aussagen darüber machen. Es geht also um eine gewisse Extrapolation einer Methode, die in der Mathematik, der Linguistik, der Anthropologie, der Medizin, der Biologie, der Technik und der Physik erfolgreich erprobt wurde. Die Ansätze, von denen die Rede ist, zielen auf die Schaffung einer allgemeinen Theorie der Systeme, die sowohl sprachliche und mathematische als auch gesellschaftliche oder Planetensysteme umfaßt. Nicht überall hat man mit diesen Ansätzen aufschlußreiche Ergebnisse erzielt, doch bislang sind sie auch nirgendwo gescheitert. Wir dürfen also wohl versuchen, sie auf die Literaturwissenschaft zu übertragen, in der Hoffnung, daß sie uns helfen, deren dunkle und widersprüchliche Probleme aufzuhellen.

II.
Formulierung des Programms

Die Kernaussage dieses Buches läßt sich in einer Vereinfachung, zu der uns die Vorläufigkeit der nachstehenden Ankündigung berechtigt, folgendermaßen darstellen:

Die zentrale Kategorie ist der Zufall – nicht im Sinne der Tradition einer philosophischen Schulrichtung, sondern in der Bedeutung, die er durch die Empirie erhalten hat, die sich mit stochastischen und ergodischen Prozessen, also mit der Entwicklungsbahn sehr großer und komplexer Systeme befaßt.

Der Zufall ist ein früher und insbesondere rückbezüglicher Faktor eines jeden Evolutionsprozesses, in dem ein System mit seiner Entstehung zugleich seine eigenen Systemgesetze erzeugt, die man in dem, was dieses System hervorgebracht hat, gewöhnlich nicht findet. Dieses Thema wird am Beispiel verschiedener großer natürlicher Systeme besprochen, die immer »unwissentlich« entstehen, auch dann, wenn Menschen Elemente des Systems sind.

Man kann, weil solche Systeme hierarchisch sind, zwischen den Ebenen verschiedener Systeme vergleichen; was in der Biozönose eine lebende Art ist, das ist in der Kultur die Literatur; was für die »Expression« des organischen Lebens der Code der Vererbung ist, das ist für das geistige Leben die ethnische Sprache. Zwischen der Speziation, die in der Natur die Arten entstehen läßt, und der Sprachentstehung, die mit der Kulturentstehung einhergeht, bestehen allgemeine Übereinstimmungen und bestimmte dynamische Unterschiede, so daß sie – allerdings nur teilweise – füreinander als *Modell* dienen können.

Das primitivste Modell einer Hierarchie von Systemerscheinungen sowohl in der Natur wie in der Kultur ist das aus einer Reihe von ineinander steckenden Holzpuppen bestehende Spielzeug (Babuschka). Man kann in der Natur wie in der Gesellschaft Systemebenen feststellen, die als Untersysteme nur bis zu einem gewissen Grade isoliert sind; was für ein hierarchisch tieferes System seine »Lebenswelt« darstellt, ist für ein höheres System eines seiner eigenen Elemente. Auch das literarische Werk kann man in einen solchen Vergleich miteinbeziehen.

Aphoristisch ausgedrückt, geht es um Evolutionen, bei denen ein zufälliger Anfangszustand sich in eine Gesetzmäßigkeit, ein Dauermerkmal des Systems verwandelt; es geht also darum, wie der Zufall zum Steuermann, das Zufällige zum Schicksal wird.

Des weiteren wird gezeigt, daß der Aufbau des Werkes eine komplizierte Funktion der Beziehungen ist, die sich zwischen dem Text und der rezipierenden Umwelt herstellen, und da diese Beziehungen veränderlich sind, verändern sie auch den »inneren Aufbau« des Werkes.

Nun tritt aber in den Serien statistisch-massenhafter Kontakte der Leser mit dem Werk unter vielen anderen eine homöostatische Tendenz des gesellschaftlichen Informationskreislaufs auf, und sie läßt das Werk schließlich durch eine *stabilisierende Rezeption* eine feste semantische Gestalt annehmen. Wir behaupten also, daß ein neues Werk »nicht sofort ein Werk ist«, sondern erst im Umgang mit den Lesern zum Werk wird. »Immanente« Qualitäten werden in dem Maße entdeckt, in dem sie – nicht notwendigerweise durch bewußte Entscheidungen – festgelegt werden. Weniger avancierte Schöpfungen werden aufgrund der Ähnlichkeit zu rezeptiv bereits stabilisierten Werken wiedererkannt. Ein neues Werk ist also in den Augen der Rezipienten ein formloses, uneindeutiges, zuweilen auch sinnloses Gebilde. In diesem Falle nach seinem »wahren« Aufbau, nach dem »wahren« Typus seines Zusammenhalts, seiner Konstruktion, nach seinem Sinngehalt zu fragen hieße, *vor* dem Gewitter nach der Menge der Blitze und des Regens zu fragen.

Die Situation des Autors ähnelt demnach der Situation eines Menschen, der sich ein neues Wort in einer unbekannten Sprache ausgedacht hat und versucht, es in

Umlauf zu bringen, oder der Situation einer neuen Gattung, welche die Arena der evolutionären Auseinandersetzungen betritt. Es kann sein, daß das Wort zunächst nicht angenommen wird und die Gattung untergeht. In diesem Falle wird das Wort nichts bedeuten, auch wenn es für seinen Erfinder sicherlich etwas bedeutet hat. Es kann aber auch sein, daß das Wort angenommen wird und *das* bedeutet und bezeichnet, was sein Schöpfer sich gedacht hat. Ebenso kann die Gattung in der ökologischen Nische bleiben, die schon die vorhergehende Gattung ernährte. Und schließlich kann das Wort eine »Mutation« der Bedeutung durchmachen und anschließend etwas anderes bedeuten, als ihm ursprünglich zugedacht war, während die Gattung nach der Eroberung eines neuen Areals phänotypische Veränderungen durchmachen kann, auch wenn sie sich im Genotyp nicht ändert. In diesem Falle ist die Reaktion grundsätzlich *umkehrbar*; es kann nämlich sowohl das Wort zu seiner vorherigen Bedeutung als auch die Gattung – bei einer entsprechenden Veränderung der Umwelt – zu ihrem vorherigen Phänotyp zurückkehren.

Diese drei möglichen Ausgänge der Karriere eines Wortes beziehungsweise einer Gattung decken sich mit den – in einem solchen Schema – potentiell dreifachen Schicksalen eines Werkes im Sinne einer originalen literarischen Schöpfung.

Der Text enthält darüber hinaus Fragmente eines (wie denn auch anders) zukünftigen Programms, mit dessen Hilfe die anthropologisch verstandene Geisteswissenschaft zu einem Teil der Empirie gemacht werden könnte, sowie Abschnitte, in denen die Thesen am Beispiel kritischer und metakritischer Arbeiten exemplifiziert werden.

III.
Das Vorfeld

Die phänomenologische Theorie des Werkes

Wenn wir sagen, daß die Souveränität einer sprachlichen Schöpfung, die den Rang eines Werkes beansprucht, nicht deren immanente Eigenschaft ist, sondern von den Beziehungen abhängt, die sozusagen am äußeren Rand des Textes auftreten – als Relationen zwischen ihm und kulturellen Mustern –, so wird daraus deutlich, daß unser Verhältnis zur phänomenologischen Theorie des Werkes kein positives sein kann. Nach dieser Theorie, die wie kein anderer Roman Ingarden beschrieben hat, existiert das literarische Werk immer in einer einzigen Gestalt und läßt sich nicht mit den verschiedenen Lesarten, in denen es sich konkretisiert, identifizieren.[3] Den Thesen Ingardens stimmen wir, was ihren Antipsychologismus betrifft, zu. Wir sind nämlich nicht der Ansicht, daß das Werk mit den während der Lektüre auftretenden mentalen Operationen identisch ist. Wir sind auch nicht der Ansicht, daß die sozialpsychologische Auffassung recht hat. Ihr zufolge ist das Werk die Menge der gemeinsamen Merkmale der gesamten Klasse der in der Gesellschaft auftretenden Lesarten. Die Menge der Merkmale dieser Lesarten braucht sich jedoch durchaus nicht, wenn hunderttausend Menschen ein bestimmtes Werk lesen, auch nur partiell zu decken – sofern sich das Werk durch ungewöhnliche Originalität auszeichnet. Die Merkmale können völlig voneinander isolierte Untermengen bilden.

Die Auseinandersetzung mit dem phänomenologischen Ansatz wird nicht philosophischer Art sein, sondern, *si parva magnis comparare licet,* nur von der Art, wie sie beim Zusammenstoß zwischen den apriorischen Kantschen Kategorien von Raum und Zeit und der Relativitätstheorie auftrat. Nicht die Philosophie war es, die seinerzeit die Philosophie korrigierte – es war die Physik.

Da von ihr schon die Rede ist, sei angemerkt, daß die phänomenologische Konzeption sich modellhaft durch den deterministischen Mechanizismus abbilden läßt. Einen spezifischen Mechanizismus allerdings, weil ein Teil der Parameter, die an den Phänomenen entdeckt werden können, über die Grenzen der diesseitigen Welt hinausragt. Die Konkretisationen des Werkes erfolgen »hier« und können sich voneinander unterscheiden. Das Werk selbst, das unwandelbar eins ist, ist prinzipiell unerreichbar und befindet sich in seiner Vollkommenheit »dort«. Das Werk ist also eine vollkommen starre Struktur, so wie es auch das Laplacesche Universum war. Der Laplacesche Kosmos ist vollkommen starr für den Dämon, der sämtliche Impulse und Orte seiner Atome kennt und dadurch vollständiges Wissen über dessen gesamte Zukunft besitzt.

Nun läßt sich, wie wir inzwischen wissen, die Konzeption des Laplace »hier« nicht aufrechterhalten. Man könnte indessen behaupten, die Unbestimmtheit der materiellen Phänomene sei lediglich eine diesseitige; außerdem besäßen sie noch »verborgene Parameter«, die sich mit allen ihren Werten erst einem »jenseitigen« Beobachter enthüllen. Für einen solchen Beobachter ist die Welt wieder völlig starr und in ihrem Ablauf determiniert. Natürlich ist diese Konzeption nicht überprüfbar und daher in der Wissenschaft auch nicht aufrechtzuerhalten.

Die wichtigste Eigentümlichkeit des phänomenologischen Ansatzes ist die Idealität des Gebildes, welches das Werk darstellt. Die Hauptthese, es gehe um ein einzigartiges Gebilde, zwingt zu dem Schluß, daß die elementaren Bausteine des Textes, die Satzeinheiten, ebenso invariante und inkompressible Elemente seien, wie es für die klassische Physik die Atome waren. Die in ihrer Objektivität vollkommene Struktur des Werkes entspricht in dieser Parallele dem vollkommen starren Maßstab der Newtonschen Welt. Die allen menschlichen Handlungen anhaftende Unvollkommenheit hört, wie wir sehen, nach der obigen Hypothese auf dem Gebiet der Sprache auf. Zur Vergänglichkeit verurteilt sind die Werke unserer Hände, unsere Erfindungen, Maschinen, Häuser, Heiligtümer, nicht aber die Sinngehalte unserer Wörter und Sätze, die wir aussprechen; sie werden in idealer Weise stabilisiert und verfestigt durch ein geheimnisvolles Reich der Ewigkeit außerzeitlicher Bedeutungen. Nun gilt es jedoch, noch bevor wir kritisches Geschütz gegen diese Hypothese auffahren, sich mit einem zärtlichen und von Mitleid erfüllten Blick von ihr zu verabschieden. Es wäre wahrlich schön, wenn es sich in Wirklichkeit so verhielte, es wäre jedoch allzu schön – und deshalb entspricht diese Auffassung nicht der Wahrheit.

Daraus, daß wir im Alltagsleben mit starren Körpern zu tun haben, folgt nicht, daß wir, wenn wir metrische Maßstäbe beliebig verlängern, mit der aus diesen Maßstäben gebildeten, ideal geraden Linie den kosmischen Raum durchmessen können. Diese Unmöglichkeit liegt nicht an Gründen technischer, sondern grundsätzlicher Natur. Ganz ähnlich auch hier: zwar gibt es Sätze, die wir in ihrem Sinngehalt eindeutig machen können, doch sind wir leider, abgesehen von der Mathematik, nirgendwo imstande, durch das Aneinanderreihen der Sinngehalte einzelner Sätze Ganzheiten von vollkommen invariantem Inhalt zu bilden.

Das zweite, im phänomenologischen Ansatz enthaltene Problem, dem wir uns zuwenden wollen, ist die Frage der sogenannten Schematisiertheit des literarischen Werkes. Unter einem »Schema« kann man verschiedenerlei Dinge verstehen. Zunächst kann man das Schema als eine Struktur auffassen, die eine Invariante einer ganzen Klasse von Elementen darstellt (Schema des Blutkreislaufs, Schema eines Radioapparats, Schema einer Rechenmaschine). Ferner kann man ein Schema als ein vollkommenes Modell auffassen (»gedankliches«, »ideales Schema«), und schließlich kann man es mit einem ähnlichen, aber nicht exakten oder vereinfachten Abbild gleichsetzen (insbesondere in der adjektivischen Form: »schematische Beschreibung« – das ist dann eine fragmentarische, unvollständige, lückenhafte Beschreibung). Bei einer solchen Spannbreite der möglichen Bedeutungen kann nur der Kontext entscheiden, welche vom Autor konkret gemeint ist.

In seiner grundlegenden Arbeit befaßte sich Ingarden unter anderem auch mit den Problemen der sinnlichen Wahrnehmung der Außenwelt, doch wollen wir auf diese Frage nicht eingehen, einmal, weil es erhebliche Schwierigkeiten macht, die phänomenologische Ausdrucksweise in die Sprache der exakten Wissenschaft, die sich mit analogen Problemen befaßt, zu übersetzen, und zum anderen, weil dieses Problem für die Literaturwissenschaft nicht sonderlich bedeutsam ist.

Was das Werk betrifft, so verkündet der Phänomenologe, es sei sowohl als Ganzes wie auch in seinen »Schichten« schematisch. Die Schichten, die wir für eine Hypostasierung halten, werden noch zu untersuchen sein. Beschränken wir uns hier auf die von Ingarden postulierten »Anschauungsschemata« beziehungsweise »schematisierten Ansichten« sowohl realer Objekte als auch innerer psychischer Zustände. Man könnte »Schemata« (von was auch immer, nicht nur von dargestellten Gegenständen und psychischen Zuständen) als einen Terminus akzeptieren, der im Hinblick auf eine paradigmatische Kultursystematik definiert ist. So könnte man etwa vom Schema des Liebesspiels entsprechend dem Vorbild des japanischen Mittelalters sprechen oder vom Begrüßungsschema auf Borneo oder vom Erzählschema des Walter Scottschen Romans. Kategorial wären das Schemata von unterschiedlichem Niveau (die beiden ersten sind der Literatur »äußerlich«, während das dritte ein »inneres« Merkmal eines bestimmten Zweiges der romanhaften Erzählung ist).

Um derartige Schemata geht es dem Phänomenologen jedoch nicht. Für ihn hängt das Schema mit den immanenten Unbestimmtheiten zusammen, die ein Text enthält. Darauf deuten die von Ingarden zitierten Beispiele hin. Doch auch diese Unbestimmtheiten kann man unterschiedlich verstehen. Zum einen so: das Werk erzählt eine bestimmte Geschichte. Würden wir die in ihm beschriebenen Situationen real erleben, so könnten wir unser Wissen über die situative Umgebung beliebig erweitern, doch tun wir das nicht, wenn wir allein den Text vor uns haben. Irgendwie können wir freilich schon über den Text hinausgehen – in Mutmaßungen. Wir wissen, welche Augen- und Haarfarbe Fräulein Billewiczówna hatte, doch wissen wir nicht, ob sie mit Sicherheit ganz gerade Beine hatte. Daß sie aber solche Beine hatte, ist schon in dem Erzählschema der »Trilogie« impliziert, das sich in dieser Frage auf ein äußerliches Stereotyp stützt. Die Heldin eines solchen Romans kann als ideale Geliebte keine X-Beine haben. Doch um ein solches Schema geht es in der phänomenologischen Theorie des Werkes ebenfalls nicht. Sie sieht – warum, weiß ich nicht – die Möglichkeit, über den Wortlaut des Textes hinauszugehen, nur in einem bestimmten, engen Sektor von Richtungen. Das ergibt sich aus dem Nachdruck, mit dem Ingarden die These von der Notwendigkeit der Visualisierung dessen, was der Text mit den »Anschauungsschemata« liefert, wiederholt. Diese Anschauungsschemata sind aber doch ihrerseits kulturell bedingt. Man darf sich Oleńka Billewiczówna, die nach dem Besuch von Herrn Andrzej im Nachthemd das Tantchen küßt, nicht allzu frivol als Kandidatin für das Faltblatt des »Playboy« im durchsichtigen Négligé vorstellen – nicht etwa, weil ein Schwein ist, wer so etwas tut, sondern weil das normative Muster hier eher die polnische Patriotin aus den Bildern Grottgers ist, die, wie es sich gehört, bis zu den Zehenspitzen in das vertraute Weiß gehüllt, außer den Grundstellungen keine andere Stellung einnimmt. Dies – und nicht etwa die Sphäre der visuellen Erfahrungen des Lesers – ist die Sphäre, welche die Grenze der »Bestimmung der Anschauungen« festlegt. Daß man über den Text nicht in völlig beliebiger Weise hinausgehen darf, ist eine Binsenwahrheit. Die sprachliche Mitteilung ist kein Äquivalent der sinnlichen Wahrnehmung. Doch wenn der Text in emotionaler Hinsicht ein unvollkommener Ersatz für die »persönliche Anwesenheit« des Lesers in den geschilderten Situationen ist, so braucht er das in informationaler Hinsicht nicht zu sein. Er kann nämlich weit mehr Informationen liefern, als man sie in einer realen Situation gewinnen könnte.

Der Begriff der »Schematisiertheit« des Textes scheint, wenn auch unklar, die Möglichkeit zu implizieren, als könne der Autor zumindest teilweise die der sprachlichen Beschreibung anhaftende Unbestimmtheit etwa dadurch reduzieren, daß er bei der Beschreibung von Szenen, Ereignissen und Personen immer mehr ins einzelne geht. Das ist natürlich falsch, denn eine derart redundante Beschreibung wird vom Rezipienten nicht mehr richtig zusammengebracht, und was allzu detailliert mitgeteilt wird, fällt auseinander. In dieser Hinsicht muß sich der Autor bestimmten, nur intuitiv erkannten Gesetzmäßigkeiten unterwerfen, die eine Optimierung der Beschreibung fordern und bei einem Minimum an verwendeten Wörtern ein Maximum an Wirkung ergeben.

Ingarden unterscheidet grundsätzlich zwischen Anschauungen von realen und von psychischen Phänomenen. Er mag jedoch nicht anerkennen, daß sie als Schemata kulturell bedingt sind. Dabei zeigt das erstbeste Beispiel, daß wir die Information, die den (noch unbestimmten) Text hinreichend determiniert, aus Schemata oder vielmehr aus Stereotypen schöpfen, die durch unsere Kultur festgelegt sind. Absolute Schemata, das ist so etwas wie der absolute Raum; man kann zwar darüber sprechen, aber großen Nutzen bringt das nicht.

Jeder wird zugeben, daß der Satz: »Johannes nahm Luise an der Hand und führte sie in den rauschenden Haselhain« nicht identisch ist mit dem Satz »Hans zog Lieschen ins Gebüsch«. Der Unterschied ist der, daß wir beim ersteren Satz nicht argwöhnen, es müsse zwischen den Personen zu etwas Anstößigem kommen, während diese Möglichkeit beim letzteren mit erheblicher Wahrscheinlichkeit ausgestattet ist. Was nun die »Visualisierung der schematisierten Ansichten« betrifft, so dürfte derjenige, der eine solche Szene real beobachten würde, kaum zwischen ihren beiden Varianten unterscheiden können. Von weitem wird man es dem Mann nicht leicht ansehen, ob es sich um einen Johannes oder einen Hans handelt; wenn man jemanden an der Hand »führt«, kann das ähnlich aussehen, wie wenn man jemanden »zieht«, und zwischen einem »rauschenden Haselhain« und einem »Gebüsch« gibt es eigentlich schon insofern keinen Unterschied, als ja auch der Haselhain ein Gebüsch ist; ob es aber rauscht, hängt davon ab, ob der Wind weht, und nicht davon, was für schändliche Absichten ein Jüngling gegenüber einer Maid hegt. Die unterschiedlichen Informationen, die wir aus beiden Sätzen gewinnen, beruhen natürlich darauf, daß sie sich auf verschiedene Stereotypen stützen. Ich vermute, daß dort, wo überhaupt keine Büsche wachsen, etwa bei Wüstenstämmen, für das Stereotyp, das wir in der Version von Hans, der Lieschen ins Gebüsch zieht, kennen, kein Platz ist. Eine Information, welche den weiteren Gang der Dinge zwischen den Gestalten eines Werks antizipiert, gewinnen und maximieren wir dann, wenn sie auf ein bestimmtes Verhaltensstereotyp projiziert ist. Die so entstehende Erweiterung unseres Informationsvorrats hängt keineswegs davon ab, ob wir die Visualisierungsbemühungen, also das Zusammenstückeln oder die Determination der »schematisierten Ansichten«, mit einem »genügend« oder mit einem »sehr gut« bewältigen. Der direkte Zugang zu einer realen Situation kann also keineswegs die in einem Satz enthaltene und durch eine Reihe kultureller Stereotype eindeutig determinierte Information ersetzen, und die »Determination« besteht nicht darin, daß wir uns Vorgänge, die nur sprachlich mitgeteilt werden, gleichsam augenscheinlich vorstellen. Wenn ein solcher Prozeß überhaupt stattfindet, so unterliegt er grundsätzlich dem regelnden und steuernden Einfluß des kulturell geprägten persönlichen Wissens; so braucht das Aussehen, die Form und die Farbe des Sarges, den ein Sohn seiner alten Mutter zum Geschenk macht, in einem literarischen Text nicht die geringste

Bedeutung zu haben, während es sehr wohl von Bedeutung ist, ob die Sache sich in Polen abspielt, was den jungen Mann als ein moralisches Ungeheuer ausweisen würde, oder in China, wo er als ein wahrhaft guter und liebevoller Sohn gelten würde.

Auf die eigenartige Kluft, die sich nach Ingarden zwischen dem Satz: »Markus und Johanna hockten auf den Knien« und dem Satz: »Markus und Johanna pflegten auf den Knien zu hocken« auftut, werde ich nicht mehr eingehen; folgt man der »Visualisierungs«regel, so kann man sich lediglich die erstere Situation vorstellen, denn eine sich wiederholende Tätigkeit kann man sich unter keinen Umständen veranschaulichen. Dabei ist es durchaus nicht so, als würde sich der Leser des ersten Satzes, was die Konkretisierungsprozesse betrifft, ganz radikal vom Leser des zweiten Satzes unterscheiden. Ist es schon so um die »schematisierten Ansichten« äußerlicher Phänomene bestellt, so dürfte es bei psychischen Phänomenen um ebendiese Ansichten noch schlimmer stehen. Auch sie sollen, den Phänomenologen zufolge, Schemata sein, halt nur »innere«. Zunächst muß dazu generell angemerkt werden, daß der Grad der Introjektion des »Objektivs des Autors« in die Psyche einer literarischen Gestalt eine variable Größe ist, denn dieses »Objektiv« kann sowohl in verschiedene »Seelenschichten« hineinreichen, es kann aber auch – sozusagen umgekehrt – die psychischen Zustände des Helden »herausziehen« und derart auf die Außenwelt projizieren, die diese Merkmale annimmt, die funktional mit den jeweiligen Eigentümlichkeiten des Gemüts, des Charakters oder auch anderer »psychischer Parameter« des beschriebenen Menschen zusammenhängen. Mehr noch: der Autor, der ein Gewitter in einer öden Steppe beschreibt, berichtet uns darüber so, als würde er (beziehungsweise der Erzähler) das Gewitter sehen; er beschreibt also eine Antinomie (die Steppe ist öde, d. h. menschenleer, wird aber gerade so gezeigt, als befänden sich dort jemandes Augen, Ohren, Hände und Füße, die die Stärke des Sturmwinds, das Grollen des Donners usw. empfinden).

Der Autor kann uns erklären, daß ein – ebenfalls leeres – Zimmer entzückend wirkt (auf wen, wenn sich dort niemand aufhält?) oder auch einen entsetzlichen Eindruck macht (dieselbe Frage noch einmal). Kurz, in jedem Werk sind eigentlich alle Beschreibungen äußerer Phänomene durch allerlei typisch seelische Farbtöne gekennzeichnet, und nicht einmal Robbe-Grillet vermag »Objekte an sich« zu beschreiben, sondern er tut nur so.

Zu den mit Sicherheit »inneren«, d. h. einer konkreten Gestalt zugeschriebenen Zuständen ist zu sagen, daß man zustimmen muß, wenn es darum geht, daß die sprachliche Mitteilung kein Äquivalent psychischer Zustände ist. Jeder wird ja zugeben, daß wir psychische Prozesse in den Köpfen lebender Menschen lokalisieren und nicht beispielsweise in den Büchern auf dem Regal. Was soll es in diesem Falle bedeuten, wenn Teilgebiete des geistigen Lebens als »schematisierte innere Ansichten« bezeichnet werden? Handelt es sich darum, daß niemand unmittelbar die psychischen Zustände einer anderen Person kennen kann und diesbezüglich – auf dem Gebiet der Introspektion – von der Geburt bis zum Tode ausschließlich auf sich selbst angewiesen ist? Aber dieses Merkmal ist doch kein Kennzeichen des literarischen Werkes. Sollte es sich also darum handeln, daß Beschreibungen fremder psychischer Zustände in ihrer Genauigkeit hinter den Zuständen zurückbleiben? Aber auch das ist eine Trivialität, die sich aus dem Obengesagten ergibt. Nehmen wir an, daß ein Werk wie »The Sound and the Fury« (»Schall und Wahn«) den Bewußtseinsstrom eines Idioten darstellt. Würden wir diesem Idioten in der Realität begegnen, so wird er nicht imstande sein, uns sprachlich auch nur ein Zehntel der Information über sein Denken zu vermitteln, die wir Faulkner verdanken. Wo also ist in solchen Situationen eigentlich das »Schematische« zu finden – im Werk oder im realen Leben? Der Idiot bedient sich – ebenso wie ein normaler Mensch, der uns über seine psychischen Zustände unterrichten möchte – einer Sprache, die auf kulturellen Stereotypen aufbaut. Der Schriftsteller vermag, wie wir aus der Autopsie wissen, psychische Zustände zuweilen besser für uns zu artikulieren, als wir es selbst könnten. Er kann uns nämlich über das informieren, was während eines Anfalls von Angst oder Zorn seelisch in uns vorgeht, und zwar so, daß wir, obwohl wir entsprechende Erlebnisse schon hinter uns haben, die literarische Beschreibung dennoch als eine eigentümliche Offenbarung aufnehmen, so als informiere sie uns irgendwie genauer über etwas, was wir, obwohl wir solche Zustände schon erlebt haben, nicht wußten. Wir sind zum Beispiel nicht imstande, in der Autopsie die unbewußten Motive, die uns leiten, zu »demaskieren«, und dann schildert ein Werk einen ähnlichen Prozeß an einer fiktiven Gestalt und öffnet uns mit einemmal die Augen für die verborgenen Mechanismen unseres eigenen Handelns. Ich bin denn auch nicht einmal ganz sicher, ob man sagen kann, daß das, was ein Text zuweilen an »schematisierten Ansichten« mentaler Zustände bringt, nur im Hinblick auf andere Personen außer mir »schematisiert« ist; daß ich, wäre ich selbst eine solche »andere Person«, introspektiv nicht nur das, wovon das Werk berichtet, zu erkennen vermöchte, sondern mehr als das – und insofern auf »unschematische« Weise – erfahren würde. Ich bin durchaus nicht sicher, ob es sich so verhält. Die Artikulationsbemühungen des Schriftstellers können ja darauf gerichtet sein, einen Ausdruck für Zustände zu finden, die uns hin und wieder in der Introspektion gegeben sind, die wir aber unter keinen Umständen selbst zu identifizieren vermöchten, um sie in Worte zu kleiden. Sollte es hingegen darum gehen, daß in uns immer ein »Rest« an Erlebnis und Empfindung übrigbleibt, den keine Artikulation mehr erfaßt und vermittelt, so stimmt es natürlich, daß dieser »Rest« immer in uns ist (d. h. jeden Sprechakt begleitet), doch darum geht es wohl nicht, wenn »schematisierte Ansichten« psychischer Zustände erörtert werden. Wenn wir also sagen, daß jede Artikulation aus der Menge aller möglichen Artikulationen als Ausdruck von irgend jemandes Seelenzustand ein wenig »schematisch« ist, so kann man das akzeptieren; ich weiß allerdings nicht, was diese allgemeine Eigenschaft von Aussagen mit der Besonderheit eines literarischen Werkes gemein haben sollte.

Was schließlich die »Visualisierung« von »schematisierten Ansichten« betrifft, so ist mir als einem Leser von Literatur nichts über sie bekannt. Ich sehe keine Pferde, weder, wenn ich das Werk Simpsons über die Evolution des Pferdes lese, noch bei der Lektüre der »Trilogie« von Sienkiewicz mit ihren Andalusiern und Tataren. Ich ergötze mich an der sprachlichen Seite der Beschreibungen, die mir so sehr genügt, daß ich weder willens noch fähig bin, mir irgend etwas vor Augen zu führen. Auch dann, wenn ich einen Roman schreibe, stelle ich mir nichts vor. Die Einfälle, die in meinem Bewußtsein auftauchen, sind unbebildert, haben allerdings auch keine ausgesprochen sprachliche Form, denn zunächst sind sie nicht ordnungsgemäß in Satzperioden gegliedert, sondern stellen eher einen eigentümlichen »Bedeutungsnebel« dar, der eindeutig in bestimmte (unräumliche, nämlich semantische) Richtungen tendiert. Die Erregung, die ich dann empfinde, entspricht gewiß der eines Anglers, der sieht, daß der Schwimmer seiner Angelschnur eintaucht, wenn er weiß, daß etwas angebissen hat, aber noch nicht genau, was; die Bedeutungen formen sich im Geist zu einem »Nebel«, der sich erst unter dem Einfluß erheblicher aktiver Bemühungen gewissermaßen zu Keimen deutlicherer Sätze kondensiert, die dann gleichsam eine stenografische Abkürzung des Konzepts darstellen. Obwohl es nachher, nach der Verarbeitung zu einer syntaktisch geordneten Artikulation, sehr schwer fällt, sich einen solchen ersten Zustand genau zu vergegenwärtigen, weil die Artikulation dann gewissermaßen »verschleiert«, was »vor ihr« den Geist erfüllte, weiß ich doch, weil solche Heimsuchungen sich wiederholt haben, mit Sicherheit, daß am Anfang etwas »Bedeutungshaftes«, »Bedeutendes«, dabei aber Unsprachliches steht. Sonst bestünde keine Kluft zwischen dem erwähnten Keim und den sorgfältig aus ihm hervorgeholten Sätzen, und es bedürfte nicht einer so spürbaren

Anstrengung, für die »frei schwebenden« Begriffe die treffendsten Worte zu finden. Wenn wir über ein bestimmtes Thema sprechen, ist es bekanntlich immer der jeweils artikulierte Satz, den wir deutlich im hellen Zentrum unseres Bewußtseins haben; nun folgen aber die Sätze einander in einer gewissen Ordnung und halten dabei eine bestimmte, durch das Thema festgelegte Richtung ein, die zwar die Aussage lenkt, aber doch nicht so klar im Zentrum der Aufmerksamkeit zu stehen braucht wie das, was ausgesagt wird. Diese übergeordnete Achse ist also stets gegenwärtig, aber nicht als Artikulation. Es ist ja nicht so, daß man, wenn von den Problemen der Kanalisation Krakaus die Rede ist und momentan Möglichkeiten der Abwasserklärung am Markt erörtert werden, gleichsam ständig im Kreise denkt: »Kanalisation Krakaus, Probleme der Kanalisation« usw. So ist es nicht; das Thema lenkt die Aussage, ist dabei aber nicht sprachlich im Wirkungsbereich des Bewußtseins gegenwärtig, sondern stellt gewissermaßen den vorgegebenen Rahmen, das Flußbett, die Ufer dieses Bereiches dar. Es ist daher durchaus kein Widerspruch, wenn man sagt, daß man zwar gedacht habe, aber eben unsprachlich, auch wenn viele Philosophen eine solche Möglichkeit energisch bestreiten. Ich habe diesen Standpunkt nie verstehen können. Jeder Mensch ist doch leidlich imstande, sich unversehens zu einem vorgegebenen Thema zu äußern. Und es ist ja nicht so, als würden die Sätze, die er dann ausspricht, auf die Weise in ihm entstehen, daß er etwas, was er quasi vorher schon fertig ausgeschrieben im Kopf (im Bewußtsein) hat, mit dem geistigen Auge abliest. Die Sätze aktualisieren sich in einem bestimmten Zusammenhang, und dieser Zusammenhang »ruft« sie lenkend »hervor«, »ruft« sie ins Dasein, d. h. in die Artikulation. Im Geiste »existiert« dieses Motiv nur insofern, als man von ihm »weiß«, als man sich schlicht und einfach erinnert, zu welchem Thema man spricht, doch besteht dieses Erinnern schließlich nicht darin, daß man sich stumm gewisse Sätze wiederholt, die das Thema umschreiben! Ganz ähnlich verhält es sich nun mit den sogenannten »Einfällen«: sie sind gewissermaßen ein solches »Motiv«, ein solches »Thema«, das einem noch wortlos zugeraunt wurde, das zunächst nur eine gewisse Bewegung und ein Sich-Herauskristallisieren deutlich werdender Spannungen im semantischen Bereich des Geistes ist. Das erkennt man auch am folgenden: wenn ich mich einmal darauf beschränke, einen Einfall in sehr knapper Form, etwa in einem einzigen Satz, zu notieren, kann es sein, daß diese Notiz sich nach einer gewissen Zeit als vollkommen wertlos erweist, weil sie für mich völlig unverständlich ist. In der Zwischenzeit hat sich nämlich der Kontext, eben jener wort- und sprachlose Kontext, der mir in Gestalt der konkreten psychischen Situation als etwas durch keine Artikulation ausdrückbares Ganzes gegeben war, völlig verflüchtigt.

Da ich die betrüblichen Folgen einer übertriebenen stenografischen Kürze meiner Aufzeichnungen kenne, weiß ich, daß ich einen Einfall wenigstens in einigen Sätzen entwickeln muß, und das tue ich auch, obwohl es mir in jenem Augenblick als ganz und gar überflüssig, ja sogar unsinnig erscheint. Der Geist ist nämlich thematisch strukturiert, erfüllt von einer gewissen »Selbstverständlichkeit« der entwickelten Bedeutungsgehalte, und diese »Selbstverständlichkeit« raunt mir zu, daß ich die Bedeutungen sicherlich nicht vergessen werde (gerade das ist jedoch häufig eingetreten).

Ich habe nicht die Absicht, hier oder im weiteren Verlauf meiner Ausführungen Dinge zu berichten, die man unglücklicherweise als »Werkstattgeheimnisse« des Schriftstellers bezeichnet hat. Die oben erwähnten Feststellungen habe ich nur deshalb angeführt, um zu verdeutlichen, daß in meiner schriftstellerischen Arbeit weder Augenscheinlichkeit noch sonst eine sinnliche Modalität eine Rolle spielen. Das gilt gleichermaßen für abstrakte Beschreibungen – z. B. Zusammenfassungen irgendwelcher fiktiver Hypothesen – wie für Schilderungen konkreter Situationen. Das Arbeitsgebiet, das Feld der Selektion ist durchweg allein die Sprache, wenngleich ich »sinnliche« Effekte, die bestimmte Wörter oder Wortzusammenstellungen hervorzurufen vermögen, berücksichtige. Ich weiß, daß viele das unglaubhaft finden, aber da kann ich nichts machen. Interessant ist, daß Menschen, die oft nicht so intelligent sind wie die Philosophen, sich – möglicherweise halb intuitiv – dessen bewußt sind, daß sie durchaus nicht für die gesamte Gattung repräsentativ sind, daß also ihre Art, zu denken, zu lesen oder sich irgend etwas vorzustellen, keineswegs ein allgemeines Merkmal *generis humani* darstellt. Dagegen gehen sogar bedeutende Denker merkwürdig leicht in die Falle alles dessen, was eine ganz singuläre Eigentümlichkeit ihrer eigenen psychophysiologischen Funktionen ist. Ein bekannter Astrophysiker hat mir erzählt, daß er sich bei seiner Arbeit über Probleme der extragalaktischen Astronomie die Nebel als kleine graue Flecken vorstellt; das ist eine singuläre Eigentümlichkeit dieses Menschen, der durchaus nicht glaubt, auch Struve und Baade hätten bei ihrer Arbeit irgendwelche grauen Flekken sehen müssen.

Wenn ich also den Satz »Hans schlägt Peter« in einer Abc-Fibel, in einer Zeitung oder in einem logischen Traktat lese, dann stelle ich mir weder Hans noch Peter noch das Schlagen vor, ebensowenig, wie wenn ich davon in einem Roman lese. Ich verstehe lediglich, um was es geht. Nicht anders ist es, wenn der Satz lautet: »Hans pflegt Peter zu schlagen« (durch die Veränderung eines Buchstabens in dem polnischen Verb »schlagen« ändert sich dessen Aspekt zur iterativen Aktionsart – Anm. d. Ü.). Da ich ohnehin nie etwas »visualisiere«, habe ich mit der Häufigkeit oder der Wiederholung jener für Peter unangenehmen Beschäftigung keine Probleme.

Der Leser beginnt sicherlich schon die Ursachen der Heftigkeit zu ahnen, mit der diese Polemik gegen den phänomenologischen Ansatz geführt wird. Wenn wir auf ein philosophisches System stoßen, das uns in keiner Hinsicht entspricht, so bedeutet das ja noch nicht, daß wir getroffen werden; wie aber kann man sich eigentlich zu Behauptungen verhalten, die aus einem Menschen, der sich für eine (als Leser) vollkommen normale und durchschnittliche Person hält, so etwas wie einen bedauernswerten Krüppel machen?

Die Unterschiede in der sprachlichen Rezeption entstehen daraus, daß diejenigen, die sich im Sinne jener »Schematisiertheit« des Werkes äußern, welche durch die Visualisierung ergänzt wird, zu den Augenmenschen gehören. Wenn ein Augenmensch einen Text liest, wird er ihn, sofern das überhaupt möglich ist, visualisieren, ohne sich speziell darum zu bemühen. Neben diesen gibt es jedoch auch noch die Motoriker, denen diese Gabe fehlt, die aber dennoch beanspruchen, daß man auch sie als normale Menschen betrachtet, mögen sie auch anders sein als die Augenmenschen.

Doch auf solche Unterschiede soll es nicht ankommen. Ingardens Theorie des Werkes ist zweifellos ein Vorläuferphänomen; er war – wenn man mir diesen Vergleich gestattet – für die Literatur das, was für die Astronomie Ptolemäus war, der dort, wo es bis dahin nur isolierte Beobachtungen gegeben hatte, vermischt mit Mythologie und allerlei Märchenhaftem, die erste intellektuelle Konstruktion errichtete, welche die Struktur des gesamten Himmels einschließlich der Erde enthalten sollte. Die Konzeptionen von Vorläufern haben es jedoch an sich, daß sie durch andere, sogar radikal andere ersetzt werden; dieser Prozeß läßt sich in jedem Bereich der Wissenschaft beobachten. Die Schwächen, welche die phänomenologische Theorie des Werkes stellenweise aufweist, und ihr über allem schwebendes »intentionales Objekt« interessieren uns nicht so sehr wie die Tatsache, daß diese Theorie sich im Lichte neuerer Untersuchungen im Grunde als eine Histologie des literarischen Werkes erweist. Sie schenkt ja den Problemen der elementaren »Schichtungen« ungeheuer große Beachtung; im Hinblick auf die übergeordneten Konstruktionen, die dem Werk als Ganzem seinen literarischen Charakter verleihen, hat sie dagegen kaum etwas zu sagen. Daher werden denn auch die Berührungspunkte zwischen unserer Darstellung und jener Konzeption, je weiter wir fortschreiten, seltener werden, und das gilt sowohl für den schmalen Bereich der Übereinstimmung als auch für den breiten Bereich der Nichtübereinstimmung. Wenn wir über das Werk sprechen, ist einfach etwas anderes gemeint als bei Ingarden. Sprache und Welt, Kultur und Natur, besonders aber die Bedeutungen mit ihren kulturellen und literarischen Spezifika werden für uns generelle Wegweiser und zugleich Untersuchungsobjekte sein. In Alltagssituationen dienen sprachliche Äußerungen konkreten Zielen der Kommunikation, z. B. der Kooperation. Die Literatur ist als Akt der Kommunikation keinem konkreten, keinem praktischen Lebensbereich zugeordnet, sie ist eine Artikulation, die »zu nichts gut ist«. Ließe sich das, was sie zu vermitteln hat, diskursiv ausdrücken oder ließe sich die Lektüre der Werke durch reale Erlebnisse ersetzen, so wäre die Literatur eine völlig überflüssige Verirrung, bedeutete sie sowohl für die Autoren als auch für die Leser eine vergeudete Mühe.

Der literarische Text ist, wie wir noch ausführen werden, nicht anders als jede andere Artikulation voller Lükken, und zwar im informationstheoretischen und semantischen Sinne, nicht im Sinne der »Anschaulichkeit« oder der »schematisierten Ansichten«. Diese Lücken sind nicht ein Resultat von Hilflosigkeit, Beschränktheit oder Schwäche, die der Sprache unaufhebbar anhaften. Sie sind das Resultat einer kreativen Überlegung, einer schöpferischen Taktik – im Sinne der Spieltheorie und der Theorie der Codierung und Steuerung. Wer sie nicht beherrscht, ist einfach kein Schriftsteller.

Sprachliche, literarische und ästhetische Probleme

Wir werden einige ausgewählte Probleme aus dem Bereich der Theorie des literarischen Werkes behandeln. Der begrifflich-terminologische Apparat, den wir anwenden, wurde für andere Zwecke geschaffen, und wenn wir ihn mit typisch literaturwissenschaftlichen Fragestellungen befrachten, zeigt sich vielfach, daß er nicht ganz geeignet ist. Darüber hinaus gibt es noch zwei Schwierigkeiten. Sie beziehen sich zum einen auf den sprachlichen Charakter des Werkes, darauf, daß es eine Aussage ist – im Sinne des Gegensatzes zwischen dem Sprechakt, der einzelnen Artikulation, und der Sprache als System (einige Literaturwissenschaftler, darunter R. Wellek und A. Warren, sind mit Saussure der Ansicht, das Werk entspreche dem Begriff der »Sprache«, Saussures »la langue«, und nicht dem Sprechakt, »la parole«, denn so wenig wie ein Individuum die gesamte Muttersprache »realisieren« kann, könne der Rezipient ein Werk vollständig »realisieren«, konkretisieren – eine Behauptung, die als Metapher unglücklich und als Urteil falsch ist). Denn wirklich umfassend darüber Bescheid zu wissen, was Sprache ist, davon sind wir noch weit entfernt. Vor allem herrscht in der Theorie eine starke Unausgewogenheit, weil der strukturalistisch-formalisierende Flügel der Forschungsfront der Linguistik erheblich tiefer vorgedrungen ist als der andere, der semantische. Zur Zeit gibt es nämlich schon erste, künstlich konstruierte Modelle von Sprachen und darüber hinaus teils sich ergänzende, teils divergierende informationstheoretische Ansätze, die, zuweilen als selektiv bezeichnet, aus der Thermodynamik und der Statistik sowie aus der Theorie der Algorithmen und der Kombinatorik abgeleitet sind; dagegen gibt es nicht eine einzige ganzheitliche und anwendbare semantische Theorie (nicht im Sinne der logischen Semantik).

Was die Theorie der Steuerung und Regelung betrifft, so wurde sie für Systeme vom Typ der endlichen Automaten entwickelt, zu denen das literarische Werk nicht gehört. Es ist nicht ausgeschlossen, daß sich manche Werke als Systeme mit Merkmalen der Ultrastabilität behandeln ließen – aber im semantischen, nicht im dynamisch-energetischen Sinne. Das würde bedeuten, daß man solche Werke auf sehr viele verschiedene Arten rezipieren kann und daß aus solchen Rezeptionen eine heterogene Menge kohärenter Lesarten entsteht. Das extreme Gegenteil würden Texte darstellen, die man mit nur einer Strategie rezipieren kann, weil es bei Anwendung jeder anderen Strategie nicht zur Integration kommt (es tritt »Auflösung« ein). Prämisse ist dabei natürlich, daß die Rezeption eine gewisse »Ganzheit« ergeben *muß*, die man in dem Sinne als ein »semantisches System« bezeichnen kann, wie der aus Elementen zusammengesetzte und etwas mehr als deren bloße arithmetische Summe darstellende Organismus ein »lebendes System« ist. Mit anderen Worten: das Werk »muß« einen »Bedeutungsüberschuß« enthalten. Für viele Texte gilt freilich, daß sie eigentlich nicht einen solchen Überschuß aufweisen; man könnte sie, ausschließlich unter konstruktivem Gesichtspunkt, als die »schlechteren« bezeichnen. Die erwähnte »Ultrastabilität« entspricht nicht wirklich dem Sinn, den dieser Begriff in der Homöostase hat, denn dort bezeichnet sie eine *eigene* Strategie des Systems, die den Gewinn (die Erhaltung der Systemeinheit durch Erreichung des Gleichgewichts) gegen die meisten, ihr gegenüber antagonistischen »Strategien« der Umwelt (so die aus der Umwelt stammenden Einwirkungen, Störungen) zu maximieren vermag. Ganz offensichtlich hat das literarische Werk insofern keine »eigene Strategie«, als es gegenüber den Bemühungen der Rezipienten vollkommen »passiv« ist, obwohl man (und wir werden das tun) von einer Strategie seiner Sendung (d. h. Kreation) sprechen kann. [»Sendung« im Sinne der kommunikationstheoretischen Begriffe Sender und Empfänger (Rezipient); an der Stelle von »Rezeption« könnte auch – im deutschen Sprachgebrauch unüblich – »Empfang« stehen. Anm. d. Ü.] Die »Ultrastabilität« eines Werkes kann nur derart sein, daß es als »Text« schlechthin – und nicht nur als »literarischer Text« – rezipiert werden kann. Denn wer nichts davon weiß, daß »Robinson Crusoe« ein literarisches Werk ist, kann diesen Roman lesen, auch wenn er bis dahin keinen anderen Roman in der Hand gehabt hat, sondern sich lediglich der Sprache zu bedienen weiß (und, natürlich, die Kunst des Lesens beherrscht). Viele moderne Werke dagegen kann man mit einer den alltäglichen Sprachkonventionen entnommenen Strategie nicht rezipieren. Diese Unterscheidung stellt überhaupt keine qualitative Bewertung dar, wenngleich sie begreiflich macht, warum bestimmte Werke sowohl von den Kennern geschätzt werden als auch für das allgemeine Publikum lesbar sind, und zwar deshalb, weil man sie sowohl »wortwörtlich« als auch in grundlegend anderer Weise rezipieren kann. Werden »ultrastabile« Werke allerdings mit einer optimalen Strategie rezipiert, so entstehen Versionen, die in dieser oder jener Weise an Bedeutungsgehalt einbüßen.

Wenn man ein Werk also nicht als eine Art von »Homöostat« betrachten kann, so kann es dennoch eine Art von Beschreibung eines Homöostaten sein, beispielsweise der Kriminalroman, bei dem der Ausgangszustand ein Zustand des Gleichgewichts ist, das Verbrechen dessen Störung darstellt und die Entdeckung des Täters die Wiederherstellung des »richtigen Zustands« bedeutet.

Mit dieser Anspielung, die der eigentlichen Darstellung vorgreift, haben wir angedeutet, wovon die Rede sein wird. Wir wollen uns nun wieder den »Schwierigkeiten des Themas« zuwenden und zeigen, worin, neben der sprachlichen, die andere besteht. Es handelt sich um eine Schwierigkeit der Lokalisierung, die mit dem zusammenhängt, was »literarische« Äußerungen von allen sonstigen unterscheidet. Man kann freilich die ketzerische Meinung vertreten, daß viele literarische Werke ihre »Literarität« Faktoren verdanken, denen gemeinsam ist, daß sie, wo auch immer sie lokalisiert sein mögen, mit Sicherheit nicht im Werk selbst liegen. Denn ähnlich wie ein bekritzelter Papierfetzen Bedeutung gewinnt, wenn es sich um einen Abriß von einem Brief handelt, den Byron an seine Waschfrau schrieb, so werden – mutatis mutandis – zahlreiche Texte zu literarischen nicht durch ihre immanenten Eigenschaften, sondern durch das, was irgendwie zu ihrem »existentiellen Umfeld« gehört, was sie als ein Zusammentreffen von Zufällen begleitet: Ruhm, Skandal, Reklame oder auch ein gewöhnliches Mißverständnis. Phänomenen, die etwas, was zunächst keines war, zu einem Werk machen, geht gelegentlich, auch wenn es nicht immer der Fall sein muß, eine entsprechende Intention des Autors voraus. Die Autoren der Bibel hatten ja nicht die Intention, einen Text von literarischem Wert zu liefern. Genauso kann es geschehen, daß jemand seine Lebensgeschichte aufzeichnet, und einige Jahrhunderte später stellen sich diese Erinnerungen – das »Tagebuch des Samuel Pepys« – als ein beachtlicher literarischer Text heraus. Desgleichen fassen wir, was einmal eine Verwünschungsformel war, heute als Poesie auf. Andererseits könnten wir viele Texte, wenn wir sie in der Zeitung oder in einem aufgefundenen Heft nachlesen würden, für Beschreibungen realer Ereignisse halten, also für eine Art von Protokollen oder Berichten aus der Gesellschafts- und Gerichtschronik. In tiefgründigen Werken, welche die Literaturtheorie kybernetisieren, kann man Tabellen finden, die beispielsweise die folgende Klassifikation des »sprachlichen Kommunikationsnetzes« darstellen:

gnostische Sphäre	Sphäre der Anweisung	Sphäre der Kontakte	ästhetische Sphäre
Sprache der Erkenntnis	anweisende Sprache	Sprache der Konversation	künstlerische Sprache
Stil der Erkenntnis	anweisender Stil	Stil der Konversation	künstlerischer Stil

Es ist dies eine ungenaue und sehr unkluge Klassifikation, weil heute viele Werke in der Weise geschrieben werden, daß man in ihnen sowohl »Stile und Sprachen« der dem Kontakt dienenden (gesellschaftlichen) Konversation als auch »Sprachen und Stile« der Erkenntnis, aber auch »anweisende« Sprachen und Stile entdecken kann. Der Schriftsteller befaßt sich gerade damit, alle möglichen Arten und Typen von situationsbedingten Artikulationen »nachzuahmen« – darin besteht heute der »künstlerische Stil« –, um – zumindest sehr häufig – alles zu tun, damit dieser Stil als ein an seiner »immanenten Ästhetizität« erkennbarer Code liquidiert wird. So erkennen wir denn auch die »Literarität« eines bestimmten Textes u. a. daran, daß dieser Text auf eine bestimmte Art gebunden ist und über dem Titel den Namen des Verfassers trägt, daß man ihn in einer Buchhandlung erwirbt, die schöne Literatur vertreibt, daß man über ihn Rezensionen in literarischen Zeitschriften liest und in der Gesellschaft über ihn als von einem künstlerischen Werk spricht. Wir behaupten nicht, daß es überhaupt keine Texte gibt, die, würden sie uns in Gestalt handgeschriebener anonymer Konzepte in die Hände geraten, nicht in ihrer »Literarität«, also ihrer »Künstlichkeit« oder »Künstlerischkeit«, erkennbar wären; wir behaupten lediglich, daß es auch solche gibt, die sich lediglich mit einer gewissen Wahrscheinlichkeit in diesem Sinne identifizieren lassen, und schließlich auch solche, bei denen es in keiner Weise mehr möglich sein wird, sie zu unterscheiden von Tagebüchern, von privaten, persönlichen und nicht zum Druck bestimmten Erinnerungen, von irgend jemandes gesammelten Briefen, von Ereignissen, die irgend jemand authentisch erlebt und brühwarm aufgezeichnet hat, usw. usf. Denn die »Literarität« eines Textes wird, um es noch einmal zu sagen, auch von der konkreten Situation, in der wir mit diesem Text in Berührung kommen, mitkonstituiert. Man könnte diese Feststellung für völlig banal halten, doch werden derart elementare Tatsachen merkwürdig oft vergessen.

Man darf die Feststellung, daß ein Objekt oder Kommunikat nicht durch die Information, die es enthält, sondern durch diejenige, die mit ihm einher- oder ihm vorausgeht, zu einem Kunstwerk wird, keineswegs mit der zynischen oder nihilistischen Ansicht gleichsetzen, daß (allen) Kunstwerken objektive Existenz abzusprechen sei und ihre Problematik entweder auf einen seltsam unverwüstlichen, von »Absendern« und »Empfängern« gemeinsam praktizierten Betrug, auf Autosuggestion und Selbsteinredung oder auch auf eine Art von »Glauben« zu reduzieren sei (einen Glauben, der etwa bewirkt, daß ein Kultgegenstand mit Ehrfurcht umgeben ist und zuweilen sogar so behandelt wird, als wäre er, mit Rücksicht auf das, was er repräsentiert, »schön«). Durchaus verbreitet ist jedoch die Überzeugung, Kunstwerke seien völlig autonom, seien Schöpfungen, von denen eine spezielle Art von Information, die als »ästhetische« bezeichnet wird, ausgeht, und man findet gegenwärtig sogar Werke, welche die Ästhetik im Gewande einer »mathematischen« und damit gleichsam unwiderleglichen Objektivität präsentieren. Ohne uns von mathematischen Formeln abschrecken zu lassen, wollen wir versuchen, das, was sie darstellen, zu analysieren. Folgt man dem häufig zitierten A. Moles, so besteht die ästhetische Information eines beliebigen Objekts (M) in dem Verhältnis von »subjektiver Redundanz« zur »statistischen Information«: $M = \frac{R}{H}$.

H ist die gewöhnliche statistische Information nach Shannon, die von der Wahrscheinlichkeit von Signalen im Hinblick auf deren Verteilungsspektrum innerhalb eines gegebenen Repertoires diskreter Zustände abhängt. Diese Information soll das Objekt in dem Augenblick besitzen, wo ein Mensch es wahrzunehmen beginnt. Nach und nach entdeckt er jedoch an diesem Objekt verschiedene »innere Zusammenhänge«, also Gestalten, Formen, »Sinngehalte«, Verbindungen, so daß er, was auf den ersten Blick ein »Chaos« war, *organisiert.* Das ist folgendermaßen zu verstehen: Wenn wir eine Menge von Objekten oder Elementen vor uns haben, deren jedes von allen anderen vollkommen »unabhängig« ist, müssen wir, wenn wir die gesamte (z. B. räumliche) Verteilung dieser Elemente übermitteln wollen, Informationen über *jedes einzelne* aussenden. Bilden die Elemente dagegen irgendein »System«, so sind nicht mehr so viele Informationen erforderlich, denn es kann sein, daß, wenn wir die Lage von Element A angeben, diese sogar eindeutig die Lokalisierung der Elemente B und C festlegt. In je größerem Maße es uns also gelingt, eine Menge von Elementen (Flecken, Klängen, Gestalten, Wörtern usw.) wahrnehmungsmäßig zu organisieren, um so weniger Informationen benötigen wir, um eine exakte Abbildung dieser Menge zu übermitteln. Jemand, der nicht weiß, was »Militär« ist, und eine Kolonne marschierender Leute sieht, wird, wenn er Informationen darüber weitergibt, die Einzelheiten der Bekleidung aufzählen (die er nicht zur Uniform »integriert«), wird »Gegenstände aus Holz und Metall« (Karabiner) beschreiben und sehr viel Arbeit haben, da er die Kolonne als eine »Menge aus getrennten Elementen« und nicht als ein bestimmtes System auffaßt. Wer dagegen die beobachteten Daten miteinander verbindet, wird die knappe Information aussenden: »Infanteriekompanie im Anmarsch.« Auf diese Weise wird die »statistische« Information der Menge reduziert. Jenen Teil der Information, der dank der Organisierung reduziert wurde und überflüssig ist, nennt man redundant. Redundant ist die Information im Hinblick auf den Beobachter, nicht im Hinblick auf die beobachtete Menge, denn vom Beobachter hängt es ab, in welchem Maße er zu integrieren, also die Redundanz zu entdecken vermag.

Die erwähnte Formel der mathematisierten Ästhetik besagt, daß die subjektiv auftretende Verringerung der in Kunstwerken enthaltenen statistischen Information ein Maß für deren ästhetische Ordnung sei. Je genauer wir ein »ursprüngliches Chaos« zusammenzufassen verstehen, um so größer ist der Gewinn an ästhetischer Information, die in der Differenz zwischen der Shannonschen Information und jenem Rest besteht, der nach der perzeptuellen Organisierung des Wahrgenommenen übrigbleibt.

Es sei angemerkt, daß mit der Aussage, in Kunstwerken »existiere« eine statistische Organisation, recht viel postuliert wird. Was ist dabei die Bezugsmenge? In bezug auf was ist das künstlerische Objekt »anfänglich« geordnet? In bezug auf die Brownschen Bewegungen? Oder in bezug auf die Bewegungen des Pinsels auf der Leinwand? Vielleicht auch in bezug auf Zufallsverteilungen im Sinne der mathematischen Wahrscheinlichkeitstheorie? Aber warum nicht in bezug auf die Thermodynamik, also physikalisch, denn schließlich handelt es sich ja um ein materielles Objekt? Vielleicht geht es aber auch um Statistik, d. h. um die Wahrscheinlichkeitsverteilung, die durch die wechselseitigen Beziehungen zwischen allen Farbflecken auf sämtlichen Gemälden, die bislang auf Erden geschaffen wurden, gegeben ist? Wie man sieht, kann es sich um recht verschiedene Dinge handeln. Doch über dieses interessante Thema schweigen sich die Werke aus. Irgendwie scheinen sich ihre Verfasser nicht darüber im klaren zu sein, daß sie sich mit der Aussage, ein Bild besitze »anfänglich« einen gewissen »Gehalt« an statistischer Information, gleichsam darüber äußern, wie Bäume oder Wolken aussehen, wenn niemand sie betrachtet. Diejenigen, die die Ästhetik mathematisieren, verweisen uns auf die Shannonsche Formel, die in diesem Falle nichts als Abrakadabra ist. Da sie nun aber einmal dasteht, wollen wir annehmen, daß die statistische Information eines Objekts im Sinne der mathematischen Theorie der Erwartung aufzufassen ist. Dementsprechend und gemäß der Formel für die statistische Information ist die ästhetische Information um so größer, je genauer es gelingt, das Gesehene zu integrieren. Danach »häuft sich« im Rezipienten ein Maximum an ästhetischer Information dann, wenn das von ihm Betrachtete tatsächlich eine rein zufällige Verteilung ist, die er dennoch zu einer Ordnung zu organisieren vermag. Damit besitzen wir ein Rezept für ein unübertreffliches Kunstwerk. Man braucht nur – was heute zuweilen ja auch geschieht – eine Leinwand aufs Geratewohl mit Farben zu bespritzen, und es entsteht eine vollkommen zufällige Verteilung von Flecken. Diese Leinwand enthält dann »an sich« genau *null* Information, und gerade deshalb benötigt man, wenn man sie z. B. telegrafisch übermitteln will, ein *Maximum* an (abbildender) Information, weil der Ort jedes einzelnen Farbflecks auf ihr angegeben werden muß. Wäre auf der Leinwand beispielsweise ein Würfel in einer bestimmten Projektion abgebildet, so würde es genügen, dessen Maße und die Projektion anzugeben. Die in dem Objekt enthaltene Information, die durch dessen »faktische Organisierung« gegeben ist, verhält sich nämlich umgekehrt proportional zu jener Informationsmenge, die man benötigt, um dieses Objekt modellhaft zu übermitteln.

Doch was ist mit unserem vollkommenen Gemälde? Auf einer Ausstellung von Bildhauern aus Zakopane sah ich ein neues Bild von Brzozowski, das, in unterschiedlichen Gelbtönen gehalten, abstrakt, wenn auch nicht allzusehr »zufällig« war, und Teile dieses Bildes verbanden sich bei mir zur Seitenansicht einer vergrößerten Leber, die eine geschwollene Gallenblase sichtbar werden ließ; Personen mit einer gewissen anatomischen Vorbildung gestanden mir, daß man in der Tat eine Ähnlichkeit »erkennen« könne. Ich habe dieses Bild demnach »organisiert«, und aus etwas »Zufälligem« wurde es für mich zu einer »Ganzheit«, doch war das kein ästhetischer Gewinn, sondern im Gegenteil ein Verlust, denn »darum ging es nicht«, und ich mußte gewissermaßen gegen diese sich aufdrängende Ähnlichkeit ankämpfen.

An ein »rein zufälliges« Gemälde kann man unterschiedlich herangehen. Zunächst so, daß der Urheber oder der Betrachter es als »Bild des Chaos vor der Erschaffung der Welt« bezeichnen. Damit wird die Unordnung in einer zumindest kategorialen Klassifizierung »bewältigt«, erfaßt. Vielleicht wendet aber jemand ein, es sei eine Sache, die Fläche des Gemäldes begrifflich, kategorial zu integrieren, und eine andere, sie visuell zu organisieren. Doch auch letzteres stellt keine hoffnungslose Aufgabe dar, denn eine Verteilung, die in physikalischer oder mathematischer Hinsicht zufällig ist, braucht das für die visuelle Rezeption durchaus nicht zu sein; Auge und Gehirn, ständig darauf eingestellt, »Ordnungen« wahrzunehmen, »bemühen sich« aktiv, ganzheitliche Gestalten zu erkennen, wo es nur möglich ist. So läßt sich denn auch das besagte Gemälde, vorausgesetzt, die Farbflecken sind nicht so klein, daß sie zu einem Einheitston verschwimmen, mit einer gewissen aktiven Bemühung »organisieren« (entsprechende Versuche wurden gemacht). Hat man sich einmal damit vertraut gemacht, so läßt sich diese »Organisation« derart im Gedächtnis verankern, daß man sie später auf den ersten Blick auf dem Gemälde erkennt. Ich weiß allerdings nicht, was das mit ästhetischer Information zu tun haben soll. Gar nichts, wie ich befürchte. Wenn ein Gemälde eine mathematisch zufällige Verteilung von Flecken darstellt, dann erliegt derjenige, der darin etwas Organisiertes erkennt, einem »informationalen Trugschluß«, genauso wie jemand, der unentwegt Roulette spielt und in den aufeinanderfolgenden Ergebnissen eine Ordnung »wahrnimmt«, ja sogar versucht, ein »System« zu schaffen, mit dem sich die Treffer vorhersagen lassen. Das seltsamste ist jedoch, daß nicht alle zufälligen Verteilungen von Flecken ein und dasselbe »ästhetische Erlebnis« vermitteln und daß es bei den einen irgendwie »leichter«, bei anderen aber »schwieriger« ist, sie visuell zu organisieren. Was noch schlimmer ist (im Sinne der besagten mathematisierten Ästhetik): Nimmt man beispielsweise eine tausendfache Vergrößerung der Äderung eines Insektenflügels, des Auges eines Wasserflohs oder eines Zellkerns, der sich in Mitose befindet, und hängt man diese »Kunstwerke« kommentarlos in eine Ausstellung, so werden sie – gerade durch das Geheimnisvolle und Unverständliche, das ihnen anhaftet – größeren Eindruck machen und eine höhere ästhetische Befriedigung vermitteln, als wenn man enthüllt, um was für Objekte es sich handelt, oder die Betrachter am Ende selbst dahinterkommen. Ein Zellkern im Prozeß der Mitose ähnelt ja teilweise einem seltsamen Planeten oder Stern, teilweise auch einem System, das mit einer rätselhaften Schrift, sozusagen mit »chinesischen Schriftzeichen« versehen ist, oder auch dem Symbol eines unbekannten

Glaubens – bis sich herausstellt, daß es hier um das Ei einer Küchenschabe unter dem Mikroskop geht. Die vollständige Organisierung des Gesehenen erschüttert dessen »Ästhetizität« oder ruiniert sie geradezu. Derartige Phänomene sind allerdings kein Hindernis für jene, die das Shannonsche Modell auf die Entropie zu übertragen vermögen oder gar schon von der Boltzmannschen Konstante gehört haben. Die Formelchen, in die man die Erscheinungen der Ästhetik einzufangen sucht, sind einfach kindisch. Vielleicht sollte man sich auf diesem Gebiet mit solideren, wenn auch sicherlich schwierigeren Untersuchungen befassen. Der Mensch ist bekanntlich im Laufe der Evolution »von den Bäumen auf die Erde hinabgestiegen«. Die Jahrmillionen, die er auf den Bäumen verbrachte, haben aus ihm ein Augentier gemacht, und daher bilden die fundamentalen strukturellen Abläufe, die sich im optischen Analysator der Hirnrinde entwickelten, die Grundlage von immerhin sehr unanschaulichen, beispielsweise intellektuellen Aktivitäten. Augentiere sind auch die Vögel – ihre Lebensweise verlangt das. Es ist daher nicht verwunderlich, daß sich Phänomene, die mit ästhetischen Erscheinungen in unserem Sinne verwandt sind, bei ihnen vor allem im visuellen Bereich zeigen. Ich denke hier insbesondere an das Hochzeitsgefieder der Vögel. Bei vielen Arten – etwa dem Goldfasan, dem Pfau oder zahlreichen Papageienarten – ist das Gefieder der Männchen für uns von unbestreitbarem ästhetischem Wert. Verwegene, grelle Farbzusammenstellungen und Zeichnungen von rhythmischem Charakter entstanden im Laufe vieler Jahrtausende unter dem Einfluß der geschlechtlichen Auslese. Unter dem Gesichtspunkt der Anpassung ist das Hochzeitskleid bestenfalls neutral, denn einen Anpassungsvorteil bietet es nicht; es kann aber auch schädlich sein, weil es Freßfeinde anlockt. Da Mutationen mit einer artspezifisch konstanten Häufigkeit vorkommen, könnte hin und wieder ein mutiertes Gen einen bunten Fleck im Vogelgefieder entstehen lassen, doch wenn das derart ausgezeichnete Individuum nicht durch die geschlechtliche Auslese favorisiert wäre, würden solche Mutanten rasch aussterben. Gerade solche Individuen sind aber über unermeßlich lange Zeiten hinweg als Reproduktoren privilegiert worden. Die »Rezipienten ästhetischer Eindrücke« waren die Weibchen, und so haben sie darüber entschieden, welcher der konkurrierenden Vögel würdig war, sie zu befruchten. Es waren das allein die Weibchen, denn der Eigentümer des Hochzeitsgefieders weiß nichts von seiner Schönheit, und er drängt sich dem Weibchen nicht deshalb auf, weil er sechs goldene Federn am Schwanz und zwei rote auf dem Kopf besitzt, sondern weil der Sexualinstinkt ihn dazu treibt. Die Weibchen haben also die Wahl getroffen, und man kann sich darüber wundern, wie weit ihre Wahl sich mit der unseren deckt. Das ist eigenartig, weil das menschliche Gehirn ganz anders aufgebaut ist als das eines Vogels. Insbesondere besitzen Vögel einen stark entwickelten Streifenhügel, das »Striatum«, und eine große Zahl subcortikaler Kerne, während die Hirnrinde selbst bei ihnen nicht viel besser entwickelt ist als bei ihren Vorfahren, den Reptilien. Daraus könnte man schließen, daß auch beim Menschen nicht die Rinde – oder vielmehr nicht in erster Linie die Rinde – das Organ ist, in dem die Mechanismen der »ästhetischen Beurteilung« lokalisiert sind. Allerdings ist das eine ziemlich gewagte Schlußfolgerung. Was immer es damit auf sich haben mag – nicht der Mensch schuf die Modalitäten der »ästhetischen Rezeption«, nach der bestimmte Anordnungen, die keinen biologischen Nutzen bringen, akzeptiert werden. Die Theoretiker der mathematischen Ästhetik sollten sich ein bißchen mehr mit breit angelegten vergleichenden Untersuchungen befassen, denn die von ihnen geäußerte Ansicht (ich könnte Dutzende von Autoren zitieren), die ästhetische Rezeption erfolge durch eine hierarchisch fortschreitende »Codierung« der Wahrnehmung derart, daß immer »höherrangige« Codes der Integration entdeckt werden, führt zu dem gewiß unerwarteten Schluß, daß Pfauen oder Fasane mit ihren winzigen Vogelhirnen

Operationen vollziehen, deren Picasso sich nicht schämen würde. Die ästhetische Rezeption setzt massenhafte Phänomene statistischer Natur voraus, und eine isolierte Beziehung zwischen Betrachter und Kunstwerk hat mit der Wirklichkeit ebensowenig gemein wie eine Beziehung zwischen Pfau und Pfauhenne, bei der die letztere sozusagen »mit einem Schlage« Veränderungen im Gefieder des Männchens bewirken würde, zu deren Entstehung es einiger hunderttausend, wenn nicht Millionen Jahre bedurfte.

Manche Menschen – darunter auch ich – können, wenn sie ein sogenanntes »Gaußsches Rauschen«, ein gleichförmiges, über die gesamte Tonleiter streuendes Geräusch hören, in dieses Rauschen eine willkürlich erdachte Melodie hineinprojizieren, und sie hören dann diese Melodie, als gelangte sie tatsächlich von außen zu ihnen, während das (weiterhin vernehmbare) Rauschen zum Hintergrund wird. Das Geräusch darf weder zu stark noch zu schwach sein; »am besten« ist das, welches die Kabine eines Flugzeugs erfüllt. Hat man einmal die Melodie in dieses maßvolle Rauschen »hineinprojiziert«, so bedarf es keiner bewußten, subjektiv spürbaren Aktivität, um sie weiterhin zu hören. Es bedarf vielmehr einer vorsätzlichen Aktivität, um zu erreichen, daß die Melodie »aufhört«, oder um die, der man gerade »lauscht«, gegen eine andere auszutauschen. Wenn man sich einigermaßen »hineingehört« hat, kann man sogar die Stimmen der Sänger und die Klänge der einzelnen Instrumente des sie begleitenden Orchesters »erkennen«. Man kann aber auch erreichen, daß das ursprüngliche »Rauschen« wieder es selber wird – ohne irgendeinen »musikalischen Rest«. Ein ähnliches Phänomen, was die psychophysiologischen Mechanismen betrifft, liegt sicherlich vor, wenn man mit einer bestimmten, bewußten Einstellung auf einem leeren Schachbrett beliebige, aus den einzelnen Feldern gebildete Buchstaben wahrnimmt. So kann man etwa die beiden Diagonalen des Schachbretts, die aus schwarzen und weißen Quadraten gebildet werden, für die Umrisse des Buchstabens

X »halten«, und man »sieht« dann diesen Buchstaben vor dem Hintergrund der übrigen, nicht ganzheitlich organisierten Quadrate. Zu derartigen Bildern, die, hat man sie einmal organisiert, eine ganz deutlich spürbare gegenständliche »Eigenständigkeit« besitzen, kann man nicht gelangen, ohne daß in dem jeweiligen Sinneskanal ein gewisses »Rauschen« besteht, weil es dann, wie wir glauben, den entsprechenden rezeptiven Feldern der zerebralen Analysatoren an der Aktivierung von außen (über die afferenten Bahnen der Sinne) fehlt. »Rauschen« bewirkt dagegen eine bis zu einer gewissen Schwelle reichende Erregung fast aller Neuronen eines solchen Feldes, und dann genügt schon eine unendlich kleine »Zutat« von seiten des Rezipienten, etwa die in den gleichmäßig erregten Neuronenbereich eingeführte Projektion einer bestimmten »Gestalt« (einer Melodie, eines Buchstabens), um einen Teil der Neuronen über die Schwelle hinaus zu aktivieren, und so entsteht die wahrgenommene Komposition mit den scheinbaren Merkmalen sicherer »Objektivität«. Die ganze »ästhetische Information« liegt also »beim Rezipienten«, und sie hat keine physikalische Entsprechung im Substrat der Wahrnehmung, so daß von einem Meßvorgang (zur Feststellung der Menge jener »ästhetischen Information«) gar keine Rede sein kann, weil sie allein eine Funktion der Größe des Repertoires an »Ordnungen« ist, über das der Rezipient verfügt, und das »ästhetische Objekt« selbst sich lediglich als ein Stimulus herausstellt, der gleichmäßig den Sensibilitätszustand der Hirnrinde beeinflußt, so daß man ihm keinerlei »informatorischen« Wert aufbürden kann. Um aber überhaupt von der Feststellung des Verhältnisses zwischen »redundanter« und »statistischer Information« reden zu können, muß man erst einmal beim Rezipienten eine »ästhetische« Einstellung zu einem bestimmten Objekt hervorrufen. Der »ästhetischen Rezeption« muß also die Feststellung vorausgehen: »Jetzt wirst du ein ästhetisches Objekt wahrnehmen.« So entsteht ein logischer Zirkel, weil das zu Beweisende (die Existenz einer »ästhetischen Information«) vorausgesetzt wird. Was die Formel von Moles beschreibt, hat mit »ästhetischer« Information gar nichts zu tun, sondern ist eine typische Eigenschaft überhaupt jeder Wahrnehmung, die so gesteuert wird, daß die wahrgenommenen Elemente sich im Sinne des »Wiedererkennens« oder des »Bescheidwissens« integrieren lassen. Findet die Integration der Elemente eines Wahrnehmungsfeldes nämlich in einer Situation statt, die zumindest teilweise »bekannt« ist, so tritt wegen der Verringerung der rein statistischen Information Redundanz auf; in dynamischer (prozessualer) Hinsicht entspricht diesem Vorgang die Entstehung (Konstituierung) von Invarianten (beim »wahrnehmenden« Rezipienten). Ein und dieselben Anordnungen von Elementen können je nach »Einstellung« als gewöhnlicher Abfall, als Steine und Speisereste – oder auch als »ästhetische Objekte« gelten. Auch ein sauberes Bettlaken kann, wenn es per Konvention in eine »Sammlung ästhetischer (oder) künstlerischer Gegenstände« aufgenommen wird, zu einem »ästhetischen Objekt« werden. Als Systeme, die zunächst »zufällig« sind und sich dann, nachdem entsprechende Operationen an ihnen vorgenommen wurden, als »Ganzheiten« herausstellen, können Buchstabenrätsel, Silbenrätsel, Bilderrätsel, Worträtsel u. dgl. gelten; dennoch rechnet man sie im allgemeinen nicht zu den »Kunstwerken«. Ob die Operationen real an einem Objekt oder nur »im Kopf« durchgeführt werden, spielt für unsere Unterscheidung natürlich keine Rolle. Interessant ist, daß man, nachdem die »ästhetische Information« ausgeheckt war, sich nicht darum gekümmert hat, eine andere zu erfinden – nämlich die »ethische«. Obwohl der Ausdruck »ästhetische Information« sehr gut klingt und sich sogar »mathematisieren« läßt, muß man doch mit Bedauern feststellen, daß er seine Entstehung alten Verfahrensweisen verdankt, die als *petitio principii* oder *circulus in explicando* bekannt sind und nicht als korrekt gelten können. Da es keine atomistische, chemische, biologische oder soziologische Information gibt, besteht auch kein Anlaß, eine spezielle »ästhetische Information« zu erfinden, um so weniger, als man diesen Terminus nur vorführen, aber nichts mit ihm anfangen kann.

Der eigentliche Stein des Anstoßes ist jedoch der schon erwähnte Umstand, daß Objekten, die als Kunstwerke gelten sollen, die Information vorausgehen muß, daß man es mit einem Kunstwerk zu tun hat. Man könnte sie als eine »lenkende« Information bezeichnen, aber eine ästhetische ist sie dennoch nicht. Akzeptieren wir jedoch eine besondere »lenkende« Information, dann geben wir der ungehemmten Willkür freien Lauf, und das fröhliche Erschaffen neuer Termini kann beliebig lange fortgesetzt werden.

IV.
Die Kreation des Werkes

Wie man sieht, ist die Situation in jeder Beziehung unklar. Um in dieser Situation irgendeine Aussage zu machen, die als sinnvoll gelten darf, muß man sich strikt beschränken. Insbesondere erklären wir, daß uns über die Existenzweise eines literarischen Werkes, das weder gesendet noch empfangen wird, nichts bekannt ist. Ein Werk, das man gelesen hat, ist in dem gleichen Sinne kein objektives Werk, wie die Erwähnung eines Bekannten nicht der objektive Bekannte ist. Wer nach nicht rezipierten Werken fragt, könnte ebensogut nach dem Geschmack des Zuckers nach einem dritten Weltkrieg oder nach der Existenz von Schreibmaschinen in der Jungsteinzeit fragen. Rein potentiell konnten diese Maschinen, da sie später entstanden sind, selbstverständlich »schon damals« entstehen, und der Zucker wird auch süß sein, falls jemand aus den Trümmern hervorkriechen sollte, um an ihm zu lecken. Die Konfiguration von Atomen, die, legt man einen Zuckerwürfel auf die Zunge, den süßen Geschmack bewirkt, ist nicht die Süße, sondern eine Konfiguration von Atomen. Ebensowenig ist die Schreibmaschine, die, auch wenn es sie »einstweilen« noch nicht gab, entstehen konnte, eine Realität. Man kann literarische Werke im Hinblick auf die Prozesse ihrer Sendung und ihres Empfangs untersuchen. Der Phänomenologe behauptet, man könne sie auch anders untersuchen, und zwar indem man die Tätigkeiten der »Vervollständigung der schematisierten Ansichten«, der »Veranschaulichung«, der »Visualisierung« usw. mit Vorbedacht »unterbricht«. Sicherlich kann man literarische Werke als sprachliche Äußerungen auch mit rein formalen Verfahren untersuchen, indem man etwa die Häufigkeit von Wörtern abzählt usw., doch über den Text, aus dem das literarische Werk besteht, wird man dann ebensoviel erfahren können wie etwa über die Schönheit eines Filmstars, wenn man die einzelnen Atome, Ionen und Elektronen des Körpers der Schauspielerin untersucht. Vielleicht wird die Physik es in tausend Jahren dahin bringen, daß man aus der Konfiguration der Ionen Schlüsse bezüglich der »Schönheit« des Gesichts oder der Beine ziehen kann, aber noch sind wir nicht soweit. Vielleicht wird man auch, obwohl ich persönlich daran zweifle, mit algorithmischen Methoden sogar solche Qualitäten des Werkes wie die semantische Gesamtstruktur erforschen können, aber einstweilen ist das noch nicht möglich, und es sind keine Methoden ersichtlich, mit denen sich solche Untersuchungen bei völliger »Menschenleere« durchführen ließen, ohne daß man also als »Prüfsteine« lebendige Leser benutzt.

Die psychologischen Gründe, aus denen die Auffassung erwächst, das Werk habe eine ganz und gar objektive Existenz, kann man gut verstehen. Reale Ereignisse vollziehen sich, vergehen und werden zu einer Vergangenheit, der objektive Existenz nicht zukommt, die wir ihnen aber dennoch insofern zuschreiben, als wir ihre aktuellen Spuren (in der Umwelt und im eigenen Gedächtnis) beobachten; im übrigen zweifeln wir nicht an der Objektivität von Ereignissen, die wir gegenwärtig wahrnehmen, und so haben wir keinen Grund, den vergangenen die Objektivität abzusprechen, obwohl man sie weder unmittelbar berühren noch sehen oder mit den Methoden von Physik und Geometrie untersuchen kann.

Werke dagegen sind beständig, man kann in jedem Augenblick auf sie zurückgreifen, und außerdem gibt ein Werk, wenn wir es aufschlagen, seine Elemente zu erkennen – die einzelnen Sätze, die wir insgesamt begreifen, und wir wissen sehr wohl, daß wir uns diese Sätze nicht ausgedacht haben. Da die Sätze objektiv existieren, müssen auch die aus ihnen zusammengesetzten Absätze, Kapitel und schließlich das ganze Werk objektiv existieren. Seine Existenz ist – darüber müssen wir uns im klaren sein – nicht dieselbe wie die von Hockern oder Eidechsen, aber sie ist dennoch von uns unabhängig, also irgendwie real.

Gewiß ist diese Existenz irgendwie real. Aber real ist auch die Existenz des Wassers, woraus nicht folgt, daß es ständig in ein und derselben Form und in ein und demselben Verdichtungszustand weiterbesteht. Das Werk ist eine sprachliche Äußerung, und es kann daher nicht in einer anderen Weise existieren als jede sprachliche Äußerung. Eine solche Äußerung kann man senden und empfangen. Abgesehen vom Senden und Empfangen existieren sprachliche Äußerungen nicht, und wenn sie dennoch irgendwie existieren, dann nicht als Äußerungen.

Die Literaturwissenschaft ist nicht eine Theorie des Sendens und Empfangens von Werken, sondern eine Theorie von Werken schlechthin. Der Forscher stellt sich gewissermaßen auf einen »neutralen« Punkt und äußert von dorther Urteile über das Werk. Wir werden anders vorgehen, indem wir eindeutig erklären, daß das, was gemeinhin als Theorie des Werkes bezeichnet wird, eine Theorie seiner Rezeption ist und nicht eine Theorie des »Werkes selbst« oder des Sendens. Jedes Werk kann grundsätzlich nur einmal gesendet (d. h. einmal geschrieben), aber beliebig oft empfangen werden. Dieser Dualismus ist nicht so zu verstehen, daß sich auf der Senderseite ein bestimmtes Individuum (der Autor), auf der Empfängerseite aber die Menge der Leser befindet.

Die Beziehung »Senden-Empfangen« scheint einmehr-deutig nur für Werke zu sein, deren Entstehung ein nicht allzu großes Zeitintervall vom Moment der Lektüre trennt. Je weiter die Entstehung des Werkes zeitlich zurückliegt, um so deutlicher verwandelt sich die scheinbare Singularität der »Sendung« in einen Komplex von Merkmalen, die eher für die *Epoche* als für den Autor typisch sind. Jene Merkmale »lokalisierten sich« gewissermaßen nur in einem konkreten Individuum. Je älter ein Werk im übrigen ist, um so nobler ist es, da es bis zu uns gelangt ist. Es stimmt nicht, daß der Filter der historischen Zeit bestimmte Werke zurückhält und andere einfach »zu uns« durchläßt; vielmehr läßt der Durchgang des Werkes durch diesen »Filter« erstarrende Lesarten sich an dem Text ablagern, und daher werden denn auch bei einer »erneuernden Lektüre« eines alten, ehrwürdigen Textes im Grunde jene Schichten, die sich auf dem Werk abgesetzt haben, teilweise heruntergerissen. Die Einmaligkeit des kreativen Akts oder des isolierten Akts der Lektüre beruht also darauf, daß sie – wie ein einzelner Faden aus einer Kette – aus einem großen Prozeß herausgelöst werden. Jedes Werk hat unbestreitbar nur einen Autor, doch gerade dieser hat sehr »viele Autoren« gehabt, weil ihn die sprachlich-kulturellen Bedingungen einer bestimmten Epoche formten; es geht hier gewissermaßen um konzentrische Kreise, deren Zentrum stets ein Individuum (Autor oder Leser) ist, doch darf sich die literaturkundliche Forschung nicht damit begnügen, diese beiden »idealen Punkte« zu erkunden. Was ein Werk spezifisch kennzeichnet und seine rein lokalen Besonderheiten ausmacht, beruht hauptsächlich auf einmaligen und individuellen Dispositionen des Autors. Was jedoch ein Werk als *literarisches* Werk kennzeichnet, beruht auf massenhaft-statistischen Prozessen, in denen sich historische, kulturelle und sprachliche Phänomene verschränken. Ein Text, der zunächst »an sich« unbestimmt, »uneindeutig« ist, wird durch »Anpassung« an Stereotype der Kultur oder durch eine aktive Veränderung solcher Stereotype (d. h. die dann eintretende Anerkennung bestimmter Bedeutungskonfigurationen) zu einem literarischen Werk. Die überwältigende Mehrheit der »Werke« besteht allerdings nur in »Projekten«, die keine dauerhafte Stabilisierung erlangen.

Die Theorie der Kreation des Werkes ist noch unerforschter als jener Bereich, der sich mit Problemen der Rezeption befaßt. Weil wir sie nicht gesondert besprechen werden, seien ihr in diesem nicht sehr langen Kapitel, das sich eher als Parenthese von den übrigen Erwägungen abhebt, einige Worte gewidmet.

In den psychologistischen Konzeptionen besteht die

Theorie der Kreation in einer Gegenüberstellung von schriftstellerischen Bekenntnissen und deren Deutungen, die – außer als Kuriosum – eigentlich wertlos ist. Fruchtbarer erscheint demgegenüber der informationstheoretische Ansatz. Die literarische Kreation kann man – ähnlich wie jede Äußerung und schließlich auch die Herstellung einer beliebigen Organisation – unter ein Schema fassen, das erstens einen Generator redundanter Vielfalt, zweitens »Kriterien«filter, welche diese Vielfalt aussieben, und schließlich ein Programm vorgegebener Transformationen enthält, welches die selektierten Elemente entsprechend den in ihm enthaltenen Direktiven modifiziert. Die Glieder dieser Dreiheit aus Generator, Filtern und Programm bzw. Transformationsmatrix können generell unabhängig voneinander sein; so kann es sein, daß der Generator auf vollkommen zufällige Weise Vielfalt erzeugt, daß die Filter diese im Hinblick auf Kriterien A, B und Y aussieben und die Transformationsmatrix an den ausgesiebten Elementen allein von ihr festgelegte Transformationen vollzieht. Allerdings funktionieren Systeme, die sich mit einer solchen »schöpferischen Tätigkeit« befassen – seien es Tiergattungen innerhalb der Evolution, Konstrukteure von Maschinen, Komponisten oder Schriftsteller –, unterschiedlich: Auf der einen Seite beeinflussen sich die Prozesse der Generation, Aussiebung und Transformation von Vielfalt wechselseitig (sind also keine Isolate), während auf der anderen Seite ein – im übrigen veränderlicher – rückwirkender Einfluß des Erzeugten auf das Erzeugende auftritt. Beim Evolutionsprozeß vollzieht sich der Informationsrückfluß umständlich auf zwei Ebenen – der Makroebene ganzer Organismen und der Mikroebene des Erbplasmas –, und er besitzt kein »tiefes« Gedächtnis, denn der Evolutionsprozeß vollzieht sich in unmittelbarer Anpassung, die weder frühere Zustände – daß z. B. bestimmte Mutationen, die gegenwärtig realisiert werden, schon einmal einer Gattung den Untergang gebracht haben – noch künftige Zustände berücksichtigt und daher nur sehr unvollkommen, auf sogenannte

»Markowsche« Art, zu »lernen« vermag. Menschen arbeiten demgegenüber als Schöpfer weitaus effektiver und effizienter (sowohl in energetischer als auch in informationaler Hinsicht). Das fertige Werk, eine linear (auf einem materiellen Träger) fixierte Information, ist weder ein homöostatisches noch ein autonomes System. Man darf nicht glauben, die Beziehung des Werkes zu den Gehirnen der Leser sei etwa der Beziehung von Tieren zu ihrer ökologischen Umgebung isomorph. Die Organisation eines lebenden Organismus ist zwar auf eine entsprechende Umgebung »ausgerichtet«, aber doch hinreichend autonom, so daß man sie außerhalb dieser Umwelt untersuchen kann. Das isolierte Werk ist dagegen unter physikalischem Aspekt nicht entsprechend organisiert. Die Organisation eines Werkes offenbart sich »in ihm« während der Lektüre, so wie sich die Bewegung einer Filmfigur während der Projektion des Films auf die Leinwand offenbart, und man wird schwerlich behaupten wollen, diese Bewegung befinde sich in Wirklichkeit auf den verschiedenen Einzelbildern des Films. Man könnte diese Einzelbilder ja auseinanderschneiden – und was wird dann aus der »Bewegung«? Wenn zwei gezähnte Walzen, deren Dorne in entsprechender Reihenfolge auf einen Metallkamm treffen, eine Melodie erzeugen, kann man nicht behaupten, daß die Melodie, wenn die Spieldose in ihre Bestandteile zerlegt ist, sich in den Walzen oder in dem Kamm »befinde«. Sie »befindet sich« lediglich in einer bestimmten Relation, in dem gegenseitigen Verhältnis jener Bestandteile zueinander, als ein Programm vorgegebener Transformationen (Steuerungsprogramm). Die Organisation des fertigen, gedruckten Werkes »zeigt sich« also in ihm, wenn dieses Werk in einen bestimmten Prozeß – des Lesens – »hineingerät«. Diesen Prozeß darf man allerdings nicht mit einer Untersuchungstätigkeit gleichsetzen, etwa derjenigen, bei der die Formen eines Objekts durch Betasten festgestellt oder Farben visuell unterschieden werden. Formen, Farben oder Düfte kann man nämlich mit unterschiedlichen sinnlichen oder physikalischen Methoden herausfinden, während die typisch menschlichen Prozesse der informationalen Kommunikation nur dem einen Verfahren zugänglich sind, das sie in Gestalt der verstehenden Rezeption im Bewußtsein konstituiert.

Ein entstehendes Werk darf man dagegen als Homöostaten betrachten – solange es noch nicht beendet ist. Und zwar sowohl aus dem offensichtlichen und ziemlich trivialen Grund, daß der Autor aufgrund von Erfahrungen, die er beim Schreiben späterer Teile gemacht hat, an Teilen, die diesen vorausgehen, Veränderungen vornehmen kann, wobei diese Korrektur das Resultat einer Rückkoppelung (Text-Autor-Text) ist, als auch aus dem nicht so offenkundigen Grund, daß ein begonnenes Werk eine Vielzahl möglicher Entwicklungsbahnen (»homöostatischer Reaktionen«) vor sich hat, wobei sich in dem Maße, wie es wächst, deren Anzahl vermindert. Man kann im übertragenen Sinne sagen, das Werk verhalte sich (unter der Feder des Autors) so, als »erinnere es sich« an das, was in seinen »früheren« Passagen geschehen ist, wenn es aktuelle Entscheidungen (des Schriftstellers) zu treffen gilt. Die »Vergangenheit«, also die früheren Teile des Werkes, beeinflußt somit – natürlich durch den Kopf des Autors – die entstehenden Abschnitte.

Diesen modifizierenden und lenkenden Einfluß, den die früheren Abschnitte des Textes auf die späteren ausüben, kann der Autor entweder als Unterstützung oder als Behinderung empfinden. Als Unterstützung, wenn die solchermaßen gelenkte Entwicklung zu seinen »Absichten« paßt, als Behinderung, wenn sie von ihnen abweicht. Doch worin besteht eigentlich die »Absicht«? Das eine kann man schon jetzt sagen: sie ist nicht gleichbedeutend mit dem Thema.

Stünden sowohl das Generieren von »Vielfalt« (es geht um das sogenannte Ausgangs»material« oder den »Rohstoff«) als auch deren Durchsiebung und schließlich die steuernden Eingriffe völlig unter der Kontrolle des Autors, könnte er die Folgen jeder einzelnen Entscheidung für die Gesamtstruktur des Werkes beliebig prognostizieren und wüßte er darüber hinaus, worin eigentlich seine »Absicht« besteht und woher sie stammt, dann würden sicherlich nur noch hervorragende Werke entstehen.

Ein solcher Zustand der Allwissenheit kommt jedoch praktisch niemals vor. Die Kreation beginnt demnach als ein ganz merkwürdiges, in mehrfacher Hinsicht undeterminiertes Konstruktionsverfahren, denn der Schriftsteller weiß nicht, über was für eine (sowohl sprachliche als auch außersprachliche) »Vielfalt« er tatsächlich verfügt, er kann nicht alle Eigenschaften seiner »Selektionsfilter« vollständig kontrollieren, und was das merkwürdigste ist: er kennt die Transformationsmatrix, die er schon betätigt hat und beim Schreiben weiterhin betätigen wird, nicht. In der Technik wäre der Aufbau eines solchen, sich durch Rückkoppelung selbst einstellenden Systems, bei dem weder dessen eigene noch die Kontrollparameter eindeutig festgelegt würden, natürlich reiner Wahnsinn. Wie kann man etwas aufbauen, von dem man weder weiß, wie es »in sich« aufgebaut sein wird, noch eindeutig sagen kann, welche Ziele es eigentlich verfolgen soll?

Es zeigt sich, daß dies zumindest in der Literatur und gewiß auch in anderen Bereichen der Kunst möglich ist.

Jedes in Entstehung befindliche Werk kann man als eine Menge von miteinander verbundenen Variablen betrachten, in der bestimmte, kohärente Untermengen (Komplexe) auftreten, welche die »Personen« auf dem »Hintergrund« irgendeines Milieus abbilden. Zugleich stellt aber das Werk ein »sich selbst einstellendes System« im Sinne der technischen Kybernetik dar, ein System, das darüber wacht, daß die Werte bestimmter Parameter vorgegebene Intervalle nicht verlassen. Diese Parameter sind dem entstehenden Werk äußerlich, denn auf sie ist es ja gerade »ausgerichtet«.

Mag sich die Sache informationstheoretisch auch so darstellen – für den Schriftsteller sieht sie anders aus. Er hat eine spezifische Aufgabe auszuführen; die darin besteht, eine Struktur aufzubauen, die kein Mensch »mit einemmal« geistig zu erfassen vermag. Mit einemmal kann man einen Satz, eventuell zwei oder drei Sätze, aber nicht viel mehr erfassen. Schon aus diesem Grunde kann der Autor – rein verstandesmäßig – in dem Augenblick, wo sie beginnt, nicht den gesamten künftigen Verlauf der Erzählung – sowohl, was die Artikulation, als auch, was die von ihr geschilderten Szenen betrifft – genau überblicken. Das hat zur Folge, daß der Schriftsteller sich faktisch wie ein Mensch verhält, der sich – im Sinne der Spieltheorie – in einer Auseinandersetzung befindet: er probiert der Reihe nach die Varianten verschiedener »Züge«, also mögliche Transformationen des Ausgangszustands, durch, wobei er sowohl taktische Aspekte (welche die erzeugte lokale »Mikrostruktur« betreffen) als auch strategische Aspekte im Auge behalten muß, welche die Makrostruktur betreffen, die sich insgesamt auf die »Absicht« bezieht. Dabei bedient er sich in der Regel einer Minimax-Strategie, weil er die Gewinne zu maximieren und die Verluste zu minimieren versucht; der Arbeitseffekt soll ja sowohl lokaler Natur als auch für die Gesamtheit des Werkes (das in dieser Gesamtheit noch nicht existiert) konstitutiv sein. Es kommt allerdings vor, daß ein lokaler »Gewinn« insgesamt zu einem »Verlust« wird und umgekehrt.

Wenn Schriftsteller sagen, daß ein Werk während des Schreibens an einem bestimmten Punkt anscheinend »zu leben beginnt«, so bedeutet das, daß die Aufrechterhaltung der ganzheitlichen »Einstellung« des Textes auf die »übergeordneten Ziele«, auf jene ständig einzuhaltenden »Parameter«, sich gewissermaßen automatisiert hat, weil sich zwischen den lokalen Determinanten des Textes und jenen übergeordneten Determinanten eine Übereinstimmung hergestellt hat und spürbar wird. Die »Vorfälle« laufen in die »richtige Richtung«. Gleichzeitig reduziert sich dann deutlich die Anzahl der möglichen Varianten der weiteren Entwicklung. Überwog anfangs die Methode von Versuch und Irrtum, bei der man in Sackgassen gerät und sich wieder zurückzieht, so genügt es jetzt, aufmerksam den entstandenen Text durchzusehen, denn durch all seine früheren Zustände wurden bereits eindeutig strukturierte Gradienten aufgebaut, die auf das Ende hinzielen. Dabei spielt es keine besondere Rolle, ob es sich um ein »realistisches«, »veristisches« oder irgendwie »phantastisches« Werk handelt. Auf »mimetische« Weise können in einem Werk ganz verschiedene Dinge dargestellt werden, so etwa der *Hintergrund der Handlung* in dem Sinne, daß er als ihr Umfeld der Alltagserfahrung entspricht (ihr entspricht er z. B. nicht in Träumen, in denen die »Umgebung«, verglichen mit der des Wachbewußtseins, entweder »bizarr« oder animistisch dynamisiert oder »halbwegs mental« in dem Sinne ist, daß man sie durch bloßen Wunsch, durch einen Gedanken verändern kann), oder die *Personen* (sei es als »Porträts« realer Personen oder nur als im alltäglichen Sinne »glaubhafte« Menschen). Wer mimetisch eine bestimmte Wirklichkeit kreiert, besitzt einen zusätzlichen Prüfstein dafür, ob er Einzelheiten richtig beschreibt, in Gestalt der intuitiven Beurteilung der »Glaubwürdigkeit der Vorgänge« oder der »menschlichen Verhaltensweisen«. Doch gerade das »Mimetische« ist ein ziemlich irreführender Ausdruck. Sehr vieles von dem, was sich durchaus real zwischen den Menschen abspielt, entgeht der Aufmerksamkeit des durchschnittlichen, nicht sonderlich geschickten Beobachters. Gewiß ist jeder Mensch im Rahmen seiner Möglichkeiten ein »Psychologe«, denn er versucht schließlich, fremde Verhaltensweisen und Reaktionen vorherzusehen, doch ist sein Wissen begrenzt, fehlbar und stereotypisiert. Zwischenmenschliche Phänomene, die aus zumindest einigermaßen verwickelten, z. B. »institutionellen« Prozessen resultieren, sind nicht mehr im Sinne der obigen »gesellschaftlich verbreiteten landläufigen Psychologie« auf gewöhnliche Weise verstehbar. Ein Stuhl, ein Blitz oder die Unterkiefer einer Fliege sind durchaus reale Phänomene, doch kaum jemand weiß, wie diese Unterkiefer oder der Blitz (in Zeichnungen häufig als Zickzack dargestellt, obwohl er eher »nach Pflanzenart verzweigt« ist) »eigentlich« aussehen. Das landläufige Wissen kann also falsch sein, selbst dort, wo es Dinge darstellt, die faktisch vorkommen. Was als »mimetisch« bezeichnet wird, kann eine getreue Wiedergabe eher eines solchen Wissens als realer Zustände sein. Außerdem kann in der sprachlichen Kreation das Verfahren unterschiedlicher »Annäherungen« und »Vergrößerungen« benutzt werden, wodurch fälschlich der Eindruck einer »amimetischen« Darstellung entsteht. Das »Mimetische« ist, wie man sieht, häufig nichts anderes als stereotypisierte Gemeinplätze.

Ein unglaubwürdiges Normalverhalten der Personen in einem Werk kann entweder auf Regulationsmängeln oder auf einem Vorgehen beruhen, das zum Gesamtprogramm des Werkes gehört. Welcher Fall jeweils vorliegt, darüber entscheidet der Kontext.

Aber was ist, noch einmal gefragt, eigentlich die »Absicht« des Autors?

Sie ist im allgemeinen kein Ziel im Sinne des »Schützen«, nicht ein Ort, den man erreichen möchte (obgleich manche Werke ausschließlich auf den am Schluß entstehenden Effekt abzielen), sondern man kann sie ganz allgemein als eine Bahn im semantischen Raum bestimmen. Die »Absicht« liegt gewissermaßen halbwegs zwischen der ständigen »Problematik« des Schriftstellers und dem »konkreten Thema« des Werkes. Die »ständige Problematik«, das sind die »Obsessionen« des Schriftstellers, generelle Auffassungen, die als geschlossene oder auch als gespaltene oder schwankende Haltungen auftreten (denn die »Haltung« kann auch in einer gewissen »Oszillation«, einem dauernden Ungleichgewicht bestehen). Es geht um gewisse »ständig aktivierte Gradienten«, »Pole« im semantischen Raum, sich gewissermaßen kreisförmig wiederholende Prozesse von emotional wirksamen Erinnerungen und Erregungen; das, was die »Absicht« darstellt und schon den thematischen Keim des Werkes bildet, gruppiert sich gewissermaßen um jene Zentren, die bestimmte Inhalte, Beobachtungen, Urteile zu erfassen und teilweise zu ordnen scheinen und ihnen dadurch eine »latente« Geschlossenheit verleihen. Die Gesetzmäßigkeiten, die eine solche »Anziehung« und »Selektion« bestimmen, gruppieren sich um die Theorie der Ähnlichkeiten; sie ist eigentlich die höchste Gottheit der Kreation. Denn durch konzeptuelle, situative, sprachliche und phonetische Ähnlichkeiten, durch das Entdecken von Verwandtschaften auf gleichzeitig sehr vielen Ebenen des Realen und Mentalen vollzieht sich ein erstes »Ordnen« der Elemente. Die »Obsessionen« sind ziemlich beständig, aber auch sehr allgemein (wir werden Beispiele nennen); die Absicht ist unbeständig und zugleich gewissermaßen mehrfach – auf widerspruchsvolle Weise – geordnet: in ihr steckt gleichsam eine Vielzahl möglicher Strukturen, und die Auswahl der konkreten Struktur, die dann realisiert wird, hängt teilweise vom Zufall ab. Innerhalb der Psychologie, die sich nicht mit der Kreation befaßt, läßt sich diesem Phänomen der Mechanismus der Entscheidungsfindung zuordnen; wenn die alternativen Beweggründe relativ gleichmäßig verteilt sind, wird der schwankende Zustand, der angesichts ihrer eintritt, oft durch einen ganz zufälligen und zugleich geringfügigen Faktor entschieden. Erst später, wenn der Augenblick, in dem die Entscheidung getroffen wurde, weiter zurückliegt, systematisiert der Mensch die getroffene Wahl, versieht sie mit vielfältigen Gründen, und oft kann er sich am Schluß nicht mehr vorstellen, daß er in dieser Frage überhaupt irgendwelche Zweifel hatte. Was aus einer nebelhaften Absicht eine thematische Entscheidung werden läßt, ist anfangs in ähnlich markanter Weise vom Zufall determiniert.

Das »Entscheidungsmodell« beweist jedoch lediglich, daß der Zufall zunächst am Auswahlprozeß beteiligt ist und daß dieser nachträglich rationalisiert wird. Es ist daher kein zutreffendes Modell, denn es berücksichtigt nicht den dynamischen, sich selbst organisierenden Charakter der Kreation. Wenn am Anfang eines solchen Prozesses Elemente stehen, die schon eine gewisse polyvalente Bindungsfähigkeit besitzen, werden sich zuerst ganz umstandslos zufällige Konfigurationen herausbilden, die dann eine Art von gestaltender Auslese »komprimieren« muß. Sicherlich sind auf diese Weise in Lösungen die ersten präbiotischen Stoffe entstanden, ähnlich verhält sich auch eine evoluierende Gattung, wenn anfangs zufällige Mutationsserien in genetischen Driften orthoevolutive Trends entstehen lassen, und schließlich bauten sich in dieser Weise um den kooperativen Kern der Aktivität der menschlichen Urgruppe Verhaltensweisen auf, die, gegenüber den biologisch-kooperativen Bedürfnissen redundant, sich durch Rückkoppelung zwischen den Generationen verfestigen und zum ganzheitlichen dynamischen Stereotyp der konkreten Kultur wurden. Bei jedem dieser komplexen Prozesse kommt es zu einem Anwachsen der Organisation und gleichzeitig zu einer Verminderung der Empfindlichkeit des entstehenden Systems gegen rein zufällige Störfaktoren. Andererseits ist es aber gerade der Zufallsfaktor (als Generator von Vielfalt), der die Entwicklung ermöglicht, die auf der Suche nach dem Gleichgewichtszustand beruht. Solange dieser Zustand nicht erreicht ist, befindet sich das System in einer autotransformativen Bewegung, doch wenn es durch solche Irrfahrten auf einen stabilen Zustand stößt, verharrt es in ihm. Während die oben angeführten »Modelle« zugleich materieller und informationaler Natur sind, ist das entstehende Werk ein rein informationales Gebilde, für das der menschliche Geist die »Umwelt« darstellt, welche die Kriterien der »Auslese« festlegt, die gestaltend die zunächst zufälligen Prozesse »komprimiert«. Die »Obsession« des Schriftstellers ist streng genommen weder ein philosophisches System oder eine Weltanschauung noch sonst eine (z. B. logisch) kohärente Zusammenstellung von Regeln oder Axiomen, sondern lediglich eine Art von dauerhafter Strukturierung im »Raum der Bedeutungen«, die mit allem, was ein Mensch in der Weise erfahren kann, daß es sich sprachlich artikulieren läßt, korrespondieren. Bedecken wir die Pole eines Magneten mit einem Stück Papier und schütten wir Eisenspäne darauf, so werden sie sich längs den Kraftlinien des Magnetfeldes verteilen. Wenn wir das Experiment mehrfach wiederholen, bemerken wir jedoch, daß die jeweiligen Verteilungen nicht völlig identisch sind. Außerdem können die Späne, die sich in ähnlicher, durch die Kraftlinien des Feldes gegebener Gestalt verteilen, von unterschiedlichen Ausmaßen sein, sie können aus gewöhnlichem Stahl, aus rostfreiem Stahl oder aus Eisen sein usw. Ein bißchen ähnlich verhält es sich mit der Kreation, die bei verschiedenen kreativen Akten über nicht identische Elemente verfügt, welche bis zu einem gewissen Grade durch Zufallsserien gegeben sind (die das »Ausgangsmaterial« liefern); diese »Materialien« organisiert sie zu »Gestalten«, die einander irgendwie – in einem ganz allgemeinen Sinne – ähneln. Während also jedes Werk, wenn es abgeschlossen ist, für den Schriftsteller »einzigartig« und »notwendig« ist, ist es anfangs so sehr indeterminiert, daß es im Grunde nur eines der Elemente einer Klasse darstellt, die alle potentiellen Lösungen des »Problems« umfaßt, und welches der Elemente dieser Klasse (»virtueller Werke«) tatsächlich verwirklicht wird, weiß man im voraus nicht. Die reale Umwelt der Bioevolution legt nämlich ebenso wie die »geistige Umwelt« der Kreation nur bestimmte Randbedingungen fest, in welche die – evolutionäre oder kreative – »Realisation« »hineinpassen« muß. So beobachten wir, daß ein und dieselben Bedingungen unter den vierfüßigen pflanzenfressenden Säugern in dem einen Erdteil das Lama, im anderen die Antilope und in einem weiteren das Reh und den Hirsch hervorbrachten. Die »Auslese«-Richtlinien schaffen nämlich bestimmte »Spielräume«, die auf eine ganz einmalige, nicht mehr wiederholbare Weise »ausgefüllt« werden.

Noch anders gewendet: Um von Krakau nach Warschau zu gelangen, muß man notwendigerweise die Strecke zwischen den beiden Städten zurücklegen, doch kann man das entweder mit dem Auto, dem Flugzeug, der Eisenbahn oder zu Pferde tun. Die »Obsession« des Schriftstellers ist ein Problem, das quasi »an sich« so sehr unbestimmt ist, daß man es nicht als eine bestimmte Aufgabe formulieren kann; die »Absicht« stellt bereits einen Versuch dar, die Bedingungen zu spezifizieren, doch auch sie kann noch weitergehend konkretisiert werden – bis hin zur thematischen Ebene. Wir glauben natürlich nicht, im Kopfe des Schriftstellers ließen sich tatsächlich solche säuberlich voneinander getrennten »Wesenheiten« wie die »Obsession«, die »Absicht« und dann auch noch das »Thema« entdecken. Es handelt sich dabei lediglich um Querschnitte eines eher stetigen Stromes; »notwendig« ist also letzten Endes nicht irgendein Werk, sondern nur das übergeordnete Programm, das durch die Gesamtheit der psychofunktionalen Merkmale des Schriftstellers, also durch seine Persönlichkeit, gegeben ist.

Das Beständigste ist zuweilen etwas durchaus Elementares. So finden wir etwa bei Thomas Mann antagonistisch geordnete Begriffspaare: »Normalität« (Gesundheit) – »Genie« (Krankheit), »das Ethische« (das Gute) – »das Ästhetische« (das Böse), »Künstler – Bürger« usw. Der geniale Leverkühn verdankt seine Größe der Krankheit, während sein Biograph gesund und normal, also untalentiert ist. Hans Castorp war »normal«, »gedankenlos«, aber die Krankheit läßt ihn »genial werden«; in der »Königlichen Hoheit« ist das Schicksal des Herrschers eine Allegorie des Künstlerschicksals, das dem Schicksal des Bürgers gegenübergestellt wird, usw. »Obsessionen« sind Probleme, die ihr »Besitzer« sekundär rationalisieren kann (was Mann in seiner Essayistik tat), um ihre kulturelle Bedeutung zu objektivieren; »sekundär« deshalb, weil es nicht möglich ist, sich – per Beschluß – in der kreativen Tätigkeit von ihnen zu lösen. Wir können eine solche Konstanz, da wir sie nicht verstehen, lediglich konstatieren. Was die dauerhafte Polarisierung des »Selektions-« und des »Kriterienbereichs« bewirkt, aber auch an der Entstehung von »Absichten« unterhalb der Schwelle der thematischen Festlegung beteiligt ist, ist, wie wir sehen, die Haltung des Schriftstellers zu Werten, die für ihn »extrem«, gegensätzlich sind – eine häufig widersprüchliche Haltung, wofür Mann ein typisches Beispiel ist. Der Grad der diesbezüglichen

Selbsterkenntnis des Schriftstellers ist unterschiedlich; Einsicht ist nicht durch Introspektion zu gewinnen, sondern durch eine vergleichende Betrachtung der eigenen Werke, die im Hinblick auf die Gesamtaussage nach »Verwandtschaften« suchen würde, oder ganz einfach durch eingehende Kritik.

Die Themenbreite eines Autors steht in keinem Verhältnis zur eventuellen »Enge« jenes obersten Prinzips, was man wiederum bei Mann sehen kann (die Probleme wiederholen sich, doch die Breite der Themen in den Romanen »Doktor Faustus«, »Bekenntnisse des Hochstaplers Felix Krull«, »Der Erwählte« und »Der Zauberberg« ist gewaltig).

Interessant sind Fälle aus dem Bereich der schriftstellerischen Pathologie, denn an mangelhaften Werken lassen sich die Besonderheiten der kreativen Dynamik leichter demonstrieren als an Meisterwerken. Völlig mißratene Dinge, also Musterbeispiele von Graphomanie, interessieren uns nicht, denn obwohl sie – wie literarische Werke auch – aus Worten und Sätzen bestehen, enthalten sie doch nichts anderes als totale Auflösung, die aus dem Verlust der Kontrolle über die Aussage herrührt, oder umgekehrt die völlige Lähmung durch eine exzessive Ordnung. Derartige Schöpfungen sind auch nicht »mimetisch«, denn woran die Autoren sich ausrichten, sind ganz und gar abgegriffene landläufige Stereotypen.

Interessant wird die Sache als ein Fall aus der Steuerungstheorie erst, wenn ein Werk Ansätze von Selbstorganisation erkennen läßt. Das bedeutet lediglich, daß ein Werk eine gewisse eigene »Konsequenz« angenommen hat und in eine bestimmte Richtung tendiert; eine solche lokale Tendenz muß aber nicht unbedingt gleichbedeutend sein mit der Erfüllung der durch das übergeordnete Programm gestellten »Aufgaben«. In der Praxis kommt es freilich öfter vor, daß ein Autor nicht bemerkt, daß das Örtliche und das Übergeordnete sich nicht decken, da er nicht über alles, was im Text »passiert«, gleichermaßen die Kontrolle hat. Das ist wiederum nicht verwunderlich; es kann sein, daß jemand nicht wünscht, ein Dreieck zu bilden, sondern lediglich, drei Stöckchen so aneinanderzulegen, daß ihre Enden sich paarweise berühren; gleichwohl entsteht unabhängig von den Wünschen und Absichten dieses Menschen ein Dreieck. Im Falle der drei Stöckchen ist die Anzahl der Variablen, mit denen man operieren muß, sehr klein; in einem durchschnittlichen Prosawerk sind es dagegen ungeheuer viele, und der Schriftsteller vermag sie in den Transformationen überhaupt nur – zumindest »einigermaßen« – zu bändigen, weil diese Variablen als relativ stabile zusammenhängende Komplexe auftreten (solche Komplexe sind zum einen der Hintergrund, das Milieu, die Szenerie, zum anderen die Personen, ihre psychophysischen Eigenschaften usw.). Bei der Bildung solcher Komplexe, etwa von bestimmten »charakterologischen Invarianten« einer Person, tut ein Autor jedoch häufig mehr, als es seinem Wunsch entsprach, denn ohne daß er sich dessen schon bewußt wäre, legt er damit die Wahrscheinlichkeit des weiteren Verhaltens dieser Person in einer bestimmten Weise fest (Zagłoba erweckt charakterlich wahrhaftig nicht den Eindruck, der Retter Helenas zu sein!).

Wenn Helden sich, wie man sagt, »verselbständigen«, wenn ihr Handeln dem Willen des Autors »widerspricht«, so ist das kein Anzeichen von literarischer Gewandtheit, sondern ein pathologisches Symptom. Bei einem solchen Regelungskollaps besteht ein Konflikt zwischen dem »Programm« und dem »lokalen Zustand«; im Idealfall verhält sich eine Person, die »bei ihrem Charakter« bleibt, wie ein »sich selbst einstellendes System«, das darüber wacht, daß die einprogrammierten Werte der Parameter einen zulässigen Bereich nicht überschreiten. Eine solche Person bleibt, gewöhnlich ausgedrückt, sowohl »sie selbst«, führt aber zugleich auch aus, was der Autor ihr bestimmt hat – nicht einmal unbedingt im Sinne konkreter Taten, denn es kann sich ebensogut nur darum handeln, daß die allgemeine sinnhafte Makrostruktur des Werkes realisiert wird. In dem Roman »Herr der Fliegen« von William Golding erliegen beispielsweise kleine Jungen auf einer unbewohnten Insel, ohne daß sie das Intervall glaubwürdiger Verhaltenswahrscheinlichkeit verlassen, als Gruppe kultureller Rückbildung und verwandeln sich schließlich in eine Horde von »Wilden«. Der Roman suggeriert eindeutig, daß die Situation das angeborene »Böse im Menschen« »hervorlockt«, und dieses »Böse« steht außer Zweifel, wenn »selbst Kinder« so rasch unter entsprechenden Bedingungen zu Unmenschen werden. Würden die geschilderten Vorgänge tatsächlich eintreten, so würde natürlich kein Anthropologe sie als einen experimentellen Beweis für die entsprechende These anerkennen; schließlich könnte es sich ja um einen ganz und gar einmaligen Vorgang handeln, der absolut nichts enthält, was eine Extrapolation auf »den Menschen schlechthin«, auf »das Wesen der menschlichen Natur« rechtfertigen würde. Allerdings wird das psychologische Alltagswissen durch den geschilderten Gang der Ereignisse gleichsam entkräftet, denn es kann ihm keine guten oder alternativen Argumente entgegensetzen. Gerade auf dieses Wissen stützt sich aber der Leser gewöhnlich bei der Beurteilung der »Glaubwürdigkeit« und »Repräsentativität« der Ereignisse.

Wie meistens in solchen Fällen wird uns nirgendwo in dem Werk ausdrücklich mitgeteilt, daß es die »Theorie der Umwandlungen« jener Gruppe von Jungen für allgemein repräsentativ erklärt. Man könnte es also einfach für eine kuriose Geschichte halten, und damit haben wir die bei einem Werk typische Situation, daß die Realitätsbezüge und der »Gültigkeits«bereich sich lediglich auf Mutmaßungen stützen. Würde man den Roman als »soziologischen Beweis« disqualifizieren, so würde das zwar die Ereignisse ihrer symbolischen Bedeutung entkleiden und sie der vermeintlichen allgemeinen Repräsentativität berauben, doch die dargestellten Vorgänge als solche blieben davon unberührt. Man kann in solchen Fällen daher lediglich von einer »kognitiven« Pathologie oder zumindest von methodologischer Fragwürdigkeit dessen, *quod erat demonstrandum,* sprechen. Dazu ist anzumerken, daß es ja des öfteren vorkommt, daß die zu beweisende These als solche wahr ist, aber auf unkorrekte Weise bewiesen wird; solche unkorrekten Beweisführungen sind eine nicht seltene Sünde von literarischen Werken, wofür Voltaire ein Beispiel liefert, wenn er das Vorhandensein von Muscheln im Gestein der Alpen damit erklärt, daß sie vorbeiziehenden Pilgern vom Hut gefallen seien. Es mag sein, daß der Mensch »von Natur aus böse« ist und daß er »vom Affen abstammt«, doch wird das erstere weder durch die »kulturelle Degeneration« der Kinder auf der Insel bewiesen noch das letztere durch einen entsprechend hergerichteten und chemisch behandelten Anthropoidenschädel, den man einem Anthropologen heimlich in seine Ausgrabungsstätte schmuggelt (so etwas ist vorgekommen). Derart offen kann man den »literarischen Beweis« einer These allerdings nur dann dementieren, wenn diese These ebenso eindeutig ist wie im Werk Goldings.

Die Überlegung, durch die wir herausgefunden haben, daß Goldings Roman von einer als allgemeingültig unterstellten These (»der Mensch ist von Natur aus grausam«) ausgeht und diese »extrapolatorisch erweitert«, impliziert eine epistemologische Kritik dieses Romans, doch kann man nahezu sicher sein, daß sie strukturell nicht einmal im Sinne einer allerentferntesten Ähnlichkeit etwas mit der kreativen Arbeit des Schriftstellers gemein hat. Von der Mathematik sagt man, sie bestehe im Bau von »Modellen«, doch weiß der Mathematiker nicht, wovon seine Systeme eigentlich Modelle sind; er geht von bestimmten Annahmen aus und kennt das gesamte Programm der zulässigen Transformationen; was er herstellt, weist ganz genau benennbare innere Relationen, aber keinerlei äußere Relationen im Sinne von Bezügen zur »wirklichen Welt« auf. Trotz aller gewaltigen Unterschiede könnte man sagen, daß auch der Schriftsteller »Modelle« schafft und ebenfalls nicht weiß – oder zumindest nicht zu wissen braucht –, *wovon* er Modelle herstellt; denn wenn das literarische Werk, das sich ja auch durch innere Relationen auszeichnet, außerdem die Eigenschaft besitzt, daß es der »realen Welt« zugeordnet werden kann, so ist diese Eigenschaft doch nur eine potentielle. Der Physiker, der vom Mathematiker eine bestimmte formale Konstruktion entlehnt und sie der Welt »anpaßt«, verhält sich ein wenig wie der Literaturrezipient, der das Werk – in seiner *Aussage* – der »Welt« gewissermaßen »anpaßt«. Nach den »Stellen der Übereinstimmung« sucht er dabei freilich nicht in der Wirklichkeit selbst, sondern vielmehr im Universum der Kategorien und Begriffe; für den Rezipienten besteht das »zu lösende« Problem häufig darin, herauszufinden, auf welcher »semantischen Ebene« das rezipierte Werk eigentlich »anzusiedeln« ist, denn es kommt eher selten vor, daß Werke sich gleichsam »von selbst« auf ein eindeutig definierbares Niveau der kategorialen Verallgemeinerung »drängen« (wie es beim »Herrn der Fliegen« der Fall zu sein scheint).

Dabei handelt es sich freilich um Spätwirkungen des kreativen Prozesses. Die Schwierigkeit seiner Beschreibung, die offenkundig mit unserer gewaltigen Unkenntnis zusammenhängt, wird noch dadurch vergrößert, daß man bezüglich der kreativen Arbeit nicht von einem einzigen Typus reden kann; zweifellos gibt es davon sehr viele Typen. Die schöpferischen Abenteuer der einen – daß sich etwa ein Text, der zu einer kurzen Erzählung werden sollte, zu einem mehrbändigen Roman »auswächst« oder daß umgekehrt anfangs weitreichende Absichten zu Miniaturen »zusammenschrumpfen« – sind nicht unbedingt die Peripetien der anderen Schriftsteller. Es steht fest, daß manche, wenn sie zu schreiben beginnen, schon weitgehend wissen, was aus ihrer Arbeit werden soll, während andere davon kaum etwas wissen, gelegentlich sogar überhaupt nichts. Die ursprüngliche Konzeption kann nämlich so viele Änderungen erfahren, daß im fertigen Werk keine Spur mehr davon bleibt. Dabei verwischt sich in der Regel auch der Weg, der zu dem Endprodukt führte. Auf jeden Fall geht der Schriftsteller sicherlich nicht einfach von einer diskursiv ausdrückbaren These aus (indem er sich etwa sagt: »Der Mensch ist ein grausames Wesen; suchen wir also nach den optimalen Bedingungen, das heißt nach den konkreten Umständen, um das zu beweisen«). Unser Wissen über den Hergang der Kreation ist auch deshalb relativ begrenzt, weil wir nur solche Resultate kennen, die der Autor positiv beurteilte, denn alles, was er für eine mißlungene Realisierung seiner Absichten hält, geht verloren. Die größte Unklarheit rührt allerdings daher, daß wir uns in den typisch semantischen Problemen der Sprache nicht genügend auskennen; ich kann daher nur die Vermutung äußern, daß verschiedene Schriftsteller nicht auf ein und derselben kategorialen Ebene der Integration von Bedeutungen arbeiten; gleichzeitig ist aber ihre anfängliche Handlungsfreiheit von sehr vielen heterogenen Faktoren abhängig. Ein Autor, der sich vornimmt, einen Roman von der Art der »Trilogie« zu schreiben, unterliegt ja schon von Anfang an einer ganzen Reihe von Beschränkungen, die aus der Entwicklungstradition der Gattung herrühren, zu der die »Trilogie« gehört. Diese Beschränkungen sind einem oft nicht bewußt, denn bis zu einem gewissen Grade ist es möglich, daß man etwas, was andere bereits gemacht haben, wiederholt, daß man also bestimmte normative Regeln akzeptiert, ohne daß man sich überhaupt darüber im klaren ist, daß man das tut. Auch in diesem Falle kann man subjektiv ganz und gar von seiner schöpferischen Freiheit überzeugt sein. Dennoch sind die allgemeinen Konstruktionsregeln schon vor der Entstehung des Werkes festgelegt worden, und der Schriftsteller ist wie jemand, der eine neue Aufgabe mit Hilfe eines bekannten Algorithmus löst. Allerdings gibt es auch Aufgaben, für die man einen neuen Algorithmus benötigt, und es gibt Schriftsteller, die uns gewissermaßen das eine wie das andere gleichzeitig liefern: die gestellte Aufgabe und die Methode ihrer Bewältigung, beides zu einer gewissen Systemeinheit zusammengefaßt. Aber auch sie brauchen durchaus nicht zu wissen, »was sie eigentlich getan haben«. Die wirklichen Selektionskriterien sind ja, wie schon gesagt, so gut versteckt, daß sie durch Introspektion nicht zu entdecken sind – und mancher Schriftsteller ist in dieser Hinsicht sogar blinder als der Kritiker.

Jeder Mensch beweist beim Träumen gewisse »kreative Fähigkeiten«, und es gibt keinen Grund, warum die Unwissenheit des Träumenden darüber, »woher der jeweilige Traum kommt«, nicht der Ignoranz des Schriftstellers darüber entsprechen sollte, »woher das jeweilige Thema (und das jeweilige Buch) kommt«. Das Gehirn arbeitet ja – wenn es überhaupt arbeitet – stets mit irgendwelchen, wenn auch noch so schwachen Spuren der Selbstorganisation mentaler Phänomene, und deshalb präsentiert es dem Träumenden nicht irgendwelche unzusammenhängenden und sinnlosen Isolate, sondern doch gewisse, wenn auch unverständliche Ereignis- und Erlebniszusammenhänge.

Was wir hier über die Problematik des schöpferischen Prozesses ausgeführt haben, ist nur ein Tropfen aus dem Ozean, ein Tropfen, den wir allerdings nicht aufs Geratewohl ausgewählt haben, denn es ging um Aspekte, die mit den Problemen der Rezeption des Werkes zusammenhängen. Es läßt sich nämlich zwischen den Prozessen des »Sendens« und »Empfangens« eine gewisse Symmetrie feststellen, die nicht allein im »schöpferischen Generator« steckt, denn den besitzt der Leser ja nicht, sondern in dem fortlaufenden Mechanismus der Entstehung ganzheitlicher »verstehender Auffassungen«.

V.
Semantik und Pragmatik

Zeichen und Symbol

Auseinandersetzungen über den Realismus sind eine chronische Krankheit der Literatur, und man kann in dieser Hinsicht ohne Übertreibung sagen, daß *quod capita, tot sensus.* Dennoch ist diese Frage nicht unentwirrbar. Wenn vor uns auf der Straße jemand eine rote Fahne schwenkt und es sich dabei um einen Streckenwärter handelt, der uns davon in Kenntnis setzt, daß sich ein Zug nähert, so dürfen wir diesen Akt wohl als »realistisch« in dem Sinne bezeichnen, daß er uns vermittels eines konventionellen Zeichens über ein reales Phänomen informiert. Würden die Streckenwärter statt roter Fahnen etwa Puppen auf Stöcken benutzen, die wie besenreitende Hexen wirken, so würde die Signalisation dadurch trotzdem nicht zu einem »phantastischen« Phänomen. Freilich bedeutet die Fahne des Streckenwärters nicht unbedingt einen Zug, denn das Gebot, anzuhalten, kann auch auf den Einsturz einer Brücke zurückgehen; das Zeichen gebietet uns nämlich nur, anzuhalten, während der Anlaß seines Erscheinens eine Sache der Mutmaßung ist. Wäre der Streckenwärter verrückt geworden und würde uns anhalten, obwohl sich kein Zug nähert, dann würde der Signalisationsakt, obwohl die Fahne dieselbe bliebe, die sie vorher war, zu einem »phantastischen«: man hätte uns von etwas nicht Existierendem informiert. Das Auftreten des Menschen mit einer roten Fahne kann man außerdem nicht als eine signalisierende »Zeichensituation«, sondern als eine »symbolische« Situation deuten. Zum Beispiel dann, wenn wir einen solchen Menschen am Ersten Mai erblikken. Worin besteht eigentlich der Unterschied zwischen einem Streckenwärter und einem Demonstranten mit einer roten Fahne? Der Unterschied besteht zwischen dem Signal, das sich auf ein Einzelereignis (oder eine Serie von Einzelereignissen) bezieht, und dem Symbol, das ein allgemeiner Name ist, und zwar ein »sehr allgemeiner«, denn er bezieht sich sekundär, auf einer anderen kategorialen Ebene funktionierend, auf die unterschiedlichsten Ereignisse. Im Alltagsleben ermöglicht uns der Situationskontext, die richtige Kategorie herauszufinden, aber auch nicht immer, wie zahlreiche Irrtümer und Mißverständnisse beweisen.

Ein Werk informiert uns, als Ganzes gesehen, nicht ausdrücklich darüber, ob es in kategorialer Hinsicht eher ein »Signal« oder ein »Symbol« ist. Es hängt nicht von uns ab, ob der Streckenwärter vor einem tatsächlich sich nähernden Zug oder vor seiner eigenen schizophrenen Halluzination warnt, und der wirkliche Sachverhalt läßt sich durch entsprechende Untersuchungen feststellen. Dagegen hängt es von uns ab, worauf sich ein Werk bezieht, und wenn wir sagen »von uns«, so denken wir an Systeme gesellschaftlich anerkannter Konventionen. Solange diese Konventionen im allgemeinen Bewußtsein vorhanden sind, funktioniert die Automatik, welche die Werke »richtig«, d. h. den Festlegungen dieser Konventionen entsprechend, der »Signal«- oder der »Symbol«kategorie zuordnet. Werden solche Konventionen zu einer Sache der Vergangenheit, womöglich noch der fernen Vergangenheit, dann kann die Rezeption des Werkes auf erhebliche Schwierigkeiten stoßen, weil es die Stereotypen, mit deren Hilfe die »kategoriale Ebene« der Verständigung bestimmt wird, nicht mehr gibt.

Wenn jemand sagt, »Nächte und Tage« von Maria Dąbrowska sei ein Werk, das eine bestimmte »Wahrheit« darstellt, so meint er damit nicht, die Dąbrowska habe mit außergewöhnlicher Genauigkeit alles beschrieben, was sich tatsächlich in ihrer Familie ereignete. Es ist möglich, daß ein Werk in diesem Sinne – als Bericht – wahr ist, man ihm aber dennoch den Wert der »Wahrheit« oder »Wahrhaftigkeit« absprechen kann, der der Darstellung »typischer Ereignisse«, »typischer Schicksale« einer bestimmten historischen Epoche zukommt. Sagt dagegen jemand, ein Werk wie etwa »Nächte und Tage« besitze »übergeschichtliche« Werte, so möchte er dadurch ausdrücken, daß dieses Werk nicht nur für einen konkreten historischen Zeitabschnitt repräsentativ ist, sondern dauerhafte Invarianten enthält, die im menschlichen Dasein immer vorhanden sind. Wir hätten es demnach mit einer Pyramide von Invarianten zu tun, die sich durch ihren mehr oder weniger universalen Geltungsbereich voneinander unterscheiden; es gibt nämlich Invarianten, die sich nur auf eine bestimmte Klasse von Phänomenen beziehen, ferner Invarianten vieler Klassen, und schließlich ist – auch in der Literatur – eine Invariante denkbar, die sich auf die Klasse aller Klassen des menschlichen Lebens bezieht.

Die Sprache: Introspektion und neurales Substrat

Damit kommen wir zur Epistemologie, und zwar zu dem Sprachlichen wie dem Nichtsprachlichen in ihr. Eine Äußerung besitzt eine »sprachliche« Schicht, die durch ihre lexikalisch-syntaktischen und semantischen Eigenschaften gegeben ist, und die außersprachliche »Schicht« der Objekte und Zustände, die durch die Äußerung beschrieben werden. So sagen die einen; andere meinen dagegen, man dürfe behaupten, »alles an dem Werk war Bedeutung«. Die Grenze zwischen solchen Unterscheidungen kann sich verwischen, und so mochte beispielsweise Henryk Markiewicz in seinen »Hauptproblemen der Literaturwissenschaft« zwar nicht den »monosemantischen« Standpunkt einnehmen, obwohl er von »höheren Bedeutungszusammenhängen des Textes« sprach, die wiederum »Wesen« hervorbringen, »welche durch Bedeutungen festgelegt sind« – letzteres ist allerdings die Deutung dieses Standpunktes durch Roman Ingarden (der darauf hinweist, daß die Feststellung, eine Romanfigur wie etwa Wołodyjowski bestehe aus Bedeutungen, nach Nonsens klingt).

Es ist zweifellos nicht möglich, zu »Wesen« zu gelangen, die durch Bedeutungen festgelegt sind, wenn man nicht zuvor diese Bedeutungen sprachlich verstanden hat. Es geht jedoch darum, ob die Sprache mit ihrer Semantik die Endstation oder nur eine Zwischenstation der Rezeption des Werkes ist. Ich kann nicht sehen, was sich in einem Raum mit verschlossener Tür befindet, und ich muß diese Tür zunächst öffnen; doch was ich sehe, ist gewiß nicht die Tür und auch nicht das Öffnen dieser Tür. Es geht also darum, ob Bedeutungen gewissermaßen »Türen« sind und der Akt ihres Verstehens das »Öffnen der Tür«, durch das man begreifend wahrnimmt, was hinter ihr ist, oder ob »Bedeutungen« nicht vielmehr die letzte Etappe des Weges sind. Natürlich können weder die Bedeutungen einzelner Wörter im Satz noch die Bedeutungen einzelner Sätze eine solche letzte Etappe sein. Bei dem auf die Semantik beschränkten Erfassen der Lektüre besteht die verstehende Integration der Aussagen im (mentalen) Aufbau bestimmter höherrangiger, kohärenter Systeme im »semantischen Raum« des Geistes, und letzten Endes geht es darum, ob dieser Raum »autonom«, »hermetisch« ist oder ob er den Übergang darstellt zu jenem anderen Raum, in dem sich die virtuellen Konfigurationen der außersprachlichen Objekte finden. Weder Steine noch Menschen noch deren Gefühle sind ja »sprachliche Objekte«. Nun sind Menschen und Steine gewiß keine »sprachlichen Objekte«, da wir sie real erfahren. Unsere Bekannten und die Platten des Bürgersteigs bestehen ja nicht aus Sprache. Das hat auch niemand behauptet. Die entscheidende Frage ist: Wenn wir aus einer Äußerung etwas über bestimmte objektive Zustände erfahren und erfassen, »um was es geht« – befinden wir uns dann noch »auf dem Gebiet der Sprache«, oder haben wir es bereits verlassen? Wir könnten, um diese Frage zu entscheiden, Versuche machen, etwa derart, daß wir uns einmal mit geschlossenen Augen ein bestimmtes Objekt mit seinen verschiedenen Eigenschaften auf »sprachlose« Weise vorstellen, während wir ein anderes Mal damit beginnen, in sprachlich artikulierten Gedanken eindeutig zu formulieren, was für ein Objekt wir uns sinnlich vergegenwärtigen wollen. Auf den ersten Blick könnte es scheinen, als würden wir auf diese Weise zu einer Lösung gelangen. Wenn ich mir nämlich einerseits das Gesicht eines Bekannten »auf nichtsprachliche Weise« vorstelle, wenn ich dann andererseits zunächst seinen Namen und seine verschiedenen mir bekannten Eigenschaften in Gedanken anführe und das so entstandene sinnvolle Bild als eine reproduktive Vorstellung im Gedächtnis mit dem ersteren vergleiche, werde ich feststellen, ob zwischen beiden irgendwelche Unterschiede bestehen oder nicht.

Solche introspektiven Elemente nützen jedoch kaum etwas. Erstens, weil man überhaupt nicht weiß, ob alle Menschen im Hinblick auf die durch ein solches Experiment aktivierten psychischen Mechanismen identisch sind; das ist sogar ziemlich zweifelhaft. Zweitens scheinen sprachliche und nichtsprachliche Elemente im Denken – auch im reproduzierenden Denken – zusammenzuwirken, jedenfalls sehr häufig. Kann ich mich überhaupt an einen Bekannten so erinnern, daß ich die hundertprozentige Gewißheit habe, daß mir nicht einmal sein Vorname während eines Sekundenbruchteils durch den Kopf schießt? Drittens wissen wir schließlich nicht, ob wir uns nicht eigentlich mit einem Scheinproblem befassen.

Wenn ich das Wort »Elefant« sehe, verstehe ich es, doch stelle ich mir nichts dabei vor; wenn ich im Zoo einen Elefanten sehe, erkenne ich ihn, doch benenne ich ihn nicht verbal in meinen Gedanken, zumindest muß ich das durchaus nicht tun.

Alles, was die Psychologie aufgrund pathologischer Einsichten (z. B. über die Aphasie) weiß, deutet darauf hin, daß Abgrenzungen, die im Akt des Verstehens das »Semantisch-Sprachliche« vom Substrat des »nichtsprachlichen Erfassens« trennen sollen, willkürlich sind. Die Evolution, als Konstrukteur betrachtet, bringt übrigens nie, wenn sie nicht dazu gezwungen ist, völlig neue Strukturen hervor, sondern fügt in der Regel den schon bestehenden neu gebildete Strukturen hinzu. Man kann dem Akt der Introspektion, wie auch immer sein Urteil lauten mag, nicht die Geltung einer »objektiv urteilenden Instanz« zuschreiben. Weder das, was am »Begreifen« sprachlicher, noch das, was »außersprachlicher« Natur ist, besitzt Autonomie; beide Aktivitäten haben eine gemeinsame und untrennbare zerebrale Grundlage. Demjenigen, der sich der introspektiven Beobachtung unterzieht, stellt sich der Geist als ein System dar, dessen »Eingänge« und »Ausgänge« außerhalb des Wahrnehmungsbereiches liegen. Der Introspektion sind die Ergebnisse bestimmter Prozesse, z. B. des Verstehens, zugänglich, aber das Verstehen selbst ist dem Prozeß, der es bewirkt, nicht analog. Wie weit die semantischen Phänomene als sprachliche von »allen übrigen« getrennt sind, ist weder durch »introspektiven Einblick« noch durch philosophische Reflexion feststellbar. Dies ist eine Frage künftiger Forschungen und nicht aktueller oder künftiger philosophischer Argumente.

Diese ganze Problematik ist übrigens durchaus keine literarische, sondern eine allgemein sprachliche. Es geht dabei um die Genese der Bedeutungen. Wir wüßten gern, ob »Bedeutungen« zusammen mit der Sprache entstehen oder ihr möglicherweise vorausgehen. Sollten sie ihr vorausgehen, so brächte das die »pansemantische« Auffassung zu Fall, derzufolge man sprachliche Gebilde, z. B. literarische Werke, als Äußerungen untersuchen darf, ohne sich beispielsweise um die Struktur und die Eigenschaften der Welt zu kümmern, in der es zu jenen Äußerungen kommt. Wir müssen also auf die evolutionäre Tierpsychologie zurückgreifen. Je primitiver ein Tier ist, um so deutlicher sind im allgemeinen seine Wahrnehmungsmechanismen erblich präformiert. Beim Frosch sind die Signale, die von der Netzhaut ausgehen, schon so organisiert, daß die Unterscheidung der im Sehbereich vorhandenen Objekte – beispielsweise in »erhabene« und »flache« – schon in ihr stattfindet. Bei den höheren Tieren verlagert sich dagegen der Differenzierungsvorgang von den Sinnesorganen zum Gehirn. Die Sinne verlieren ihre einstige Autonomie und sind nur noch in die Umgebung hineingestreckte »Fühler«.

Was an der Umwelt »wichtig« ist, ist jetzt nicht mehr erblich »gegeben« – es muß erlernt werden. Die Erhaltung des Organismus erfordert Lernen, und dieses Lernen organisiert die zerebrale Repräsentation der Welt und ihrer Dominanten. In den neuralen Netzen werden Invarianten der Erkenntnis und entsprechend mit ihnen korrelierte dynamische Stereotypen fixiert, Invarianten von »Melodien«, deren adäquate »Einschaltung« die Antwort auf verschiedene Zustände der Umgebung darstellt. Das Tier »weiß« bereits, was es wann zu tun hat. Damit sind schon alle Voraussetzungen der Sprache da. Damit jemand die Tatsache, daß die Sonne scheint, artikulieren kann, müssen erst einmal bestimmte Funktionen somatisch zu einem Ganzen organisiert sein; erst einmal war es nötig, zu sehen und das Gesehene zu erkennen, zu gehen, zu springen, Entfernungen und Bedrohungen einzuschätzen, ehe die Begriffe des Sehens, des Gehens, der Einschätzung und der Gefahr gebildet werden konnten. Die Antwort auf die Frage: »Was muß eine Maschine können, damit sie imstande ist, sprachlich zu funktionieren?« lautet daher: »Zunächst muß sie aktiv die Umgebung wahrnehmen, sich an sie anpassen, mit ihr in einen nichtsprachlichen Informationsaustausch eintreten.« Diese individuell und erblich erworbenen Fähigkeiten, die vor der Sprache da sind, determinieren allerdings teilweise auch die Sprache selbst, doch scheint das unvermeidlich zu sein. Sprache entsteht also in der Weise, daß auf den Apparaten, die durch das Stadium der Sozioevolution erworben wurden, weitere, sekundäre Funktionsschichten aufgebaut werden. Über allen mit der Umgebung verbundenen Sinnen, über ihrer zerebralen Integration, über den Neuronenschemata des Körpers verzweigt sich die Sprache als ein Korrelat ganzheitlicher Neuronenzustände, als ihr Echo, ihr Modell und ihre Matrix. Genetisch tritt sie zunächst kollektiv und situativ als unselbständige »vokal-emotionale« Begleitung von Gesamtsituationen auf, die »verständlich« sind und ihr im Laufe der Zeit ihre »Bedeutungen« zuweisen. Denn »verstehen« kann man auch ohne Sprache;

der Hund, der sein Spiegelbild nicht anbellt, hat dessen Unechtheit »verstanden«, und der Fuchs, der die aufgestellten Fallen umgeht, hat deren Bedeutung »erfaßt«. Verstehen heißt ja, innerhalb gegebener sachlicher Gesamtzusammenhänge irgendwie die angemessenen Unterscheidungen und Wahlen zu treffen. Was vor ihr da war, wird durch die Sprache erweitert und verzweigt, vom tierischen »Hier und Jetzt« gelöst, von der Gegenwart unabhängig gemacht, aber das alles schafft die Sprache nicht aus einem »vorsprachlichen Nichts«.

Wenn ich mich in einer einigermaßen bekannten Umgebung befinde, kann ich sagen, daß ich zunächst rein verhaltensmäßig meine Situation verstehe, denn ich kann vom aktuellen Zustand zu einer Vielzahl anderer Zustände übergehen, indem ich etwa das Fenster öffne oder ein Buch aus dem Regal nehme; würde ich versuchen, das Buch aus der Fensterscheibe zu nehmen, dann hieße das offensichtlich, daß ich mich in der Umgebung nicht auskenne, daß ich also deren einzelne Eigenschaften nicht verstehe. Es ist für so einfache Tätigkeiten nicht erforderlich, daß ich sie innerlich artikuliere; freilich kann ich das, wenn es mich danach gelüstet. Die Sprache entstand also als ein sporenartiges System, das an Gesamtsituationen »haftete«, und in diesem embryonalen Zustand ist sie bei vielen Tieren steckengeblieben, die jedoch nicht zu dem fähig sind, was die Bienen schaffen: bestimmte nichteigene Zustände, die sich auf örtlich und zeitlich andere Zusammenhänge beziehen, durch ihr Verhalten zu *repräsentieren.* Auch unsere Sprache hat sich nicht völlig von Situationszusammenhängen frei gemacht, denn es kommt ja oft vor, daß eine Verständigung erschwert oder gar unmöglich wird, wenn der situative Kontext fehlt.

Da die Sprache in der Weise entsteht, daß höhere funktionale Strukturen auf ideopraxischen Verhaltensstereotypen aufbauen und sie, auch wenn sie eine gewisse Autonomie erlangt, sich nie völlig von diesem Untergrund, dieser perzeptiv-motorischen Basis löst, kann eine Untersuchung der Sprache nicht als erschöpfend gelten, wenn sie nicht das berücksichtigt, was, ohne Sprache zu sein, Sprache ermöglicht und verstehend im Gehirn konstituiert. In allen Analysatoren des menschlichen Cortex sind unter der Leitung dessen, was man früher als Assoziationsfelder bezeichnete, Mechanismen der Gestaltintegration wirksam, und das, was man früher als motorische oder akustische Sprach»zentren« bezeichnete, sind gewissermaßen nur lokale Schalter weitverzweigter Prozesse; es wird wohl niemand annehmen, das elektrische Licht bestehe lediglich aus der Glühbirne und dem Wandschalter und »darüber hinaus gebe es in diesem System nichts«. Die Sprache ist also mit zahlreichen Rindenfeldern und deren Prozessen verschmolzen; gewiß ist eine Funktionsteilung feststellbar, denn bestimmte Stellen sind für das optische oder akustische Erkennen sprachlicher Signale verantwortlich, während andere, wie etwa die Stirnlappen, die »langfristige Politik« des Organismus und folglich über eine Fernleitung auch das Senden und Empfangen von Äußerungen steuern, doch arbeiten alle innerhalb einer einheitlichen Orchestrierung, nur daß nicht immer dieselben »piano« und »forte« spielen.

Introspektiv kann man die Differenzierung und Absonderung dieser Mechanismen und ihren jeweiligen Beitrag zur Gesamtfunktion nicht feststellen. Wir erkennen sie aufgrund von Hirnverletzungen mit entsprechenden Ausfallerscheinungen, wie sie für die verschiedenen Formen der Aphasie typisch sind. Die für uns interessanteste Form der Aphasie ist die semantische, bei der die akustisch-erkennenden und motorischen Hirnmechanismen intakt sind. Ein solcher Aphatiker kann sprechen und verstehen, was man zu ihm sagt, weil das Sprachvermögen aus einer Reihe von miteinander verflochtenen und sich gegenseitig stützenden Verzweigungen besteht, darunter die akustisch-räumliche (vestibulare, die in zwei Verästelungen motorisch das Sprechen und Schreiben steuert) und die optisch-räumliche (da die Kategorien des Raumes im Gehirn durch vielfältige und teils voneinander unabhängige Schemata unterschiedlicher Herkunft repräsentiert sind, die dem Gleichgewichtsorgan, dem Gesichtssinn, dem kinästhetischen Sinn usw. zugeordnet werden); dabei ist er freilich in außergewöhnlichem Maße vom situativen Kontext abhängig. So kann er etwa invertierte Sätze (»Ich ging ins Büro, nachdem ich gefrühstückt hatte« – die zeitliche Folge der realen Tätigkeiten ist umgekehrt) nicht verstehen, weil er nur über einen Teil der dynamischen Schemata verfügt und daher die Umkehrung von Sätzen mit Inversion nicht vollziehen kann. Ferner »entgeht ihm« die Gesamtsituation, weil er einzelne Teile des Artikulationsstromes nicht versteht, während ganz einfache, aus jedem Kontext herausgerissene Relationsbezeichnungen (»Traurigkeit des Meeres«, »Meer der Traurigkeit«) für ihn ihre unterschiedliche Bedeutung einbüßen. Es müssen nämlich unterschiedliche geistige Operationen ausgeführt werden, um die »Bedeutung« eines einzelnen Wortes beziehungsweise die »Bedeutung« des kleinsten, aus zwei Ausdrücken bestehenden »Systems« zu erfassen. Um dem Zustand des »Bedeutungsverlustes« nahezukommen, braucht man nur ein beliebiges Wort ein dutzendmal zu wiederholen: Aufgrund von Ermüdung wird sich der Bereich der in einem gewissen Sinne ganzheitlichen »Resonanzen« »abschalten«, und das Wort wird zu einem sinnlosen Getöne.

Als von den »Einfällen« und »Absichten« des Schriftstellers die Rede war, habe ich behauptet, sie seien (bei mir) zunächst nichtsprachlicher Natur. Das widerspricht nicht dem oben Dargestellten, denn zwischen der *Funktionsweise* und dem *Aufbau* eines Systems gibt es weder notwendige Zusammenhänge noch eindeutige wechselseitige Zuordnungen. Denn etwas machen zu können bedeutet noch nicht, zu wissen, wie man das eigentlich macht. Die Introspektion informiert uns als eine Quelle der Erkenntnis über innere Zustände des Geistes von bestimmten Tatsachen, und diese Tatsachen habe ich angeführt. Sowenig das Nichtempfinden des Herzschlags bezeugt, daß das Herz nicht schlägt, so wenig belegt das Nichtempfinden, die Unfähigkeit, in der Introspektion wahrzunehmen, wie bestimmte zerebrale Prozesse ablaufen, daß es sie nicht gibt. Nebenbei wäre anzumerken, daß sich die Philosophie im Zuge ihrer geschichtlichen Entstehung nicht über den geschickt vor dem Menschen verschleierten Tatbestand im klaren war, daß die Erforschung der Sprache in ihren artikulatorischen Unterteilungen und die anhand von Äußerungen gemachte Entdeckung gewisser »Selbstverständlichkeiten« noch keineswegs bedeutet, daß man Klarheit darüber gewonnen hat, *was* die Sprache ist, *wie* sie tatsächlich funktioniert und wie – das ist vielleicht das Wichtigste – die Regeln der Sprache, ihre inneren Gebote und Verbote, sich zu den »eventuell« entdeckbaren »Regeln« verhalten, von denen die reale Welt der Natur wie der Kultur und schließlich auch der menschliche Organismus beherrscht wird.

Diese »Verschleierung« ist natürlich nicht auf eine »Boshaftigkeit der Evolution« zurückzuführen, sondern ein Ergebnis ganz gewöhnlicher Ökonomie der Mittel: Die Sprache entstand als ein Instrument der *Anpassung* und nicht der *Erkenntnis*, denn was bezüglich der Anpassung »gut« ist, muß nicht unbedingt sogleich auch für die Erkenntnis »optimal« sein – und umgekehrt. Ein Philosoph, der »innerhalb der Sprache bleibt«, kann daher leicht von ihr »getäuscht« werden. Denn um die Sprache zu erforschen, muß man notwendigerweise aus ihrem Bereich »heraustreten«, und erst durch experimentelle Untersuchungen, so primitiv sie auch seien – die Beobachtung von Aphatikern gehört zu den primitivsten –, erfährt man über sie, was die Introspektion niemals vermittelt.

»Denken« und »Verstehen« stellen somit Prozesse dar, die an sich weder »denkend« noch »verstehend« sind. Was nun die Sprache betrifft, so stellt sie eine späte, relativ losgelöste Etappe der Gehirntätigkeit dar, eine Etappe, in der die Invarianten des Prozesses oder richtiger: der vielen Prozesse, die weder Artikulationen waren noch sind, »fixiert« werden. Der Wunsch, »die Sprache« vom Gehirn zu trennen, ist gleichbedeutend mit dem

Verlangen, »das Leben« so aus der Amöbe zu isolieren, daß diese ganz bleibt. Schließlich bringt man die Amöbe ja nicht um, wenn man einzelne Eiweißmoleküle aus ihrer Zelle entnimmt; allerdings läßt sich auch nicht der Augenblick bestimmen, in dem sie durch einen weiteren Eingriff umkommt. Man darf dementsprechend nicht meinen, absolut alle Funktionen des menschlichen Gehirns seien von Sprache »durchwirkt«, doch andererseits kann man auch nicht kategorisch behaupten, es gäbe irgendeinen zerebralen Funktionsbereich, der niemals – nicht einmal indirekt – an sprachlichen Prozessen beteiligt ist.

Das Dilemma des Literaturwissenschaftlers reduziert sich auf die Frage, ob während der Lektüre eines Textes etwas anderes als Bedeutungen für uns »existieren« kann, wenn wir einmal Gefühle und optisch, taktil, kinästhetisch usw. reproduktive Vorstellungen von der Untersuchung ausnehmen. Wir können aber gerade nicht sagen, ob die *völlige* Ausschließung nicht nur jenes Teils der »reproduktiven Vorstellungen«, der der Introspektion zugänglich ist (weil er – wie die Spitze eines Eisbergs über den Meeresspiegel – über die Schwelle des Bewußtseins »hinausragt«), sondern auch des »ganzen Rests« jener (introspektiv nicht mehr erreichbaren) Prozesse nicht die ganze Rezeption zusammenbrechen ließe.

Es wäre ungemein naiv, anzunehmen, man könne dieses Problem für die Literaturtheorie entscheiden. Wer das glaubt, ist sich nicht darüber im klaren, daß ganze Wissenschaftszweige und Schulen nur deshalb entstanden sind, um der Frage, »was Bedeutungen sind«, auszuweichen. Der ganze Behaviorismus, die ganze Physikalisierung des vernünftigen Verhaltens einschließlich der logischen Semantik ist nichts anderes als der Versuch, Sachverhalte derart einzuengen, daß »Bedeutungen« im üblichen Sinne nicht vorkommen. Die strukturalistische Sprachwissenschaft befindet sich ebenfalls auf diesem Wege, vor dem einer der Schöpfer der Kybernetik, John von Neumann, warnte, als er sagte, nach dem Überschreiten einer bestimmten Schwelle der Systemkomplexität sei es einfacher, einen »Generator« von Verhaltensweisen zu beschreiben als diese Verhaltensweisen selber, und die in diesem Sinne einfachste »Beschreibung« der sogenannten »Erkennung optischer Bilder« durch das Gehirn sei nichts anderes als das Schema der Neuronenverbindungen dieses Gehirns.

Seit rund zwanzig Jahren lese ich deutsche Bücher, die in gotischer Schrift gedruckt sind, doch als ich einmal etwas in schönen gotischen Lettern beschriften wollte, stellte sich heraus, daß ich nicht weiß, wie sie aussehen! Das Auge hat sich nicht ihre Formen eingeprägt, sondern ganzheitlich das Aussehen der Wörter erfaßt. Eine Maschine, die imstande sein wird zu lesen, nicht indem sie das Blickfeld abtastet, nicht indem sie analytisch an den Text herangeht, sondern indem sie ihn in solchen ganzheitlichen »Gestalten« erfaßt – eine solche Maschine wird ein Modell des Gehirns und ein Generator von Sprache sein.

Der Widerspruch der Repräsentation: vorhanden und nicht vorhanden

Bei diesem Stand der Dinge muß man die Frage stellen, worin eigentlich der Unterschied besteht zwischen der Behauptung, der Text konstituiere im Geist »quasi-objektive Wesen«, und der anderen, er konstituiere »große semantische Figuren« (wie J. Sławiński es ausdrückt). Ginge es nur darum, daß man die durch den Text evozierten Gegenstände weder sehen noch berühren noch in die Hand nehmen kann, dann besteht ja zwischen beiden Ansichten kein Unterschied. Es scheint darum zu gehen, daß die Semantik als ein zwischen Linguistik, Logik und Philosophie entstandener Forschungszweig sich grundsätzlich nicht mit »Bedeutungssystemen höherer Ordnung« befaßt, so wie sich die Physik nicht mit »Systemen höherer Ordnung« befaßt, zu denen beispielsweise die Kühe und die Menschen gehören. Wollte jemand eine Arbeit über »Die atomare Struktur Marilyn Monroes« schreiben, um die psychosomatische Besonderheit dieser Schauspielerin vom atomaren Niveau her darzustellen, so würde das in unseren Ohren ebenso »grausam« klingen wie die Behauptung, der Herr Wołodyjowski aus der »Trilogie« bestehe aus »Bedeutungen« und außer bestimmten »Bedeutungen« enthalte diese Gestalt nichts. Doch im Grunde enthalten auch wir »nichts« außer Atomen, nur können wir von ihnen aus nicht auf stetige Weise zur »Seele« oder zum Körper eines anderen übergehen. Ebensowenig können wir auf stetige Weise von den Bedeutungen einzelner Sätze eines Textes zu jenen »Systemen höherer Ordnung« übergehen. Doch worin besteht eigentlich der Unterschied zwischen der Bedeutung des Wortes »Apfel« und jenem »System höherer Ordnung«, das Herr Wołodyjowski darstellt? Der Unterschied ist der, daß hinter dem »Apfel« ein kinästhetisch-motorisch-visueller und lexikalisch-syntaktischer Komplex steht, der sicherlich »lokaler« ist als der, den das Stichwort »Herr Wołodyjowski« repräsentiert. Handelt es sich dennoch in beiden Fällen um »dieselbe« Art von Bedeutungen? Ist ein Berg vielleicht ein sehr großes Sandkorn? Ist die Sonne ein besonders ausgedehntes Feuer? Ist ein Hund dasselbe wie ein Kamel und ein Kamel dasselbe wie ein Schimpanse? Wenn man nicht die entsprechenden Unterscheidungen zu vollziehen vermag und lediglich weiß, daß es lebende Vierfüßler gibt, muß man zu der Ansicht kommen, daß ein Hund, ein Kamel und ein Schimpanse eigentlich »ein und dasselbe« sind. Kreuzt man den Mittel- und den Ringfinger und legt man ein Kügelchen zwischen ihre Kuppen, so entsteht der Eindruck, als berühre man gleichzeitig zwei Kügelchen. Betrachtet man ein mit Wasser gefülltes Glas, in dem ein Löffel steckt, so scheint dieser gebrochen zu sein. Und wenn man liest, wie Tristan Isolde liebkoste, so »sieht man« das in einem gewissen Sinne »mit dem geistigen Auge«. Entsprechende Untersuchungen würden in all diesen Fällen zu der Feststellung führen, daß nur ein Kügelchen vorhanden ist, daß der Löffel gerade ist und daß es weder Isolde noch Tristan »gegeben hat«. Dennoch erscheint es uns weiterhin in einem sehr konkreten Sinne, nämlich im Sinne des rein subjektiven Erlebens, als sei das Kügelchen verdoppelt, der Löffel gebrochen und Tristan und Isolde leidenschaftlichen Liebkosungen hingegeben. Man kann nicht sagen, wir würden (in dem Glas mit dem Löffel) etwas sehen, was »nicht der Fall ist«, denn man kann das Glas fotografieren, und auf dem Foto wird der Löffel ebenso gebrochen erscheinen wie beim unmittelbaren Betrachten. In einem gewissen Sinne »lügt« das Bild also (denn der Löffel ist gerade), während es in einem anderen Sinne »die Wahrheit sagt« (denn wir sehen, daß er nicht gerade ist). In einem gewissen Sinne gibt es Isolde und Tristan nicht, während sie in einem anderen Sinne »existieren«. Natürlich ist die Modalität der Wahrnehmung beim unmittelbaren Augenschein und beim Lesen eine ganz verschiedene. Gleichwohl entstehen in beiden Fällen bestimmte Effekte, die unterschiedlich gedeutet werden können. Wer über die Tragödie des Liebespaares heiße Tränen vergossen hat, mag sich ebenso betrogen fühlen, wenn er erfährt, daß es sie »nicht gegeben hat«, wie derjenige, der großen Kummer darüber empfand, daß der von Großmutter geerbte silberne Löffel gebrochen sei, als er ihn in dem Glas Wasser sah. Man sage mir bitte, in welcher Weise der visuell gekrümmte Löffel und das taktil »vermehrte« Brotkügelchen »existieren«, und ich werde sagen, in welcher Weise die Personen in literarischen Werken existieren.

Im Sinne einer Hypothese mit Wahrscheinlichkeitscharakter kann man daher sagen, daß sowohl die sprachbildenden Mechanismen des Geistes als auch die Mechanismen der Wahrnehmung in all ihren sinnlichen Modalitäten einschließlich der kinästhetischen usw. eine gemeinsame Wurzel haben, so daß es also Gebiete gibt, die »an sich« weder sprachbildend noch somatisch-perzeptiv sind, sondern für die einen wie die anderen Mechanismen ein »Fundament«, eine unverzichtbare

Grundlage, ein grundlegend konstitutives System darstellen.

Die Alternative zu einer als »Wand« beziehungsweise als »Fenster« verstandenen Bedeutung existiert in Wirklichkeit nicht. Wenn wir eine Glocke mit einer in eine Gipslösung getauchten Schnur umwickeln und, nachdem der Gips fest geworden ist, die Glocke entfernen, haben wir zunächst die Schnur vor uns (das unterliegt wohl keinem Zweifel), außerdem aber die durch diese Schnur markierte Form des Objekts. Man kann die Sprache als eine solche »Schnur« betrachten. Wenn ein Blinder diese Schnur betastet, und zwar nur so, daß er, was der linearen Abfolge der Textrezeption entsprechen würde, mit den Fingern die Windungen entlangfährt, entsteht in ihm ein Eindruck von dem Ganzen, das durch die Umwicklung der Glocke »designiert« ist. Wir Sehenden können sowohl die Glocke selbst als auch ihren »schnurartigen« Abguß gleichzeitig mit dem Auge erfassen. Das kann der Blinde nicht; er muß die nacheinander eintreffenden taktilen Reize integrieren. Dennoch wird er die gleiche ganzheitliche Gestalt im Gedächtnis haben wie wir (wenn man die Modalität des Sinneskanals nicht berücksichtigt, ist es tatsächlich dieselbe Gestalt, weil im Bereich der zentralen Synthese nicht mehr eine konkrete Modalität dominiert: die räumlichen Vorstellungen werden nicht nur von optischen, sondern auch von vestibularen, kinästhetischen und dergleichen Wahrnehmungen bestimmt). Daß wir also bestimmte »Sachverhalte« momentan und ganzheitlich auf eine irgendwie »unmittelbare« Weise wahrnehmen können oder daß wir ein entsprechendes Wissen über sie durch eine Informationsvermittlung erlangen können, die uns Reize in linearer Abfolge vermittelt, stellt durchaus kein ausschließliches Merkmal der Lektüre dar, denn ähnlich verhält es sich in unserem Beispiel.

Unser Blinder wird wohl kaum behaupten, die Glocke bestehe »in Wirklichkeit« aus Schnur (wenn er weiß, was eine Glocke ist). So behaupten auch wir nicht, daß Herr

Wołodyjowski »aus Sprache besteht«. Die Frage, ob hinter der gipsversteiften Schnur eine »wirkliche Glocke« steht, kann ebenso entfallen – muß es aber nicht – wie die Frage, ob hinter den Worten des Textes der »Trilogie« »wirkliche« Personen stehen. In den Fällen, wo wir entweder die Glocke nicht aus der Schnurumwicklung entfernt oder das so gemacht haben, daß diese Glocke irgendwo existiert, kann man begründet erklären, daß »hinter« diesem Abguß eine reale Glocke (in unterschiedlich vermitteltem Maße) *existiert.* Haben wir dagegen nicht eine Glocke als Modell benutzt, sondern lediglich die Schnur in geschickter Weise gewickelt und so lange gehalten, bis der Gips fest wurde, und auf diese Weise die Form einer Glocke erzeugt, obwohl wir dazu keine reale Glocke benutzt haben, so kann man sinnvoll sagen, daß es *die* Glocke, welche die Schnurumwicklung »darstellt«, nicht gibt, daß es aber reale Glocken gibt, denen die »schnurartige« »ähnlich« ist. Den Grad der Ähnlichkeit kann man dann abwägen. Das ist genau dasselbe, wie wenn wir den »kognitiven« Gehalt eines literarischen Werkes untersuchen würden. Da man aber die Schnur in solche Formen legen kann, wie sie real existierende Gegenstände nicht besitzen, gibt es keinen triftigen Grund, warum man mit der Sprache nicht analog verfahren könnte, die ja, was wohl allgemeine Zustimmung finden wird, als »Modellierwerkzeug«, als Rohmaterial zum Modellieren weitaus geschmeidiger und vielseitiger ist als eine Schnur.

Am »ontologischen« Status des Wahrgenommenen ändert sich nichts, wenn die Kette der Repräsentation in ungewöhnlich viele vermittelnde Glieder zerfällt. Der Blinde, der vor der Form steht, kann ebensogut sagen: »Das ist eine Schnur« wie: »Das ist die Form einer Glocke« oder gar: »Das ist eine Glocke.« Ebenso können wir, wenn wir auf die Bildfläche eines Fernsehgerätes blicken, sagen: »Das ist Glas, von innen mit einer Leuchtschicht bedeckt, über die der von der Kathodenröhre gelenkte Elektronenstrahl wandert« oder: »Das ist ein Fernsehbild, das den ›Hamlet‹ darstellt.« Wenn wir uns dieses Drama im Fernsehen anschauen, sehen wir auf dem Bildschirm eine Repräsentation des Schauspielers Holoubek (denn der reale Holoubek befindet sich im Warschauer Studio), welcher den Hamlet repräsentiert, der einen bestimmten Text repräsentiert. Der Text »legt« sprachlich den Hamlet »fest«, Holoubek macht das (indem er die Rolle spielt) außerdem noch »außersprachlich«, und dank einer weiteren Vermittlung stellt der Bildschirm das dar.

Kulturelle Matrizen der Semantik

Literarische Texte, die eine gewissermaßen außersprachliche Wirklichkeit »festlegen«, kann man, wie wir sagten, »mit eigenen Worten zusammenfassen«, und dabei verhält man sich so, als würde man Zustände dieser Wirklichkeit und nicht (sprachliche) Zustände des Werkes vermitteln, das diese Wirklichkeit »ins Leben rief«. Lyrische Gedichte dagegen kann man nicht erfolgreich zusammenfassen, weil ihre »Wirklichkeit« vor allem sprachlich und so gestaltet ist, daß man ihrer nur »habhaft werden« kann, indem man das Gedicht rezitiert, also nur »auf dem gleichen Wege«, den der Autor vorgezeichnet hat.

Man kann diesen beiden Varianten entsprechende Situationen im realen Leben zuordnen. Wenn ein Versuchsleiter einer ausgewählten Person sagt, sie möge den Raum verlassen und dann anklopfen, eintreten, der Reihe nach allen anwesenden Herren die Hand geben und sie auf beide Wangen küssen, sich vor allen Damen verbeugen und ihnen die Hand küssen, wobei sie sich jeder der anwesenden Personen laut und deutlich vorstellen möge, so kann man, obwohl diese Anweisung allein im Hinblick auf ihren Informationsgehalt recht kompliziert ist, doch sicher sein, daß der ausgewählte Mensch alles, was ihm aufgetragen wurde, ohne größere Schwierigkeiten ausführen wird. Fragt man ihn aber anschließend, welche Befehle er erhalten hat, so wird er nahezu mit Sicherheit nicht wortwörtlich wiederholen können, was der Versuchsleiter zu ihm gesagt hat. Er hat nämlich nicht den Text der Äußerung behalten, sondern dessen Bedeutung auf das typische Schema einer gesellschaftlichen Begrüßungssituation reduziert, und sich darauf berufend, hat er diese Rolle gespielt, obwohl er vergessen haben mochte, wie der Befehl lautete. Er hat als Anweisung lediglich eine bestimmte »Einstellung« behalten, die der Situation *unabhängig von der sprachlichen* eine Bedeutung gab.

Wenn wir diesem Menschen dagegen sagen, er möge sich beim Betreten des Raumes mit der linken Hand ans rechte Ohr und mit der rechten an den Rockaufschlag fassen, daraufhin zunächst zweimal den Handgriff wechseln, dann ans Fenster treten, die Nase am Fenstergriff reiben, sich zweimal umdrehen, ausrufen: »Hosianna! Die Thermosflaschen haben sich verknäuelt!«, wieder in die Mitte des Raumes treten und sich dort mit gekreuzten Armen niederhocken, so ist es durchaus wahrscheinlich, daß ihm, obwohl die Informationsmenge dieser Anweisung nicht größer ist als die der ersteren, alle aufgetragenen Handlungen durcheinandergeraten. Seine einzige Rettung besteht darin, genau zu behalten, was ihm gesagt wurde, denn wenn er sich an das Schema der Äußerung hält, kann er den Auftrag nicht erfüllen.

Im letzteren Falle konnte dieser Mensch die Anweisung nicht auf ein feststehendes dynamisches Verhaltensstereotyp reduzieren und war deshalb »auf den Text angewiesen«. Die Situation hatte nämlich keine *außersprachliche* Bedeutung.

Doch worin unterscheiden sich eigentlich »sprachliche« von »außersprachlichen« Bedeutungen? Das wird an unserem Beispiel deutlich: Die »außersprachlichen« Bedeutungen sind kulturelle Stereotypen, während die rein »sprachlichen« keine Grundlage in solchen Universalien haben. Daneben gibt es freilich eine Kategorie von »Bedeutungen«, die bei allen historischen Kulturen trotz ihrer Mannigfaltigkeit invariant ist. Zum Teil läßt sie sich auf einen Kern biologischer Bedürfnisse zurückführen, die als unerläßliche Existenzbedingungen befriedigt werden müssen. Ohne hier näher auf Probleme der Kulturanthropologie einzugehen, weil sie uns vom Thema abbringen würden, sei hier lediglich gesagt, daß nicht so sehr und nicht unbedingt eine physikalistisch verstandene Realität, also gewissermaßen die »aller Bedeutungen entkleidete« Welt der Natur den unveränderlichen Bezugsrahmen literarischer Werke abgibt, sondern in erster Linie solche Phänomene, die, mögen sie auch teilweise »natürliche« sein, eine kulturelle Umformung erfahren haben. Wenn wir sagen, daß eine solche, kulturell geformte Realität in den literarischen Werken evoziert wird und daß sie der Faktor ist, der die Erzählung dauerhaft stabilisiert, so bedeutet das keineswegs, daß wir sie bejahen; selbstverständlich verträgt sich auch der radikalste Widerspruch, der Zweifel in jeder Form mit dieser Auffassung. Ferner sei angemerkt, daß es zwischen den Bereichen der »sprachlichen« und »außersprachlichen« Bedeutungen keine klare Grenze gibt, denn das Bindeglied aller überhaupt in der Gesellschaft zirkulierenden Bedeutungen ist unabänderlich die Sprache. Vielmehr kann man von einer Reihe konzentrischer Kreise sprechen, zu deren Elementen solche gehören, die, vom Menschen aus dem Tierreich mitgebracht, in die Soziogenese eingegangen sind und zivilisatorische Invarianten darstellen, ferner solche, die (wie etwa diejenige, die den Gradienten von Herrschaft und Unterwerfung zwischen den Geschlechtern festlegt) als kulturspezifische Normen gelten müssen, solche, die Normen bestimmter (schicht- und berufsspezifischer) »Subkulturen« darstellen, und schließlich jene, die sich in Seitenbereichen der eng spezialisierten und ausdrücklich auf die Sprache als Gegenstandsbereich ausgerichteten Konstruktion entwickelten, etwa bei so isolierten Gruppen wie den Poeten.

Vieles wird uns klar, wenn wir kulturelle Stereotypen als Bezugssysteme betrachten, die einem einheitlichen Verständnis der Artikulationen Stabilität verleihen. Die

Bedeutsamkeit solcher »Stabilisatoren« wird schon an kleinen Experimenten deutlich. Von den drei Sätzen: »Ein Herr ging mit Hilfe eines Stocks«, »Ein Herr ging mit Hilfe eines Quadrats«, »Ein Herr ging und ging nicht« verstehe ich am leichtesten, weil nicht nur sprachlich, den ersten (und kann ihn deshalb sofort durch Synonyme ausdrücken: »Ein Mensch schritt einher und stützte sich dabei auf einen Knüppel«). Dieser Satz evoziert ja augenblicklich einen außersprachlichen »Sachverhalt«, der gegenüber beliebigen Ausdrucksweisen invariant ist. Die übrigen Sätze muß ich bereits interpretieren, also nach ihnen angemessenen Situationen suchen. Vielleicht betrifft der zweite jemanden, der zur Bestimmung des Weges ein magisches Quadrat benutzt, vielleicht fehlt hier aber auch nur der Kontext, und der Satz handelt von jemand, der durch die Nacht ging, wobei ihm das Quadrat des aus einem Fenster auf die Straße fallenden Lichts half. Mit der ersten Interpretation weiche ich von den Stereotypen unserer Kultur ab, während die zweite zusätzliche Artikulationen erfordert, die sich auf den gesuchten »Sachverhalt« beziehen. Bei dem Satz, daß jemand »ging und nicht ging«, drängt sich mir dagegen das Bild der Verwandlung eines Menschen in eine Uhr auf: Nachdem er in dieser Weise »verändert« wurde, ging er als Uhr, aber als Mensch ging er nicht. Bevor wir uns damit befassen, wo man die »einer Artikulation angemessenen Sachverhalte« eigentlich zu suchen hat, sei darauf hingewiesen, daß unter Umständen das, was ihr voraufgegangen ist, über die Ergebnisse der Rezeption entscheidet. So ist der Satz: »Ein gewisser Herr hatte ein Quadrat« verständlich, wenn auch nicht hinreichend bestimmt (weil der Herr unterschiedliche Quadrate haben kann). Wenn ich unmittelbar nach diesem Satz höre: »Ein gewisses Quadrat hatte einen Herrn«, so werde ich unwillkürlich geneigt sein, das für Unsinn zu halten, denn eine geometrische Figur oder sonst ein »quadratisches« Objekt kann nicht Besitzer eines Menschen sein. Dieser Satz ist jedoch nur eine gewöhnliche Umkehrung des ersten und besagt, daß, »wenn ein gewisser Herr ein Quadrat hatte«, damit dieses Quadrat auch einen Herrn als Besitzer hatte. Anfangs hielt ich diesen Satz für Unsinn, weil der erste Satz (»Ein gewisser Herr hatte ein Quadrat«) sein (syntaktisches) Bedeutungsgerüst in meinem Geist zurückgelassen hatte und der zweite sich ihm aufgrund bloßer Trägheit der Rezeptionsmechanismen, die schon in einem bestimmten Sinne eingestellt waren, überlagerte; diese Anwandlung von Trägheit konnte erst durch eine bewußte Anstrengung ausgeschaltet werden.

Wovon hängt also die Bedeutung ab, die einem Satz zugeschrieben wird? Wir wissen, daß ein »an sich sinnvoller« Satz in einer bestimmten Situation unsinnig sein kann (wenn man uns in der Straßenbahn sagt: »Warschau ist die Hauptstadt Polens«), während ein »an sich unsinniger« Satz in einer bestimmten Situation sinnvoll sein kann (»Drei bestimmte Personen sind eine – als Heilige Dreifaltigkeit«). Weder der logische Charakter des Satzes noch die Situation garantieren schon das außersprachliche Verstehen: Das Sprachliche muß zu dem kulturell Bestätigten passen.

Es ist nicht so, daß wir zunächst nach einem »realistischen Sachverhalt« für den Satz suchen. Die Suche vollzieht sich in zwei Bereichen zugleich: dem sprachlichen und dem außersprachlichen. Bei dem Satz über den Herrn, der ging und nicht ging, assoziierte ich das sprachliche Schema der scherzhaften Rätselfrage nach etwas, was steht und schlägt, weil ich mir dieses Schema in der Kindheit fest eingeprägt habe. Der Satz über den Herrn, dem ein Quadrat beim Gehen half, erfordert größeren Einfallsreichtum, weil weder ein Stereotyp der Sprache noch ein Stereotyp der Kultur automatisch die Auflösung, d. h. den Bezug, liefert.

Die Zuordnung ist demnach eine veränderliche Resultante zweier Wahrscheinlichkeitsverteilungen: der realen Ereignisse einerseits und sprachlicher Ereignisse im Sinne fixierter Artikulationsschemata andererseits. Würden alle Einwohner unseres Landes statt Aktentaschen magische Quadrate tragen, so würden sie den Satz von dem »Herrn mit dem Quadrat« unverzüglich erfassen. Die Realität erzeugt also durch immer wiederholten Druck Wahrscheinlichkeitsmatrizen für die Sprache, was uns wohl eher verständlich erscheint als der Umstand, daß die Sprache so leicht von den durch die »Realität« festgelegten Häufigkeitsverteilungen abweichen kann. Sie ist ja tatsächlich imstande, ein ganzes »Spektrum« unterschiedlicher Realitäten zu erzeugen, die nicht mit jener, die uns ständig gegeben ist, isomorph ist. Wie kann die Sprache das? Die Frage klingt naiv, aber zuweilen ist es gut, sich gerade solche naiven Fragen zu stellen. Die Sprache erzeugt, indem sie sich gewissermaßen ihren Pflichten entzieht, leere Namen, nicht existierende Wesen, Absurditäten, ja ganze Metaphysiken. Gewiß kann man der Ansicht sein, daß sie in unserer Hand (oder besser in unserem Mund) so verfährt, weil die »menschliche Natur« eben »so« (nämlich »metaphysisch pervertiert«) ist. Dazu braucht man sich glücklicherweise insofern nicht zu äußern, als es auch eine bescheidenere, da philosophisch unbelastete Ursache gibt, nämlich die, daß man keine Sprache konstruieren kann, in der sich sagen ließe: »Menschen gehen auf der Erde«, während der Satz: »Die Erde geht auf den Menschen« nicht geäußert werden könnte. Es wäre übrigens interessant, einmal zu versuchen, eine Sprache zu konstruieren, in der sich nichts ausdrücken ließe, was nicht irgendwie real der Fall ist. Die Konstruktionsbemühungen kann man sich freilich ersparen, denn man braucht bloß über die Aufgabe nachzudenken, um ihre Undurchführbarkeit zu begreifen. Wo nicht *zuvor* »Ähnlichkeiten« (welcher Art auch immer) festgestellt werden, kann es keine Sprache geben. Sobald sich aber dieses Analogieprinzip konstituiert, fallen die Festungsmauern des »Realismus«, weil in das Innere jene Ähnlichkeiten eindringen, aufgrund derer eine Wolke an einen Löwen oder einen Elefanten, ein weiblicher Mund an eine Rose und ein Gewitter an einen Zornesausbruch »erinnert«. Es bedarf also nicht einmal der kühnen Experimente mit der Umkehrung von Sätzen, um zu verschiedenen, sehr »merkwürdigen«,

d. h. »unrealistischen« Äußerungen zu gelangen. Denn wenn der Herr eines Landgutes über das Vieh, das seinen Garten verwüstet, ergrimmt und es brüllend mit Schmähungen überhäuft, warum sollte es dann nicht einen Herrn über das Ganze geben, der Blitze nach uns schleudert, wenn wir uns ungeziemend verhalten? Auch das ist eine Anwendung der Analogie.

Die Sprache, sagten wir, ist anfangs wie eine Spore, die unablösbar an den Situationen »haftet«, außerhalb derer sie unverständlich bleibt. Während sie deren Struktur mit wachsender syntaktischer und lexikalischer Differenziertheit abbildet, wird sie fähig, beliebige Phänomene, die man mit ihr »anvisiert«, linear abzutasten. So ist es auch nicht grundsätzlich ausgeschlossen, die Sprache auf sie selbst zu richten. Unter bestimmten Umständen kann aus diesem Verfahren Poesie entstehen.

VI.
Informationstheorie und Logik

Das Werk: strukturelle und selektive Information

Die Sprache besteht, als Isolat betrachtet, in einer Menge von Zuständen (man kann der Ansicht sein, dies sei eine Menge von Sätzen, d. h. von Artikulationen), und die Verteilung der Wahrscheinlichkeiten dieser Zustände wird von der Statistik der gesellschaftlichen Kommunikation festgelegt, wobei die Sprache dann dem entspricht, was man in der Informationstheorie als selektive Information bezeichnet, eine Information, die man mit einer bestimmten Wahrscheinlichkeit erwarten kann, auf die aber die Kriterien wahr und falsch nicht anwendbar sind. Eine Sprache dagegen, die eine bestimmte, beobachtete oder aus Beobachtungen induktiv erschlossene Wirklichkeit »abtastet«, entspricht der strukturellen Information, die, weil sie sich auf »Sachverhalte« bezieht, den Kriterien von wahr und falsch unterliegt.

Die Informationstheorie ist eine statistische und asemantische Theorie. Die Theorie der strukturellen Information kann in Wirklichkeit nicht »asemantisch« sein, weil es – im Gegensatz zu den Illusionen der Physikalisten – nicht möglich ist, Sachverhalte »so, wie sie auftreten«, darzustellen, ohne von sich etwas hinzuzufügen. Wir fügen immer etwas von uns hinzu, und sei es nur das Ziel, das festlegt, bezüglich welcher Umstände ein »Ereignis« abgebildet werden soll. Man kann beispielsweise die Entropie des Gases in einem Behälter feststellen, doch ist das nicht die Entropie »an sich«, sondern bezogen auf den Beobachter, da er die Bezugsmenge festlegt. Wenn wir den Druck und die Temperatur des Gases sowie sein Molekulargewicht kennen, können wir die mittlere Geschwindigkeit eines Moleküls und die Anzahl der Kollisionen mit anderen Molekülen innerhalb einer bestimmten Zeiteinheit berechnen. Die Bahn eines solchen Moleküls ist dann repräsentativ für das gesamte Gas. So hat es zumindest den Anschein. Handelt es sich bei dem Gas jedoch um Uranhexafluorid und nähert der Druck die Moleküle einander derart an, daß es durch eine zufällige Schwankung der Neutronendichte in dem Gas, die den Koeffizienten der Neutronenerzeugung wachsen läßt, in jedem Augenblick zu einer Kettenreaktion der Kernzerfälle, also zur Explosion kommen kann, dann hätte ein Physiker, der glaubt, er besitze die »wesentliche« Information über dieses Gas und könne nun dessen künftige Zustände vorhersehen, sich getäuscht. Dieser Physiker nimmt nämlich stillschweigend an, daß jenes Repertoire von Zuständen, das er bei seinen Messungen berücksichtigte, die »wesentliche« Information liefert, weil er bereits weiß, welche Moleküle für die gesamte Menge »repräsentativ« sind. Für die Prognose der künftigen Zustände von Uranhexafluorid muß man jedoch eine ganz andere Menge von Zuständen und einen anderen Begriffsapparat heranziehen, in dem solche Begriffe auftauchen wie der Koeffizient der Neutronenerzeugung, der Querschnitt der Kernabsorption, die kritische Masse und so weiter. Wenn man daher über einen bestimmten »Sachverhalt« eine Information erlangen möchte, muß man notwendigerweise hinzufügen, worauf diese Information bezogen sein soll: Geht es um frühere Zustände, um deren retrospektive Erfassung? Oder nur um einen »momentanen« Zustand? Oder vielleicht auch um künftige Zustände, um deren Prognose? Wir haben auf diese Weise das Problem der Repräsentativität – auch innerhalb der Literatur – in Angriff genommen.

In einem »banalen« Gas wie etwa der Luft kann man eine geringfügige Beimischung von Uranhexafluorid (des Urans U 235) finden, und der Urananteil in diesen Molekülen zerfällt von Zeit zu Zeit spontan, weil Uran 235 wie alle Uranide ein instabiles Element ist. Die Explosionen dieser vereinzelten Atome sind jedoch durchaus nicht repräsentativ für das Gas. Seine künftigen Zustände hängen praktisch nicht von jener geringfügigen Beimischung ab.

Ähnlich findet sich auch in der Gesellschaft eine konstante Beimischung von »explosiven« Naturen. Man darf jedoch nicht glauben, ein solches Individuum sei für die Gesellschaft repräsentativ, wenn es um den Übergang dieser Gesellschaft von einem »soziostatischen« Zustand in einen anderen – etwa von der parlamentarischen Demokratie zur faschistischen Diktatur – geht. Die Faschisierung beruht nicht darauf, daß eine erhebliche Zahl von Bürgern sich in irgendwelche Psychopathen verwandelt. Im übrigen kann etwas, was – im Rahmen eines bestimmten kollektiven Zustands – in seiner Singularität repräsentativ ist, in einem anderen kollektiven Zustand aufhören, repräsentativ zu sein. Die Information, im ersteren Falle »wesentlich«, wird im letzteren völlig nebensächlich.

Jedes Werk kann man in zweifacher Weise interpretieren. So kann man annehmen, daß es ausschließlich selektive Information enthält, eine Information also, die ausgewählt wurde im Hinblick auf Verteilungen von Artikulationswahrscheinlichkeiten, nicht aber von realen Sachverhalten. In diesem Falle stellt das Werk etwas dar, was im probabilistischen Sinne »merkwürdig«, »selten«, »unmöglich« oder umgekehrt »durchschnittlich« oder »häufig« ist. Das »Typische« oder »Originelle« ist dann rein selektiver Art, und die Auswahlstatistik bezieht sich nicht auf reale, sondern lediglich auf sprachliche Ereignisse; die Wahrscheinlichkeit einer gegebenen Artikulation bezieht sich auf deren Gesamtmenge, und die Kriterien von Wahrheit und Falschheit, also auch der »kognitiven Adäquatheit«, sind nicht anwendbar. Wenn jemand darangeht, einen Roman zu schreiben, können wir auf der Grundlage der Statistik literarischer Werke etwa der letzten fünfzig Jahre vorhersagen, daß dieser Mensch mit größter Wahrscheinlichkeit ein eher banales Buch schreiben wird, ein Buch also, das Informationen von geringer Wahrscheinlichkeit liefert.

Man kann literarische Werke aber auch als »Abbildungen« von Sachverhalten interpretieren, denen die Wahrscheinlichkeit realer Ereignisse anhaftet. In diesem Falle kann nach kognitiven Kriterien gefragt werden, ob uns das Werk etwas für die Vorhersage, vielleicht auch für die Rückschau Durchschnittliches und Repräsentatives darstellt oder eher einen lokalen und seltenen Zustand, Tatsachen, Zusammenhänge von Tatsachen usw. Die ästhetische Beurteilung beider Arten von Information bezieht sich dann auf eine jeweils kulturell gegebene, selektive »Menge ästhetischer Ordnungen«, die selektiert und nicht »in der Welt entdeckt« wurden, so daß das Ästhetische eine Spielart der Selektivität ist.

Mehr zu sagen ist uns nicht gestattet, weil die selektive Information eine statistische Menge voraussetzt und wir nur in bezug auf diese Menge und die durch sie gegebenen Wahrscheinlichkeitsverteilungen urteilen können. Ontologische und epistemologische Probleme (das Verhältnis des Werkes zum Sein, sein kognitiver Inhalt) kommen in dieser Konzeption nicht vor. Sie einzuführen hieße, den (empirischen) Begriff der physischen Entropie mit dem (logischen) Begriff der semantischen Information zu vermengen. Eine solche Verwechslung ist allerdings nicht selten anzutreffen. Selbst Philosophen vertreten gelegentlich die Ansicht, mit der genetischen Herleitung der Logik aus empirischen Phänomenen werde eine Identität des Empirischen mit dem Logischen festgestellt, so als würde aus der Tatsache, daß der Panzerfisch ein Vorfahr des Menschen war (was keinem Zweifel unterliegt), folgen, daß der Mensch dasselbe ist wie ein Panzerfisch.

Jene Information, die wir als strukturelle bezeichneten und die untrennbar mit der semantischen zusammenhängt, kann nach den Kategorien von wahr und falsch beurteilt werden. Allerdings wird selbst in durchaus kompetenten Arbeiten nicht davon gesprochen, daß Informationen nicht durch so etwas wie ein »informationales Vakuum« empfangen werden können. Die semantische Information *setzt* einen Rezipienten *voraus*, der über Wissen im Sinne einer Wahrscheinlichkeitsverteilung beziehungsweise einer Menge derartiger Verteilungen verfügt, die durch reale Erfahrung gegeben sind, oder knapper ausgedrückt: Damit semantische Information irgendwo als ein Gewinn auftreten kann, muß sich an dieser »Stelle« bereits eine gewisse Menge von Informationen befinden.[4]

Man könnte uns vorwerfen, daß die selektive Information schließlich auch nicht an einer leeren Stelle auftritt. Selbst wenn deren Verteilungen auf einer reinen Sprachstatistik beruhen, so bildet sich doch die Sprache im Sinne von »la langue« unter dem »Druck« der Realität, was sogar wir unterstrichen haben, so daß also auch in dieser Statistik irgendwie die Realität sich äußert.

Daran ist unbestreitbar etwas Wahres. Der Mensch ist allerdings ein so merkwürdiges Tier, daß er die Sprache gemeinhin in einer Weise benutzt, die im Sinne einer physikalistisch verstandenen Empirie verboten ist. Daher wimmelt es in der Sprache von »leeren« Namen, z. B. den Namen von Dämonen und Elfen, doch den Grund dieses eigenartigen Verhaltens kennen wir nicht.

Wir haben als Hypothese geäußert, daß die Sprache selbst diesen seltsamen Zustand hervorruft. Man kann das auf durchaus triviale Weise verstehen. Die Menschen sind ihrer (tierischen) Natur nach neugierig und erforschen alles, was sich nur erforschen läßt. Einmal muß ja jemand sogar Heuschrecken, Hundspetersilie und jahrelang in der Erde modernde Eier gekostet haben, damit sich herausstellte, was eßbar ist und was nicht. Der Sprache kann man sich in der gleichen Weise bedienen wie der Arme und Beine, und es ist ja bekannt, daß die Menschen all ihren Organen immer sehr große Beachtung geschenkt haben. Warum sollten wir, wenn wir schon Zähne zurechtfeilen, Füße verunstalten und die Haut tätowieren können, nicht auch verschiedene Versuche mit der Sprache machen? Warum soll man nicht, wenn man angesichts eines Sterbenden an den Tod denken kann, beim Anblick des gesunden Feindes daran denken können? Wenn wir über etwas, was stattgefunden hat, und über etwas, was nicht stattgefunden hat, sprechen können – wie sollten wir nicht über etwas sprechen können, was überhaupt nicht stattfinden kann? Wenn Ereignisse sprachlich dargestellt werden, nachdem sie eingetreten sind, warum sollte man ihr Eintreten nicht dadurch hervorrufen können, daß man über sie spricht, ehe sie eingetreten sind? Es gibt keinerlei Verbote in dieser Hinsicht, und tatsächlich haben Menschen all das getan und tun es noch immer. Die Magie wirkt bis heute: Wenn wir auf jemanden sehr böse sind und ihn in seiner Abwesenheit verfluchen, vollziehen wir einen magischen Akt, es sei denn, wir sind uns völlig darüber im klaren, daß wi. damit »Dampf ablassen«. Wenn auf ein Wort des Anführers hin eine ganze Kriegerschar zu Boden fällt, warum kann es dann nicht Wörter geben, durch deren Äußerung Wälder und Berge fallen? Ich behaupte keineswegs, daß die Sprache ein autonomer Generator von »Metaphysiken« ist, sondern lediglich, daß sie es sein könnte, denn wenn man sich darauf einläßt, dies oder jenes in ihr zu erforschen, kann man auf Artikulationen stoßen, die den – oft sehr intensiven – Eindruck machen, bis zum Kern, zum »Wesen« einer Sache vorzustoßen. Wenn man – was durchaus möglich ist – Fragen nach dem »Seinsstatus« literarischer Werke transzendentalisiert, erhält man nur Antworten, die auf Gesinnungsargumente und auf die Abhängigkeit von einer bestimmten systemphilosophischen Doktrin hinauslaufen. Wenn man sie jedoch in den Bereich der Empirie überführt und dadurch neutralisiert, erweisen sie sich als lösbar, da es von der Entscheidung des Rezipienten abhängt, ob er die eintreffende Information als eine selektive auffaßt, die »in der Sprache endet«, für welche die Sprache die letzte Instanz ist, ein gegen die Welt »blindes« System, oder als eine strukturelle, abbildende, die mit der Welt konfrontiert werden kann. Wenn unsere Entscheidungen in dieser Hinsicht unsicher sind, so liegt das daran, daß die beiden Arten von Information, wenn sie in der gleichen lexikalisch-syntaktischen Form der ethnischen Sprache auftreten, einander so sehr ähneln, als wären sie identisch.

Die Menschen sind sich im allgemeinen nicht darüber im klaren, daß zwischen einem Beutel, der aus der Haut einer alten Eidechse gemacht ist und die Zähne einer

Klapperschlange sowie eine Prise Asche enthält, und einem heiligen Amulett, das im Notfall das Leben rettet und Feinde abschreckt, kein anderer Unterschied besteht als der, den sie selbst diesem letzteren Objekt zugeschrieben haben. Deshalb ist der Unterschied für sie auch nicht leicht zu entdecken, zumal man Amulette ablegen kann, die Sprache aber nicht. Während wir beinahe schon bereit sind, diesem Sachverhalt zuzustimmen, meldet sich der Zweifel: Wie ist es möglich, daß solche Wörter wie »das Nichts« kein Designat haben sollen, wo wir sie doch »so gut verstehen«? Noch besser freilich verstehen wir, was »Gleichzeitigkeit der Ereignisse« bedeutet, und erst die Physik hat uns klargemacht, wie sehr sich die empirisch zulässige Bedeutung dieses Ausdrucks von der gewöhnlichen unterscheidet. Die gesamte Mathematik ließe sich, wie man weiß, in der ethnischen Sprache realisieren (man könnte beispielsweise schreiben: »Das zweite Element der Zahl Pi, multipliziert mit dem natürlichen Logarithmus von zwölf, geteilt durch das Funktional . . .« usw.). Das hat bisher aber niemand gemacht. Warum? Vielleicht deshalb, weil das abgekürzte Operieren mit mathematischen Symbolen effektiver ist? Das trifft gewiß zu, aber weshalb hat man eigentlich die Symbole der Mathematik erfunden? Nicht vielleicht auch aus dem Wunsch heraus, sie eindeutig von der natürlichen Sprache abzugrenzen? Die Mathematik ist nämlich eine selektive Information, und zwar eine solche, die man nicht aus Versehen mit der »strukturellen« verwechseln kann.

Wer also im Werk eine »autonome Wirklichkeit« sieht, die existentiell nicht mit der realen Welt zusammenhängt, trifft ebenso wie derjenige, der das Werk für »auf die Welt bezogen« hält, keine Feststellung, sondern stellt ein Programm mit Direktiven für die Rezeption auf. In einer Wahlsituation braucht man, wenn man sich an keine Tatsachen halten kann, eine Konvention. Ich persönlich spreche mich für die zuletzt genannte Auffassung aus, und auch gesellschaftlich verankerte Einstellungen gehen in diese Richtung, doch kann man niemandem die entgegengesetzte Haltung verwehren, wenn er sich für sie entschieden hat. Im übrigen wird wohl die Mehrheit der Leser in dieser Frage eine Haltung einnehmen, die nicht prinzipiell feststeht, sondern sich weitgehend nach den Texten selbst richtet und außerdem von individuellen Dispositionen abhängt. So kann man im »Robinson Crusoe« teilweise eine Geschichte sehen, die zumindest so viel Wahrscheinlichkeit besitzt, daß sie möglich ist, ja sogar die Darstellung von etwas, was einmal geschehen ist, man kann diesen Roman aber auch als eine selektive Information auffassen, die also nicht darstellt, was irgendwo geschehen ist oder geschehen sein könnte, sondern lediglich etwas, was während der Lektüre entsteht, wenn innerhalb des syntaktisch-lexikalischen Repertoires, über das der Rezipient verfügt, Schritt für Schritt eine Auswahl getroffen wird.

Das Werk in logischer und empirischer Hinsicht

An dieser Stelle müssen wir uns darüber äußern, wie sich die oben skizzierten Unterscheidungen aus der Sicht der semantischen Logik darstellen. Die Situation wird sofort bedrohlich, weil wir eigentlich nicht wissen, ob es wirklich um die semantische Logik, um die pragmatische Logik oder vielleicht um noch eine andere gehen soll. Wie es in den ganz exakten Wissenschaften gewöhnlich der Fall ist, hat uns das Studium einiger Werke von nur einem Autor zu der Überzeugung gebracht, wir hätten unter seiner Anleitung unwiderlegliche Feststellungen erreicht, doch dann zeigt sich bei weiterer Vertiefung in die Fachliteratur, wie sehr wir uns geirrt haben. Auf alle Fälle kann man generell konstatieren, daß unter logischem Aspekt zwei Arten von Sätzen unterschieden werden – wahre Sätze und falsche Sätze –, und außerdem kann man Sätze unterscheiden, die als Urteile mit der Überzeugung geäußert werden, daß es sich so verhält, wie das Urteil besagt, und das sind die sogenannten assertorischen Urteile. Darüber hinaus kann man Vermutungen, Mutmaßungen, Annahmen äußern, denen eine solch tiefe Überzeugung nicht eigen ist. Man darf daher die Assertion psychologisch auffassen.

Die Entsprechung zwischen dem Satz und dem Sachverhalt, den er mitteilt, ist ein gesondertes Problem der logischen Semantik, das Alfred Tarski durch die Einführung sogenannter »Metasprachen« löste, doch brauchen wir dieses Problem bei unseren Überlegungen nicht zu berühren.

Schwierigkeiten mit literarischen Werken rühren daher, daß die Auffassung, die Sätze eines Werkes seien logisch wahr, ebenso wie die, sie seien logisch falsch, zu Widersprüchen führt. Wenn wir annehmen, daß der Satz: »Oleńka Billewiczówna war eine wunderschöne Blondine« wahr sei, so läßt sich leicht zeigen, daß er falsch ist, denn eine Oleńka Billewiczówna hat es nie gegeben. Wenn wir jedoch annehmen, dieser Satz sei falsch, so können wir nicht mehr zwischen dem Satz: »Oleńka blieb tugendhaft, obwohl Fürst Bogusław sie begehrte« und dem Satz: »Oleńka hatte mit Fürst Bogusław Zwillinge« unterscheiden.

Es ist daher zu unterschiedlichen Auffassungen gekommen. Die einen sind der Ansicht, das Werk sei eine »Mischung« aus wahren Sätzen (wie etwa: »Warschau ist die Hauptstadt Polens«), die zugleich mit der Eigenschaft der Assertion versehen sind, und Sätzen, denen diese Eigenschaft nicht zukommt, und da diese letzteren Sätze im Sinne der Logik überhaupt keine Prädikate sind, können sie auch logisch weder wahr noch falsch sein. Das führt allerdings zu Schwierigkeiten. Wenn ein Autor in einem Werk erklärt, daß Warschau die Hauptstadt Polens sei, so haben wir einen assertorischen wahren Satz vor uns, aber wenn eine Person, die der fiktive Held eines Romans ist, das gleiche erklärt, hört dieses Urteil auf, sowohl wahr als auch assertorisch zu sein. Wenn aber der Autor sich scheinbar der indirekten Rede bedient und unbemerkt von ihr zur objektiven Erzählung übergeht, kann man zuweilen nicht feststellen, wann er aufgehört hat, im Namen der fiktiven Person zu sprechen, und anfing, im eigenen Namen zu sprechen, wann also der Satz: »Warschau ist die Hauptstadt Polens« sich aus einem nichtassertorischen Satz, der kein Prädikat ist, in ein logisches Urteil verwandelte, dem die Eigenschaft zukommt, wahr zu sein.

Deshalb erklären andere, darunter Ingarden, die Sätze eines Werkes seien »Quasi-Urteile«, die intentional ins Dasein gebracht wurden, doch sei das ein intentionales und nicht ein reales Dasein. Der Autor äußert sie nicht mit vollem Ernst, mit der Überzeugung, daß es so ist, wie er verkündet; bestimmte Werke stehen dabei Äußerungen, die wahre Urteile sind, gewissermaßen näher als andere, die von diesem Zustand weiter entfernt sind. Daraus folgt aber wiederum, daß Sienkiewicz, als er schrieb, wie der von den Kugeln Staś Tarkowskis getroffene Löwe tot hinfiel, die Sätze, die diesen Sachverhalt mitteilen, nicht mit voller Überzeugung ausstattete. Daraus könnte man folgern, daß Sienkiewicz, als er »Durch die Wüste« schrieb, nicht völlig sicher war, ob man einen Löwen dermaßen erschießen kann, daß er zu einem toten Löwen wird. Dem ließe sich allerdings entgegenhalten, daß der Löwe aus dem Roman nur ein nicht vollends ins reale Dasein gebrachter Löwe ist, der somit ein völlig anderer Löwe ist, nämlich ein rein intentionaler, und nicht einer, den man tatsächlich erschießen kann. Als Sienkiewicz das schrieb, glaubte er nämlich im Grunde nicht daran, daß es den kleinen Tarkowski irgendwann gegeben und daß er Löwen getötet hat. So ist es sicherlich gewesen. Samuel Pepys dagegen schrieb sein »Tagebuch«, das für uns heute ein literarischer Text ist, assertorisch. Nehmen wir an, daß ähnlich, wie Pepys' Tagebuch gefunden wurde, ein anderes Manuskript von erheblichem künstlerischen Wert gefunden wird, bei dem man aber nicht weiß, ob der Autor es mit oder ohne Assertion verfaßte. Daraus folgt, daß man nicht von vornherein behaupten kann, jeder als literarisch anerkannte Text sei mit Sicherheit ein nicht assertorischer. Als ich »Das Hohe Schloß« schrieb, glaubte ich, Kindheitserinnerungen aufzuzeichnen, doch die Kritik hielt dieses Buch für einen Roman. Meinen authentischen Erinnerungen, die ich in der Überzeugung aufzeichnete, weiterzugeben, was wirklich geschehen ist, wurde damit der assertorische Charakter abgesprochen. Soll ein Autor vielleicht dem Text eine notarielle Beglaubigung beifügen, seine Aufzeichnungen seien assertorisch gemeint? Würde die Feststellung, daß Maria Dąbrowska in »Nächte und Tage« nichts »erfunden« hat, aus diesem Roman eine assertorische Aussage machen? Sollen die Logiker vielleicht ein Detektivbüro aufmachen, um den Grad der Authentizität der Überzeugungen zu erforschen, mit denen Schriftsteller ans Werk gegangen sind? Olaf Stapledon hat das Werk »First and Last Men« verfaßt, in dem er die Geschichte der Menschheit über einen Zeitraum von fünf Milliarden Jahren darstellt. Er hat es mit zwei Vorworten versehen. Im ersten erklärt er, er habe den Roman geschrieben, also das Dargestellte nicht mit Assertion belastet, während er im zweiten mitteilt, der wirkliche Erzähler der ganzen Geschichte sei nicht der in der Mitte des 20. Jahrhunderts lebende Soziologe Stapledon, sondern ein Mensch aus dem Jahre Fünfmilliarden, der sich lediglich die Person Stapledons ausgesucht habe, um seine Absichten zu verwirklichen, nämlich die gesamte Geschichte der Menschheit darzustellen. Es erscheint überaus unwahrscheinlich, daß dieses zweite Vorwort etwas anderes ist als ein »literarischer Kunstgriff«. Wir können das allerdings nicht beweisen, denn es kommen bei Menschen paranormale Zustände vor, z. B. hypomanische Verwirrungen, während derer Thesen, die ein normaler Mensch nicht mit Assertion versehen würde, mit Assertion geäußert werden. Sollte man daher vielleicht regelmäßige psychiatrische Untersuchungen an allen Schriftstellern vornehmen? Wenn jemand sagt, er sei Napoleon, und damit seine tiefste Überzeugung ausdrückt, sind wir der Ansicht, daß dieses assertorische Urteil falsch ist. Wenn aber Mickiewicz sagt, daß »das Vaterland wie Gesundheit ist« – müssen wir dann annehmen, er habe das nicht mit vollem Ernst geäußert und den Sinn dieser Behauptung, ihrer Wahrheit nicht sicher, in ein lediglich intentionales Dasein versetzt?

Wir müssen uns die ganze Konzeption der assertorischen Urteile ein wenig näher anschauen.

Die Assertion besteht in der Überzeugung, also der aktiven inneren Zustimmung des Sprechenden, daß es sich tatsächlich so verhält, wie er sagt. Für die Logik, die nicht eine empirische Wissenschaft ist wie etwa die Physik, ist das ziemlich verhängnisvoll. Denn da man an dem Urteil als solchem, an der sprachlichen Äußerung, nichts entdecken kann, was dessen assertorischen Charakter entweder bestätigen oder verneinen würde, muß man die Kriterien des wirklichen Sachverhalts außerhalb des Urteils suchen – in der Person dessen, der es äußert, und in den Begleitumständen der Äußerung. Wenn ein Deutscher, der die polnische Sprache nicht kennt und lediglich den auswendig gelernten Satz wiederholt: »Warschau ist die Hauptstadt Polens« (auf polnisch natürlich – Anm. d. Ü.), so sagt er das nicht assertorisch, sondern wie ein Grammophon oder ein Papagei. Die psychologische Auffassung der Assertion stützt sich jedoch auf eine unsichere Grundlage, denn sie geht davon aus, daß der rein psychologische und nicht logische Begriff der »Überzeugung«, wie er in den kümmerlichen Feststellungen der landläufigen unwissenschaftlichen Psychologie vorliegt, derer sich jeder Mensch tagtäglich bedient, für die Klärung des »assertorischen Status« von Urteilen hinreicht. Nun neige ich zu der Ansicht, daß ein Priester, der die Messe abhält, die Sätze der Liturgie mit der ehrlichen Überzeugung äußert, daß es sich so verhält, wie diese Sätze verkünden, daß man sie also als assertorische anerkennen muß. Er sagt jedoch Dinge, aus denen beispielsweise folgt, daß Wein sich in Blut verwandelt. Damit spricht er die Unwahrheit, denn das geschieht keineswegs, und außerdem gerät er noch in einen Widerspruch, denn er benutzt die Sprache im Gegensatz zu ihren semantischen Regeln. Diese Regeln erlauben nicht, zu sagen: »Dieser Wein verwandelt sich gerade in Blut«, wenn er sich nicht verwandelt. Bei demjenigen, der das sagt, müßte man also entweder Unkenntnis der Sprachregeln oder bewußte Lüge oder schließlich Geistesverwirrung vermuten. Wenn der Priester die Sprache kennt und lügt, so äußert er keine assertorischen Urteile, wenn er aber seine Urteile mit Assertion versieht, so ist er geisteskrank. Wir gelangen also zu der Erkenntnis, daß jeder Geistliche, der die Messe liest, entweder lügt oder verrückt ist. Diese aufschlußreiche Folgerung ist natürlich vollkommener Unsinn, weil der Begriff der »Überzeugung« durchaus nicht eindeutig ist. Insbesondere ist die Überzeugung des Priesters, mit der er die Sätze der Liturgie äußert, nicht dasselbe wie die Überzeugung des solipsistischen Philosophen, der erklärt, nur er allein existiere, und die Überzeugung dieses Philosophen ist wiederum nicht dasselbe wie die Überzeugung des Logikers, der verkündet, jedes Viereck habe vier Winkel, die wiederum nicht dasselbe ist wie die Überzeugung des Physikers, der sagt, Neutrinos hätten keine Ruhemasse. Während die Assertion des Physikers eine empirische ist, ist die des Logikers eine analytische und unmittelbare, die des Philosophen dagegen eine mittelbar aus Voraussetzungen abgeleitete. Es handelt sich dabei aber um unterschiedliche Konzeptionen, die man nicht miteinander vermengen darf. Nach der logischen Konzeption der Assertion, wie sie etwa Kazimierz Ajdukiewicz vertreten hat, ist das Äußern von Urteilen, also ihre Anerkennung, nicht eine Frage des Beliebens oder gar der – wie wir annehmen wollen: psychologischen – Überzeugung, sondern eine Frage des Gehorsams, den man den axiomatischen Regeln der Sprache schuldet, so daß derjenige, der ihnen nicht folgen will, nicht so sehr die Unwahrheit oder ein nicht assertorisches Urteil äußert, sondern einen Widerspruch, denn um eine Aussage anerkennen oder ablehnen zu können, muß man sich im Einklang mit den Axiomen der Sprache befinden; wer sie jedoch ablehnt, kann sich ihrer gar nicht mehr bedienen, oder anders, er kann überhaupt nichts sagen. Als Axiome der Sprache kann man etwa die Regeln betrachten, die uns zwingen, anzuerkennen, daß wir, wenn wir sagen: »Das Quadrat hat vier Seiten«, damit auch gezwungen sind, anzuerkennen, daß das Quadrat vier Winkel hat. Die logische Assertion tritt dort auf, wo wir es mit analytischen Überlegungen zu tun haben. Da literarische Werke aber nicht das Resultat analytischer Überlegungen sind, kann die Konzeption der logischen Assertion nicht für die Beurteilung ihres assertorischen oder nicht assertorischen Charakters herangezogen werden. Das Gewicht eines Körpers kann man schließlich nicht mit dem Thermometer messen.

Bei jenem Sprachmodell, in dem die Behauptungen der Wissenschaft formuliert werden, kann man von einer empirischen Variante der Assertion sprechen. Die Sprache, in der literarische Werke geschrieben werden, ist jedoch nicht die Sprache, welche die Wissenschaft benutzt. Die Konzeption der empirischen Assertion in ihrer unmittelbar aus der Wissenschaft abgeleiteten Form ist also auch in der Literaturwissenschaft nicht anwendbar.

Was bleibt uns noch? Entweder kehren wir zur psychologischen Konzeption zurück, oder wir erklären, daß man für literarische Werke vielleicht eine ganz neue, nicht der logisch-empirischen ähnelnde Konzeption schaffen müßte. Fiktionale Sätze als Nichtprädikate aufzufassen ist ein chirurgischer Eingriff, der zwar die Logik rettet, dafür aber die Literatur einem rätselhaften Zustand opfert, der weder sinnlos noch »unwahr« noch »unfalsch« ist, denn Nichtprädikate sind weder wahr noch falsch. Wenn der Logiker sich zu der Auffassung entschließen kann, daß *pereat ars, fiat logica,* so bin ich persönlich mit einem solchen »konservativen« Eingriff nicht einverstanden. Der seit jeher allgemein gebräuchliche Begriff der »künstlerischen Wahrheit« ist insofern nicht der allerglücklichste, als man nicht weiß, was er eigentlich bedeuten soll. Lassen wir dieses Problem auf sich beruhen und wenden wir uns dem logischen Wert literarischer Sätze zu.

In seiner ausgezeichneten Arbeit: »Główne problemy

wiedzy o literaturze« (Hauptprobleme der Literaturwissenschaft) schätzt Henryk Markiewicz die Wahrhaftigkeit, d. h. die Glaubwürdigkeit der einzelnen Sätze eines Abschnitts aus den »Kreuzrittern« ab und verwendet dabei – ob er sich dessen bewußt ist, weiß ich nicht – anstelle der zweiwertigen Logik mit ihrem ausgeschlossenen Dritten eine probabilistische, mehrwertige Logik: eines der besten Verfahren, die ich kenne. Allerdings wurde es nicht überall korrekt angewandt, denn was für einzelne Sätze richtig sein mag, muß nicht für das gesamte Werk richtig sein.

Nach der Wahrscheinlichkeitstheorie ist die Realisierungschance einer Serie voneinander unabhängiger Ereignisse (die jeweils ihre eigene Eintrittswahrscheinlichkeit besitzen) gleich dem Produkt aller Einzelwahrscheinlichkeiten. Man darf natürlich nicht meinen, die Wahrhaftigkeit der »Kreuzritter« lasse sich auf das Maß probabilistischer Glaubwürdigkeit reduzieren, das durch das Produkt der Wahrscheinlichkeiten aller jeweils für sich betrachteten Sätze (im Sinne »unabhängiger Ereignisse«) dieses Werkes gegeben ist. Ein Werk ist schließlich keine Zufallsserie von Ereignissen (sprachlicher Art, d. h. Sätzen). Es ist nicht einmal eine stochastische Markow-Serie, denn es besitzt ein »Tiefen«gedächtnis, und was auf der ersten Seite geschieht, kann das, was auf der letzten eintritt, determinieren. Während das Werk also ein ganzheitliches System ist, wird dieser Systemcharakter des Werkes bei der probabilistischen Abschätzung der Glaubwürdigkeit (als Maß der Wahrhaftigkeit) der einzelnen Sätze ignoriert.

Prüfen wir nun den logischen Wert von Sätzen der Sprache der Wissenschaft. Da das bei den literarischen Werken nicht im Sinne ganzheitlicher Systeme geschehen ist, erlauben auch wir uns, einzelne Sätze aus wissenschaftlichen Theorien als Isolate zu behandeln. In der Theorie der Suprafluidität von Helium kommen sogenannte »Pseudoteilchen« vor, gewisse »operative Wesen«, von denen die Theorie sagt, daß sie eigentlich *keine* Teilchen seien. Diese Theorie interessiert uns jetzt aber nicht, so wie uns auch nicht das Werk der »Kreuzritter« interessierte, als einzelne Sätze daraus auf ihren logischen Wahrheits- oder Falschheitswert untersucht wurden. Nehmen wir also den Satz: »Es gibt Pseudoteilchen.« »Pseudoteilchen« bedeuten, wenn wir das etymologische Wörterbuch der polnischen Sprache heranziehen, soviel wie »unechte Teilchen«. Dies setzen wir ein und erhalten: »Es gibt unechte Teilchen«, oder anders gesagt: Es gibt Teilchen, die keine Teilchen sind. Was läßt sich über die Wahrhaftigkeit dieses Satzes sagen? Nichts Gutes. Wenn man sagt: »Es gibt Teilchen, die keine Teilchen sind«, so bedeutet das, einen Widerspruch zu verkünden. Damit wissen wir, wovon der aus der Theorie der Suprafluidität entnommene Satz spricht: er ist eine Antinomie. Nun versucht der Physiker uns zu erklären, daß der Begriff der »Pseudoteilchen« im Rahmen der Theorie implizit definiert worden sei. Das interessiert uns jedoch nicht. Wir spielen jetzt Logiker, und Logiker wollen nichts davon wissen, was »Jurand ze Spychowa« *im Rahmen des Textes der »Kreuzritter«* bedeutet. Was die Logiker dürfen, das dürfen wir auch.

In der Physik ist gegenwärtig die Theorie eines neuen Teilchentyps populär – der »Quarks«. Wir entnehmen ihr den Satz: »Quarks existieren.« Es wäre halb so schlimm, wenn das eine Nominaldefinition wäre: »Es gibt ein x, für das gilt: x ist ein Quark, und x existiert.« Aber das ist keine Definition. Auch den Satz: »Jurand ze Spychowa existierte« wird niemand als eine Definition auffassen. Ist »Quarks« vielleicht ebenso ein leerer Name wie »Jurand ze Spychowa«? Aber der Satz: »Quarks existieren« ist überhaupt kein Prädikat im logischen Sinne, denn ein Wort wie »Quark« kommt nicht einmal im Lexikon vor*, wohingegen »Jurand ze Spychowa« – gemäß den Regeln der Sprache – zwar ein leerer Name, aber doch ein Eigenname ist, »Quarks« dagegen nicht. Da er also kein Prädikat ist, ist der Satz:

* Jedenfalls nicht in diesem Sinne, als das Buch geschrieben wurde – 1967. Anm. d. Ü.

»Quarks existieren« weder wahr noch falsch. Es ist ein Satz der gleichen Art wie: »Knöpse existieren« oder: »Gneitze existieren.« In der Physik gibt es eine Theorie der »verborgenen Parameter«; sie wird beispielsweise von Bohm vertreten. Aus Mitleid will ich schon gar nichts über die logischen Werte dieser Parameter sagen, da man dem Satz: »Verborgene Parameter existieren« nicht einmal assertorischen Charakter zuschreiben kann, denn Bohm macht keinen Hehl daraus, daß er lediglich eine Annahme ausspricht.

Noch schlimmer ist es mit den »virtuellen Teilchen«. »Virtuell« bedeutet soviel wie »möglich«. Die Theorie der Kernkräfte führt z. B. virtuelle Mesonen ein. Ihr entnehmen wir den Satz: »Virtuelle Mesonen existieren« und lassen die Theorie auf sich beruhen. Dieser Satz besagt, daß real etwas existiert, was lediglich als Möglichkeit existiert. Auf diese Weise »existieren« Autos in der Altsteinzeit. Also wiederum eine Antinomie. In der Wissenschaft herrscht eine schöne Ordnung! Wir können die Untersuchung fortsetzen. So erfahren wir von den »Zwei Zeiten« der kosmogonischen Theorie Milnes, die innerhalb der Theorie definiert sind, außerhalb ihrer aber leere Namen darstellen. Wir erfahren von einer »Schwarzschild-Sphäre«, die, aus der relativistischen Astrophysik abgeleitet, die bemerkenswerte Eigenschaft besitzt, unbeobachtbar zu sein.* Niemand wird also jemals das Designat dieses Namens wahrnehmen. Und das soll ein physikalisches Objekt sein! Wieder eine Antinomie! In der Quantenphysik ist der Galimathias noch größer. Wie soll man die Dispersionsmatrix der Teilchen logisch bewerten? Wir fragen nicht nach den Teilchen, sondern nur nach der Matrix: das ist ein formaler sprachlicher Ausdruck, in den die Variablen einzusetzen sind. Sein logischer Wert ist nicht derselbe wie innerhalb der *mathematischen* Matrizenrechnung, denn die Dispersionsmatrix ist zwar der Mathematik »entnommen«, wurde

* Wird heute allgemein als »Schwarzes Loch« (black hole) bezeichnet. Anm. d. Ü.

aber einem bestimmten Bereich realer Phänomene zugeordnet und hörte dadurch auf, ein »rein mathematischer« Ausdruck im Sinne der reinen Mathematik zu sein. Man sagt einfach so, daß die Bedeutung eines Satzes in der Wissenschaft in der Methode seiner Überprüfung bestehe. Vielleicht besteht im Rahmen einer Theorie der Sinn in der Methode der Überprüfung (obwohl auch das anfechtbar ist), aber einzelne, aus dem theoretischen Kontext herausgerissene Sätze kann man mit Sicherheit nicht so verstehen. Die Ansicht, daß lediglich der logische Status von Sätzen, die aus einem literarischen Werk herausgerissen sind, überaus zweifelhaft sei, ist demnach schlicht falsch.

Nicht etwa, weil ich darin eine überaus dringliche Notwendigkeit sähe, sondern lediglich, um die Qualen derjenigen, die sich für die Logik begeistern, zu lindern, schlage ich vor, alle literarischen Werke als eine Art Definition zu betrachten, nämlich als eine Nominaldefinition, die den leeren Namen (d. h. einen Namen ohne Designat) projektiert beziehungsweise (im logischen Sinne) erzeugt, der in dem *Titel* des jeweiligen Werkes besteht. Da der Umfang eines leeren Namens in seiner Denotation besteht, denotiert ein leerer Name eine leere Menge. Gleichwohl kann man über gewisse, wenn auch nicht über alle leeren Namen Urteile äußern, die logisch wahr oder falsch sind. Ein wahres Urteil über den leeren Namen »Aphrodite« ist etwa der Satz: »Aphrodite ist die Göttin der Liebe«, während das Urteil: »Aphrodite, die Göttin der Liebe, ist die Geliebte von Herrn Malinowski« falsch ist. Wahr ist das Urteil: »Zeus war jähzornig«, während das Urteil: »Zeus hatte neun Beine« etwas Falsches aussagt. Schwierigkeiten entstehen bei leeren Namen, die in sich widersprüchlich sind, wie etwa »hölzerne Luft«, »kinderlose Mutter«, »Großvater von Adam und Eva«. Wir legen jedoch fest, daß ein leerer Name, der ein Werk definiert, dessen Titel ist. Somit ist *ex ipsa ea definitione* alles, was das Werk verkündet, logisch wahr, obgleich es einen leeren Namen betrifft. Die Definition ist ja nominal, das heißt, sie betrifft die Konnotation des

Ausdrucks in der Sprache und nicht seine Denotation im realen Dasein. In unserem Sinne ist dann der Text der »Buddenbrooks« von Thomas Mann die generative Nominaldefinition dieses Namens, denn er ist die Menge der Artikulationen, die ihn kohärent und erschöpfend bestimmen. Schlechte Bücher, d. h. schlecht aufgebaute Bücher, sind schlechte Definitionen, weil ihnen die Kohärenz fehlt: Sie sind unzusammenhängende Systeme, die bei der Rezeption zerfallen. Die Wahrhaftigkeit ist eine definitionsmäßig beliebige, zwischen dem Titel des Werkes als einem leeren Namen und seinem Text festgelegte Relation. Dies können wir nun ganz genau mit Hilfe eines allgemeinen Quantifikators ausdrücken:

$\Pi x \, [\, x\,(tw) \quad x\,(ln).\ \mathrm{Def.}\ x\,(ln) = (a, b, c \ldots z)]$

oder in Worten: »Für alle x gilt: wenn x der Titel eines literarischen Werkes ist, dann ist x ein leerer Name, und die Definition dieses leeren Namens ist a, b, c ... z«, d. h. der Text des Werkes. Es stellt sich heraus, daß es den durch den Titel des Werkes angegebenen leeren Namen in der Sprache bislang nicht gegeben hat und daß ein gleichlautender Name (z. B. »Taifun« im Gegensatz zum *»Taifun«* von Joseph Conrad) weder denotativ noch konnotativ mit jenem leeren Namen, der dem Werk den Titel gibt, identisch ist. Man kann also folgendermaßen verfahren: Der Text eines Romans von Joyce konnotierte den leeren Namen »Quark« (als einen Vogelschrei), während in der Physik der Name »Quark« als Name bestimmter Teilchen definiert wurde. Wenn wir damit einverstanden sind, entfallen alle Schwierigkeiten, denn bezogen auf die Definition des leeren Namens »Sintflut« ist der Satz: »Oleńka Billewiczówna hatte mit Radziwiłł Zwillinge« falsch, während der Satz: »Oleńka Billewiczówna war eine geradezu wunderschöne Frau« wahr ist.

Vielleicht ist jemand erstaunt darüber, daß wir möglicherweise Tausende von Seiten eines Textes als Definition des Namens eines Romans betrachten wollen. Es gibt jedoch keinen Grund, warum die Definition des leeren Namens »Zeus« nicht sogar 10000 Seiten umfassen sollte. Auf die Frage, wie man etwas definieren kann, was sich nicht definieren läßt, weil es kein Designat des Namens gibt, erklären wir, daß es bei einer Nominaldefinition darum geht, die Regeln der Konnotation und nicht der Denotation festzulegen, weil leere Namen in der Sprache derart konnotiert werden, daß man sie nicht beliebig austauschen kann: Die leeren Namen »Zeus« oder »Athene« kann man nicht gegen die leeren Namen »gasförmiges Kalbfleisch« oder »Bauchnabel der biblischen Eva« austauschen. Wenn man meint, daß es die Mühe lohnt, steht uns hier ein Bereich reger Tätigkeit offen. Man könnte darüber diskutieren, ob es um Umfangs- oder um Inhaltsdefinitionen geht, oder darüber, ob man, um Widersprüche auszuschließen, zwischen dem Namen des Werkes und dem Text als präzisierendes Bindeglied Funktoren in Tätigkeit setzen sollte, die aus den Namen und den Prädikaten Sätze erzeugen; man könnte mit Quantifikatoren mit einer größeren Zahl von Variablen spielen usw. Ich bin mir nur nicht ganz sicher, ob dies zu den brennendsten Aufgaben der Literaturwissenschaft gehört.

Im Zusammenhang mit unserer Konzeption könnten weitere Zweifel daraus erwachsen, daß bestimmte Werke einander als »Namensdefinitionen« widersprechen, weil sie ein und denselben Titel haben. Zwar steht der leere Name »Gott« in der Konnotation des Alten Testaments im Widerspruch zu der Konnotation dieses Namens im Neuen Testament, doch irgendwie stört das niemanden. Man könnte uns außerdem vorhalten, daß es gefährlich sei, mit leeren Namen zu operieren, denn da es nicht möglich sei, über die Wahrheit oder Falschheit solcher leerer Namen wie »dreieckiger Kreis« zu entscheiden, könne man einen solchen Namen auch nicht definieren; wie aber könnten wir im voraus wissen, daß dies nicht auch für jene leeren Namen gilt, die den Titel von Werken abgeben sollen?

Nun gibt es in der Tat leere Namen, die man nicht anders definieren kann als durch das Aufstellen bestimmter Postulate, die jedoch nicht widerspruchsvoll sein dürfen, weil aus einem Widerspruch bekanntlich alles,

d. h. Wahres ebenso wie Falsches, folgt. Es gibt jedoch die sogenannten impliziten Pseudodefinitionen, die auf widerspruchsfreien und uneindeutigen Postulaten beruhen, und als solche könnte man die literarischen Texte betrachten. Was macht man aber mit einem Werk, das den Namen »Der quadratische Kreis« trägt (ich kenne ein solches Werk nicht, aber irgendein Logiker, der auf mich böse ist, könnte es absichtlich schreiben, um zu zeigen, wie dumm ich mich angestellt habe)? Darauf kann man erwidern, daß eine Nominaldefinition festlegt, wie ein Ausdruck in einer bestimmten Sprache zu verwenden ist; Definitionen, die in Werken bestehen, dienen jedoch ausschließlich dazu, daß man sie kennenlernt, nicht aber dazu, daß man anschließend leere Namen, nämlich die Titel dieser Werke, »definitionsgemäß« verwendet. Das ist, als würden wir jemanden fragen, was er unter dem Wort »Nichts« versteht, und er würde uns in einem Vortrag schildern, wie er den Namen »Nichts« (der leer ist) zu definieren gedenkt. Wie zahlreiche Werke von Philosophen belegen, kann man offensichtlich sogar über das »Nichts« etwas sagen. Wenn das, was sich unter dem Stichwort »Zeus« im Lexikon findet, keine Definition dieses leeren Namens ist, was ist es dann eigentlich? Man erfährt dort unter anderem, daß Zeus auf dem Olymp weilte. Hat der gelehrte Autor des Lexikon-Artikels solche Urteile vielleicht ohne die Überzeugung geäußert, daß er die Wahrheit sagte, also nichtassertorisch? Hat er uns vielleicht Widersprüche aufgetischt? Das wollen wir nicht annehmen; wenn es also möglich ist, für die leeren Namen Ariman, Venus, Einhorn, Paradies, perpetuum mobile, Jüngstes Gericht, Odysseus und Leviathan Definitionen anzugeben, dann hat auch unser Projekt seine Daseinsberechtigung. Selbst der Umstand, daß Ausdrücke in literarischen Werken Designate anderer Ausdrücke sind, kann uns durchaus nicht erschüttern, denn ebensogut, wie die Designate des leeren Namens »Buddenbrooks« unter anderem die Personen dieses Namens in dem Roman sind, ist das Designat des Namens »Partizip Präsens des Verbums ›springen‹« – »springend«. Auch wird jeder, der die deutsche Sprache kennt, zugeben, daß, ausgehend von dem leeren Namen des (nichtexistierenden) Verbs »trullern«, das entsprechende Partizip »trullernd« lautet.

Die logische Auffassung ist, wie man unschwer bemerken wird, innerhalb der Logik das Gegenstück zu jener Auffassung, die unter kybernetischem Aspekt das Werk als eine selektive Information betrachtet (weil Nominaldefinition dasselbe bedeutet wie selektive Information: Auswahl der in der Sprache vorkommenden Artikulationen unter Berücksichtigung der sprachlichen Normen und unter Vernachlässigung dessen, was real der Fall ist).

Der gewichtigste Vorwurf, den man gegen diese beiden Auffassungen (die logische und die kybernetische) erheben kann, ist der, daß die Menschen im allgemeinen nicht der Ansicht sind, Werke würden absolut nichts über die »Realität« sagen, und man muß sogar annehmen, daß, wenn es so wäre, die Literatur nicht die kulturelle Bedeutung hätte, die sie hat, und daß ihre Schöpfer sich auch nicht in dem Sinne äußern könnten wie Conrad, der gesagt hat, Literatur bestehe darin, »der sichtbaren Welt Gerechtigkeit widerfahren zu lassen«.

Nun kann man die logische Auffassung dadurch retten, daß man erklärt, leere Namen würden nicht immer leere Namen bleiben, weil die reale Welt und der sprachliche Kontext ihnen statt der Leere auch ein Designat zuweisen können. So ist »Äther« als Name einer Substanz, die den Kosmos erfüllt und die Ausbreitung von Lichtquellen ermöglichen soll, leer, während »Äther« als Name einer bestimmten flüchtigen Flüssigkeit nicht leer ist, wovon man sich leicht in einer Apotheke überzeugen kann. Der Name »Der gegenwärtige König von Frankreich« ist heute leer, aber wenn Frankreich eine Monarchie würde, käme dieser Name zu einem Designat. Nicht leer ist der Name »ciągotki« (deutsch: »Anziehung«) als Bezeichnung einer bestimmten Art von Bonbons, leer ist er aber als Name dessen, was die Heldin von Reymonts Roman »Die Bauern« gegenüber dem jungen Boryna empfand. Ob ein Name leer ist oder nicht, kann von dem Kontext abhängen, in den wir ihn einbringen; wer versucht, ein Werk als Definition eines leeren Namens in einen solchen Kontext von Erscheinungen zu rücken, daß dieses Werk aufhört, in seinen Augen eine Definition eines leeren Namens zu sein, der geht vom (definitorischen) Nominalismus zum Realismus über.

Jetzt wollen wir eine andere, dritte Auffassung darstellen, die empirische, die auf der Überlegung beruht, ob ein Werk, das eine bestimmte Wirklichkeit schildert, dies im Hinblick auf irgendein Erkenntnisziel tut. Dieses Ziel kann ein rein idiographisches sein, im Sinne einer Beschreibung von merkwürdigen Vorgängen, die nur einmal vorgekommen sind und sich niemals wiederholen. Das Werk kann auch eine Art von enumerativer statistischer Hypothese darstellen, und es kann schließlich als eine Art Implikation aufgefaßt werden, von der es – als Ganzes – lediglich das erste Glied (»wenn p . . .«) darstellt, während das zweite Glied, das den Rest des Ausdrucks (» . . . dann q«) enthält, lediglich *Vermutung* bleibt.

1. *Als Idiographie* ist das Werk ein Pseudoprotokoll von Ereignissen, aus dem wir erfahren, welche Extreme die Amplitude des menschlichen Schicksals in beiden Richtungen von ihrem »existentiellen Mittelwert« haben kann oder welche außergewöhnlichen Konfigurationen menschlicher Abenteuer vorkommen. Vordergründig haben wir es bei solchen Fassungen mit einer Demonstration des statistisch-massenhaften Charakters des gesellschaftlichen Lebens zu tun.

2. *Als enumerative Hypothese* verhält sich ein Werk wie jemand, der sagt, dieses Stück Zinn schmelze bei 400 Grad, und das sei auch bei jenem und noch bei einem anderen Stück Zinn geschehen; er leitet damit eine induktive Folgerung nach dem Schema ein: »Wenn $x_1 = S$ ist, $x_2 = S$ ist, $x_3 = S$ ist, dann ist auch $x_n = S$, und deshalb sagen wir in Form einer allgemeingültigen Behaup-

tung: ›Generalisator: für alle x: wenn x Zinn ist, dann schmilzt x bei einer Temperatur von 400 Grad.‹«

Wer in einem Werk zeigt, daß an den Orten A, B, C, D das und das geschieht, läßt die Verallgemeinerung, daß an anderen, nicht erwähnten Orten R, S, T, U dasselbe geschieht, unausgesprochen.

3. *Als eine in der Mitte abgebrochene Implikation* suggeriert ein Werk, das erklärt, »irgendein p« verhalte sich so und so, daß »ein gewisses q« zu vermuten ist.

Das Schwierige ist jedoch gerade, daß man ein Werk als eine solche nicht zu Ende geführte induktive Aufzählung oder als eine unausgesprochene Implikation auffassen kann, so daß das Werk dann als eine idiographische Arbeit erscheint, deren nomothetische Fortsetzung sich als eine vielleicht sogar unabweisliche Konsequenz dem Leser aufdrängt, oder eine Voraussetzung, die zu einer Schlußfolgerung führt – oder daß es ebensogut als eine Beschreibung gelten kann, die uns über eine einmalige und prinzipiell nicht wiederholbare Serie unterrichtet. Dieses Dilemma ist nur im Sinne einer Wahrscheinlichkeit aufzulösen, und das Ergebnis hängt von der Beurteilung dessen ab, der sich mit diesem Problem befaßt.

An dieser Stelle kommen wir auf die schon erwähnte »Ausfüllung« leerer Namen durch den Gang der Ereignisse. Wenn jemand meint, der »Hamlet« stelle nicht reale Vorgänge dar, so wird er nicht aus dem Konzept geraten, wenn ihm auf der Bühne Personen vorgeführt werden, die gerade das alles tun, wovon der »Hamlet« als dramatischer Text spricht. Diese Personen, wird er denken, sind Schauspieler und tun nur so, als würden sie das, was sie während der Aufführung sagen und tun, ernst nehmen. Die Urteile, die sie äußern, sind für ihn nicht »assertorisch«.

Die Auflösbarkeit solcher Dilemmata hängt gleichfalls von verschiedenen konkreten Umständen ab. So könnte man etwa, auch wenn es ungeheure Kosten und Anstrengungen erfordern würde, erreichen, daß alles, was Prus in der »Lalka« beschreibt, so geschieht, wie er es schildert, und zwar nicht im Film, sondern in der Wirklichkeit, auch wenn man dafür das Warschau und das Paris des ausgehenden 19. Jahrhunderts errichten müßte, einschließlich des Laboratoriums von Professor Geist. Wir sprechen nicht von solchen Ungeheuerlichkeiten, um Verwirrung zu stiften, sondern um darauf hinzuweisen, daß es schwierig ist, den Grad der »Künstlichkeit«, die bislang leere Namen mit Designaten ausstattet, zu erfassen.

Als Kafka die »Strafkolonie« schrieb, schwebten ihm wohl nicht Hitlers Todeslager vor, denn die hat es vor dem ersten Weltkrieg nicht gegeben. Wir können jedoch heute bei der Lektüre dieser Erzählung nicht umhin, an sie zu denken. Zumindest glaube ich, daß ein Europäer, der die Hitlerokkupation erleben mußte, nicht umhinkann, an sie zu denken. Diesen Bezug stellt das Werk, dessen »Wirklichkeitsferne« für frühere Leser sicherlich größer war als heute, nachdrücklich (»mimetisierend«) her. Die ursprünglich leere Denotationsmenge dieser Erzählung füllte sich also mit ziemlich realen Designaten. Das geschah nicht durch das Inszenieren künstlicher Vorgänge, sondern völlig »natürlich«. Aber was heißt das eigentlich, daß Hitler Polen »natürlich« überfiel, während »Hamlet« auf der Bühne »künstlich« gespielt wird? Bedeutet »künstlich« nicht soviel wie »nach den Anweisungen des Regisseurs« oder auch »auf Befehl des Führers«? Selbstverständlich ist das nicht ein und dasselbe, aber es wird deutlich, daß die Unterschiede in den Vermittlungszusammenhängen der Handlungen und in ihrer Abhängigkeit von anderen Handlungen liegen. So kann es geschehen, daß »Richard III.« Aktualität gewinnt, also gewisse Erscheinungen und reale Sachverhalte durchaus eindeutig zu charakterisieren beginnt. Das ist keine Einbildung; das »Mondschiff« war einmal ein leerer Name, der durch den Zeitablauf ausgefüllt wurde.

Literarische Werke und reale Vorgänge kann man also als zwei voneinander relativ unabhängige Ereignisreihen auffassen; bestimmten Werken »zerstört« die Zeit die

Designate, während sie sie anderen gewissermaßen »beibringt«, vielleicht sogar eindeutiger, als diese sie im Augenblick der Entstehung gesehen haben (etwa die »Strafkolonie«). Was die nominale »Leere« von Werken betrifft, läßt sich also eine Fluktuation beobachten: sie kann von der Geschichte bevölkert werden.

Da wir schon bei der empirischen Auffassung sind, sei angemerkt, daß es nicht so ist, als wären die in den exakten Wissenschaften auftretenden neuen theoretischen Konstruktionen von Anfang an mit einem realen designativen Inhalt gefüllt. So unterscheiden sich etwa die berühmten Formeln Einsteins von den Lorentzschen Formeln (beispielsweise über den Einfluß der Geschwindigkeit eines Körpers auf seine in der Bewegungsrichtung gemessene Länge) eigentlich nur dadurch, daß Einstein den Konstruktionen, die für Lorentz »eher formal« und inhaltsleer waren, einen physikalischen und damit realen Inhalt zuschrieb. Es ging dabei um etwas Ähnliches wie bei dem verbogenen Löffel, dessen Anblick für uns nicht »der Wirklichkeit entspricht«, weil der Löffel eine solche Veränderung ja nur »scheinbar« erfährt. In diesem Sinne sollten Messungen an einem Körper in Bewegung nach Lorentz zeigen, daß er nur scheinbar kürzer wird.

Ähnliche Probleme ergaben sich, als man feststellte, daß die Boltzmannsche Formel für die Entropie strukturell mit der Formel übereinstimmte, welche die Information als natürlichen Logarithmus von Zustandswahrscheinlichkeiten darstellt. Die Übereinstimmung der Formeln sagt an sich noch nichts über eine Übereinstimmung der physischen Designate, also über den Inhalt realer Phänomene; deshalb wurde auch stark bezweifelt, ob eine solche formale Ähnlichkeit der Formeln eine Identität von Entropie und Information impliziert. Man hat daher zunächst die Information mit dem entgegengesetzten Vorzeichen der Entropie versehen, und man hat sie (als »rein physikalische«), um sie von der Information im Sinne einer Nachrichtenmenge abzugrenzen, als »Negentropie« bezeichnet, und weil die Designate des

»Namens«, den die Formel darstellt, nicht definitiv festgelegt wurden, herrscht bis heute eine gewisse terminologische Unsicherheit.

Wenn es sich schon in der Physik so verhält, die – nach der Mathematik – die Vizekönigin der Exaktheit ist, kann man wahrlich kaum verlangen, daß bezüglich der »Designate« literarischer Werke vollkommene Einigkeit herrscht. Wenn ein Kritiker der Öffentlichkeit erklärt, worauf ein konkretes Werk sich bezieht, so kann man darin eine »Definition« oder vielmehr eine »zuordnende Hypothese« sehen, die grundsätzlich unwiderlegbar ist, weil man sie durch empirische Erfahrung weder bestätigen noch widerlegen kann. Es werden ganz einfach Festlegungen getroffen, und so entstehen im Laufe der allgemeinen Rezeption des Werkes relativ stabile Ansichten über dessen Denotationsbereich. Solche Festlegungen sind demnach massenhaft-statistischer Natur, und die Auffassung, daß das Werk schließlich nur »einen einzigen« Bezug (zur realen Welt) habe, kann erst dann Geltung beanspruchen, wenn man über eine bestimmte Regel verfügt, die, von den Normen der gesellschaftlichen Rezeption unabhängig, als Kriterium darüber entscheidet, welche Rezeption des Werkes »die richtige« ist. In dieser Arbeit schlagen wir als eine solche Regel vor, daß es den in der Rezeption des Werkes entstehenden Informationsgewinn zu maximieren gilt, wobei alle Rezeptionsstrategien zulässig sind, die einen maximalen Gewinn sichern, vorausgesetzt, sie führen nicht zu einer Desintegration des Textes. Aus der Rezeption muß sich nämlich eine gewisse »Ganzheit« ergeben – und nicht »Stückchen«, die man einzeln auf verschiedene reale Designate beziehen könnte.

Diese Regel ist der Empirie entnommen, denn die Strategie der Wissenschaft besteht darin, den Informationsgewinn aus Theorien zu maximieren. Wie Brillouin gezeigt hat, muß eine Theorie, die sich als empirische versteht, ihren Anwendungsbereich und eine Grenze der Meßgenauigkeit angeben. Mit diesen Angaben läßt sich die in ihr enthaltene Informationsmenge berechnen.

Freilich ist das Maß der Information wie immer relativ, auch deshalb, weil wir nicht festzustellen vermögen, was alles an nicht ausschließbaren nichtempirischen Elementen in der Empirie steckt (also schon in unserer »kognitiven Einstellung und Handlungsweise«, u. a. in der Sprache). Alle mathematischen Systeme, die sich ja, im Gegensatz zu den physikalischen, nicht auf die reale Welt beziehen, enthalten eine unendliche Informationsmenge, da sie von absoluter Meßgenauigkeit und einem prinzipiell unbegrenzten Geltungsbereich ausgehen. Von zwei konkurrierenden empirischen Theorien gilt jene als die »bessere«, welche die größere Informationsmenge liefert – sei es aufgrund genauerer Messungen (hier legen allerdings die Eigenschaften der Materie selbst, die sich in der Beziehung »Beobachter-Beobachtetes« zeigen, die Grenze fest), sei es aufgrund einer Erweiterung des Anwendungsbereichs durch die Einbeziehung umfassenderer Mengen von Phänomenen. Diese Regel wird mit der zusätzlichen Direktive versehen, solche Theorien vorzuziehen, die sich kohärent mit anderen Theorien verbinden lassen oder diese anderen als Sonderfälle umfassen. Die Wissenschaft strebt also danach, eine möglichst große Zahl von Phänomenen mit einer möglichst geringen Zahl theoretischer Konstruktionen zu erfassen. Grundsätzlich kann man auch anders verfahren, indem man nämlich verschiedene »überflüssige Wesen« postuliert, die – außerhalb des Geltungsbereichs der Theorie oder an dessen Grenze – dafür verantwortlich sein sollen, wenn Prognosen und tatsächliche Zustände nicht übereinstimmen. Es kommt jedoch gerade darauf an, gemäß Ockhams Rasiermesser solche Wesen nicht zu erzeugen. Früher konnte man sich beispielsweise nicht innerhalb der biologischen Theorien erklären, daß die von molekularen Mikroerscheinungen ausgehende Entwicklung lebender Organismen sich als deren fortschreitende *ganzheitliche* Formung vollzieht, und so postulierte man »überflüssige Wesen« von der Art der »Entelechie« oder der »Lebenskraft«, die für diese Ganzheitlichkeit sorgt. Heute beobachten wir komplexe Phänomene, die sich auf der Mikroebene abspielen und sich auf der ganzheitlichen Makroebene des Keims als eine die Embryogenese integrierende Steuerung auswirken. Damit haben sich die »Lebenskräfte« und »Entelechien« als überflüssige Wesen herausgestellt. Zugleich wird es möglich, die Chemie, die Physik, die Biochemie, miteinander verbunden durch die Theorie der Information und der Programmierung, in die Embryologie einzubeziehen, so daß der ursprünglich abgesonderte Bereich mit anderen zusammengefügt wird, wodurch ein und derselbe Entwicklungsprozeß einmal als Informationsübermittlung, einmal als ein System im thermodynamischen Nichtgleichgewicht usw. untersucht werden kann.

Diese strategischen Direktiven sind auch dort befolgt worden, wo sie nicht explizit bekannt waren, also gewissermaßen »spontan«. Das läßt vermuten, daß ein solches Vorgehen, bei dem aus heterogenen und eigenständigen Forschungen ein geschlossenes und immer homogeneres Ganzes wird, dem Menschen als eine permanente Einstellung irgendwie (durch seine Biologie oder vielleicht durch »die Natur der Welt als solche«?) »gegeben« ist.

Daraus, daß man in der Wissenschaft so verfährt, folgt nicht notwendig, daß man in der Kunst, also auch in der Literatur, ebenso verfahren muß. Unsere Zusammenstellung von Rezeptionsregeln ist deshalb nur ein Vorschlag, der freilich oft »instinktiv« befolgt wird, wenn man ein Werk als Ganzes erfassen möchte. Daß wissenschaftliche und literarische Werke unterschiedlich rezipiert werden, liegt nicht am ästhetischen Charakter der letzteren, denn die Lektüre einer hervorragenden Forschungsarbeit – etwa der von G. Gaylord Simpson über die Evolution – ist gleichfalls ein ästhetisches Erlebnis. Es liegt auch nicht an der »Nutzlosigkeit« der Literatur: die Kosmogonie ist ebenfalls instrumental »zu nichts« zu gebrauchen. Wahrscheinlich geht es – bei der Literatur – letzten Endes um das Anknüpfen sowohl gefühlsmäßiger als auch verstandesmäßiger Verbindungen mit anderen Menschen: mit denen des Werkes, weil ihr Schicksal auch irgendwie immer unser Schicksal ist. Die Literatur festigt das Band dieser Gemeinschaft, und vielleicht ist ihre »Ganzheitlichkeit« – in den einzelnen Werken – das Relikt eines magischen Rituals, bei dem man, um die Welt der Menschen restlos zu begreifen, diese darstellte, zu einer Einheit zusammenfaßte. Empirisch ist ein solches Verhalten nicht, und es kann auch nicht abschließend sein, weil es kein letztes, umfassendes Begreifen gibt. Doch über den Erlebnisanteil an der Rezeption eines Werkes sollten wir hier nicht reden.

Eine Veränderung der Denotation eines Werkes durch den Leser verändert auch die Konstruktion des Werkes oder kann sie verändern. Wenn ein Autor (wie etwa Wyspiański in »Wesele«) in seinem Werk eine Reihe von Personen porträtiert, werden diejenigen, die diese Personen kennen, das Werk nicht genauso aufnehmen können wie jene, denen diese Menschen fremd sind, und zwar nicht nur im Hinblick auf die denotative Zuordnung, denn was im Werk von den »Originalen« abhängt, kann von jenen, die sie nicht kennen, als ein kompositorischer Kunstgriff aufgefaßt werden. Was der eine für einen Bezug eines Werkfragments zur Realität hält, betrachtet der andere als ein Element, das eine rein »konstruktive« Aufgabe erfüllt, etwa die eines Schlußsteins. Es ist so, als würde ein Beobachter eine Steinskulptur für ein Kunstwerk halten, das gar nichts mit dem Balkon zu tun hat, unter dem die Skulptur steht, während ein anderer darin eine Karyatide sieht, die den Balkonboden trägt, also eine Art Stützpfeiler, dem die Gestalt eines Menschen, die man ihm gegeben hat, nur äußerlich ist.

Wie kann die Entscheidung über eine Rezeptionsstrategie, die das Werk »richtig« zur Welt in Beziehung setzt (damit aus der »nominalen Definition« eine »reale« wird), in der Praxis aussehen? Man kann Nabokovs »Lolita« als eine Geschichte aus dem Bereich der sexuellen Psychopathologie betrachten, und dann zeigt sich, daß sie nicht ganz realistisch ist, weil der Held des Buches sich am Schluß in sein ehemaliges Opfer verliebt, obwohl es bereits eine erwachsene Frau ist, er aber nur von noch nicht erblühten Mädchen angezogen wurde. Das ist in psychiatrischer Hinsicht unglaubhaft, denn Perverse können zwar höhere Gefühle zeigen, doch können diese sie nicht von ihrer Perversion heilen: Ein Homosexueller kann sich in einen Mann verlieben, sogar auf eine hehre, platonische Weise, aber in eine Frau wird er sich, wenn er ein »echter« Homosexueller ist, im erotischen Sinne nicht verlieben. Man darf jedoch annehmen, daß Nabokov nicht die psychopathologische Kasuistik erweitern wollte, sondern einen – was die gesellschaftlichen Sitten betrifft – realistischen Roman geschrieben hat, in dem die Liebelei mit dem kindhaften Mädchen einen Beleg für die These darstellt, daß man in einem Zustand völliger Lockerung der gesellschaftlichen Sexualnormen und der dadurch entstehenden »Superleichtigkeit« in der Erotik, die zu einer Banalität wird, eine schrecklich brennende Leidenschaft nur noch erleben kann, wenn man gegen die letzten noch als ein gesellschaftliches Tabu bestehenden Verbote verstößt. (Nabokovs Held ist nicht nur pädophil, sondern begeht als Adoptivvater des Mädchens beinahe einen Inzest.) Die »in psychiatrischer Hinsicht unrealistische« Seite der Geschichte ist also von untergeordneter Bedeutung. Was bei der Entscheidung über die Rezeptionsstrategie anscheinend den Ausschlag gibt, ist nicht so sehr die maximal gewinnbare Information und nicht die Möglichkeit überhaupt, dem Werk reale Designate zuzuordnen, sondern die möglichst große Anwendbarkeit des gewonnenen Wissens. Es geht dabei nicht um pragmatische Anwendung, nicht um Ausnutzung; wir unterwerfen das Werk gewissermaßen dem Test, einen möglichst großen Wirklichkeitsbereich »mit ihm abzudecken«, und untersuchen dann, was es noch »transferiert«, wie weit die noch zulässigen Bedeutungsextrapolationen gehen. Das Werk soll uns gewissermaßen eine von der Lektüre durcheinandergebrachte Welt von neuem auf seine Art im Sinne einer ganzheitlichen »Hypothese« organisieren, eine konzentrierte Sicht der Dinge liefern, und der »Informationsgewinn« ist von der Art, wie wenn wir lernen, in verworrenen, chaotischen und daher unverständlichen, ja sogar unerkennbaren Phänomenen eine Ordnung zu sehen, die möglicherweise sogar grausamer ist als der ursprüngliche Zustand der Ignoranz; mit der Zeit gelangen wir jedoch zu der Überzeugung, daß in der Welt, in der wir leben, niemand ein Recht auf Ignoranz hat – denn es ist unsere Pflicht, zu sehen.

Wenn also verschiedene »Versionen« oder »Varianten« wie etwa eine »psychiatrische«, eine »moralische«, eine »gesellschaftliche« oder eine »geschichtsphilosophische« bei der Rezeption des Werkes miteinander kollidieren, suchen wir nach den durch kategoriale Überlegenheit ausgezeichneten Bestimmungen der optimalen Variante, die von allen die wichtigste und universalste ist.[5]

VII.
Angewandte Kybernetik

Einführung

Die logische beziehungsweise phänomenologische Analyse des literarischen Werkes scheitert als ein Versuch, die psychologischen Auffassungen zu überwinden, so oder so. Der Logiker beruft sich auf den Begriff des Assertorischen, der in einem gegebenen Situationszusammenhang nur ein psychologischer sein kann; der Phänomenologe setzt an die Stelle der Psyche ein Reich idealer Wesen. »Das neue Athen« des Pastors Chmielowski bringt uns heute zum Lachen, und wir sehen darin eine Parodie auf eine Enzyklopädie, also ein komisches literarisches Werk, obwohl es gewiß mit Assertion geschrieben wurde; ebenso anachronistische Abschnitte der Bibel bringen jedoch den Gläubigen nicht zum Lachen. Daß eine bestimmte Gesamthaltung des Rezipienten, seine durch Vorinformationen bedingte Einstellung zum Text eine unvermeidliche Randbedingung des Rezeptionsvorganges ist, läßt sich auf keine Weise umgehen. Am Phänomen des »Humors« haben sich schon die größten Denker die Zähne ausgebissen; sie haben – wenn ich ein Beispiel anführen darf – nicht bemerkt, daß etwas, was unter Gesprächspartnern in einem Eisenbahnabteil Lachtränen hervorruft, den Nachbarn nicht einmal ein Lächeln entlockt, und zwar nicht, weil diese taub wären oder keinen Sinn für Humor hätten, sondern lediglich, weil sie auf dessen Rezeption nicht in der gleichen Weise eingestellt sind wie die an dem Gespräch Beteiligten. Wenn wir auch nur den Anschein des Psychologisierens in der Literaturtheorie um jeden Preis vermeiden wollten, müßten wir die Psychologie als einen Sonderfall einer allgemeineren theoretischen Auffassung unterordnen – durch die Feststellung, daß die psychischen Reaktionen des Menschen eine Unterklasse der möglichen Reaktionen von »endlichen Automaten« sind und das, was beim Menschen das Psychische ist, einen begrenzten Fall aus dem Bereich der Theorie der Homöostase, der Selbstorganisation, der Steuerung, kurz, der allgemeinen Theorie von Informationssystemen darstellt. Allerdings ist die Kybernetik noch weit davon entfernt, das Psychische tatsächlich zu einem Sonderfall eines allgemeineren Bereichs erklären zu können; sosehr diese Klassifikation stimmen mag, wird vielleicht doch noch ein Jahrhundert vergehen müssen, bevor die postulierte Einstufung zu einer gesicherten Erkenntnis geworden ist. Solange das nicht der Fall ist, können wir die Methode nur fragmentarisch auf einzelne Elemente oder auf ausgewählte Gesamtaspekte des Werkes anwenden. Obwohl wir hier und da kleine Abstecher von der strukturalistisch-semantischen Auffassung machen werden, müssen wir manche Fragen außer acht lassen, bei denen es etwa um das Werk als Ausdruck (Expression) der Persönlichkeit des Autors, um die Rezeption als Gefühlserlebnis, um den erwähnten »Humor« und leider noch um viele andere Probleme geht.

Die Wissenschaft wird mit ihrer instrumentellen und epistemologischen Nützlichkeit erklärt. Für die Literatur gibt es eine solche allgemeine Erklärung nicht; ein mutiger Mensch, der erklären würde, sie diene ganz einfach dem Vergnügen, wäre vielleicht nicht einmal weit von der Wahrheit entfernt, würde sie jedoch auch nicht genau treffen, denn Vergnügen im buchstäblichen Sinne bereitet die Lektüre solcher Werke wie der Dostojewskis nicht. Als »Kunst« zunächst eine unselbständige Tradition, wurde die Literatur nicht nur von »außerkünstlerischen« Einstellungen religiöser, gnostischer, spielerischer Art getragen, sondern sie war mit dem Nichtliterarischen derart vermengt, daß man zwischen Erzählungen über Drachen, die sich in »wissenschaftlichen Werken« des Mittelalters finden, und »spezifisch literarischen« Geschichten der gleichen Art eigentlich keine Grenze erkennen kann. In der Diachronie wird die Mannigfaltigkeit des Reichs der Literatur deutlich, das, genauso wie das Reich der menschlichen Erotik, seine erhabenen Gipfel und seine entsetzlichen Tiefen hat. Diese

Mannigfaltigkeit stellt eine der größten Schwierigkeiten für die Theorie auch in qualitativer Hinsicht dar, denn selbst der letzte Schund, der gesellschaftliche Verbreitung findet, gehört zur Literatur, weil der Umfang der Menge »literarische Werke« von Angebot und Nachfrage auch nach solchen Druckerzeugnissen und nicht vom willkürlichen Beschluß des Forschers abhängt; würde ein Zoologe ausschließlich Löwen, Hirsche, Antilopen und Haie erforschen wollen und dabei Wanzen, Schaben und »sonstiges Ungeziefer« aus dem Tierreich streichen, so würden seine Kollegen ihn unfehlbar für verrückt erklären.

Bevor wir nun die Rezeption des Werkes näher untersuchen, möchte ich einige allgemeine Bemerkungen vorausschicken, damit nicht allzu offenkundig wird, daß wir zwar die Wurzeln, Blätter, Zweige und Stämme der Bäume studieren, aber nicht ein Wort über den Wald verlieren, so als würden wir ihn gar nicht sehen.

Gemeinhin sagt man, daß die Wissenschaft die Welt erklärt, während die Literatur sie darstellt, daß der Wissenschaftler verallgemeinert, der Künstler aber individualisiert. Derartige Deutungen sind Viertelwahrheiten und Halbmißverständnisse, die das Problem hilflos umkreisen. Der Leser braucht nicht zu befürchten, ihm werde eine weitere Definition von Literatur angedient, die den Anschein erweckt, sie habe das »Wesen der Sache« entdeckt. Vielleicht sollte man sich eher überlegen, was wir eigentlich erwarten, wenn wir eine bestimmte Erklärung verlangen.

Was ist die Wissenschaft, was die Philosophie, was der Mensch? Sicherlich ist die Wissenschaft eine Vorhersage, die zusätzliche Bedingungen erfüllen muß: Sie ist eine Vorhersage im Hinblick auf den Erkennenden und im Hinblick auf das Erkannte, also eine zweifach bedingte informationssammelnde Tätigkeit, die bestimmten obersten Direktiven gehorcht, von denen in der »Einleitung« die Rede war, und bestimmte Ziele hat, die dadurch festgelegt sind, daß »alles« in Stücke aufgeteilt ist, die den Einzeldisziplinen zugewiesen werden. Die

Philosophie ist sicherlich ein Überschreiten der Grenzen der jeweils geltenden wissenschaftlichen Feststellungen; sie ist ein Versuch, das zu begreifen und zu erklären, was die Wissenschaft noch nicht begriffen und noch nicht erklärt hat. Diese beiden Definitionen sind jedoch weder die einzig möglichen, noch sind sie erschöpfend. Sowohl die Wissenschaft als auch die Philosophie kann man daher mit unterschiedlichen Methoden untersuchen. Auch den Menschen kann man unterschiedlich betrachten, sei es als Forschungsobjekt der Anthropologie oder der Soziologie, sei es als ein Tier, dessen Schicksal über zwei Kanäle gesteuert wird: den Kanal der genetischen Vermittlung und den Kanal der kulturellen Vermittlung. Der Mensch ist außerdem eine Ansammlung von Atomen und Elektronen, ein »endlicher Automat«, ein Homöostat, der Kriege führt und Gedichte schreibt. Liefert der Katalog seiner Beschäftigungen oder das Schema seiner somatisch-neuralen Konstruktion oder die Einordnung seines Organismus in die Evolutionshierarchie die »letzte Erklärung«? Ist es nicht vielmehr so, daß andere als partielle Erklärungen gar nicht möglich sind, daß die Erklärungen sich möglicherweise gegenseitig ergänzen, also komplementär sind, und daß man schließlich, nachdem man alles weiß, was die Einzeldisziplinen über den Menschen, die Wissenschaft oder die Philosophie zu sagen haben, dennoch nicht glaubt, ein Wissen zu besitzen, das die Wißbegier des Fragestellers ein für allemal befriedigt?

Gewöhnlich stellt sich nach einiger Zeit heraus, daß man den bisherigen Erklärungen Ergänzungen oder Korrekturen hinzufügen kann – aber daraus entsteht keine endgültige, umfassende Erklärung. Dennoch – vielleicht, weil zwischen der Begrenztheit des individuellen Lebens und der Kontinuität der überindividuellen Geschichte ein fester Zusammenhang besteht – bemüht sich jede Generation von neuem, umfassende Antworten zu formulieren. Man kann die Literatur aus der Sicht der Kultur- und Sozialanthropologie, der Individualpsychologie oder der Theorie der Information, Steuerung und Homöostase erklären, doch sind die entsprechenden Erklärungen für uns wiederum nur Teilerklärungen. Ist es demnach letzten Endes nicht so, daß der Mensch immer mehr wissen möchte, als möglich ist? Und stellt die Literatur am Ende nicht ein spezifisches Verfahren dar, individuelle Fragen zu stellen, während die Philosophie nach umfassenden Antworten sucht? Ist es nicht so, daß die Sprache, das Instrument der Kommunikation, Methoden nutzt, die weder der Wissenschaft noch der Philosophie zugänglich sind, und daß sie sich daher nicht auf diese reduzieren läßt, auch wenn sie Elemente von beiden in sich enthält? Ist es nicht so, daß der Mensch – die Geschichte zeigt es – alles unternommen hat, alle Experimente mit sich und der Welt unternommen hat, die ihm möglich, das heißt zugänglich und realisierbar waren? Die Antworten kann man in zwei Rubriken einteilen, eine diachronische und eine synchronische; in jeder erfahren wir etwas Wesentliches, doch nicht immer lassen sich diese beiden Reihen integrieren. Wir sind imstande, die evolutionäre Genese sowohl des ästhetischen Empfindens als auch der Liebe festzustellen, und in dieser Abfolge offenbaren sich uns bestimmte Kausalketten, die dazu führten, daß diese beiden Empfindungen sich in uns etablierten. Man mag uns erklären, wie und warum die Geschlechter entstanden sind (eine Erfindung der Evolution, die den Austausch und die Korrektur von Erbinformationen erleichterte), man mag uns erklären, wie und warum »ästhetische« Handlungen und Gefühle entstanden sind (sie entstanden in dem »Spielraum« zwischen dem Auslesesieb der Evolution und der durch die Umwelt erzwungenen Selektion), und doch brauchen diese Erklärungen einschließlich ihrer philosophischen Deutungen nicht zu befriedigen. Dem Unersättlichen bleibt noch die Literatur – als eine andere Art des Spiels mit Informationen, eines Spiels mit eigenen, vielfältigen Strategien. Während Wissenschaften und Philosophie an die eine bestehende Welt gebunden sind, kommt die Literatur lediglich in einem ihrer Sektoren mit ihr in Berührung. In den anderen Bereichen ihres Spektrums kreiert sie Welten, die rein sprachliche momentane »Wirklichkeiten« sind, oder auch »Entwürfe« gegenständlicher Wesenheiten, welche die Sprache lediglich im Sinne eines Vermittlers zwischen ihnen und uns erschafft. Unsere Aufgabe ist es, dieses Spiel mit Informationen soweit wie möglich zu erforschen.

Einschränkungen der Methode

Enthusiasten, die in den humanistischen Fächern gern sogenannte kybernetische Auffassungen verbreiten möchten, sind sich häufig nicht darüber im klaren, daß deren Anwendungen mit einer erheblichen, nicht nur vorläufigen Beliebigkeit einhergehen. Es geht überhaupt nicht darum, ein literarisches Werk als eine »Informationsübertragung« zu untersuchen, die sich mit rein probabilistischen, stochastischen Verfahren analysieren läßt. Aus nicht ganz durchsichtigen Gründen sind die Adepten einer kybernetisierten Literaturwissenschaft von der Informationstheorie in ihrem vordergründigen, rein statistischen Aspekt wie verhext, und niemand ist so verwegen, daß er sich trauen würde, mit einer Darstellung der modisch physikalisierten Ästhetik zu beginnen, ohne sich sogleich auf die mittlerweile ehrwürdige Formel mit ihrem – für einen Humanisten grauenerregenden – Logarithmus zu berufen. Dabei wird natürlich nicht berücksichtigt, daß Shannon der Papst der Fernmeldeingenieure war, deren innerhalb eines mathematisch-physikalischen Apparats konstruierte Begriffe sich in erster Linie zur Untersuchung von Situationen eignen, in denen es um einen Übertragungskanal geht, um seine Kapazität, um Codes, um ihre Störempfindlichkeit oder ihre bis hin zur Selbstkorrektur gehende Störunempfindlichkeit usw. Mag die Ableitung solcher Begriffe wie die »Originalität« der übertragenen Information aus jenem Begriffsapparat formal noch so richtig sein – der

Humanist kann damit insgesamt nicht allzuviel anfangen. Schließlich ist ja die Zahl der Störungen, die zwischen der bedruckten Buchseite und dem Auge des Rezipienten auftreten, praktisch gleich Null, und auch die Kapazität des »Übertragungskanals« ist praktisch bei jeder beliebigen Lektüre stets ausreichend, so daß wir uns mit dem, was für den Fernmeldespezialisten die Hauptprobleme und die typischen Schwierigkeiten darstellt, nicht zu befassen brauchen.

Das Wichtigste dürfte wohl sein, daß wir zunächst die Beschränkungen der Methode klären. Die Kybernetik kann sich damit befassen, wie Information gesendet und empfangen, nicht aber, wie sie *empfunden* wird. Bezüglich dieser ganz elementaren Frage herrscht eine sonderbare Verwirrung. Nach Ansicht einiger Theoretiker besteht der hauptsächliche, wenn nicht gar der einzige Mangel der kybernetischen Methode darin, daß die Informationstheorie in allen Versionen, die man kennt (der statistischen, der algorithmischen und der kombinatorischen), asemantisch ist. Es muß betont werden, daß dies nicht im geringsten der Fall ist. Zwar ist jedes Verstehen zugleich ein Empfinden, aber nicht jedes Empfinden ist gleichfalls ein Verstehen. Empfinden ist der kategorial übergeordnete, das heißt allgemeinere Begriff. Man kann bestimmte Sinneseindrücke oder Gefühle empfinden und dabei weder die Ursachen, die diese (sinnlichen oder emotionalen) Empfindungen hervorrufen, noch auch nur das eigene Erleben verstehen. Übereifrigen Informationisten hat es vielfach Kopfzerbrechen bereitet, daß es einen normalen Menschen danach gelüstet, selbst solche Werke zu rezipieren, die er vollständig, das heißt auswendig kennt. In bezug auf längere Texte, etwa Prosa, die man sich nicht einprägen kann, sind noch sophistische Erklärungen möglich, etwa derart, daß der Leser, der die »Trilogie« bereits gelesen hat, bei einer erneuten Lektüre neue, zuvor nicht bemerkte Stellen, also die Schönheit des Werkes entdeckt. Wenn wir jedoch fragen, warum jemand, der ein Gedicht wie »Ogród pana Błyszczyńskiego« (»Herr Błyszczyńskis Garten« des polnischen Symbolisten Leśmian – d. Ü.) auswendig kennt, es immer wieder mit Vergnügen deklamiert, so werden wir von dem Anhänger der obengenannten Konzeption nichts Sinnvolles hören. Dabei ist die Sache von trivialer Einfachheit. Aus informationstheoretischer Sicht besitzt derjenige, der einmal den Sonnenaufgang über dem Himalaja gesehen hat, praktisch die gesamte Information, die in diesem Kontakt zugänglich ist, und wird bei weiteren Beobachtungen nichts »Neues« erfahren, d. h. nichts hinzulernen. Gleichwohl wünschen die meisten Menschen diesen schönen Ausblick zu wiederholen. Das gleiche läßt sich über den Genuß von Leckereien sagen (jedes weitere Stück Schokolade schmeckt genauso wie das vorhergegangene), über Liebesbeziehungen (sofern mit dem gleichen Partner und unter analogen Umständen) und so weiter. Es ist einfach Unsinn, spezielle Arten von Informationen, z. B. eine »ästhetische«, zu erfinden, denn analog müßte man dann auch andere Arten produzieren, also eine kulinarische, eine sexuelle Information und dergleichen mehr. Die Empfindungsaspekte der Rezeption, welcher Information auch immer, lassen sich sinnvoll auf nichts anderes als die Empfindung selbst zurückführen. Man muß begreifen, daß »informationale Kopulationsakte« von sehr unterschiedlichen Empfindungen und Gefühlen begleitet sind, und wenn man eine Meßskala vereinbaren würde, könnte man einen gewissen Nullpunkt der Neutralität festlegen, einen Zustand, in dem wir das, was wir beobachten, bei praktisch unerschütterlicher geistiger Indifferenz wahrnehmen. Man könnte auf dieser Skala weiterhin einen »positiven« und einen »negativen« Teil festlegen. Bleiben wir bei dem Beispiel aus der Sexualwissenschaft, weil es dort um die Aktivierung von Mechanismen geht, die wie kein anderer physiologischer Mechanismus erblich vorprogrammiert sind (es gibt offensichtlich Kulturen, die den Genuß bestimmter, übrigens nahrhafter Speisen verbieten, doch es gibt keine Kultur, die allen ihren Mitgliedern geschlechtliche Beziehungen verbieten würde). So sehr dieser Akt also auch eine kulturelle Invariante ist, liefern dennoch ähnlich intime Vereinigungen überaus heterogene Empfindungen, weil selbst die von der Evolution in uns eingebaute Potenz, sinnliche Lust zu empfinden, sekundären Vermittlungen und kulturellen Bedingtheiten unterliegt. Wie man weiß, kann ein solcher Akt in einem breiten Bereich oszillieren – zwischen einer achtlos, nämlich auf tierische Art vollzogenen »Stillung der Begierde« und der, was die psychische Integration der Empfindungen betrifft, davon sehr verschiedenen, gewissermaßen geistigen Vereinigung mit dem Partner. Wenn schon physiologisch vorgegebene und insofern dauerhaft stabilisierte Tätigkeiten solche rezeptiven Amplitudenschwankungen aufweisen können, was soll man dann erst über die Rezeption von Kunstwerken sagen! Die Hypothese, alle oder zumindest alle entsprechend eingeweihten Menschen würden solche Werke in gleicher Weise rezipieren, ist eine schlichte Fiktion. Die Rezeption von Kunstwerken kann sich auf verschiedenen Ebenen der Integration, also auch des Empfindens und – last but not least – des spezifischen Verstehens vollziehen. Doch über all die verschiedenen, möglichen Arten und Dimensionen der Lust (oder der Qual), die von den verschiedenen Formen der Rezeption hervorgerufen werden, muß die Kybernetik notwendigerweise schweigen. Hingegen kann sie sich zumindest hypothetisch darüber äußern, wie Sende- und Empfangsakte in ihren faktisch differenzierten ebenso wie in ihren invariant übereinstimmenden Formen *wahrscheinlich verlaufen*. Eine empirische Untersuchung muß demnach den Erlebnisaspekt von Informationsphänomenen bewußt ausklammern und sich auf das Verhältnis des Werkes zur Welt, zur Kultur und zur Sprache konzentrieren, die ihrerseits in unterschiedlichen Kategorien zu interpretieren sind.

Steuerung und Spiel

Aus der Sicht der Kybernetik kann man eine sprachliche Äußerung als ein Steuerungsprogramm, als einen Zug – im taktischen oder strategischen Sinne der Spieltheorie – und als eine Abbildung, ein »Modell« von etwas Sprachlichem oder Außersprachlichem auffassen.

Als Steuerungsprogramm ist das literarische Werk eine Matrix von Transformationen, denen der Geist des Lesers unterworfen werden soll. »Ordnungsgemäß« erfolgt die Steuerung jedoch nur, wenn das, was gesteuert wird, dem Steuernden eindeutig unterliegt. Solange das Lenksystem eines Autos intakt ist, nähert sich die Steuerung des Fahrzeugs dem Ideal, daß die Reaktionen durch Steuerimpulse determiniert sind. Wenn »Spiel« in diesem System auftritt, trifft die in Gestalt von Lenkradumdrehungen gesendete Information in der Rezeption auf ein »Rauschen«, das in diesem Falle durch Lockerungen der Lenk- und Spurstangenhebel entsteht. Ein solches System verzerrt die Steuerungsdirektiven auf eine völlig zufällige Weise. Man kann auch sagen, daß es den Entscheidungen des Fahrzeuglenkers eine eigene, und zwar eine Zufallstaktik entgegensetzt.

Niemand verhält sich, wenn er einen schriftlichen Text liest oder hört, was man zu ihm sagt, vollkommen passiv. Es ist unmöglich, gegenüber einer empfangenen Äußerung nicht eine eigene Taktik zu betreiben, wenngleich es durchaus möglich ist, daß man sich nicht dessen bewußt ist, daß man das tut. Jeder führt an dem empfangenen Material eine Reihe von Operationen aus, bei denen die Antwort integriert und zugleich in einen ihr übergeordneten Zusammenhang eingeordnet wird. Etwas zu verstehen bedeutet ja im Grunde, einen Reiz oder eine Artikulation »irgendwo« im Geiste und geistig einzuordnen. Bei diesem Einordnen werden viele Entscheidungen getroffen, und schon die Lektüre eines Werkes läßt eine wahrhaft unermeßliche Entscheidungshierarchie entstehen. Der Grad, in dem wir uns der Notwendigkeit bewußt werden, unzählige Entscheidungen zu treffen, deutet auf den Schwierigkeitsgrad des Gelesenen hin. Bei einem leichten Text fallen praktisch alle Entscheidungen unterschwellig, automatisch. Bei der Lektüre in einer Fremdsprache, die man nicht völlig beherrscht, steigt der Schwierigkeitsgrad. Er steigt ebenfalls bei der Lektüre eines jeden Textes, der sich in eine uns bekannte Klassifikation aller möglichen Texte nicht eindeutig einordnen läßt.

Ähnlich wie bei dem bekannten Spielzeug immer kleinere Holzpuppen ineinander stecken (auf dieses brauchbare Modell werden wir noch zurückgreifen), besteht auch die Lesesituation gewissermaßen aus einer Reihe von einander überlagernden »Untersituationen«. Die oberste Situation stellt der konkret gegebene Zustand dar, in dem wir – wissend, daß es sich so verhält – einen Text, etwa einen philosophischen Traktat, einen Gedichtband oder einen Roman lesen. Die sozusagen »nächste Situation« ist schon durch das bestimmt, was wir durch die Lektüre erfahren. So kommt es vor, daß wir uns beim Lesen eines literarischen Werkes in einem gewissen Maße mit seinen Gestalten identifizieren. Nicht nur, daß wir zu den Helden des Werkes Gefühle empfinden, wie wir sie auch realen Menschen entgegenbringen; vielmehr empfinden wir, wenn einer bestimmten Gestalt in dem Werk etwas Gutes widerfährt, eine solche Befriedigung, durchleben wir, wenn ihr etwas Schlimmes widerfährt, derart unangenehme Augenblicke, wie wenn wir uns vorstellen würden, diese Triumphe oder diese Leiden träfen uns selbst. Es handelt sich dabei um das weitgehend bekannte Phänomen der Projektion, das man sicherlich auch kybernetisch klassifizieren kann, indem man etwa mit solchen Bezeichnungen auffährt wie »sich selbst einstellendes System«, »mehrfache Reflexion« und so weiter, doch bringt das nicht viel. Wir sollten zugeben, daß wir die Mechanismen solcher Prozesse nicht genau verstehen, obwohl wir sie aus immer wiederkehrenden Zuständen des Geistes gut kennen. Neben den beiden ebengenannten Situationen gibt es eine weitere, die man als jenen spezifischen Empfindungs»modus« bezeichnen könnte, der den Theoretikern der Literatur so viele Schwierigkeiten bereitet hat und weiterhin bereitet, der es uns ermöglicht, über das Schicksal von Romangestalten Tränen zu vergießen, obwohl wir gleichzeitig wissen, daß es um ein erfundenes Schicksal niemals geborener Wesen geht. Dieser Situationsaspekt der Lektüre ist noch am leichtesten zu erklären. Wie wir noch ausführen werden, ist die Kultur ein System von Spielen, und sie weist ihren Mitgliedern in verschiedenen Auseinandersetzungen und Partien viele Rollen zugleich zu. Vertraut damit, sowohl lebenslange Rollen (des Mannes, des Sohnes, des Bruders) als auch zeitweilige (des Soldaten, des Vorsitzenden, des Hundebesitzers) und schließlich flüchtige Rollen (des Schachspielers, des Kartenspielers, des Don Juan im Eisenbahnabteil) zu spielen, haben wir denn auch nicht die geringsten Schwierigkeiten, die Rolle des Lesers zu übernehmen, uns also in das Spiel zu begeben, das man Literatur nennt, als deren Rezipient.

Nicht jeder Mensch vermag sich auf bloßen Wunsch hin auf der Stelle in einen willkürlich gewählten Gefühlszustand, z. B. Trauer oder Fröhlichkeit, zu versetzen. Doch auf einem Umweg kann das eigentlich jeder: Er braucht sich nur in der Erinnerung traurigen beziehungsweise heiteren Momenten der eigenen Vergangenheit zuzuwenden oder sich fiktive Situationen des Unglücks oder eines phantastischen Erfolges vorzustellen. Das durch solche Schritte der »Selbsteinstellung« hervorgerufene Wogen der Gefühle ist vollkommen echt, die durch die Vorstellung eines Unfalls, bei dem wir beide Beine verlieren, aktualisierte Trauer und Wehmut ist nicht vorgetäuscht, obwohl uns ein so fatales Abenteuer überhaupt nicht droht und wir das sehr wohl wissen. Da auch Vorstellungen, die sich nicht auf die eigene Person beziehen, eine andere Gefühlsstimmung bewirken können, wird das literarische Werk während seiner Lektüre zu einem Apparat, der die Emotionen stimmt, denn Affekte, die durch »künstliche Praktiken« hervorgerufen werden, unterscheiden sich von solchen, die durch reale Vorgänge des Lebens ausgelöst werden, immer nur in ihrer Amplitude, nicht aber in ihrer Qualität, ihrer Modalität. Wenn also ein gelehrter Theoretiker uns ganz verwundert fragt, weshalb wir eigentlich über den Tod des edlen Streiters Podbipięta Tränen vergießen, so ist ihm zu antworten, daß wir einst schon bei dem bloßen Gedanken, uns würde das Dessert nach dem Mittagessen oder der Ausflug in den Zirkus vorenthalten, Tränen vergossen haben, auch dann, wenn eine solche Tragödie nicht einmal entfernt drohte. Wir sprechen diese trivialen Dinge hier an, weil wir die Art, wie man gewöhnlich an sie herangeht, für falsch halten. Man hat Bände mit allen möglichen Annahmen gefüllt, man hat vermutet, daß der Leser eines Märchens, obwohl er es besser weiß, sein Wissen außer acht läßt, man hat über intentionale Akte geschrieben, doch merkwürdigerweise hat man nicht gesehen, daß es, wenn einer mit seinem Freund Schach spielt oder mit seinem leiblichen Bruder pokert, nicht üblich ist, die Rückgabe einer geschlagenen Figur zu fordern oder um ein zusätzliches As aus dem Stock zu bitten, damit man einen »Vierer« bekommt, so wie es auch nicht üblich ist, andere Spiele, die nicht so eindeutige Regeln haben, zu verderben. Begegnen sich etwa zwei Menschen unterschiedlichen Geschlechts in der Sommerfrische und sind sie »einander zugetan«, so wird, selbst wenn sie genau wissen, d. h. sich stillschweigend darüber im klaren sind, mit welch großer Wahrscheinlichkeit die in aufrechter Haltung geschlossene Bekanntschaft in horizontaler Lage enden wird, der Übergang von der einen Position in die andere im allgemeinen nicht in Minuten, geschweige denn in Sekunden erfolgen, nicht einmal bei sehr modernen Menschen.

In allen derartigen Situationen werden die Menschen nämlich von Spielregeln beherrscht, mögen sie diese nun explizit kennen oder auch nur vermuten. Solche Spiele werden nicht nur deshalb gespielt, weil ein Partner stärker ist und Gehorsam entweder den Regeln oder sich selbst gegenüber erzwingen könnte, und auch nicht nur deshalb, weil es das *savoir vivre* gebietet. Das *savoir vivre* zwingt den Bergsteiger nicht, bei einem schwierigen Aufstieg die geringstmögliche Anzahl von Haken zu verwenden. Der Gehorsam gegenüber den Spielregeln muß nicht im Sinne eines anderen Bereichs erklärt werden, der mit Spielen jeglicher Art nichts zu tun hat. Die Lektüre eines Werkes ist ein Spiel, bei dem es, das Werk, die Regeln in einem gewissen Umfang festlegt; sehr oft ist es möglich, die Spielregeln zu verletzen, und zwar in einer Weise, die niemanden außer uns selbst treffen würde; der Freund gibt lächelnd den geschlagenen Turm zurück, der Bruder reicht uns ein As aus dem Stock, doch offenbar macht uns die Situation, die dadurch entsteht, nicht glücklich. Kulturelle Spiele haben es nämlich an sich, daß man sich ihrem Bannkreis nicht entziehen kann und daß sie ein geschlossenes Ganzes darstellen; wenn wir also die Gefälligkeit des Bruders oder Freundes ausnutzen, treten wir in ein anderes Spiel ein, das nun ein unmittelbar zwischenmenschliches ist, und wir befinden uns in einer neuen Rolle, nicht der des Schach- oder Pokerspielers, sondern in der eines Menschen, der um Gunst bettelt oder fleht. Abgesehen davon, daß dies keine angenehme Rolle ist, zerstört derjenige, der sich so verhält, selbst das Spiel, mit dem er zunächst begonnen hatte. Denn wenn der Einsatz, um den es geht, nicht ein dem Spiel äußerlicher Wert ist, wenn also der Preis, den man bei einer Schachpartie gewinnen kann, lediglich in dem Bewußtsein besteht, daß man seine Meisterschaft bewiesen hat, dann ist es nicht möglich, eine solche Befriedigung zu erlangen und zugleich die Schachregeln zu verletzen. In noch weit höherem Maße kennzeichnet diese Eigenschaft die Situation des literarischen »Spiels«. Selbstverständlich zwingt uns nichts, die Regeln, die ein Märchen oder ein Roman festlegt, anzuerkennen; ebenso unwahrscheinlich wie die Verwandlung des Prinzen in einen Stein ist der Einblick in eine fremde Seele und das Lesen heimlicher Gedanken. Es kann denn auch jeder ohne weiteres ablehnen, die auf solchen Prämissen beruhenden Regeln der Literatur anzuerkennen, doch erweist er sich dadurch als ein Schachspieler, der die Dame mit dem Bauern durch Züge des Springers oder gar dem Partner das Schachbrett über den Schädel schlägt. In der Absurdität derartiger Verhaltensweisen liegt die Hemmung, die es verhindert, daß sie auftreten.

Wenn überhaupt noch etwas der Erklärung bedarf, dann lediglich die beflissene Eile, mit der die Menschen bereit sind, Spielregeln zunächst aufzustellen und sich ihnen anschließend zu unterwerfen. Diese Bereitwilligkeit zeigt schon das kleine Kind beim Versteckspiel, denn das Kind, das sich vor den anderen versteckt hat, kann beinahe regelrecht sterben vor Angst, sie könnten es finden, obwohl es genau weiß, daß ihm daraus nichts Schlimmes erwächst. Es ist also durchaus nicht so, wie sich manche Theoretiker, die die elementaren Merkmale der Kindheit allzugut vergessen haben, das gelegentlich vorstellen: daß nämlich die Lektüre eines literarischen Werkes ein Zustand sei, der sich von allen Zuständen, die überhaupt das menschliche Dasein ausmachen, in merkwürdiger Weise abhebt; es ist vielmehr genau umgekehrt: Gerade in der Lektüre tritt die für alle Kulturen typische Spielsituation in exakter, reiner Gestalt zutage, und das Mißvergnügen des Lesers, der ein für ihn unverständliches Buch weglegt, gleicht der ohnmächtigen Wut eines Spielers, der es nicht schaffte, eine Partie den Regeln entsprechend zu Ende zu spielen.

Rezeptionsmechanismen

In der Eindeutigkeit ihrer Einbettung wird die sprachliche Äußerung durch die Situation festgelegt, in der sie ausgesprochen wird. Stellen wir uns ein dämmriges Verlies und darin zwei Menschen vor. Der eine beginnt zu sprechen, und das erste Wort lautet: »Herr . . .« Der andere mag denken, der erstere habe sich an ihn gewandt, und als das nächste Wort fällt: »leuchte«, mag er denken, es gehe darum, daß er die Laterne, die er in der Hand hält, anzündet. Erst als er das Ganze hört: »Herr, leuchte über der Seele des armen Paul«, erkennt er, daß nicht er, sondern der Herrgott angesprochen war, und daß es nicht um die Laterne, sondern um das Ewige Licht geht. Entsprechende Experimente zeigen, daß die Rezeption einer Äußerung nicht ein bloßes Registrieren, sondern in hohem Maße ein aktives Antizipieren ist; wenn man den Pegel des Umgebungsrauschens erhöht, kann man Artikulationen so drastisch verzerren, daß sogar die normale Redundanz der Sprache erheblich beeinträchtigt wird, aber trotzdem wird eine Übermittlung verstanden, sofern vorher schon eine Verbindung aufgenommen wurde. Das Herstellen einer Verbindung besteht nämlich in einem durchaus nicht metaphorisch gemeinten gegenseitigen Einstimmen von Sender und Empfänger auf einen bestimmten kategorial-semantischen Bereich, dessen Rahmen von der Situation bestimmt wird, und wenn das geschehen ist, kann man, und zwar völlig unbewußt, das Gehörte buchstäblich anhand von Satzbruchstücken verstehen.

Einem Menschen, dessen Gehör nachläßt, wird von seiner näheren Umgebung vielfach vorgehalten, er verhalte sich im Gespräch nicht gerade angemessen, wenn er, wo es um einen Nagel geht, von einer Nadel spricht oder Brüder mit Brütern verwechselt usw., statt zu verlangen, daß Wörter, die er nicht richtig gehört hat, laut wiederholt werden. Der Schwerhörige weiß aber gerade nicht, wann er tatsächlich nicht richtig gehört und die Formen der Phoneme durcheinandergebracht hat – und wann er lediglich, wie jeder normale Mensch, ganz automatisch und damit unbewußt anhand eines Bruchstücks einer gestörten Äußerung die ausgesprochene Gesamtäußerung im Geist rekonstruiert hat. Der Schwerhörige weiß, anders gesagt, eben nicht, wann er *nicht mehr* hört. Wenn er taub wie ein Hauklotz ist, hört er natürlich absolut nichts, doch in den vorhergehenden Stadien »verdeutlicht« er sich die verunstalteten Laute, die ihn erreichen. Ebendiese aktive Haltung ist das Normale bei jeder Sprachrezeption. Wenn nicht die Situation gegeben ist, die, ähnlich wie die Ufer die Strömung eines Flusses, den Strom der Artikulationen in der richtigen Bahn hält, fällt die gesamte Steuerungs- und Regelungsfunktion der Äußerung selbst zu. Sie muß sich also gewissermaßen gleich zu Anfang eine implizite Situation zimmern, und die Erinnerung an diese einmal geschaffene Situation bildet gleichsam einen Ersatz, ein Surrogat oder eine Prothese der ja nicht bestehenden realen Situation.

Den Stilmerkmalen der Äußerung fällt nun die vorrangige Aufgabe zu, den (mutmaßlichen) Situationshintergrund festzulegen. Wenn also eine bestimmte Menge von Artikulationen insofern inhaltlich äquivalent ist, als sie alle die gleiche inhaltliche Information enthalten, informieren uns stilistische Merkmale konkreter darüber, unter welchen Umständen dieser Inhalt übermittelt wird. Beginnt ein Text etwa mit den Worten einer unbekannten Person: »Möge der Herr geruhen, die folgende Botschaft anzuhören«, so geht es rein inhaltlich um dasselbe wie bei den ersten Worten eines anderen Textes: »Hört, was ich euch sage« oder, knapper ausgedrückt: »Hör mal«, doch beschwört die unterschiedliche Stilisierung offenkundig eine jeweils völlig andere Situation herauf.

Von einer einmal entstandenen Situation mag sich der Leser nicht sehr gern trennen, wenn der Text sie nicht in geeigneter Weise durch normative Stereotype in die nächste überleitet (wenn, anders gesagt, der Text nicht eine Transformation erfährt, deren Regeln dem Leser wohl vertraut sind).

Auch das erkennt man am besten an einem Beispiel. Das erste Substantiv eines Textes möge in dem Wort »Gürtel« bestehen. Die gewaltige Menge von Kontexten, in denen dieses Wort auftreten kann, reduziert sich erheblich, wenn wir es mit dem Wort »Keuschheit« verknüpfen; es entsteht dadurch eine semantische Einengung, denn ein »Keuschheitsgürtel« ist etwas völlig anderes als etwa ein »Grüngürtel« oder ein »Ledergürtel«, und wenn wir sagen, durch eine solche Wortverbindung werde die Menge der Bedeutungen reduziert, so heißt das, daß die Informationsmenge, die in den beiden für sich genommenen Wörtern »Keuschheit« und »Gürtel« steckt, *größer* ist als die in der Bezeichnung »Keuschheitsgürtel« steckende. Daß aber die in den getrennten Wörtern enthaltene Information nicht verschwindet, bemerken wir an der Redundanz; wenn nämlich statt »Keuschheitsgürtel« »Keuschheitsgurt« auftaucht, nehmen wir ohne weiteres an, daß sich ein Irrtum eingeschlichen hat; das isoliert auftretende Wort »Gurt« besitzt dagegen nicht eine solche Tendenz zur Selbstkorrektur.

Wenn der Satz, der mit den Worten »Der Keuschheitsgürtel« begann, weitergeht: »den der Graf seiner Gemahlin offerierte, war . . .«, so wissen wir zwar nicht, wie dieser Gürtel war, doch werden die weiteren Möglichkeiten durch unsere Erwartung erheblich eingeengt. Erstens wissen wir bereits, daß nach dem Wort »war« bestimmte Wörter (z. B. »wenn«, »falls«) nicht auftreten können, weil die Syntax das nicht erlaubt. Außerdem erwarten wir, obwohl eine flexivische Syntax das gestattet, nicht solche Wörter wie »griesgrämig« oder »vierrädrig«, denn das verbietet eigentlich die semantische Syntax. Wenn wir nach dem Wort »war« »unbequem« oder »mit einem Vorhängeschloß versehen« lesen, so wird die Situation eindeutig und rastet gewissermaßen in ein bestimmtes kulturelles Stereotyp ein; finden wir an dieser Stelle jedoch »unsichtbar«, so treffen wir eine andere Entscheidung und reihen die Sache in den Kontext eines Märchenstereotyps ein. Je weniger nämlich eine Situation gegeben ist, durch welche die Äußerung (kosituativ) eindeutig wird, desto mehr ist die Äußerung auf die Menge der Situationsschemata angewiesen, über die wir aufgrund nicht nur sprachlicher Erfahrung verfügen. Wir folgen bei der Rezeption der Strategie, eine Äußerung derart einzuordnen, daß eine insgesamt eindeutige *Situation* entsteht.

Wenn nach dem Satz: »Der Keuschheitsgürtel, den der Graf seiner Gemahlin offerierte, war unbequem« der nächste lautet: »Der Graf war ins Heilige Land gereist«, so entsteht eine eindeutige Situation. Heißt es dann weiter: »Hinter dem Fenster der Bastei stand eine sternlose Nacht«, so können wir diesen Satz nicht mit dem vorhergegangenen integrieren, wenn wir nicht zu einer neuen, antizipierenden Interpretation übergehen: wir erwarten, daß der Text nach dieser Beschreibung, welche die Situation durch äußerliche Einzelheiten umreißt, aber gewiß noch bei derselben Situation ist, wieder zu der Gräfin und dem Gürtel zurückkehrt. Darin bestärkt uns der Satz: »Der junge Knappe kletterte, einen Dietrich zwischen die Zähne geklemmt, an dem wilden Wein empor«, denn ein Dietrich paßt zu dem Schloß, das wir an dem Keuschheitsgürtel vermutet haben, und der Knappe zur Gräfin. Allerdings bringen uns Sätze wie: »Warzen heilt man am besten mit einer aus einem schwarzen Huhn gekochten Brühe«, »Vaseline ist eine Art von Kohlenwasserstoff« und »Knappe ist ein männliches Substantiv« aus dem Konzept. Unter welchen realen Umständen könnte schließlich ein solcher Satz auf die oben erwähnten folgen? Vermutlich nur, wenn wir uns beispielsweise in einem Antiquariat befänden und unser Begleiter, aufs Geratewohl zwei auf dem Tresen liegende Bücher aufschlagend, aus dem Text herausgerissene Sätze laut vorlesen würde. In diesem Falle würden wir uns über die Nachbarschaft von Keuschheitsgürtel, Gräfin und Vaseline durchaus nicht wundern. Allerdings neigen wir nicht dazu, solche Annahmen zu machen, wenn nicht die reale Situation gegeben ist, denn wir müßten dazu über der Situation, die der Text zunächst errichtet hat, eine weitere Situation höherer Ordnung aufbauen, die als Elemente zwei voneinander relativ unabhängige Situationen enthält (die eine ist durch die Geschichte mit der Gräfin gegeben, die andere durch die Mitteilung über die chemische Zusammensetzung von Vaseline).

Statt durch eine vorstellbare Situation kann eine Äußerung auch durch ein Thema stabilisiert werden, das beispielsweise in einer produktiven Problemstellung, einer logischen Überlegung usw. besteht. Kann einer Äußerung dagegen weder ein kohärenter Bereich außersprachlicher Designate, die eine reale oder konventionelle (z. B. märchenhafte) Eindeutigkeit der Situation schaffen, noch vernunftsmäßige Geschlossenheit zugeschrieben werden, deren Stabilität durch die Logik des Gedankengangs sichergestellt wird, so haben wir es noch am ehesten mit der Äußerung eines Verrückten oder eines Poeten (in letzter Zeit vielleicht auch eines Romanschriftstellers) zu tun. Schon bei den Worten: »Der Garten erträumte sich« kann man mit hoher Wahrscheinlichkeit vermuten, daß es sich um den Anfang eines Gedichts handelt, denn Gärten erträumen sich nicht selbst. Das läßt weder die Alltagserkenntnis noch die logische Semantik zu. Was geschieht demnach mit einer Sprache, die zur Erzeugung poetischer oder verrückter Äußerungen benutzt wird? Man darf diese Tätigkeit als »Parasitismus« bezeichnen. Wir verwenden diese Bezeichnung nicht wegen ihres pejorativen Charakters, sondern um zu betonen, daß die Sprache in diesem Fall in spezifischer Weise mißbraucht wird. Sie ist – nicht anders als die Sinnesorgane und das Gehirn – ein Instrument der Anpassung. Daß man mit der Sprache sowohl objektive Zustände reproduzieren (»sie durch Artikulationen imitieren« kann – daher die Auffassung von der »Schematisiertheit« der Sprache) als auch Modelle von »nicht bestehenden Zuständen« produzieren kann (denn sprachlich kann man ein Auto sowohl beschreiben als auch ausdenken, indem man eine sprachliche Beschreibung von etwas noch nicht Bestehendem gibt), ist gleichermaßen für die Anpassung nützlich. Aber ebenso wie man die Sinne und das Gehirn in Situationen bringen kann, in denen sie nicht ihre eigentlichen Funktionen als Übermittler und Transformatoren von außen stammender Informationen erfüllen können und eine ihnen gewissermaßen »aufgezwungene« Information zu produzieren beginnen, kann man auch die Sprache »mißbrauchen«. Das durch absichtlich langes Betrachten eines blinkenden Gegenstands ermüdete Auge, der nachdrücklich perseverierenden Reizen unterworfene Tastsinn, schließlich das durch chemische Mittel betäubte Gehirn – sie alle werden aus Überträgern zu autonomen Erzeugern von Informationen. Diese Eigenerzeugung gehört, sofern sie nicht absichtlich hervorgerufen wird, in den Bereich der Pathologie, also zu den Sinnestäuschungen, Einbildungen, Hirngespinsten, Fieberträumen, Halluzinationen, und sie wird nicht positiv bewertet. Die Analogie erstreckt sich auch auf die Sprache, denn der Verrückte und der Dichter mißbrauchen sie, wie wir sagten, gleichermaßen, wenn auch aus unterschiedlichen Beweggründen und nicht in der gleichen Weise.

Aber worin liegt eigentlich der Mißbrauch? Es sind zweierlei Arten von Mißbrauch möglich, denn es ist etwas anderes, ob man Sätze bildet wie: »Der Vogel, der ein Licht wäre, das an der verlockenden Linie aus Zukker entlangflattert, der es zuoberst verstünde, ein Satz aus dem Kirschbaum zu sein, ein roter Befehl der Freude im blauen Zirkus . . .« oder solche Sätze wie: »Der hellblonde Graf stieg lachend aufs Pferd, legte, nachdem er seine pechschwarzen Locken betrachtet hatte, den Gang ein, um, den Blick auf sein Spiegelbild einer kahlköpfigen Amme geheftet, davonzuschwimmen.« In dem ersten Satz (aus einem Gedicht von Peiper) werden die durch die Sprache festgelegten Situationen, bevor sie erstarren können, durch Ansätze anderer Situationen aufgebrochen: In der Rezeption mag sich eine gewisse semantische Aura konstituieren, aber keine Vorstellungen, die sich auf die außersprachlich ständig gegenwärtige Situation beziehen; im zweiten Satz wird die konstituierte Situation nicht vollständig aufgelöst, doch werden fast all ihre wesentlichen Parameter antinomisch umgetauft. Denn man kann nicht ein gleichzeitig pechschwarzer und hellblonder Graf und eine kahlköpfige Amme sein und auf einem Pferd, das sich in ein Auto verwandelt, davonschwimmen. Ein Vogel, der ein Licht wäre, das an einer verlockenden Linie entlangflattert, ist eine Situation, die sich noch an der Grenze des Vorstellbaren befindet, aber schon durch die folgenden

Worte »aus Zucker« aufgelöst wird: Zu der sachlichen Unsicherheit tritt eine syntaktische hinzu, denn man weiß nicht mit Sicherheit, ob der Vogel oder die verlokkende Linie aus Zucker ist, zumal er sich gleichzeitig als ein »Satz aus dem Kirschbaum« erweist. Die Rezeption muß die gegenständliche Orientierung aufgeben; eine Umstellung auf die semantische Aura der Sprache ist unumgänglich. In dem zweiten Satz löst sich die Gegenständlichkeit nicht so leicht auf, er enthält zwei Reihen von Veränderungen: Der blonde Graf wird zu einem schwarzhaarigen; am Ende ändert sich aber sein Geschlecht, und er wird kahlköpfig, und sein Pferd verwandelt sich gleichzeitig in ein Auto, doch vollziehen sich die Transformationen noch immer im Bereich des Vorstellbaren; das würden wir erst durcheinanderbringen, wenn wir beschließen würden, das Spiegelbild einer kahlköpfigen Amme etwa durch das »Spiegelbild eines kahlköpfigen Adjektivs« zu ersetzen. Im ersten Satz existiert die außersprachliche Welt nicht, denn ihren Platz nimmt unverhüllt die Aussage als solche ein (u. a. wortwörtlich: als »Satz aus dem Kirschbaum«), im zweiten Satz treten kovariante Veränderungen ein (in zwei Reihen, wie wir aufgezeigt haben, als Veränderungen des »Grafen« und seines »Fahrzeugs«). Wir haben es also mit einem unterschiedlichen Grad der Destabilisierung der außersprachlichen Wirklichkeit zu tun, deren Ergebnis entweder eine völlige Zertrümmerung der Situationen ist – oder noch irgendwie kohärente Reste von Zusammenhängen. Wir sprechen von »Mißbrauch« im Sinne einer »Betäubung« durch sprachliche Konstruktionen, denn so weit »darf« unter dem Aspekt der Anpassung die Verselbständigung der Sprache nicht gehen.

Zwischen den Codes der modernen Poesie und Prosa und außerkünstlerischen Codes kann eine verblüffende Ähnlichkeit bestehen. Ein spezieller derartiger Code ist die syntaktisch-lexikalische Eigenart der Schizophrenen. Der Schizophrene ergeht sich innerhalb der Satzeinheit in Nebenverzweigungen und verliert dabei völlig den »Faden«, so daß der Eindruck eines gewissermaßen

Brownschen, zickzackförmigen Umherirrens im semantischen Raum entsteht (»Die Lokomotive machte halt vor einem Haufen Sand, wüstenartig in seiner Einsamkeit, die das Los der Blinden ist, die mit Stöcken auf dem Gehsteig umhertappen, gefüllt mit Kisten, mit Reklameaufschriften versehen, welche großen Profit für die Fabrikanten von Textilien und Kanonen abwerfen, die auf die Neger in den feuchten und kellerartigen Dschungeln schießen, Verliesen arabeskenhafter Lüge ...« usw.). Es ist durchaus nicht schwierig, so zu schreiben: Man muß nur konsequent von den Endungen der Schachtel- und Nebensätze ausgehen und an das anknüpfen, »was sich gerade bietet«. Durch periodisch dosierte Rückgriffe (auf das Ausgangsmotiv) kann man immer wieder den Eindruck erwecken, als sei noch ein Rest an Kohärenz oder auch größere Kohärenz vorhanden. Beim Schizophrenen sind in den Erzählfluß gewundene Litaneien von Aufzählungen eingestreut, in denen vollkommen grundlos abstrakte Begriffe neben konkreten stehen, und es kann zu Wortkreuzungen kommen, bei denen Neubildungen entstehen, die nicht im Wörterbuch vorkommen. Solche Sätze lassen sich (wie Experimente gezeigt haben) mit Hilfe rein statistischer Auswahlverfahren konstruieren, bei denen man Sequenzen aus drei, vier oder fünf Wörtern zugrunde legt, die mit einer bestimmten Häufigkeit in der Sprache vorkommen; im Gedächtnis eines Rechners wird ein größerer Vorrat an solchen Sequenzen gespeichert, und daraus entstehen Satzgebilde, bei denen der Eindruck der Sinnhaftigkeit um so stärker ist, *je kürzer* die Fragmente sind, die man liest, ähnlich wie in dem obigen (speziell verfaßten) Beispiel.

Ein klassisches Beispiel eines solchen Textes ist wohl »Pierwsza świetność« von Buczkowski, wobei diese Feststellung nicht gleichbedeutend ist mit einer ärztlichen Diagnose, denn was – wie schon gesagt – aus einem pathologischen Zustand wie von selbst entsteht, kann, wenn es sich um einen Künstler handelt, das Ergebnis einer bewußten Entscheidung und eine Frage der Mimikry – »unter der Maske der Schizophrenie« – sein.

Die genannten sprachlichen Prozeduren scheinen von einem »fromm naiven« Standpunkt aus nicht so sehr der Verständigung als vielmehr deren aufreizender Störung zu dienen. Gewiß, gewiß – nur entstehen aus solchen »Aufreizungen« äußerst geschätzte Geisteszustände. Würde man uns vorwerfen, daß wir die Dichtung auf eine Art Narkose reduzieren, so wäre darauf zu antworten, daß wir erstens nicht von der gesamten Dichtung sprechen, denn nicht alle Richtungen nehmen in der gleichen Weise Abstand vom Designieren realer Phänomene (man kann das beispielsweise vermittelt, indirekt, mehrdeutig tun, nicht aber, indem man darauf verzichtet), und zweitens ist eine solche Einschätzung ganz und gar kulturbedingt: Bei uns würde es Entsetzen hervorrufen, wenn der Priester und die Gläubigen während der Messe gemeinsam Haschisch einzögen, doch in vielen Kulturen sind religiöse Zeremonien aufs engste mit solchen Praktiken verbunden.[6]

Nur einem Fernmeldeingenieur geht es darum, daß durch einen in seiner Kapazität maximal genutzten Sendekanal innerhalb einer Zeiteinheit ein Maximum an Einheiten ordentlich organisierter Information fließen kann; im übrigen ist selbst für den Ingenieur, der den Rauschpegel einer Leitung untersucht, nicht die Information, sondern gerade das Rauschen eine Information. Was »wertvoll« ist – die Information oder das Rauschen –, hängt also letztlich von der Einstellung des Senders und des Empfängers ab, wenn nur beide einigermaßen kohärent sind.

Das Rauschen läßt sich gezielt für eine Verringerung der die Sprache kennzeichnenden Redundanz einsetzen. So dienen etwa Satzzeichen und Großbuchstaben, Gedankenstriche, Klammern, Ausrufezeichen usw. einer Differenzierung des Textes, die bis zu einem gewissen Grade die schriftliche Äußerung vervollständigen soll, welche ja ärmer ist als die mündliche, weil bei ihr die Intonation, die Melodie, die affektive Modulation, die Mimik und die Gestik entfällt, die nicht selten eine wichtige Rolle spielen. Mit dem bewußten Verzicht auf solche zusätzlichen Signale zwingt der moderne Dichter den Leser, der dazu freiwillig vielleicht auch nicht bereit wäre, langsamer und aufmerksamer zu lesen, wodurch die »Expositionsdauer«, während derer das Bewußtsein der Wirkung der Gedichtteile ausgesetzt ist, sich oft erheblich verlängert. Außerdem steigt dabei die emotionale Mehrdeutigkeit, die Unklarheit des Textes, die auch zu einer semantischen wird, denn wenn wir nicht wissen, ob etwas, was uns mitgeteilt wird, scherzhaft, ernst, spöttisch, hochmütig oder verächtlich gemeint ist, können wir die Bedeutungen der Äußerung nicht hinreichend bestimmen.

Unter bestimmten Bedingungen können nicht nur Lücken oder Einschiebsel in den Sprachfluß des Werkes als »Rauschen« aufgefaßt werden, sondern der gesamte Text, und zwar dann, wenn er uns nicht so sehr bestimmte Kenntnisse zuträgt als vielmehr irgendwelche Kenntnisse, irgendein Wissen »wegzunehmen« versucht. Gewiß geht es in diesem Falle darum, daß eine frühere Information »für ungültig erklärt« und durch eine neuerworbene ersetzt wird. Es kann jedoch geschehen, daß es zu der vervollständigenden Substitution nicht kommt. Der »störende« Eingriff kann ebensogut empirischer wie nichtempirischer Natur sein. Die Empirie versichert uns ja, daß sich im Leben nicht eine höhere Ordnung offenbart, sondern daß es Zufallsschwankungen gibt, die dafür sorgen, daß es einem Spitzbuben wohl ergeht, während ein Heiliger nichts zu lachen hat und der Krebs ihm die Leber zerfrißt, und so etwas macht eine hohe, vom Herrgott persönlich gelenkte Ordnung zunichte; die Information, die sie uns statt dessen liefert, ist, wenn auch wissenschaftlich wahr, nicht sehr reichhaltig. Nicht mehr empirisch ist es jedoch, wenn man suggeriert, als sei der Mensch, da er ein »manichäisches« Wesen besitze, auf ewig zu den diesseitigen Qualen verurteilt. In beiden Fällen geht das Bestreben freilich dahin, uns bestimmte Informationen »zu nehmen« (in einem bestimmten Sinne ist auch die Hoffnung eine Information, die uns hilft, das »homöostatische Gleichgewicht« zu erreichen).

In den obigen Beispielen erfolgt die Informations»vernichtung« gewissermaßen im Bereich der dargestellten Welt, doch ist es ebensogut möglich, daß das Werk seine »Rausch«strategie nicht so sehr gegen die Welt als vielmehr gegen sich selbst richtet: es geht um den Roman, der sich mit dem Roman befaßt.

Ein solcher Roman, etwa aus der französischen »nouvelle vague«, entsteht in Kreisen, die die Prosa in einer Krise glauben; der Roman als Gattung ist angeblich von einer Paralyse der »Unmöglichkeit« befallen. Würde man diese Diagnose tatsächlich für richtig halten, so hieße das für den Schriftsteller zu verstummen, und deshalb wird ein Kniff angewandt, den man in der Psychoanalyse als »Übertragung« bezeichnet: Die Unmöglichkeit wird entweder auf die Welt oder auf die Sprache oder auf beides gleichzeitig projiziert.

Doch was hier passiert, ist eigentlich recht lustig. Schon im Altertum verkündete Gorgias von Leontini, daß es nichts gebe, und gäbe es etwas, wir es nicht erfahren könnten, doch falls wir es erführen, es nicht möglich wäre, sich davon zu überzeugen, ob es wahr ist. Dieses Programm einer radikalen Skepsis wurde nicht allzu ernst genommen, wie es meistens mit Programmen geschieht, die uns in ihrer Radikalität allzuviel auf einmal abverlangen.

Wenn man innerhalb der Literatur von einem Pendant zur kopernikanischen Revolution sprechen kann, dann muß man Dostojewski als ihren Kopernikus bezeichnen, denn er zerstörte eine erstarrte Poetik, indem er einen in sich zerstrittenen Chor von Erzählern in das Werk einführte, die deutlich machten, daß in den menschlichen Dingen jegliches Wissen unzulänglich ist. Die Strategie der »nouvelle vague« wird gelegentlich mit der anschließenden, relativistischen Revolution innerhalb der Wissenschaft verglichen. Zu Unrecht: Dostojewski gelangte bereits, als er den Schriftstellern den Anspruch auf Allwissenheit entzog, zu Positionen, denen die heute in der Physik als unüberwindbar geltende Meßungenauigkeit entspricht; was der große Russe der Literatur nahm, war die Vereinfachung der Allwissenheit, doch verringerte er nicht nur die Menge dessen, was man über die menschlichen Dinge sagen kann, sondern er erweiterte sie. Hingegen nimmt der »nouveau roman« viel, gibt dafür aber wenig. Das Neue am »nouveau roman« ist kein Pendant zum Relativismus der Physik, der ja nicht darin besteht, daß sie sich selbst in Frage stellt. Es handelt sich um eine Literatur, die sich sehr viel weniger als früher für die Welt, dafür aber sehr lebhaft für die Literatur interessiert. Die Geschichten, die sie bringt, sind daher thematisch ziemlich banal, und ihre ganze Originalität liegt in der Erzählmethode. Es handelt sich, wie M. Głowiński mit Recht bemerkt hat, im Grunde um eine belletristisch gefaßte Methodologie des Romans, denn man hat es geschafft, eine Information zu erzeugen, die dermaßen selektiv ist, daß die Welt außerhalb des Romans nahezu völlig ausgeschlossen ist. Man hat also seinen Entdeckungsdrang auf das narrative Verfahren und nicht auf die Realität gerichtet: Veränderungen, die innerhalb der Realität (des Romans) stattfinden, sind lediglich eine Funktion methodischer Veränderungen.

Bei weiteren Versuchen wurde schließlich sogar die Sprache selbst als Kommunikationsmittel in Frage gestellt; während Białoszewski und Ionesco sich insbesondere in ihren früheren Arbeiten damit begnügten, die Morschheit menschlicher Verständigungsversuche darzustellen, also gewissermaßen »reale sprachliche Sachverhalte« abbildeten, erhob Beckett die Störung zu ontologischem Status: In seinem Roman »Molloy« erläutern die letzten Worte des Textes sein ganzes Programm: »Es ist Mitternacht. Der Regen peitscht gegen die Scheiben. Es gibt Mitternacht nicht. Es regnet nicht.« Hier wird Literatur zu einer sich selbst zerstörenden Information. Das stimmt, zumindest im physikalischen Sinne, mit der Theorie überein, denn tatsächlich kann man Information durch Information zerstören. Es wird interessant sein, wie die Entwicklung in dieser Richtung weitergeht; wenn sie nicht zum völligen Verstummen führen soll, wird eine radikale Umkehr unausweichlich sein.

Klassifikationen der Codes

Im Bereich der Sprachrezeption herrschen bestimmte psychophysiologische Gesetze, die ein wenig denen ähneln, die man u. a. auch in der physiologischen Optik feststellen kann. Obwohl entsprechende Mechanismen die Größenänderungen kompensieren, die durch unterschiedliche Entfernung von wahrgenommenen Objekten hervorgerufen werden, und obwohl wir aufgrund dessen wissen, daß ein Mensch, den wir aus der Nähe sehen, derselbe und genauso ist wie derjenige, den wir vom Dach eines Wolkenkratzers aus erblicken, ist die Kompensation nicht vollständig, und so erscheinen uns Dinge, die uns ansonsten vertraut sind, aus sehr großer beziehungsweise sehr kleiner und insofern ungewöhnlicher Distanz ungewöhnlich. Mit anderen Worten: Selbst solche Objekte, denen gegenüber wir völlig neutral sind, weil sie uns – wie etwa ein Grashalm, ein Steinchen oder der Flügel einer Fliege – weder bedrohen noch verlocken, behalten in der visuellen Rezeption keine wirkliche semantische Invarianz, wenn sie aus einer extremen und insofern »anormalen« Distanz wahrgenommen werden. Dabei geht es nicht einmal unbedingt um eine zusätzliche Detaillierung der über den Sinneskanal fließenden Information, die ja gar nicht immer eintritt: Von der Struktur einer schlichten Glasperle erfahren wir nicht mehr, ob wir sie nun aus einer Entfernung von einem Zentimeter oder aus einer solchen von zwanzig Zentimetern betrachten. Dennoch tritt aber ein Bedeutungsunterschied (und nicht nur ein »dimensionaler«) ein.

Auf gewissermaßen parallele, wenn auch nicht identische Phänomene stößt man in der Sprachrezeption, und zwar speziell bei gedruckten (beziehungsweise geschriebenen) Texten. Wie stark die Rezeption in semantischer Hinsicht angeregt wird, hängt weniger von der Größe des Drucks (große Schlagzeilen in den Zeitungen erfüllen nicht so sehr semantisch eigenständige als vielmehr signalisierende Funktionen: Sie weisen uns als Wegweiser darauf hin, was wir als die Hauptsache auffassen und womit wir die Lektüre beginnen sollen), sondern davon ab, wie wirkungsvoll das, was der Absender als »Codeeinheiten« aufgefaßt hat, in den Vordergrund gerückt wird. So wird die Wirkung eines Gedichts – nicht in optischer Hinsicht, sondern im Hinblick auf die Bedeutung – verstärkt, wenn die Zeilen immer weiter gekürzt werden, bis in der letzten nur noch ein Wort steht. Ansatzweise zeigt sich das gleiche Phänomen in der Prosa, wenn man etwa die mitgeteilten Äußerungen von Personen mit »Schlaglichtern« durchsetzt, die deren individuelle »Besonderheit« verdeutlichen. Zu den weiteren Mitteln, welche die Prosa in diesem Sinne einsetzt, gehört der kalkulierte Umgang mit Häufigkeiten. Wenn ein Autor erreichen möchte, daß eine bestimmte Farbbezeichnung einen starken Eindruck auf den Leser macht, wird er den vorhergehenden Text gewissermaßen »grau« erscheinen lassen, indem er nicht mit den Bezeichnungen anderer Farben (und natürlich auch nicht mit derjenigen, auf die es ihm ankommt) um sich wirft. Diese Dinge sind im übrigen bekannt: Eine Vielzahl attributiver Bestimmungen hebt sich in ihrer Bedeutung gegenseitig auf, denn wenn Wörter als Reize eingesetzt werden, kommen die normalen Gesetzmäßigkeiten der Ermüdung der physiologischen Rezeptionsmechanismen zur Geltung, und wenn man allzusehr »aufs Pedal drückt«, gelangt man schließlich zu einer totalen Inflationierung: Selbst die »stärksten« Wörter machen keinen Eindruck mehr. Daneben gibt es noch ein anderes, wenn auch oft nicht bemerktes Problem. Die – wenn man so sagen darf – »Bedeutungsdimension« eines Wortes kann in einem breiten Intervall schwanken, je nach der von dem Autor angewandten Taktik. Der eine wird eher mit verbalem

»Kleingeld« um sich werfen, mit Ausdrücken, die gerade dadurch, daß sie sich absichtlich gegenseitig auslöschen, Zeichnungen zu entsprechen scheinen, auf denen nicht eine starke Kontur vorherrscht, sondern ein Dickicht einander teils überlagernder, teils durchkreuzender dünner Striche, so daß das Auge des Betrachters gewissermaßen gezwungen ist, daraus eine »optimale« Gestalt herauszufischen. Ein anderer hält dagegen durch lapidare, sparsame Ausdrucksweise, durch bewußtes »Understatement« sozusagen schlagkräftigere Artikulationsformen in Reserve – für »außergewöhnliche Gelegenheiten«. In der Zeichnung entspräche das einer ruhigen, einheitlichen Konturengebung. Die Folge solcher entgegengesetzter Taktiken ist es, daß das »Bedeutungskorn« im ersteren Falle in der Wahrnehmung sozusagen kleiner wird, so daß ein und dieselben Wörter gewissermaßen »geringfügiger« erscheinen (noch immer im semantischen, nicht im optischen Sinne!), während sie sich im letzteren Falle zu vergrößern scheinen, an Gewicht gewinnen, ja gewissermaßen mit Händen greifbar werden. Es entsteht dann ein ähnlicher Eindruck, wie man ihn bei Bildern empfindet, die in einer impressionistischen Technik pointillistischer Stilrichtung gemalt sind, auf denen man unschwer die »Codeeinheiten« in ihrer Körnigkeit erkennt; dabei kann das »Korn« einmal größer sein (so, wenn wir große, einheitliche Farbflecken vor uns haben), es kann aber auch, etwa bei einer naturalistischen Technik, ganz verschwinden. Ein Text, der mimetische Eindrücke hervorrufen möchte, darf weder allzu »grau« sein, mit einem allzu »kleinen« semantischen Korn, noch darf er sich aus allzu »großen« Einheiten zusammensetzen. Im ersteren Falle würde die Augenfälligkeit allzusehr leiden (so daß ein Augenmensch beim Lesen »nichts sehen« würde), im letzteren Falle würde die Sprache sich allzusehr verselbständigen und nicht mehr für die Ereignisse »transparent« sein.

Was wir als »Bedeutungskorn« bezeichnet haben und was einmal den Eindruck sprachlicher »Transparenz« des Textes, ein andermal den der »Intransparenz« hervorruft, ist so etwas wie ein Code. Das Codieren bedeutet, daß in allen Vermittlungsgliedern zwischen dem Sender und dem Empfänger eine Steuerung stattfindet. Wenn in einem Zellkern die Repressormoleküle aktiviert werden oder wenn bei einem Auto Umdrehungen des Lenkrades die Stellung der Räder verändern, findet eine Umcodierung statt, wird eine Art von Information in eine andere umgewandelt (bei der Embryogenese handelt es sich um chemische Umwandlungen, beim Lenksystem um mechanische und lediglich proportionale Umsetzungen, denn hier liegt eine normale reduzierende Übersetzung vor).

Man kann Codes in ganz unterschiedlicher Weise klassifizieren. Werden bestimmten »Ereignissen« bestimmte »Zeichen« oder »Symbole« zugeordnet, so stellt das Lexikon solcher Zeichen die Codemenge der gesamten Klasse von Ereignissen dar. Codeeinheiten lassen sich realen Ereignissen zuordnen, die dann das Endglied einer Vermittlungskette sind, man kann aber auch beliebig oft das Kommunikat »unterwegs« umcodieren, also die ursprüngliche Darstellung des »Originals« transformieren. Der Wärmemelder einer Feuerlöschanlage besitzt zwei Zustände, die als »Zeichen« zwei Klassen von Ereignissen zugeordnet sind – »brandlosen« und »Brand«ereignissen. Steigt die Temperatur über ein bestimmtes Niveau, dann löst der Melder ein Alarmsignal aus, nachdem er »festgestellt« hat, daß eine »Veränderung der Klasse von Ereignissen« eingetreten ist.

Man kann Codes in solche einteilen, die »beiderseitig festgelegt« wurden und aufgrund einer gemeinsamen Absprache zwischen Sender und Empfänger funktionieren (als eine solche »Absprache« kann man auch die erbliche Programmierung von Organismen auffassen: In der Brunstperiode teilt das Weibchen dem Männchen durch einen spezifischen Duft seine sexuelle Bereitschaft mit), und in solche, die entweder nur durch den Sender oder nur durch den Empfänger festgelegt werden. Werden die Codes nur durch den Sender festgelegt, dann haben wir den klassischen Fall der bedingten Reflexe, denn der

Experimentator spricht sich nicht mit dem Hund ab, welches Signal als Codezeichen das Erscheinen der Futterschüssel ankündigt, sondern der Hund lernt rasch, »den Code richtig zu erkennen«. Wird der Code vom Empfänger festgelegt, dann haben wir die klassische Situation des Forschers, denn er legt, gestützt auf das, was er bereits weiß, fest, welche »Codeeinheiten« die Natur benutzt (ein Experiment besteht darin, daß der Natur eine »Frage« gestellt wird, und wenn der Code richtig gewählt wurde, »antwortet« die Natur in diesem Code – zum Beispiel durch Einheiten der Elektrizität, des Magnetismus, des Spins usw.).

Codes können nicht nur einfach oder zusammengesetzt sein, sondern es ist außerdem noch eine Mischung verschiedener Arten von Codes möglich. Das Gehirn ist ein »Mixer« für eine sehr große Zahl unterschiedlicher Codes der Sinnesorgane (visueller, taktiler, alfaktorischer, aber auch intestinaler, kinästhetischer Codes usw.). Während diese Codes in den hierarchisch tieferstehenden Untersystemen des Gehirns gefiltert werden, werden sie in den höheren Untersystemen transformiert und zu einem ganzheitlichen »Modell« der Situation des Organismus in bezug auf seine Umgebung integriert. Innerhalb dieses multicodalen Raums fungiert die Sprache als Vermittler, als Bindeglied und zugleich als semantisches Gerüst. Weil sie derart in alles verwickelt ist, lassen sich in der Sprache in vielfältiger Weise »Subcodes« erzeugen, die in die Artikulationen eingenistet sind. Man kann etwa den Wortschatz verändern (»Fachcodes«), man kann aber auch einen bestimmten Code syntaktisch aktualisieren (durch eine rein syntaktische, sich in einer gewissen Zahl von Varianten ständig im Text wiederholende Manier). Dies sind jedoch noch sehr einfache Fälle. Die Literatur operiert mit heterogen zusammengesetzten innersprachlichen Codes (das heißt, sie arbeitet praktisch damit, denn sie erzeugt solche Codes, »ohne etwas davon zu ahnen«, und sie untersucht dieses Phänomen auch nicht, es sei denn, daß die Literaturwissenschaft sich damit befaßt). Bestimmten, ausgezeichneten Situationen zugeordnete Artikulationsweisen stellen ebenfalls eigene Sprachcodes dar, zum Beispiel rituelle oder religiöse Codes, Codes des Straßenverkehrs, gesellschaftliche Codes usw. Mit Codes haben wir es überall dort zu tun, wo in »zeichenhaften Situationen« bestimmte Arten von Informationen in andere umgewandelt werden.

Der Grad der eindeutigen Unterscheidbarkeit von Codeeinheiten kann verschieden sein, denn die »Subcodes« sind gewissermaßen sekundär statistischer Natur: der normalen Statistik der Sprache überlagern sich Häufigkeiten zweiter Ordnung, die also gewissermaßen »Verdünnungen«, »Verdichtungen«, »Schwebungen« u. dgl. darstellen.

Wenn man über Ereignisse in einer bestimmten, ausgezeichneten Weise berichtet, also eine bestimmte Strategie anwendet, heißt das, daß man aus der Menge aller möglichen »Subcodes« eine Auswahl trifft. Man kann insofern zwischen »Familien« von Codes unterscheiden, zum Beispiel solchen, die eher auf das »Visuelle« gerichtet sind oder eher auf das »Abstrakte« und so weiter. Derartige Codes sind seit eh und je allgemein gebräuchlich, und man findet sie nicht nur in der Literatur, denn auch in Alltagssituationen bedienen sich die Menschen einer Sprache, die von ihrer eigenen »Natur« abhängt, so daß ein Augenmensch eher dazu neigen wird, sich »visueller« Subcodes zu bedienen, als ein Motoriker. Dabei handelt es sich jedoch um eine Verschiebung rein statistischer Art, und deshalb ist es möglich, ihr absichtlich entgegenzuwirken.

Wir sagten, die Codes beziehungsweise Subcodes seien in unterschiedlichem Maße »objektiv«. Es gibt Situationen, in denen ein Rezipient etwas, was mit Sicherheit kein Code ist, für einen solchen hält. Wenn es sich zufällig trifft, daß eine Taube, der Futter hingeschüttet wird, genau in diesem Augenblick auf den Zehen gestanden hat, wird sie auch später, sobald sie Hunger empfindet, sich auf die Zehen erheben. Durch das einmalige Zusammentreffen ist ein bedingter Reflex entstanden, bei dem, als Pendant der Glocke in Pawlows Hundeexperiment, der Zustand der muskulären Propriozeptoren des Vogels die Rolle des bedingenden Reizes spielt. Wenn man den Sachverhalt vermenschlicht, könnte man sagen, die Taube sei einem »Vorurteil« zum Opfer gefallen, denn fälschlicherweise »glaubt« sie, sooft sie sich auf die Zehen stelle, erhalte sie zu fressen. In diesem Falle wollte der Absender jedoch keineswegs einen Code im Sinne von Zeichen verwenden, die der Fütterung zugeordnet sind. Genau das »glaubt« jedoch der Empfänger. Wenn ein System von Reizen, wie es ein Werk nun einmal ist, eine gewaltige Komplexität darbietet und ein lückenhaftes, also vielfältig interpretierbares Steuerungsprogramm ist, kann es geschehen, daß der Leser, der sich die Strategie und Taktik der Rezeption frei wählen kann, in dem Werk etwas »wahrnimmt«, was »nicht ganz« und »nicht unbedingt« darin steckt, daß er also Codes darin sieht, die es dort möglicherweise »nicht gibt«.

Ein Code unterscheidet sich nämlich von einem »Nichtcode« wie der Tagesanbruch vom Morgen: Jede Abgrenzung muß zwangsläufig wegen der fließenden Übergänge ziemlich willkürlich sein. So muß denn auch von Codes in der Literatur, vor allem von solchen höherer Ordnung, mit großer Vorsicht gesprochen werden, und es muß dabei bedacht werden, daß sie sich auf einen konkreten Leser oder auf eine leidlich homogene Menge von Lesern beziehen.

Wenn Menschen auf den Kleckstafeln des Rorschach-Tests verschiedene Formen von Ungeheuern, Engeln, Vögeln und so weiter »erkennen«, nehmen sie damit eine »Decodierung« dieser Tafeln vor, doch von einer Objektivität dieser Codes kann sinnvoll nur dann gesprochen werden, wenn man sie auf Rorschachs Statistik bezieht, welche die typischen Antwortverteilungen wiedergibt.

Dessen eingedenk soll die folgende Grobeinteilung der literarischen Codes ausschließlich der Veranschaulichung dienen:

1 *Sprachliche Sprachcodes:* Sie erstrecken sich auf einer Skala vom Extrem der »Unempfindlichkeit« für eine sprachliche Veränderung des Codes, anders gesagt: vom Pol der artikulatorischen Invarianz bis hin zum Extrem der völligen Abhängigkeit von einer solchen Veränderung.

2 *Gegenständliche Sprachcodes:* Sie reichen von solchen Codes, die, ohne ein Zeichen zu erhalten, etwas repräsentieren, über »Zeichen höherer Ordnungen« bis hin zu »symbolischen Bezugscodes«.

Je geringer die artikulatorische Invarianz eines Codes, um so eindeutiger gehört er zur ersten Gruppe. Die Unterschiede zwischen den beiden Gruppen sind also fließend. Bevor wir diese etwas verwickelte Geschichte an Beispielen erläutern, sei darauf hingewiesen, daß die Zeichenhaftigkeit gegenständlicher Codes in einem den geschilderten Gegenständen durch den Text zugeschriebenen Informationsüberschuß besteht, den es in der Realität gar nicht gibt (in ihr sind die Gegenstände und Personen einfach da, und das ist als Daseinsbegründung »hinreichend«; kommen sie dagegen in einem Werk vor, so kann das »zeichenhaft«, »bedeutend« sein). Man kann einen beliebigen Text dem Versuch einer »Übersetzung« in korrekte Umgangssprache mit einem möglichst neutralen Code unterziehen. Dazu entnehmen wir dem ersten Band der »Sintflut« das folgende Fragment eines Gesprächs zwischen Kmicic und Oleńka: »Ich war noch nicht in Lubicz, sondern eilte mit Vogelgeschwindigkeit her, um vor dem Fräulein Jagdmeistertochter meine tiefe Verbeugung zu machen. Ein, gebe Gott, glücklicher Wind hat mich schnurstracks aus dem Lager hergeweht« (Übers. von G. Horowitz). Wir übersetzen das folgendermaßen: »Ich war noch nicht in Lubicz, denn ich wollte Sie ganz schnell begrüßen. Ich bin direkt aus dem Lager hergerast . . .« usw. Das klingt recht komisch. Außerdem zeigt es aber, daß die »Trilogie« ohne ihre »sprachliche Einkleidung« nicht als Kunstwerk bestehen kann. Eine entsprechende »Übersetzung in die Umgangssprache« von Texten Tolstois, Balzacs oder Dostojewskis bringt dagegen praktisch keinerlei Resultate. Texte wie etwa die Prosa von Bruno Schulz sind überhaupt nicht in die »Umgangssprache« zu übersetzen; in der »Übersetzung« würden sie ganz einfach zerfallen.

Wie man daran ersieht, ist der Grad der Verwurzelung der außersprachlichen Realität eines Werkes in seiner Sprache eine sehr schwankende Größe. Als Anhaltspunkt möchten wir vorschlagen: Wenn eine Übersetzung sich in dem Sinne als möglich herausstellt, daß das meiste von dem, was geschildert wird, nach der »artikulatorischen Transformation« in »landläufige Codes« gegenständlich im wesentlichen unverändert bleibt, muß man die spezifisch »literarischen Codes« in der gegenständlichen Welt des Werkes suchen. Wenn dabei das Gegenständliche zwar erhalten bleibt, aber flach, stereotyp, banal und arm an Informationen wird, stecken die Codes des Werkes eher in der sprachlichen Schicht (vorausgesetzt, das Werk besitzt überhaupt »wertvolle« eigene Codes). Die Welt der »Trilogie«, der sprachlichen Ornamentik entkleidet, wird platt und banal; die Welt eines Romans von Schulz hingegen wird, wenn man sie »übersetzt«, verschwinden, und wenn das geschieht, dürfen wir einen Text als einen »poetischen« betrachten.

Anhand dieser Unterscheidung, die zwangsläufig sehr primitiv ist, können wir jedoch zeigen, wo die Codes, die ein Autor verwendet, in der Regel zu suchen sind. Sie können ja, als eine Art der Informationsumwandlung, entweder in der stilistischen und syntaktisch-lexikalischen Schicht des Werkes oder in der durch sie gekennzeichneten Welt liegen. Was heißt das eigentlich: in die dargestellte »Welt« einen Code hineinzutragen? Einen Sachverhalt kann man durch unendlich viele endliche Artikulationen ausdrücken. Dieser Sachverhalt ist eine Quelle von nichtsprachlicher Information, und das heißt: er legt von vornherein deren Menge fest, die zwar sprachlich verschieden codiert, aber (nach dem Codierungstheorem) nicht mehr überschritten werden kann. Nehmen wir an, der Sachverhalt bestehe darin, daß ein Mensch, der den Titel eines Barons trägt, schläft. Wir nehmen an, daß dies alles ist, was wir über die reale Situation wissen. Man kann diesen Zustand bündig ausdrücken: »Der Baron schlief.« Man kann auch sagen: »Der Inhaber des Wappens mit den fünf Knüppeln ruhte in Morpheus' Armen« oder: »Der Aristokrat niederen Ranges war ganz den Träumen preisgegeben« oder: »Und der Baron schlief, er schlief so sehr, wie es nur ging« oder: »Der Baron schlief, wenngleich baronlos, einen baronisierten Schlaf«, »Vom Schlaf überwältigt, verharrte seine Durchlaucht, der Baron, in seiner Bewußtlosigkeit«, »Der Baron machte sich über den Schlaf her, erwischte ihn, heftete sich ihn an das selbstschlafende Geschläf« und so endlos weiter. Man beachte bitte, daß die Menge der außersprachlichen Information, den gewissen Sachverhalt betreffend, stets dieselbe ist und die stilistischen Mittel lediglich ein verändertes Verhältnis gegenüber diesem Sachverhalt bewirken; ob unter den angegebenen Ausdrucksmöglichkeiten »bessere« und »schlechtere« sind und welche das gegebenenfalls sind, interessiert uns hier nicht, denn das hängt vor allem von dem jeweiligen Kontext und von der Gesamthaltung des Werkes ab. Die als Beispiele genannten Sätze sind einander semantisch nicht äquivalent, denn wenn ein Wort in einem Satz geändert wird, ändern sich auch die Bedeutungen; das gemeinsame Merkmal dieser Sätze ist die unterschiedliche Transformation (Codierung) einer Information, die einen »Sachverhalt« abbildet, der, »an sich« unverändert, zum Objekt einer sprachlichen Betrachtung aus verschiedenen Perspektiven wird (die durch stilistisch-lexikalische Determinanten gegeben sind).

Man kann die Ansicht vertreten, daß der »Sachverhalt« im Zentrum des »semantischen Raumes« seiner artikulatorischen Abbildungen steckt und daß die Artikulationen Bahnen sind, die diesen gegenständlichen Mittelpunkt konzentrisch umkreisen; je »weiter« sie von ihm entfernt sind, um so umfangreicher – freilich immer noch auf einer rein sprachlichen Ebene – sind diese Äußerungen, bis hin zu solchen: »Und der Baron schlief.

Wenn wir das sagen, meinen wir, daß er nichts anderes tat, als daß er eben nur jener Tätigkeit – die eigentlich eine Untätigkeit ist, da sie keinerlei Aktivität erfordert – voll und ganz hingegeben war, derart feierlich, als wäre er nicht nur kein Baron, sondern als gäbe es ihn nicht einmal auf nichtbaronhafte Weise.« Man kann also, indem man sich innerhalb des Konfigurationsraums der möglichen Artikulationen von dessen zentralem »Sachverhalt« entfernt, den Eindruck hervorrufen, man habe eine Gott weiß wie detaillierte gegenständliche Information vermittelt, während man in Wirklichkeit nichts gesagt hat, außer daß ein gewisser Baron schlief. Der Rest ist, in sachlicher Hinsicht, Illusion. Manche meinen, die Literatur bestehe nur aus solchen Illusionen; diese Auffassung teilen wir nicht.

Wie bringt man einen Code in die dargestellte Welt? Das bloße Darstellen von Objekten ist noch kein zeichenhafter Code. Die Verkehrszeichen sind ähnlich wie die Satzzeichen ganz einfach Zeichen, Gebilde, die repräsentativ, aber *spezifisch* bestimmten operativen Bedeutungen zugeordnet sind. Ein Zeichen darf nicht interpretierbar sein: Grünes Licht an der Ampel bedeutet »freie Fahrt« und sonst nichts. Darum ist es ein Zeichen. Zu einem Symbol wird ein Zeichen in dem Maße, wie die Zahl seiner virtuellen Bezüge wächst. Das Grüne »überhaupt« kann Frühling, Mai, Bauernbewegung, Jugend (»Grünschnabel«), Hoffnung usw. bedeuten, es ist also ein Symbol oder kann zumindest eines sein. Man kann jedoch auch aus einem Zeichen ein Symbol machen, denn jedes Codesystem läßt sich, selbst wenn es eine so geringe Zahl von Zuständen hat wie eine Verkehrsampel, in Systeme einordnen, die eine größere Mannigfaltigkeit von Bezügen aufweisen. »Grünes Licht geben«, im engeren Sinne das Zeichen für freie Fahrt, wird dann – durch entsprechend hergestellte Bezüge – gleichzeitig zum Symbol dafür, daß vor jemandem »ein Lebensweg offenliegt«; solche Zusammenhänge ergeben sich aus der objektiven Ereignisverteilung, die in der Organisation des Codes gespeichert ist.

In unserem Beispiel beginnt die Ampel, ein zeichenhaftes Objekt, dadurch, daß sie in ein kategorial höherrangiges System (von Symbolen, nicht von Signalen) eingeordnet wird, symbolische Funktionen zu erfüllen. In die gegenständliche Realität einen Code einzuführen bedeutet demnach, nichtsprachliche Codes höherer Ordnung zu erzeugen. Wenn wir ganz einfach eine Ampel beschreiben, geben wir mit Hilfe eines Sprachcodes eine Beschreibung eines signalisierenden Objekts. Wenn wir eine Gruppe von drei Menschen darstellen, können wir mit Hilfe ihrer gegenseitigen Beziehungen die Vorstellung eines »Dreiecks« oder eines »Dreiergespanns« entstehen lassen, so daß aus einer gegenständlichen Situation eine symbolische wird. Man kann einen Sachverhalt entweder artikulieren oder nur durch Gesten darstellen, wie es der Mime tut; wenn wir also eine Pantomime beschreiben, ohne zu erwähnen, welche Information der Schauspieler durch sein stummes Spiel übermittelt, und uns damit begnügen, zu schildern, was er tut, benutzen wir gleichfalls einen gegenständlichen Code, denn obwohl wir uns der Sprache bedienen, unterrichten wir den Leser über die Bedeutungen gleichsam »durch Gebärden«, stumm. Diese Methode ist übrigens eines der verbreitetsten und typischsten Codierungsverfahren in der Literatur; in der Regel handelt es sich um eine Beschreibung, die so tut, als verstünde sie nicht, was geschieht, und sich statt dessen als das Protokoll eines Naturforschers ausgibt, der die Vorgänge, nicht aber ihre eigene Auslegung vermitteln möchte. Begnügt man sich nämlich mit den Codes, die durch die kulturellen Stereotypen geliefert werden, so kommt etwas Banales heraus: Wir erfahren etwas, was wir schon gut kennen. Hält man sich von solchen Stereotypen fern, so entsteht der Eindruck, als spräche nicht »der Text selbst«, sondern die durch ihn dargestellten Objekte. Die Wörter und Sätze sind dann keine autonomen Informationsträger mehr, sondern sie übertragen diese Funktion auf die dargestellte Realität. Wenn diese Realität sich einmal im Geiste des Rezipienten verfestigt hat, wird die spezifische, einmalige Artikulation des Werkes, dem sie entspringt, kaum durch andere Artikulationen zu verdrängen sein, die sich den gleichen Gegenständen sprachlich in anderer Weise nähern. Es handelt sich hier um elementare Dinge. Da uns nichts daran hindert, die Beziehungen zwischen den Codes beliebig zu komplizieren, zieht allein der Einfallsreichtum des Autors und die Erfindungsgabe des Lesers eine Grenze. Man weiß von überaus merkwürdigen Erfindungen, bei denen beispielsweise die Zeichen mit ihren Designaten identifiziert werden, die Kategorien also bewußt durcheinandergebracht werden, so daß ein eigenartiges »Pandämonium der Codes« entsteht; die Kultur ist ein riesiger Sammelplatz von Codes – nicht nur sprachlichen –, und ein Schriftsteller wie etwa Borges findet hier ein unendliches Feld kombinatorischer Freiheit.

Ein altes Kompositionsprinzip untersagte es, Elemente in das Werk einzuführen, die nicht eine überschießende Signalisationsfunktion besitzen. Anders als in der realen Welt, in der es zahlreiche Vorgänge gibt, die »keinen Sinn haben«, hatte in der Welt des Romans jedes bedeutendere Objekt und jedes Merkmal einer Person instrumental oder informational dieser Welt zu dienen. Diese Auslese der gegenständlichen Codes im Hinblick auf ihre »Brauchbarkeit«, ihre Dienlichkeit gegenüber dem Werk überfrachtete das Werk jedoch mit einer übermäßigen Ordnung, die das Dargestellte antirealistisch erstarren ließ. So ist denn auch bei den gegenständlichen Codes eine gewisse »Flucht nach oben« zu beobachten, sie werden immer unbestimmter, hinsichtlich ihrer Konnotation derart offen, daß man ihnen ganze Scharen von Phänomenen als Designate zuordnen könnte. Eine davon nicht eindeutig zu trennende Spielart sind Codes, die statt »Zeichen höherer Ordnung« (solche »Zeichen« sind im katholischen Roman Gott, die Vorsehung, die Transzendenz, alle durch den gesamten Bezugsrahmen »nach oben« weisend) »Zeichen niederer Ordnung« produzieren. Es handelt sich dabei um »entverallgemeinerte« Begriffe, die gleichsam wieder auf das zurückgeführt werden, woraus sie im Zuge der Sprachentstehung geschichtlich hervorgegangen sind, die reduziert werden auf Bilder, die gegenständlich konkret, aber in ihrer Bedeutung unklar sind, auf »Verdichtungen« und »Verschiebungen« im Sinne der Psychoanalyse und der Paläoanthropologie, um Abstraktionen, die nicht benannt, sondern durch Bezüge »demonstriert« werden, die ganz und gar gegenständlicher und nur teilweise symbolischer Natur sind; in der Welt eines solchen Werkes kommt ein Repertoire von »vorsprachlichen Urcodes« eines ursprünglichen Menschen zum Vorschein. Das ist insofern ein sonderbares Vorgehen, als die Sprache, die inzwischen so weit entwickelt ist, daß man etwas präzise in ihr ausdrücken kann, dazu benutzt wird, durch eine umständliche Konkretisierung der Signale etwas möglichst unklar, mit verschwommenen und vagen Bedeutungen, auszudrücken. Solche Strategien können auch durch die sprachliche Seite des Werkes (z. B. durch lexikalisch-syntaktische Archaismen) verstärkt werden, wobei allerdings häufig – wie in dem Roman »Drzewiej« von Władysław Orkan – banalen thematischen Stereotypen eine bizarr altertümelnde Sprache übergestülpt wird. Der Versuch einer »Übersetzung in die Umgangssprache« zeigt denn auch, daß wir es mit einem nur oberflächlich »kosmetischen« Eingriff zu tun haben. Im übrigen kommt es nicht selten vor, daß ein Autor, der außerstande ist, einen bestimmten gegenständlichen Code durchzuhalten, einen Teil der »Signalisation« der Sprache selbst überträgt – eine Erscheinung, die in den Bereich der Pathologie der Prosa gehört. Eine Zeitlang schien es, als sei es nicht möglich, sprachlich zu einem solchen Grad der »Desikonisierung«, der »Afiguralität« zu gelangen, wie ihn die abstrakte Malerei erreicht hat. Das ist natürlich ganz und gar nicht der Fall. Eine der ältesten Techniken, die man dazu einsetzt, ist die »Mimikry unter der Maske der Schizophrenie«, die wir vorgeführt haben. Es sind jedoch sehr viele weitere Taktiken möglich: Eine Erzählung, in der rein visuellen Rezeption notwendig linear, muß, was die »dargestellte Welt«

betrifft, durchaus nicht linear sein (wie sie es beispielsweise ist, wenn sie Monologe oder Gespräche darstellt). Der Autor eines traditionellen Romans hat sprachlich Verhaltensweisen wiederholt, die typisch für die Orientierungsreaktionen eines Menschen sind, der, in eine neue Umgebung versetzt, diese zunächst ganzheitlich erfaßt, um sodann die dominierenden Situationsfaktoren ausfindig zu machen. So werden wir, wenn auf den Satz: »Die Gräfin saß auf dem Sofa« als nächster folgt: »Die Nacht war dunkel und sturmdurchtost«, von diesem Seitensprung durchaus nicht von der korrekten Rezeption abgebracht, denn wir nehmen als sicher an, daß der Text sich nach dieser »orientierenden Situationserweiterung« alsbald wieder der Gräfin zuwendet. Man kann solche »Seitensprünge« jedoch erweitern, verlängern, und zwar nicht nur durch Beschreibungen; man kann auch anders vorgehen und die Unbestimmtheit, die Wechselhaftigkeit zum ständigen Prinzip machen; es ist ferner möglich, »Sachverhalte« niemals sprachlich zu »berühren«, sondern sie ausschließlich »aus der Ferne«, »aus schweigender Distanz«, »als Mutmaßung« wiederzugeben; man kann – wie Robbe-Grillet – durch ein »Loch«, das in der gegenständlichen Welt klafft, das Vorhandensein einer mit Absicht nicht genannten Person signalisieren. Die Rezeption solcher Texte vermittelt ein Gefühl ständiger Unbefriedigung (wer? was? wie? woher? warum? usw.), eine – wenn man so sagen darf – »semantische Erbitterung«, die daher rührt, daß uns die Schriftsteller, die immer strenger werden, nicht mehr verwöhnen. Eine eigentümliche Spielart von »Code« stellt die Stilrichtung dar, die den »Roman aus einem Satz« anbietet – allerdings nur zum Schein, denn es gibt kein Werk, das tatsächlich, das heißt grammatikalisch, aus einem einzigen Satz bestünde. Sätze, die sich über einen bestimmten Umfang hinaus verzweigen, kann, wie Untersuchungen gezeigt haben, kein Mensch mehr aufnehmen.

Solche Strategien machen es immer schwieriger, sprachliche und gegenständliche Codes auseinanderzuhalten; »moderne« Texte wecken die Aufmerksamkeit und irritieren zugleich dadurch, daß sie die Erwartungen des Rezipienten zunichte machen; dabei darf die Originalität, wie in allen Fällen, nur in gewissen, für den Rezipienten nicht allzu großen Dosen verabreicht werden, wenn sie ein Erstaunen auslösen soll, das leicht in Bewunderung übergehen kann; eine Überdosis führt beim Leser zu der Ansicht, er habe einen Text vor sich, der ganz einfach unlesbar ist.

Mögen dem Dichter früher Reimlexika von Nutzen gewesen sein, so könnte der moderne Dichter eher eine Zusammenstellung der Häufigkeit der Aufeinanderfolge verschiedener Wörter brauchen. Da auf das Wort »Hormon« überaus selten das Wort »Brille« folgt, entsteht durch die umstandslose, weil attributive Aneinanderreihung beider (»Brille der Hormone«) auf der Stelle der Ansatz eines poetischen Bildes im Sinne der neueren Poetik. Freilich darf die Häufigkeit – oder richtiger: Antihäufigkeitsselektion sich nicht ausschließlich auf das Kriterium der ungewöhnlichen Seltenheit solcher geordneten Paare stützen, als welche die bereits sprichwörtlich »übereinander verwunderten« Wörter anzusehen sind; die Abfolge der Sätze muß vielmehr von jenem höheren, nicht so sehr lokalen Plan bestimmt sein, der in der Strategie des Gedichts besteht, wohingegen dieser »frequentative« lediglich ein taktischer Plan ist.

Da wir uns hier nur mit sehr allgemeinen Grundlagen, ja eigentlich mit einer Einführung in eine »ankybernetisierte« Literaturwissenschaft befassen, wollen wir uns mit den eigentlich bescheidenen Anmerkungen, wie sie oben gemacht wurden, begnügen und keineswegs behaupten, der von uns herangezogene Begriffsapparat reiche für eine subtilere Analyse der Probleme der Kreation, namentlich der poetischen, aus. Ich erinnere daran, daß wir von der Feststellung ausgegangen sind, jede sprachliche Äußerung sei ein lückenhaftes Steuerungsprogramm, und wir können jetzt hinzufügen, daß die Schriftsteller diese Tatsache, auch wenn sie sich ihrer informationstheoretischen Eigentümlichkeit im allgemeinen nicht bewußt sind, dennoch in unterschiedlicher, nicht selten einander widersprechender Weise ausnützen. Zwar kann man die besagten Lücken nicht beseitigen – und das ist für eine Verständigung auch nicht erforderlich –, doch kann man sie für verschiedene Zwecke nutzen. Was wir als Lücken bezeichnen, ist keineswegs mit den »Schemata« der phänomenologischen Werkauffassung identisch, denn dann müßte ein Text bei einer wachsenden Zahl von Lücken, falls diese nur seine »Schematisiertheit« belegen würden, »noch schematischer« werden, nur ein Entwurf gewissermaßen. Dabei kann es genau umgekehrt sein. Eines der Merkmale sogenannter »schwieriger«, avantgardistischer literarischer Texte ist ja, daß sie absichtlich viele Lücken der Unbestimmtheit aufweisen, so daß der Eindruck der Uneindeutigkeit, der Ungewißheit der Einordnung, manchmal sogar mehrerer nebeneinander bestehender Einordnungsmöglichkeiten entsteht, die zusammen einen auch gefühlsmäßigen Gesamteindruck hervorrufen, der, informationstheoretisch nicht quantitativ festmachbar, gerade die kumulative Wirkung des Werkes ausmachen soll. Schließlich kann dem Schriftsteller ja gerade daran gelegen sein, daß der Leser nicht zu bestimmen vermag, welche Einordnungen der Text implizit nahelegt. Sowohl die Konnotation als auch die Denotation von Sätzen, Perioden, Abschnitten, ja von ganzen Werken kann also unscharf sein. Der unerfahrene Leser verliert dann leicht den Mut und vergleicht einen solchen Text mit einem dunklen Labyrinth. Loyalerweise muß man sagen, daß die Autoren ihren Lesern das Leben nicht leichtmachen, wenn sie – oft durch sehr einfache Kunstgriffe – dafür sorgen, daß die Einordnungen, welche die designativen Bedeutungen voneinander trennen, nahezu undurchführbar sind. So kann es einem etwa bei der Lektüre eines Werkes von Faulkner gehen. Gestalten, die sich nacheinander in der ersten Person äußern, unterscheiden sich allein durch die »Tönung« ihres »psychischen Innenlebens«, das vermutlich in ihren Äußerungen impliziert ist, und sie tragen auch noch ähnliche Namen, so daß ein Leser, der die Elemente der Äußerungen dieser sich nacheinander äußernden Helden nicht richtig zu integrieren vermag, an dem Buch gewöhnlich irre wird.

Dies deutet darauf hin, daß die Rezeption in einer Abfolge von Einordnungen besteht, die als Programme nicht sich selber dienen, denn aus ihrem Vollzug sollen ja Einheiten höherer Ordnung entstehen. Das Werk, noch immer als ein »Steuerungsprogramm« betrachtet, stellt also nicht so sehr ein einziges, lückenhaftes Programm dar, sondern vielmehr eine heterogene Menge von Programmen, und die darin teils explizit, häufiger aber implizit enthaltenen Direktiven reichen von der Ebene des Satzes als einer syntaktischen und semantischen Einheit bis hin zur höchsten Ebene des Ganzen, das sich in der gleichen Weise aus den Sätzen zusammensetzen soll wie ein Haus aus den Ziegelsteinen. Allerdings wird hier dank einer eigentümlichen Methode der Plan (das »Programm«) des ganzen Hauses nicht durch einen eigenen Informationskanal übermittelt, sondern er wird uns nach und nach in Bruchstücken geliefert – eben in die einzelnen Sätze, Perioden und Abschnitte des Buches zerstäubt.

Das Steuerungsprogramm, das nicht irgendwelche, sondern mit entsprechender Überlegung verteilte Lükken aufweist, kann man als eine Serie von Zügen eines der Partner eines bestimmten Spiels auffassen. Die Einordnungen, die der Leser während der Lektüre vornimmt, müssen dann als eine Art von »Antworten« gelten, als Gegenzüge, die selbstverständlich nichtantagonistischer Art sind, denn man darf annehmen, daß der Leser mit dem Autor eine keineswegs bildlich zu verstehende kooperierende Koalition bildet, die – mit dem Werk als »Kooperationsvereinbarung« – eine Partie gegen einen Dritten spielt, zum Beispiel gegen die Welt oder gegen die Gesellschaft. Das liegt bei Werken, deren Autor sich gewissermaßen über den Kopf der Zensur hinweg mit dem Rezipienten verständigt, auf der Hand, kann auch unter anderen, zensurlosen Bedingungen der Fall sein. Man kann einen Text gewiß entgegen der Intention des Autors lesen, wenn auch nicht immer gegen den Text selbst. Kaum einer seiner Enthusiasten wird Dostojewski heute so lesen, wie er sich das sicherlich gewünscht haben mag, wovon man sich unschwer überzeugen kann, wenn man einmal nachliest, was er als Publizist und Philosoph zu sagen hatte; wäre nicht die Zensur gewesen (die sich dieses eine Mal wahrlich um die Größe eines Schriftstellers verdient gemacht hat!), dann hätten die »Aufzeichnungen aus einem Kellerloch« eine Fortsetzung gefunden, die, nach der Korrespondenz des Schriftstellers zu urteilen, intellektuell nichts getaugt und völlig im Widerspruch zu dem gestanden hätte, was aus der Lektüre des veröffentlichten Teils zu entnehmen ist. Man sagt in solchen Fällen, in dem Autor habe der Schriftsteller über den Ideologen gesiegt; wir sind noch nicht so weit, um mit unseren kybernetischen Verfahren zu entscheiden, wie es zu einem solchen Sieg kommen kann. Also zur Sache! Wenn es so ist, daß nur ein einziges Steuerungsprogramm »existiert«, das man als eine mutmaßliche Entscheidungssequenz wie immer auch mühselig aus dem Text ableiten kann, dann mag es vielleicht auch nicht einfach sein, ein Werk in der Weise zu rezipieren, die der Schriftsteller für die »richtige« hält, doch wird jeder Versuch, es auf eine andere Weise einzuordnen, so oder so scheitern, und dem Versuch, es in einer Weise zu integrieren, die von der »wahren Gestalt« abweicht, wird es sich widersetzen. Der Rezipient hat also keine Wahl: entweder bewältigt er die Aufgabe richtig, oder es gelingt ihm überhaupt nicht. Allerdings ist eine solche Situation eher ein idealer Grenzzustand als die Realität. Sie gilt praktisch nicht für Prosawerke, es sei denn, sie seien speziell im Hinblick auf einen gewissen »Explosionseffekt« geschrieben, wie er eintritt, wenn subkritische Fragmente von metallischem Uran sich zu einer überkritischen Masse verbinden. Derartige Gebilde sind z. B. die Witze: Wer die Pointe nicht »erfaßt«, hat von ihnen – im Sinne eines Informationsgewinns – nichts; dazu gehören auch Gedichte jener seltenen Art, die, gänzlich ohne »schöne Stellen«, nur auf die Erzeugung eines bestimmten Gesamteffekts abzielen.

In der Regel ist es jedoch so, daß bei der Anwendung unterschiedlicher Rezeptionstaktiken und -strategien zwar keine identischen Resultate entstehen, aber doch eine Menge untereinander ähnlicher Lesarten herauskommt. An der Gestaltung dieser Menge von unterschiedlichen Spielarten der »Konkretisierung« sind gesellschaftliche Prozesse der Werkrezeption beteiligt, doch soll von diesem Gesamtaspekt jener Phänomene, die konkreten Texten bestimmte, von der Allgemeinheit in ihnen wahrgenommene »Strukturen« und eine bestimmte »Semantik« »überstülpen«, an anderer Stelle die Rede sein.

Modelle in Wissenschaft und Literatur

Was die gewissermaßen zu erratenden Absichten des Autors betrifft, so wird sich uns, wenn wir eine entsprechende Strategie und Taktik aufeinander folgender Einordnungen befolgen, eine Botschaft enthüllen, die man als eine Art von Modell auffassen kann.

Ein Modell zu bilden heißt, irgendeine Ähnlichkeit festzustellen oder zu entdecken. Durch das Entdecken oder Feststellen einer Ähnlichkeit verringern wir die Mannigfaltigkeit der Welt, wir vereinfachen sie also, und zugleich erfahren wir etwas über sie (zumindest meinen wir das). Etwas über die Welt zu erfahren heißt ja, eine Art von Ordnung in ihr zu entdecken (oder herzustellen).

Wo jedes Ding sich von jedem anderen Ding unterscheidet, besteht keine Ordnung. Wo alle Dinge einander gleichen, herrscht »die höchste Ordnung« – der Kosmos wird zur Tautologie, zur endlosen Wiederholung des Immergleichen. Angeblich ist er – auf der Ebene der Elementarteilchen – eine solche Tautologie, doch darf man das bezweifeln.

Wenn die Bildung eines Modells bedeutet, etwas über die Welt zu erfahren, dann heißt ein Werk als Modell aufzufassen, sich vor allem mit seinen kognitiven Aspekten zu befassen.

Die Aufgabe der Wissenschaft ist es, auf der Grundlage bekannter früherer Zustände künftige Zustände der Welt vorherzusehen. Das ermöglichen Theorien, sprachliche Modelle der Zusammenhänge, die in der realen Welt bestehen. Diese Zusammenhänge sind Invarianten von großen Klassen von Phänomenen. Einsteins Gleichung für die Äquivalenz von Energie und Masse, multipliziert mit dem Quadrat der Lichtgeschwindigkeit, ist beispielsweise eine Invariante jener Klasse von Phänomenen, die »dem Inhalt des gesamten Kosmos« gleicht. Die Modelle der Wissenschaft sind empirisch überprüfbar. Für jedes derartige Modell müssen vorher die wesentlichen Variablen des Phänomens oder der Phänomene gewählt werden, die durch das Modell abgebildet werden sollen. Ferner beantwortet jedes Modell eindeutig die Frage, *was* es abbildet, *wie* es abbildet und *in welchem Umfang* es abbildet. Auch für die Modelle der Literatur müssen die »wesentlichen Variablen« gewählt werden, und das sind die zu berücksichtigenden Elemente des Werkes. Das Ziel der Bildung solcher Modelle ist nicht die Prognose, sondern die *Reduktion* der Realität auf eine bestimmte Gestalt, die in einer Reihe von »Ereignissen« besteht, die noch eine gewisse Beziehung zu den »Originalen« haben. Mit der »gewissen Beziehung« ist lediglich gemeint, daß das Schreiben literarischer Werke zweifellos nicht eine Art von *creatio ex nihilo* ist. Aus ihr würden sich nicht »Modelle« ergeben, sondern autonome Systeme, »souveräne Welten«, die gleichsam als Propositionen »neben« die reale Welt gestellt würden. Von Modellbildung kann dann keine Rede sein, wenn lediglich eine Ähnlichkeit abgebildet wird, die ohne jede Schwierigkeit mit jenem Minimum an Alltagswissen entdeckt werden kann, das jeder Mensch besitzt. Art und Umfang der Ähnlichkeit kann unterschiedlich sein; Augenscheinlichkeit ist hier kein besonders ausgezeichnetes Kriterium, und für sie spricht lediglich, daß sie sehr leicht konstatiert werden kann. Ähnlichkeit bezieht sich immer auf »etwas«: Die Zahl der heute erscheinenden wissenschaftlichen Publikationen ähnelt insofern dem Klon sich ungehindert vermehrender Fliegen, als beide Prozesse eine exponentielle Dynamik besitzen. Insofern kann man, wenn man das Tempo des quantitativen Wachstums der Fliegen kennt, es als Modell des quantitativen Wachstums jener Publikationen betrachten. Eine andere dynamische Ähnlichkeit besteht zwischen einer Seifenblase und einer Stahlrute, denn die Verbiegung der Rute wird durch die gleiche Formel beschrieben wie die Ausdehnung der Seifenblase. Ein Modell kann dem Abgebildeten ähnlich, aber empirisch falsch sein; wir sehen heute in dem System des Ptolemäus eine falsche Abbildung der Bewegungen der Himmelskörper. In allen derartigen Fällen wissen wir jedoch sehr wohl, *was wodurch* abgebildet ist. Die Modelle der Literatur dagegen lassen nicht erkennen, *was* eigentlich durch sie abgebildet wird (»was das Original ist«), *in welchem Umfang sie gültig sind* (wie groß das »Ähnlichkeitsintervall« ist) und ob sie im empirischen Sinne wahr sind.

Mit der Feststellung dessen, *was* das Modell abbildet, treffen wir zugleich eine Zuordnung des Modells zu einem bestimmten »Original«. Mit der Festlegung des Gültigkeitsbereichs machen wir klar, welche Merkmale des Modells Eigenschaften sind, die nichts abbilden. So kann etwa ein Apfel ein Modell der Erdkugel sein, aber der Stiel des Apfels ist ganz offenbar sein »eigenes Merkmal«, dem bei der Erdkugel nichts entspricht. Wenn wir der diesseitigen Wirklichkeit einen »transzendentalen Anbau« hinzufügen, schaffen wir ein Modell, das als Abbild dessen, was »existiert«, eben ein solches zweigliedriges System unterstellt, wenngleich dies kein empirisches Modell ist.

Auch die im Gehirn eines Menschen ablaufenden Prozesse bilden ein Modell der Umwelt, die dieser Mensch wahrnimmt. Wir werden jedoch durch eine Untersuchung des Gehirns auf keinen Fall feststellen können, *was* es eigentlich modellhaft abbildet, ja noch nicht einmal, *daß* es das tut. Die sich dort abspielenden materiellen Prozesse enthalten nämlich nichts, was unmittelbar auf die Umgebung hinweisen würde. Erst wenn das Gehirn und die Welt untersucht und die Ergebnisse beider Untersuchungen miteinander verglichen werden, erschließt sich uns die Ähnlichkeit zwischen den zerebralen Prozessen und den realen Phänomenen, eine Ähnlichkeit, die übrigens unanschaulich ist (denn das Meer rauscht nicht im Kopf, wenn wir es hören, und auch wenn wir die Kaninchen hüpfen sehen, so tun sie das nicht im Kopf).

Ein Modell ohne einen Pfeil, der es einem »Original« zuordnet, ist genaugenommen kein Modell, sondern kann höchstens eins werden, und auch der Apfel, der am Zweig hängt, ist kein Modell der Erde, solange nicht jemand auf die Ähnlichkeit beider hinweist.

Unter Realismus in der Literatur verstehen wir, daß ein Modell gebildet wird, welches eine erhebliche Zahl wesentlicher Variablen der menschlichen Welt berücksichtigt, und daß diese so dargestellt werden, daß der übliche Wissensstand grundsätzlich ausreicht, um »Ähnlichkeiten« zu entdecken. Schließlich erfordert die Lektüre der »Menschlichen Komödie«, der »Buddenbrooks« oder von »Krieg und Frieden« keine speziellen Vorstudien auf den Gebieten der Kulturanthropologie, der Soziologie, der Psychologie und der Geschichtsphilosophie.

Der »übliche Wissensstand«, über den der Leser verfügt, ist jedoch durchaus nicht überall und zu allen Zeiten der gleiche. Dieses Wissen stellt im übrigen keine unauflösliche Einheit dar. Zwar weiß jeder Mensch dies oder das über Phänomene aus dem sexuellen Bereich, und sicherlich ist das immer so gewesen, doch war die modellhafte Abbildung von Phänomenen dieses Bereichs durch kulturelle Verbote beschränkt, und praktisch jeder war sich dessen bewußt. Ein literarisches »Modell« kann also nicht einfach auf das gesamte Wissen eines Lesers »eingehen«, sondern es wird in der Regel spezifische kulturelle Normen berücksichtigen, die uns die öffentliche Feststellung bestimmter Sachverhalte erlauben, während sie uns veranlassen, andere Sachverhalte, von denen wir privat möglicherweise Kenntnis haben, zu verschweigen. Die Wissenschaft hat sich langsam und mühselig von solchen Normen unabhängig gemacht, doch bis heute hat sie noch nicht in allen Bereichen (zum Beispiel der Soziologie) diese Unabhängigkeit erreicht.

Aus all dem ergibt sich, daß man ein literarisches Werk nicht einfach als ein »Modell« betrachten und als eine »abbildende Struktur« untersuchen kann. Während der Rezeption und auch danach muß man »Zuordnungsversuche« machen; im allgemeinen geschieht das übrigens »von selbst«, denn schließlich ordnet niemand derartiges ausdrücklich an.

Nehmen wir an, ein Mensch gerate mit einer Gruppe Schiffbrüchiger auf eine unbewohnte Insel und bleibe dort einige Jahre; während dieser Zeit verfallen seine Gefährten in unterschiedliche Wahnzustände. Wenn es ihm gelingt, allein in die normale Welt zurückzukehren und ein genaues Protokoll der Ereignisse zu verfassen, kann es geschehen, daß sein Bericht als ein literarisches Werk aufgefaßt wird, und zwar als ein phantastisch-groteskes, da es als realistisches völlig unglaubhaft ist. Das Arealistische, Groteske und Phantastische steckt zwar nicht in dem Werk selbst, sondern entsteht aus dem Unterschied zwischen dem Wissen des Lesers und dem Wissen des Autors, doch wird man kaum sagen können, wir hätten es »tatsächlich« mit einem realistischen Text und nicht mit der Karikatur eines realistischen Textes zu tun. Nehmen wir an, der Autor und seine Gefährten seien gestorben; in diesem Fall kann man sich von der Glaubwürdigkeit dessen, was er geschildert hat, nur dadurch überzeugen, daß man vorsätzlich Gruppen von Menschen auf unbewohnten Inseln aussetzt. Weil man derartige Experimente jedoch nicht macht, zumindest nicht mit dem Ziel, festzustellen, ob irgendein Roman »realistisch« ist oder nicht, bleibt die auf längere Sicht sich herausschälende Meinung der Leser die höchste Instanz, die über das Werk entscheidet.

Sollte gegen unser Beispiel eingewandt werden, es sei nicht allzu wahrscheinlich, daß zumindest aufgeklärte Menschen die Glaubhaftigkeit der protokollierten wahnwitzigen Verhaltensweisen nicht zu beurteilen vermöchten (denn schließlich wird man ja nicht nur auf bewohnten Inseln verrückt), so wollen wir annehmen, daß auf jener Insel eine Frucht wächst, deren Verzehr eine völlig neue, unbekannte Art von Wahnsinn hervorruft, etwa eine vollständige Desozialisierung mit der Konsequenz eines Kampfes aller gegen alle. Wenn wir annehmen, daß niemand etwas über diese Frucht und ihre Eigenschaften weiß, gelangen wir zu der Überzeugung, daß die Leser das Protokoll über das Verhalten der Menschen auf der Insel als eine unbarmherzige Schmähschrift auf die menschliche Natur aufnehmen werden, deren Intention man insofern für realistisch halten mag, als ja eine ganze Reihe von Philosophen den Menschen als ein Ungeheuer ansieht, die aber in dem Sinne als phantastisch gelten mag, daß man die in dem Text beschriebene Häufung von Abscheulichkeiten sicherlich für übertrieben halten wird, für eine Karikatur, also für unrealistisch in den Einzelheiten, wenn auch im Ganzen für modellhaft (»Modellbildung mit einer die Proportionen verzerrenden Vergrößerung«).

Sollten beide Versionen unseres Beispiels als erfunden zurückgewiesen werden, so sei hier ein Beispiel angeführt, das »aus dem Leben gegriffen« ist. Zwischen den Liquidierungsmaßnahmen, durch die Ende 1942 die Bevölkerung des Lemberger Ghettos dezimiert wurde, habe ich dort Bekannte besucht und dabei einmal Ehemänner getroffen, die »neue Ehefrauen« hatten, und einmal Ehefrauen mit »neuen Männern«; diese Paare verhielten sich, als wären sie ineinander verliebt, obwohl die bisherigen Ehepartner buchstäblich erst einige Tage zuvor von den Deutschen getötet worden waren; die Witwen und Witwer taten sich zusammen, und dabei schien die Trauer um die Hingerichteten sich gleichsam in eine verstärkte, von verzweifelter Zärtlichkeit erfüllte Zuwendung zu den neuen Partnern zu verwandeln. Dabei wußte ich, daß die Ermordeten während langer Zeit wirklich geliebt worden waren, und von irgendwelchen Anzeichen von Promiskuität konnte keine Rede sein; die wirkliche Zuneigung, die man ja schließlich erkennt, war sozusagen mit Händen zu greifen. Die Paare, die ich in dieser veränderten Zusammensetzung beobachtete, hatten etwas Makabres und zugleich etwas Groteskes an sich; es war ganz einfach unmöglich, von denen zu sprechen, nach denen zu fragen, die nicht mehr lebten. Ich habe mir das nur mit dem entsetzlichen Druck der Verhältnisse erklären können: Menschen, die sich unter normalen Umständen ganz gewiß nach dem Tod ihres nächsten Angehörigen einer tiefen und langwährenden Trauer hingegeben haben würden, warfen sich angesichts des Todes, mit dem sie tagtäglich rechneten (und der sie dann am Ende des Jahres ereilte), von einem aufs äußerste gesteigerten Bedürfnis nach Zuneigung getrieben, nahezu blindlings anderen, in der gleichen Weise betroffenen Menschen in die Arme, und vielleicht fiel es ihnen auch leichter, den Gedanken an die bevorstehende Vernichtung zu ertragen, wenn sie, statt ganz allein zu stehen, wieder jemanden hatten, der ihnen nahestand. Dieser Anblick war jedoch – ich wiederhole es – unglaublich, wenn man solche Menschen aus normalen Zeiten kannte. Würde man solche Begebenheiten protokollarisch beschreiben, so würden sie uns im Grunde unwahrscheinlich vorkommen, weil sie mit unserer Einschätzung der psychologischen Wahrheit von Verhaltensweisen und Motivationen nicht zu vereinbaren sind. Unsere Einschätzung jedoch ist keine Sache der Offenbarung, sondern ein Ergebnis unserer gesammelten Lebenserfahrung; wer aber solche extremen Bedingungen nicht erlebt hat, dessen Wissen ist, wie man sieht, *in articulo mortis,* in Grenzsituationen einer menschlichen Gruppe falsch, denn es wird durch die Erfahrung falsifiziert. Dort wo man die Methoden der deutschen Besatzung weder erlebt noch aus der Nähe beobachtet hat, könnten Beschreibungen derartiger Ereignisse für eine gespenstische Phantasie gehalten werden, in der die menschliche Natur karikaturhaft entstellt wird, vielleicht, um sie zu verhöhnen oder widerwärtig erscheinen zu lassen. Wenn also niemand weiß, daß das Beschriebene Wirklichkeit gewesen ist, bleibt die Meinung der Leser die letzte Instanz. Die Auffassung, jedes Werk sei »dennoch ein Modell« von »wirklichen Originalen«, und nur die Leser seien nicht immer imstande, herauszufinden, wo diese sind, setzt stillschweigend voraus, daß es so etwas wie einen Berkeleyschen Gott gibt, der, da er alles sieht, alles weiß und die »gesamte Wahrheit des Seins« kennt, jeden Text ohne weiteres seinem »Original« zuzuordnen vermag. Da wir jedoch in der Literaturwissenschaft nicht über einen solchen Gott verfügen, müssen wir uns damit abfinden, daß das Urteil der Allgemeinheit definitiv ist, wenngleich das nicht bedeutet, daß es unumstößlich sein muß. Definitiv ist es für die jeweilige Zeit; so glaubten zum Beispiel die Zeitgenossen eines bestimmten Pharao, für die merkwürdige Veränderung, die sie an ihm beobachteten, sei ein böser Geist verantwortlich, der sich in seinen Körper geschlichen habe. Einige tausend Jahre später untersucht ein Mediziner den Goldabdruck vom Gesicht des verstorbenen Pharao und kommt zu der Ansicht, dieser Mensch habe an einem Gehirntumor gelitten, der unter anderem einen Riesenwuchs der Kiefer hervorrief. So wird die Hypothese vom »bösen Geist« dank der Informationen, über die der Mediziner verfügt, die jedoch die alten Ägypter nicht besaßen, widerlegt. Wenn allerdings in Werken von bestimmten Abläufen statistischer und stochastischer Natur berichtet wird, ist ein solches Vorgehen möglicherweise für immer ausgeschlossen. Die besagten Prozesse haben es nämlich an sich, daß sie die eigenen Spuren, d. h. die Ursachen, aus denen sie entstanden, verwischen, so daß nach längerer Zeit die Frage nach der konkreten *causa efficiens* empirisch nicht mehr beantwortet werden kann. So ist es etwa möglich, daß bestimmte Merkmale der »menschlichen Natur«, die sich in vorgeschichtlicher Zeit kulturell herausgebildet haben, sich dadurch verstärkt haben, daß die soziale

Gruppe durch ein »Katastrophengebiet« hindurch mußte und daß sich unter dem Druck der harten Bedingungen in der Gruppe das Prinzip »homo homini lupus« durchsetzte; es ist aber ebensogut möglich, daß der Mensch dem Menschen zum Wolf wird, auch wenn es nicht solche »Durchgänge durch ein Katastrophengebiet« gegeben hat, etwa aufgrund »angeborener organischer Merkmale« oder aufgrund einer normalen Zufallsfluktuation der Verhaltensweisen innerhalb der Gruppe. Solche Verhaltensweisen, die zunächst »unverbindlich«, »locker«, also eben zufällig waren, können sich durch Gewohnheit zur kulturellen Norm verfestigen.

Es läßt sich also nicht feststellen, ob bestimmte literarische Gattungen sich eher unter dem Druck realer Phänomene oder eher unter dem Druck kultureller Normen herausgebildet haben, wenn man nicht unabhängig von den Werken der entsprechenden geschichtlichen Periode darüber informiert ist, was zu jener Zeit reale Lebenserscheinungen und was Forderungen der sittlichen Norm waren. Was wir jedoch über das »Leben als solches«, das reale, nicht das normativ postulierte Leben wissen, stammt im allgemeinen aus Texten (geschichtlichen Chroniken), die schließlich auch irgendein Mensch von damals und nicht ein Beobachter vom Mars verfaßt hat, der von den kulturellen und örtlichen Bedingungen völlig frei ist. Wenn man also die Darstellungen dessen, »wie es wirklich gewesen ist«, miteinander vergleichen will, hat man auf der einen Seite lediglich wissenschaftliche Hypothesen, deren Glaubwürdigkeit relativ größer ist, und auf der anderen die Texte der Werke aus der betreffenden Zeit, die als Quellen eine erheblich geringere Glaubwürdigkeit besitzen.

Aus all dem folgt, daß wir die Werke im Sinne ganzheitlicher »Modelle« nicht, wie wir es bisher gemacht haben, singulär betrachten dürfen, in der Annahme, schon die spezifische Kenntnis vom Ablauf der Vorgänge der Steuerung, Programmierung, Codierung und Decodierung von Informationen könne uns z. B. etwas darüber sagen, welches die »Originale« von konkreten literarischen »Modellen« waren, wo wir sie zu suchen und wie wir sie mit diesen »Modellen« zu vergleichen haben. Bei manchen historischen Ereignissen wie etwa Napoleons Rußlandfeldzug und manchen Werken wie etwa »Krieg und Frieden« ist das teilweise möglich, doch dürfen wir eine Regel, die unter für uns besonders günstigen Umständen anwendbar ist, nicht zu einer allgemeingültigen Direktive erheben.

Da die Entscheidung darüber, worin das »Original« eines Werkes besteht, nicht empirisch überprüfbar ist, können wir lediglich unser eigenes Bild der Welt mit dem Bild vergleichen, das uns der Text bietet. Aber woher sollten wir wissen, ob wir das »wirkliche Original« entdeckt haben, das nur von dem Autor irgendwie »mangelhaft« abgebildet wurde – oder ob nicht vielmehr unser »Original« das verkehrte ist und es dem Autor um ein »ganz anderes« ging? Das Ergebnis kann ja in beiden Fällen sein, daß die Darstellung und das Dargestellte sich nicht decken. Wenn aber nicht dargestellt wurde, was wir vermuten, projizieren wir unseren eigenen Irrtum in das Werk hinein und verurteilen es aufgrund unserer Ahnungslosigkeit als »schlecht«. Hier geht es auch um die Frage der Methode der künstlerischen Verwandlung des Stoffes: diese kann sowohl das Ergebnis einer »schlechten« modellartigen Abbildung sein (aus der verzerrte Proportionen, Entstellungen, Bedeutungsverschiebungen u. dgl. entstehen), sie kann aber auch darauf beruhen, daß das Werk als »abbildendes Substrat« ganz bewußt auf bestimmte, eigentümlich hervorstechende und verdichtete Merkmale der Wirklichkeit zielt. Es geht hier gleichzeitig um das methodologische Problem des Anthropologen, der sich bei der Erforschung einer fremden Kultur nicht ganz von seiner eigenen kulturellen Prägung befreien kann, so daß er bestimmte Verhaltensweisen, die er beobachtet, verständlicher findet, da er sich in sie »hineinversetzen« kann, während andere für ihn weniger verständlich sind und er sie lediglich behavioristisch zur Kenntnis nehmen kann. Schließlich geht es hier um ein Infragestellen der »immanenten Kritik«, die nicht einen »äußeren« Standpunkt gegenüber dem Werk einnehmen möchte, sondern genau vergleichen will, »was der Autor darstellen wollte« und »was er mit dem Werk wirklich dargestellt hat«. Ein solches Vorgehen ist in einem gewissen Umfang immer fiktiv, denn kein Werk bietet eine Gewähr dafür, daß wir wahrheitsgemäß feststellen, »was der Autor darstellen *wollte*«, und jeder Versuch, aus den Ergebnissen schriftstellerischer Modellierarbeit deren »zielbezogene Absichten« zu extrahieren, ist unausweichlich mit Willkür behaftet. »Abweichungen« am Modell können auf einer speziellen »weltanschaulichen Steuerung« beruhen (die »Verzerrungen« implizieren dann eine bestimmte Philosophie), vielleicht sind sie aber auch das Ergebnis einer ganz gewöhnlichen »Steuerungsinsuffizienz«; wenn also sowohl die »Lokalisierung der Originale« als auch das »System der angewandten Transformationen« und überdies der »prozentuale Anteil des Mißlingens« am schöpferischen Prozeß Unbekannte sind, darf ein metaliterarischer Vergleich zwischen »Original« und »Modell« keine apodiktische Geltung für sich beanspruchen. Es bleibt uns also nichts übrig, als von einer solchen »Komparatistik« zu der Feststellung überzugehen, auf welche Weise die Leser zu den entsprechenden Feststellungen gelangen. Die Ansicht, der einzelne Leser könne darüber entscheiden, was ein Werk »modellhaft abbildet«, halten wir für ein Mißverständnis. Auch die wahnsinnigste Begeisterung eines einzelnen Lesers macht aus einem Text kein Meisterwerk. Was ein Meisterwerk ist, wird durch den gesellschaftlichen Test einer ständig wiederholten Lektüre festgestellt. Dabei ist freilich noch nicht geklärt, ob der Wert eines Werkes in diesem Test lediglich entdeckt oder vielleicht auch festgelegt wird, so daß dann die Entdeckung eine Entscheidung wäre, die unbewußt gefällt wird.

VIII.
Das gesellschaftliche Schicksal oder die Bedeutung des Werkes

Einleitung

In diesem Kapitel wollen wir auf Umstände hinweisen, die verständlich machen, daß das gesellschaftliche Schicksal eines Werkes nicht nur und nicht notwendig von seinen »immanenten« Eigenschaften abhängt, sondern zumindest in einem gewissen Maße auch von den statistisch-massenhaften Wirkungszusammenhängen der sozialen Umwelt. Ein Meisterwerk besitzt, so betrachtet, noch nicht die Merkmale der Größe, wenn es sich um Anerkennung zu bewerben beginnt, sondern es entspricht quasi einem Denk- oder Verhaltensmuster, das nach seiner Ausbreitung trachtet. Wenn ein solches Projekt zur Norm wird, dann wird es gleich zu einer »richtigen« Norm, denn eine gesellschaftliche Norm zu sein bedeutet ja, die menschlichen Verhaltensweisen festzulegen. So etwas wie eine »falsche« Norm, die dennoch innerhalb einer Kultur funktioniert, gibt es nicht. So wie der Begriff einer »falschen Norm« Urteilskriterien impliziert, die außerhalb und oberhalb der jeweiligen Kultur stehen, so impliziert der Begriff eines »absoluten Meisterwerkes« Urteilskriterien, die mit den spezifischen Merkmalen eines bestimmten historischen Zeitabschnitts keinerlei Zusammenhang aufweisen. Ein absolutes Meisterwerk ist ein Werk, das für alle erdenklichen Zeiten und Gesellschaften ein Meisterwerk ist. Es setzt demnach bestimmte Merkmale der menschlichen Natur voraus, die sich nie und nimmer ändern können. Nun läßt sich aber nur durch eine Untersuchung der verschiedenen Kulturen und ihrer *Syntax* feststellen, ob es solche unabänderlichen und von der Prägung durch die jeweilige Kultur unabhängigen Merkmale gibt. Ein solches Untersuchungsprogramm ist jedoch dadurch gefährdet, daß man bei der Untersuchung kultureller Phänomene nicht selbst von jeglichem kulturellen Einfluß unabhängig sein kann. Bei einem statistischen Evolutionsprozeß ist darüber hinaus eine retrospektive Betrachtung nicht möglich: die Zustände einer Markow-Kette können nicht zurückverfolgt werden, wenn sich der Beobachter selbst in einem der Glieder dieses Prozesses befindet und nicht außerhalb aller. Die Frage, ob die Karriere eines Werkes, die in der Feststellung mündet, daß es ein Meisterwerk sei, etwas Zufälliges oder nicht Zufälliges sei, führt uns also zu der Frage nach der Zufälligkeit oder Nichtzufälligkeit der Kultur selbst.

Eine derart eindeutige Trennung ist jedoch gerade nicht möglich. Willkür ist unvermeidlich, wenn wir eine Feststellung fordern, die auf etwas anderem als der Wahrscheinlichkeitsrechnung beruht. Im dichter werdenden Autoverkehr werden am wahrscheinlichsten solche Menschen einen Unfall erleiden, die aus rein persönlichen Gründen die schlechtesten Fahrer sind. Daraus, daß jemand ein unaufmerksamer oder ungeschickter Fahrer ist, folgt jedoch nicht, daß seine Fahrten in einer Katastrophe enden müssen; dies ist höchstens wahrscheinlicher als bei anderen, besseren Fahrern. Es ist auch nicht so, daß Unfälle stets vorrangig den schlechtesten Fahrern zustoßen, denn solche Katastrophen sind gleichzeitig von einer Vielzahl äußerer Umstände abhängig. Man kann dementsprechend davon ausgehen, daß es innerhalb der Gesamtmenge aller Werke eine Untermenge gibt, deren Mitglieder in höherem Maße als die übrigen die Eigenschaft besitzen, Anwärter auf die Würde eines Meisterwerkes zu sein. Die Auswahl *innerhalb* dieser Untermenge kann jedoch nicht mehr unabhängig von einem zufälligen Auslesefaktor sein. Die Rolle des Selektors, der die Meisterhaftigkeit oder Größe eines Werkes erkennt, übernehmen dann Mechanismen, wie sie typisch sind für *Zufalls*phänomene. Wir haben es demnach mit Serien zu tun, die entweder absterben, sich selbst erhalten oder sich zu *lawinenartigen* Prozessen auswachsen. Dementsprechend dürfen wir nicht vergessen, daß die Kritikermeinung, die einem Werk an der Wiege eine große Karriere prophezeit, nicht nur eine Vorhersage ist, sondern einen unvermeidbaren Anteil jenes Risikos enthält, das jedem Lotteriespiel anhaftet. Darüber, ob die Prophezeiung sich erfüllt, entscheidet also nicht nur die Treffsicherheit des Urteils, sondern auch Pech oder Glück in dem Sinne, wie es Spieler verstehen.

Wir müssen uns also näher mit dem »Generationsfilter« befassen, den literarische Werke zu passieren haben, und mit der Rolle, die dabei den sogenannten Literaturkennern zukommt. Wir werden dabei die Bemerkung berücksichtigen, die diese Einleitung abschließt: Wenn ein Kenner, der große Autorität genießt, sich an der Vollkommenheit eines Werkes begeistert, dieses Urteil aber niemandem mitteilt, kann man tatsächlich – zumindest in einem gewissen Umfang – von einer echten Prognose sprechen, falls das betreffende Werk sich allgemeine Anerkennung erwirbt. Wenn dieser Kenner sein Urteil jedoch publiziert und dadurch auf die Meinung anderer Kritiker und der Allgemeinheit einen ganz erheblichen Einfluß ausübt, ist seine Prognose in Wirklichkeit – zumindest teilweise – eine, wie man sagt, sich selbst erfüllende Prophezeiung (ich sage voraus, daß ich ins Kino gehen werde, und anschließend gehe ich ins Kino). Denn wenn wir den Gang der Ereignisse nicht nur vorhersagen, sondern ihn in der Weise beeinflussen, daß er unserer Vorhersage entspricht, handelt es sich nicht um eine empirische und völlig objektive Vorhersage. In diesem Falle werden Eigenschaften von uns ja nicht bloß entdeckt, sondern *verliehen.*[7]

Gesellschaftliche Kriterien der Bedeutung

Wir sprachen davon, daß die verstehende Rezeption einer Äußerung in ihrer adäquaten Einordnung besteht. Eine Einordnung ist dann adäquat, wenn die eintreffende Information in das richtige »Bezugssystem« gebracht wird. Wir wiesen darauf hin, daß das semantisch-logische Verstehen einer Äußerung als *sprachliche* Äußerung noch nicht ihr *außersprachliches* Verstehen, d. h. ihre Einordnung in Bezugssysteme *kultureller* Natur, impliziert. Um den Satz: »Ein Herr ging mit Hilfe eines Quadrats« zu verstehen, braucht man nur die Regeln der Sprache und der Syntax zu kennen. Um diesen Satz in einen außersprachlichen Situationszusammenhang – im Sinne einer Beschreibung von sinnvollem oder verrücktem Verhalten – zu bringen, muß man über außersprachliches Wissen verfügen. Dieses wird von Bezugssystemen geliefert, die ein Produkt kultureller Prozesse sind. »Ein literarischer Text zu sein« ist eine von der jeweiligen Kultur abhängige Eigenschaft, über deren Vorliegen ein durch die Kultur gegebenes System kriterialer Bezüge entscheidet.

Das Bezugssystem ist ein begriffliches System, so etwas wie eine geeichte mentale Meßlehre, in die die eintreffende Information eingepaßt wird. Erst durch dieses »Einpassen« erlangt die Information ihre integrale Bedeutung.

Wenn uns jemand auf der Straße grüßt, ordnen wir diese Information in ein Begriffssystem (in diesem Falle: der Benimmregeln) ein und grüßen zurück. Wenn dieser Jemand seinen Hut lediglich abgenommen hat, um sich damit Kühlung zuzufächeln, haben wir eine Einordnung in ein Bezugssystem vorgenommen, das nicht der Situation entspricht. In realen Situationen wird eine solche falsche Einordnung gewöhnlich leicht bemerkt – bei einem Werk dagegen kann eine Korrektur der Einordnung unmöglich sein.

Angenommen, jemand schleppt einen speziell geformten Stein, den er auf der Straße gefunden hat, in eine Skulpturenausstellung und setzt ihn als Exponat auf einen Sockel, so werden wir diesen Stein als eine Skulptur betrachten und beurteilen, sofern unser Bezugssystem (in diesem Falle das System der ästhetischen Regeln) das zuläßt. Wurde der Stein dagegen nicht als Exponat abgelegt, sondern als Briefbeschwerer oder als Auflage für das Sauerkrautfaß, und soll er wieder aus der Ausstellung mitgenommen werden, so haben wir eine falsche Einordnung vorgenommen. Wenn also die »Intentionen« dessen, der den Stein mitgebracht hat, für immer unbekannt bleiben, können wir, wie man unschwer bemerken wird, auf keine Weise erfahren, ob der Stein eine »Skulptur« oder nur ein »gewöhnlicher Stein« ist. Eine entsprechende Feststellung hängt davon ab, ob die Mehrheit der Rezipienten ihr zustimmt; hätte jemand im ausgehenden 19. Jahrhundert einen solchen Stein in eine Skulpturenausstellung gebracht, so hätte man ihn für einen Verrückten oder für einen Sonderling gehalten und den Stein als ein ganz gewiß »unkünstlerisches« und »unästhetisches« Objekt angesehen. Ein Bezugssystem ist demnach ein System von Normen, die man nicht einfach erfinden und beliebig einführen kann. Man kann nicht in einem weißen Anzug zur Beerdigung gehen und versuchen, auf dem Grabe die Witwe zu verbrennen, nur weil Weiß bei den Chinesen die Farbe der Trauer ist und es in Indien üblich war, bei der Beerdigung der Männer die Witwen zu verbrennen. Niemand denkt sich solche Regeln einzeln aus; sie sind ein Ergebnis massenhaft-statistischer gesellschaftlicher Prozesse. Man kann sie – die Regeln – modifizieren, sofern sich die Modifikation mit der allgemeinen Tendenz der gesellschaftlichen Weiterentwicklung dieser Regeln deckt; wenn die Regeln aber lediglich festlegen, daß »man normative Regeln verändern darf, wie es einem gefällt«, kann man alles in eine Skulpturenausstellung bringen: alte Konservendosen, grüngestrichene Eisschränke, auf Leinwände geklebte Perücken, Stühle, deren Beine durch den Sitz geschlagen wurden, u. dgl. m. Dieser Zustand bedeutet jedoch nicht, daß es überhaupt keine Bezugssysteme gibt, sondern lediglich, daß sie erheblich erweitert wurden. Schließlich findet man in Ausstellungen bislang ja noch keine lackierten Leichen oder Haufen von Exkrementen. Das sogenannte »Happening«, als »Kunstwerk« verstanden, bedeutet allem Anschein zum Trotz auch nur, daß in ein feststehendes Bezugssystem eine Neuerung eingeführt wird, denn die Zuschauer werden auf Happenings ja nicht erschlagen, angezündet oder vergewaltigt, sondern höchstens mit Sahne übergossen und mit Makkaroni überschüttet. Originell wäre auf diesem Gebiet allenfalls, wenn man sie mit Teer übergießen und mit zerrissenen Socken überschütten würde, nicht aber das Übergießen mit Schwefelsäure. Denn der Bruch einer Konvention ist eine Konvention, und jede Konvention hat ihren Geltungsbereich und ihre Grenzen. Höchstens ein epileptischer Anfall, ein kriegerisches Gemetzel, das Niederbrennen einer Stadt, ein Erdbeben, eine Leberkolik oder eine Geburt könnte ein unkonventionelles Happening sein. Denn das, was nach einem Plan und unter einer Regie abläuft, gehorcht sicherlich irgendeiner Konvention, die zwar zu anderen Konventionen im Widerspruch stehen mag, die aber nicht bedeutet, daß man zu »absoluter schöpferischer Freiheit« gelangt oder »alle Grenzen überschreitet«.

Der Filter – oder anders: die Kenner der Literatur

An dieser Stelle unserer Überlegungen taucht das Problem der Kenner auf, denn sie entscheiden heute überwiegend darüber, ob ein Objekt oder ein Text ein »Kunstwerk« darstellt. Nach naiver, aber durchaus verbreiteter Ansicht ist der Kenner so etwas wie ein Sensor, der bestimmte »Qualitäten« feststellt. Sensoren sind nicht immer perfekt und können Fehler machen, und auch dem Kenner kann es bisweilen passieren, daß er ein Werk »nicht richtig einschätzt« und daß andere Kenner seinen Irrtum im Laufe der Zeit korrigieren. Nach dieser Ansicht gibt es für jeden Text, der auf literarische Qualität Anspruch erhebt, nur zwei Möglichkeiten: entweder ist er »literarisch«, oder er ist es nicht; etwas Drittes kann es ebensowenig geben wie in der zweiwertigen Logik, für die Sätze entweder wahr oder falsch sind. Diese Auffassung ist grundfalsch. Einzeln gefragt, können wahrhaft kompetente Leute, die sich mit Recht zu den hervorragendsten Kennern zählen, bei einem wirklich »neuen« Werk in eine Unsicherheit geraten, aus der sie durch eigene Überlegungen nicht herausfinden, und wer das einmal erlebt hat, versteht vollkommen, daß es in solchen Situationen nicht so sehr darum geht, gewissenhaft »in sich« oder »in das Werk und in sich hineinzuhorchen« – in jenen »Sensor«, der der Kenner ja sein soll, sondern daß es darum geht, eine komplizierte, vielgestaltige und mehrschichtige *Entscheidung* zu treffen. Denn je nachdem, wie die Entscheidung fällt, kann ein unbehauener Stein einfach ein Stein, aber auch ein modernes Kunstwerk sein. Wir behaupten nicht, daß von dem Rezipienten *alles* abhängt; von ihm hängt jedoch sehr viel mehr ab, als man gemeinhin glaubt, mit der wesentlichen Einschränkung, daß einzelne Meinungen grundsätzlich nicht zählen. Ein Werk stellt keine Information dar, mit deren Eintreffen eine Unsicherheit, die bis dahin bestanden hat, radikal beseitigt wird. Es stellt eine Information dar, die insofern unselbständig ist, als erst ihr Einfügen in entsprechende Bezugssysteme die Unsicherheit aufhebt. Dieses Einfügen der Information in Bezugssysteme kann bis zu einem gewissen Grade nur willkürlich sein, und es ist dies um so mehr, je offenkundiger die eindeutigen Beurteilungskriterien ins Wanken geraten sind.

Eine ordentlich kodifizierte normative Ästhetik läßt für Entscheidungen des Rezipienten wenig Raum. Wenn Heiligengestalten nicht in der von ihr festgelegten Weise dargestellt sind, kann das entsprechende Bild nicht als Kunstwerk gelten. Wenn man der Ansicht ist, Begattungsszenen zwischen einem strammen Gärtner und seiner hochwohlgeborenen Herrin gehörten nicht in einen literarischen Text, so wird man einen entsprechenden Text nicht als literarisches Werk anerkennen. Man halte Rezipienten, die derart urteilen, nicht für »unaufgeklärt« und »puritanisch«, sich selbst dagegen für aufgeklärt und liberal; es ist ja nicht so, daß der Eskimo, der bei der Begrüßung eines Freundes seine Nase an dessen Nase reibt, etwas verkehrt macht, während der

Europäer sich »richtig« verhält, wenn er seinen Freund auf beide Wangen küßt. Diejenigen, die »Lady Chatterley« für Pornographie halten, und diejenigen, die diesen Roman nicht für pornographisch halten, unterscheiden sich letzten Endes nur dadurch, daß sie unterschiedliche begriffliche Bezugssysteme als »adäquat« ansehen. Sogenannte »pornographische Elemente« können in einem Werk nichtpornographische Funktionen erfüllen – als Bestandteile eines größeren Ganzen, nämlich des Werkes –, doch nicht jeder kann – und vielleicht will auch nicht jeder – die Schritte vollziehen, durch die sie in diesem Sinne integriert werden. Man kann jedoch, wenn man unbedingt will, selbst Teile der Bibel für »Pornographie« halten. Die Unangemessenheit einer solchen Deutung beruht auf gesellschaftlichen Konventionen und sonst gar nichts, denn wir glauben nicht, daß der Herrgott persönlich uns dieses zweideutige Vergnügen verboten hat.

Ein irgendwie »neuartiges« Werk ist so etwas wie Lackmuspapier, nämlich ein Prüfstein für die Rezeptionsmechanismen (jene Entscheidungsmechanismen, welche die Zuordnung des Werkes zu bestimmten »Originalen« durch deren Einpassung in »adäquate Bezugssysteme« festlegen). Je mehr nämlich ein Werk jenen ähnelt, die wir (»traditionell«) bereits kennen, um so eindeutiger wird unsere Entscheidung von der Summe unseres bisherigen Wissens bestimmt.

Eine spezifische Verschärfung findet dieses Problem in der Literatur. Der Kritiker ist gegenüber »neuartigen« Werken in einer sehr viel schlechteren Lage als der Biologe gegenüber natürlichen Arten. Dieser hat es nämlich nur mit »gut« organisierten Organismen zu tun, denn die natürliche Auslese hat bereits dafür gesorgt, daß alles, was nicht irgendwie »gut gebaut« war, der Vernichtung anheimfiel. Es gibt daher nicht viel zu kritisieren, und man kann sich unbesorgt der Bewunderung oder auch der wertfreien Forschung hingeben. Der Kritiker muß dagegen ein Sachverständiger sein, der nicht nur anatomische Sektionen und physiologische Klassifikationen vornimmt, sondern gewissermaßen auch noch die Auslesefaktoren ersetzt. Diese Schwierigkeit entfällt bei Werken, die wir von früheren Generationen übernehmen, denn der Zeitablauf stellt eine Art von »Filter« dar, der all das aus dem Blickfeld des Literaturkenners fernhält, was als literarisches Werk »schlecht« gebaut war. Der Literaturhistoriker hat also eine Klasse von »sicheren« Werken vor sich, die er untersuchen kann, ohne fürchten zu müssen, er könne sich durch Fehler kompromittieren, die von mangelndem künstlerischem »Geschmack« oder »Gehör« zeugen.

Hier drängen sich zwei Fragen auf. Erstens: Woraus besteht eigentlich dieser »Generationenfilter«, und worauf beruht seine Wirkung? Und zweitens: Siebt dieser Filter tatsächlich das, was »immanent schlecht« ist, aus und läßt nur das durch, was »gut« oder gar »vorzüglich« ist, oder ist es – o Graus! – vielleicht eher so, daß die Entscheidungen des »Filters« nicht so sehr kognitiver als vielmehr dezisionistischer Natur sind?

Wenn sie »dezisionistisch« sein könnten, hieße das, daß ein vollkommenes Werk nicht ein solches ist, das an sich »immanente Vollkommenheit« besitzt, sondern vielmehr eines, dem dieses Merkmal zugeschrieben wird. Es ist uns ja gesagt: »Suchet, so werdet ihr finden!«, und wer lange und geduldig sucht, wird schließlich an dem in die Ausstellung getragenen Pflasterstein Schönheit entdecken, und sei es nur eine symbolische. Vollkommen zu sein bedeutet, der Menge der Kriterien der »Vollkommenheit« zu entsprechen. Aber sind diese Kriterien selbst ebenfalls »vollkommen«? Ergeben sie sich aus bestimmten, unveränderlichen Bedingungen des »menschlichen Wesens«, des »Wesens der Gesellschaft« oder der »Kultur«, oder können sie sich auch verändern? Und wenn sie sich verändern können – welches sind die Grenzen ihrer Veränderlichkeit, und gibt es bei ihnen intrakulturelle Invarianten?

Das ist eine Reihe schwieriger Fragen, die wir zu lösen haben. Man kann darauf natürlich in trivialer Weise antworten und darauf hinweisen, daß der »Doktor Faustus« »bestimmt« »objektiv« besser sei als »Ordynat Michorowski« von Helena Mniszek (der polnischen Courths-Mahler – Anm. d. Ü.); es seien keine gesellschaftlichen Verirrungen denkbar, durch die es dazu kommen könnte, daß irgendwann unter irgendwelchen Umständen ein Pendant des Werkes der Mniszek ein Pendant des Werkes von Thomas Mann verdrängt und an dessen Stelle tritt. Ebensowenig sind allerdings Verirrungen denkbar, durch die es dazu kommen könnte, daß wir zwei Organismen wie das Tabakmosaikvirus und den Menschen unter dem Aspekt der homöostatischen Anpassungsfähigkeit für gleichermaßen gut gebaut halten. Der Mensch kann sich nämlich an eine ungleich größere Zahl von Umwelten anpassen als das Virus. Dieser Unterschied liegt an dem Grad der Kompliziertheit der Organismen. So ist der »Doktor Faustus« unter rein strukturellem Aspekt ungleich komplizierter aufgebaut als »Ordynat Michorowski«. Bei so groben Unterschieden fällt es überhaupt nicht schwer, Feststellungen zu treffen. Doch wäre es nicht möglich, daß wir die Dramen Marlowes für »besser« halten als die Dramen Shakespeares? Wäre es nicht möglich, daß wir den »Hamlet« für ein schlecht gebautes Werk halten – im Gegensatz zu »Richard III.«? Wäre es nicht möglich, daß wir den »Othello« am Ende disqualifizieren?

Aber was heißt das eigentlich: derartige Werke zu »disqualifizieren«? Heißt das: eine vernichtende Analyse über sie zu publizieren? Das kann nicht sein, denn solche Analysen wurden oftmals publiziert. Selbst wiederholt geäußerte Einzelurteile üben nicht zwangsläufig einen eindeutig bestimmenden Einfluß auf die normativen Entscheidungsprozesse über den Wert von Werken aus.

Wir berühren hier einen der rätselhaftesten Punkte dieser Problematik, nämlich: Wann wird eigentlich eine Reihe von einzelnen kritischen Äußerungen zur kollektiven Meinung? Wann wird aus individuellen Ansichten eine allgemeine Feststellung? Schließlich haben sich über die Werke Musils, Canettis, selbst Norwids zu der

Zeit, als sie entstanden, einzelne bisweilen sehr schmeichelhaft geäußert, und im Falle Musils gehörte zu diesen einzelnen sogar Thomas Mann persönlich. Hat das irgend etwas dazu beigetragen, daß positive Urteile über das Werk sich festigten? So gut wie nichts.[8]

Mit diesem Problem verhält es sich ein wenig wie mit dem Paradoxon des Kahlköpfigen und ein wenig wie mit den Phänomenen der ethnischen Sprache. Wenn wir einem Menschen die Haare einzeln ausreißen, läßt sich nicht leicht sagen, wann er kahlköpfig wird. Und wenn wir die Individuen einer ethnischen Gruppe der Reihe nach töten, so daß es immer weniger Menschen gibt, die z. B. serbisch oder polnisch sprechen, existiert die Sprache im Sinne eines Sprachsystems (»la langue«) eine Zeitlang weiter, und man weiß nicht genau, wann man zugeben muß, daß »es das Sprachsystem im Sinne von ›la langue‹ nicht mehr gibt«, sondern nur noch eine Handvoll Individuen, die zur Artikulation (»la parole«) fähig sind. Denn einerseits kann es, wenn man die gebildeten Schichten einer Nation vollständig liquidiert, wie es die Spanier in ihrem katholischen Eifer mit den Nationen Südamerikas gemacht haben, faktisch zum völligen Untergang bestimmter Kulturen einschließlich des schriftstellerisch-literarischen Bereichs kommen. Andererseits kann man jedoch nicht sagen, daß es überhaupt keine polnische Literatur gäbe, falls Słowacki, Mochnacki, Krasiński, Kochanowski usw. schon in der Wiege verunglückt wären. Erst wenn die Pest sie alle dahingerafft hätte, würden wir wohl doch keine nationale Literatur besitzen.

Es hat also den Anschein, daß außer den Künstlern gewisse Gruppen von »Kennern« als »Selektoren« der literarischen Texte tätig sein müssen, denn wer würde sonst die »filternde Auslese« treffen und abgeschmacktes Geschreibsel vom vorzüglichen trennen?

Es wäre vortrefflich, wenn sich herausstellen würde, daß der »Generationenfilter« nichts anderes ist als eine Art von »Stafette«, zusammengesetzt aus den Kennern, die über die Köpfe der Menge hinweg die Meisterwerke untereinander weitergeben. Vortrefflich wäre es zumindest in kognitiver Hinsicht, denn klare und einfache Erklärungen scheinen immer besser zu sein als komplizierte.

Nun würde es in der Tat keine Experimentalphysik geben, wenn es nicht noch experimentierende Physiker gäbe, und es gäbe kein Flugwesen ohne die entsprechenden Ingenieure und Konstrukteure. Die Literatur dagegen ist weit früher entstanden, ehe professionelle Kenner als Kritiker auftraten. Die Selektion der Werke erfolgte in Abwesenheit solcher Spezialisten: Sowohl das »Mahabharata« als auch das »Enuma Elis«, die »Odyssee« ebenso wie die »Ilias« sind nicht von Spezialisten selektiert worden. So hat sich auch die Sprache entwickelt, bevor Sprachwissenschaftler auftraten, und die gesellschaftliche Entwicklung schritt ebenfalls stürmisch voran, bevor die wissenschaftliche Soziologie entstand. Prozesse, die sich derart spontan entwickeln, bezeichnen wir als sich selbst organisierende Prozesse, die ihre Stabilisierung, ihre Gleichgewichtszustände, ihre Entwicklungsgradienten nicht den Eingriffen von »Kennern« verdanken, sondern der eigenen Dynamik. Man wäre das Opfer einer ganz merkwürdigen Verwirrung, würde man annehmen, im Altertum sei nichts produziert worden, was schlechter gewesen wäre als die oben genannten Meisterwerke, würde man annehmen, das Altertum sei tatsächlich ein goldenes Zeitalter der schöpferischen Unfehlbarkeit gewesen und Schreiberlinge sowie Schwachköpfe seien erst Jahrtausende später aufgetreten. Ich sehe nur zwei Möglichkeiten: Entweder haben die gewöhnlichen Menschen – als große Kollektive in Raum und Zeit gedacht – es fertiggebracht, die Werke im Zuge ihrer Weitergabe von Generation zu Generation wirkungsvoll zu »filtern« und zu selektieren, oder unsere Zeitgenossen lassen sich nach Strich und Faden vollflunkern und halten alles Schriftliche, das irgendwie angegraut aussieht, für ein Meisterwerk, während es sich in Wirklichkeit so verhält, daß unter den alten Texten möglicherweise auch solche sind, die etwas taugen, und andere absolut nichts wert sind; wir aber tun so, als sei alles Gold.

Diese letztere Lösung erscheint unglaubhaft, denn was wäre das für eine Lüge, die seit Ewigkeit durch stillschweigendes Einvernehmen festgeklopft wird! Es hilft also nichts: Irgendwie hat auch ohne die Unterstützung von akademisch gebildeten Fachleuten der Selektor der Überlieferung von Generation zu Generation funktioniert, denn er hat uns durch eine Stafette, die sich über Jahrtausende hinzog, Werke überliefert, die wir nicht disqualifizieren können.

Ich sage das durchaus nicht in dem für einen Schriftsteller angeblich so natürlichen Wunsch, die Kritiker zu kujonieren, denn ich stelle die Kompetenz der Kritiker keineswegs in Frage, sondern wundere mich nur, daß die Selektion von Werken auch funktionierte, als es sie, die Kritiker, noch nicht gab. Es würde uns auch nicht viel helfen, sollten wir die Last der »Selektionsverantwortung« dem Pöbel, jenem *profanum vulgus*, den Horaz verachtete, abnehmen und den gebildeten Klassen aufbürden. Gewiß rekrutierten sich die Leser damals allein aus den gebildeten Klassen, denn außer ihnen konnte keiner lesen – aber schließlich gibt es auch heute »gebildete Klassen«. Wir wissen jedoch, wie leicht sie jeglichem Schund auf den Leim gehen – und daß nur die Kenner über die Reinheit der Flamme der Kunst wachen.

Wer aber hat früher darüber gewacht? Warum sind das »Rolandslied« oder die Geschichte von Tristan und Isolde keine melodramatischen Machwerke? Wo sind die Comics, die Küchenromane, die Elukubrationen von Graphomanen der Antike? Wer hat damals wertlose Inhalte zum Untergang verurteilt? Irgendwie scheinen uns die heutigen Beamten, Ingenieure, Ärzte, Direktoren, also die Vertreter der »Bildungsschichten«, nicht für die »perfekte Filterung« literarischer Werke geschaffen zu sein; warum soll also gewissermaßen die »antike Intelligenzia« soviel größere Kompetenz besessen haben? Warum gelingt heute nicht, was damals so gut gelungen ist? Wir verstehen ja, daß es in den gebildeten Klassen Griechenlands oder Roms mehr sensible und vernünftige Leute gegeben haben mag als in der *plebs*, die ungebildet war und in Elend und Unwissenheit gehalten wurde. Aber warum ist *nur* das überliefert worden, was so gut war? Dies gilt nicht allein für die Literatur. Wo gibt es denn abscheulich gebaute und verzierte Kathedralen, geschmacklose römische Zirkusse, scheußlich bemalte antike Fresken? Wo sind denn die ägyptischen »Schinken«, die babylonischen Scheußlichkeiten, die »röhrenden Hirsche« von damals? Warum konnte irgendein Renaissance-Papst ein Mäzen sein, und warum kann das heute nicht in diesem Umfang ein Kulturminister sein? Warum finden wir in den Ausgrabungsstätten keinen entsetzlichen ornamentalen Schund, keine Imitationen, die einem Übelkeit erregen, keinen monumentalen Kitsch, und wie kam es, daß *selbst* die Denkmäler, die für verschiedene Führer und Herrscher errichtet wurden, damals so vorzüglich waren?

Wir können diese Fragen nicht beantworten. Offenbar verstehen wir noch nicht die Mechanismen, die über erhebliche Zeiträume hinweg kollektiv wirksam waren. In dieser Situation befinden wir uns auch sonst nicht selten. So beherrschen z. B. viele Menschen nur miserabel die eigene Muttersprache. Diese ist dennoch das Produkt des gesellschaftlichen Verkehrs gerade solcher, geistig sehr mittelmäßiger Individuen – und nicht ein Ergebnis bewußter Entscheidung von Sprachkennern oder genialen Persönlichkeiten. Diese Schöpfung der durchschnittlichen Mittelmäßigkeit ist darüber hinaus ein System, in dem alle ihren Platz finden: der größte Geist, das Genie und der Schöpfer von philosophischen Systemen – von Systemen, die dermaßen verwickelt sind, daß sie zu begreifen oder auch nur zu überblicken keiner von jenen unbekannten, unscheinbaren, durchschnittlichen Menschen imstande ist, die dennoch ein Artikulationswerkzeug von solcher Zuverlässigkeit, von einem solchen Begriffsumfang, mit so vielen syntaktischen und semantischen Nuancen geschaffen haben! Man hat noch nicht gehört, daß ein genialer Mensch, ein Newton, Shakespeare oder Dostojewski, verkündet hätte, die Sprache biete seinen Artikulationen nicht genügend Raum, seinen Gedanken sei es in ihr zu eng und unbequem! So etwas hört man dann und wann nur von Dummköpfen, die damit ihre eigene Armseligkeit entschuldigen wollen.

Wir können auch die Volkskunst betrachten, die in jedem Land der Welt anders und überall hervorragend ist. Sie begeistert die Kenner. Die berühmtesten Künstler, denen beim Anblick »primitiver Götzen« aus Afrika die Augen hervortreten, haben bei ihnen abgeguckt und gucken weiter bei ihnen ab, daß es eine Lust ist. Allerdings fällt einem auf, daß die Volkskunst (wenn ich im Augenblick davon absehen darf, daß wir Zeugen ihres Todeskampfes sind: sie ist durch die Ausbreitung der Technik erdrückt worden) überall auf der Welt etwas Statisches ist. In allen Kulturbereichen beobachten wir bestimmte, festgelegte Variationsbreiten – genau wie bei den biologischen Arten. Die Größe der Individuen einer Art schwankt, aber nur innerhalb eines bestimmten Intervalls. So ist es auch bei den Werken der Volkskunst, in der Varianten uralter Muster sich ständig wiederholen. Wir finden sie ungemein originell, schön, ästhetisch, erfindungsreich, lapidar – die Ausdrücke unserer Bewunderung ließen sich beliebig vermehren. Dennoch scheint die Volkskunst auf allen Gebieten gleichsam stillzustehen. Hier beobachtet man nicht, was in allen Künstlerateliers stattfindet: Versuche einer radikalen Abkehr von der Tradition, ihrer Überwindung, einer Umwälzung oder des Widerstandes gegen die überkommenen Regeln und Normen. Dennoch ist klar, daß diese Menschen, denen quasi völlig die »Erfindungskraft«, der »Einfallsreichtum« eines Künstlers abgeht, diese diversen Eingeborenen, Einheimischen oder Dörfler nicht die verkümmerten Nachfahren genialer Künstler sind; wir dürfen annehmen, daß *es nie anders gewesen ist.* Gewiß haben die afrikanischen Götzen vor zweitausend Jahren ein wenig anders ausgesehen. Um aber einen Unterschied zu bemerken, muß man Figuren aus jener Zeit und solche, die heute geschnitzt werden, nebeneinanderstellen. Die Volkskunst entwickelt sich ja – genau wie die Sprache – ständig in dem ihr kollektiv vorgegebenen Tempo, doch ist die Dynamik dieser Evolution ebenso maßvoll wie bei der biologischen. Sie ist nicht ein Ergebnis vereinzelter Erfindungen. Sie kennt keinen gewaltsamen, radikalen Umbruch, keinen Zerfall, keine Zerstörung. Sie ist stetige Überlieferung, fließende, allmähliche und daher künstlerisch so treffsichere Veränderung!

Von einigen der ersten Vertreter der Evolutionstheorie wurde die naive Auffassung verbreitet, die biologische Evolution sei in unserer Zeit zum Abschluß, zum Stillstand gekommen. Wir Menschen sind auf die Welt gekommen, als die Evolution »gerade« endete. Das war natürlich Unsinn. Um den *Fortschritt* der Evolution wahrzunehmen – und zwar sinnlich –, müßte man *wenigstens* einige . . .zig Jahrtausende leben. Mit der Folklore ist es nicht anders, obwohl ihre künstlerische Entwicklung um einiges schneller verlaufen muß als die biologische Evolution.

Jetzt zu einem anderen, gleichfalls ungewöhnlichen Problem. Die Folklore ist gegen Invasionen von außen völlig wehrlos. Es scheint, als wäre das Bewußtsein der richtigen Ausdrucksformen und -regeln nicht in den Köpfen der einzelnen »Primitiven« lokalisiert, so wie auch die Sprache nicht im Kopf irgendeines einzelnen steckt. Auf die (durch die Touristen»lawine«) wachsende Nachfrage, auf von außen inspirierte »Beratungen« und Versuche der »Rationalisierung« reagiert die Folklore, soweit sie Kunst ist, mit dem Zerfall. Mit Agonie. Mit der Verwandlung in einen Produzenten von scheußlichem Jahrmarktsschund. Von »Andenken aus den Bergen«. Von entsetzlichen Federkästen. Man muß für sie Reservate errichten, damit sie nicht untergeht.

Wir sind nämlich in einem höheren Maße gesellschaftliche Wesen, als wir uns dessen bewußt zu sein vermöchten. Wer das nicht begriffen hat und ein eingefleischter Empiriker mit einem leichten »Hang« zur Besessenheit ist, wird sich leicht vom äußeren Schein der Phänomene gefangennehmen lassen. Es ist bekannt, daß arme Familien überall auf der Welt mehr Kinder haben als wohlhabende, und man weiß ebenfalls, daß der Intelligenzquotient bei den ersteren im allgemeinen niedriger ist. Daraus ist (von Fachleuten) gefolgert worden, daß der Trend zur Verdummung oder gar zur Verblödung der gesamten Erdbevölkerung unausweichlich ist. Die Klügeren sterben aus, da sie nicht so zahlreich sind, und ihren Platz nehmen die Dümmeren ein. Es wird immer schlimmer. Offenbar haben sich die Affen mit einem Schlage in geniale Menschen verwandelt. Gleich danach setzte der Niedergang ein. Eine solche »soziologisierende Anthropologie« wird regelrecht zum Dogma erhoben.

Natürlich steht die betrübliche Schlußfolgerung im Widerspruch zu den Tatsachen. Im historischen Maßstab ist ein Phänomen der »Verblödung« durchaus nicht zu beobachten. Die – vereinfachende – Überlegung muß daher fehlerhaft sein. Wenn wir uns also klarmachen, daß die Menschheit nicht im Laufe der Geschichte verblödet; ferner, daß die ethnischen Sprachen »Genialität« besitzen, was dadurch bewiesen ist, daß jeder, und wäre er auch ungleich intelligenter und klüger als diejenigen, welche die Sprache schufen, mit seinen Artikulationen in der Sprache »seinen Platz findet«; darüber hinaus, daß die Volkskunst vorzüglich ist, obwohl ihre einzelnen Schöpfer – unsere Zeitgenossen – durchaus keine Künstler vom Range eines Picasso oder Rembrandt sind; und wenn wir uns schließlich klarmachen, daß unsere Kultur über ein beachtliches literarisches Erbe aus vielen Jahrhunderten verfügt, das, obwohl ohne die Mitwirkung spezialisierter Geburtshelfer entstanden, in künstlerischer Hinsicht wahrhaft vollkommen ist, dann dürfen wir wohl annehmen, daß die heutigen Kenner und ihre Auffassungen ein Faktor sind, der die weitere Entwicklung der Literatur sicherlich mitgestalten, aber nicht über die Bahnen der narratorischen Evolution entscheiden wird. Über den Fachleuten gibt es noch eine höhere Instanz, und das ist – in Gestalt der Nationen – die Menschheit.

Das stochastische Schicksal des Werkes

Nach naiver Auffassung muß ein literarisches Werk, um Karriere zu machen, ein System sein, das »an sich« einen absoluten Wert besitzt, einen Wert, der der eines Diamanten oder eines Glassplitters sein kann. Diese Prämisse führt zu dem Schluß, daß ein Werk in seiner »immanenten« Qualität entweder erkannt oder nicht erkannt wird; im ersteren Falle sind es in der Regel die Fachleute, welche die Rolle der Entdecker spielen: sie teilen der Öffentlichkeit mit, daß ein bestimmtes Werk entstanden sei, sich auf eine bestimmte Weise auf die Welt beziehe und bestimmte strukturell-semantische Eigenschaften besitze. Im letzteren Falle verzögert sich das Erkennen des Werkes – um eine, bisweilen um zwei Generationen, bis der Fehler oder die Unachtsamkeit der Vorgänger von späteren Kennern korrigiert wird.

In Wirklichkeit handelt es sich um einen statistischen Vorgang. Ein Werk gerät auf zufälligen Irrwegen auf den Markt der Rezipienten. Die »Buddenbrooks« von Thomas Mann beispielsweise, ein Buch, das nach Ansicht der Verleger und Fachleute »zu lang« war und gekürzt werden mußte, ging anfangs schlecht, bevor es »einschlug«. Diese zweifache Abstufung der aufsteigenden Erfolgskurve ist wichtig. Der Roman, in einer ersten, nicht sehr großen Auflage verbreitet, fand nur bei einem bekannten Kritiker positiven Anklang, der jedoch zunächst nicht auf Widerhall stieß. Warum? Unter den Kennern herrscht eine gewisse Trägheit, und da die Gesellschaft geschichtet ist, kann es geschehen, daß ein Buch sogar jahrelang unbeachtet und träge in einer dieser Schichten umherirrt. Die Rezeption steckte in einer gesellschaftlichen »Sackgasse«, sie lief also darauf hinaus, daß einige hundert Menschen in Deutschland die »Buddenbrooks« gelesen hatten, aber keinen Zugang zu den »öffentlichen Informationskanälen« hatten, so daß ihre Auffassungen niemandem bekannt wurden, und daher blieb die Nachfrage wie am Anfang weiterhin zufallsbedingt. Erst später erschienen immer mehr wohlwollende Rezensionen, und die Zahl der Auflagen und Übersetzungen des Buches wuchs lawinenartig an.

Je kohärenter die öffentliche Meinung über ein Buch wird, um so weniger ist es in seiner weiteren Karriere den Einwirkungen des Zufallsfaktors ausgesetzt. Die Ansicht, die Karriere sei etwas dem Werk Äußerliches, muß man als falsch bezeichnen, ebenso wie die Annahme, die Karriere eines Menschen habe keinen gestaltenden Einfluß auf seine äußere Beurteilung. Aus der Kohärenz der öffentlichen Meinung ergeben sich wohlstrukturierte Bestimmungen, die sich beziehen auf: a) das oder die Milieus, an die sich das Buch richtet (die »Adresse«), b) die Organisation des Inhalts und c) den künstlerischen Rang. Diese Bestimmungen erfolgen gleichzeitig.

Wir möchten – um die entsprechenden Belege werden wir uns bemühen – die folgende Feststellung vorschlagen: Ein neues Werk ist, wenn es in den gesellschaftlichen Verkehr kommt, ein mehrfach indeterminiertes System – nicht im Sinne einer Schematisiertheit, sondern im Sinne einer »immanenten Unstrukturiertheit«. Die Kreation ist lediglich ein »Projekt«, dessen Realisierung aus prinzipiell massenhaften Vorgängen entsteht. Dabei gilt folgendes: In je höherem Maße das Milieu der Rezipienten kulturell homogen ist und je eindeutiger die dort geltenden »Regeln der Einordnung« in kollektiv akzeptierte »Bezugssysteme« sind, um so schwieriger wird es, den konventionellen Charakter dieser Regeln und Systeme zu erkennen, die ja nicht notwendig und nicht die einzig möglichen sind. Wenn die Leser in diesen konventionellen Regeln eine unerschütterliche »Selbstverständlichkeit« sehen, kommt es zu der

Ansicht, das Werk sei – als Informationsgebilde – völlig »inelastisch«, inkompressibel, in semantischer Hinsicht nicht modifizierbar, mit Eigenschaften ausgestattet, welche die Lektüre lediglich entdecken, aber niemals durch ihren eigenen Ablauf verändern kann. Wenn dagegen klar wird, daß es gleichzeitig eine Vielzahl möglicher Einordnungskonventionen geben kann, die weder aufeinander reduziert noch aus einem übergeordneten Modell, einem invarianten Paradigma der Rezeptionshaltung abgeleitet werden können – eine Einsicht, die aus der »Koexistenz« von Werken erwächst, die sich hinreichend voneinander unterscheiden, um nicht mit Hilfe einer »einzigen Strategie« rezipiert werden zu können –, und wenn dann noch mittels empirisch-statistischer Beweise gezeigt wird, welche unterschiedlichen Bedeutungsstrukturen gleichzeitig von verschiedenen Lesermilieus ein und denselben Werken zugeschrieben werden, dann neigt man eher dazu, die These von der »völligen Objektivität« der Existenz der Texte aufzugeben und sie als Informationsgebilde zu betrachten, die durch unterschiedliche Rezeptionsstrategien modifiziert werden können. Ein letzter Versuch, die entgegengesetzten Ansichten bezüglich der »Starrheit« oder der »Elastizität« eines Werkes miteinander in Einklang zu bringen, besteht darin, daß man einräumt, jeder Text besitze zwar seine »objektiv einzigartige« Struktur, doch sei diese Struktur lediglich ein festes Gerüst, an dem die Rezipienten bestimmte Bedeutungen festmachen. Grob gesagt: In der Rezeption verändern sich nicht die Werke, sondern lediglich unsere Interpretationen der Werke. Anachronistische Texte sind – nach phänomenologischer Auffassung – wie alte Möbel, die niemand benutzt, was jedoch der Objektivität ihrer Existenz keinen Abbruch tut. Wie soll man jedoch ein »Skelett« bezeichnen, dessen Ergänzung einmal riesige und prachtvolle, ein andermal zwergenhafte und kümmerliche »Gestalten« ergibt?

Wenn die Ergänzung des »verbalen Gerüsts« abwechselnd zu Riesen- und zu Zwergenwuchs führt, wenn sie aus einem Adler eine Schildkröte oder eine Eidechse werden läßt, dann haben wir es offensichtlich mit gummiartigen Skeletten zu tun. Wenn wir der Forderung des Phänomenologen folgen und die »Tätigkeit der Konkretisierung und Ergänzung« jenes schematisch-skelettartigen Gebildes, welches das Werk »an sich« sein soll, »einstellen«, um seine dann nichtästhetische »Immanenz« zu erkennen, gelangen wir zu lokal begrenzten Artikulationssystemen und ihren lexikalisch-syntaktischen Besonderheiten, aber nicht zu der ganzheitlich-gegenständlichen Wirklichkeit, die von den »Satzskeletten« bezeichnet wird. Das besagte »verbale Gerüst« ist »an sich« ein System, von dem sich weder sagen läßt, was für gegenständliche »Qualitäten«, was für höherrangige außersprachliche Codes (von denen schon die Rede war) es kreiert, noch, was für eine »Ökologie«, d. h. welche philosophisch-kulturellen »Nischen« die »reistische« Schicht des Werkes erfordert, und deshalb läßt sich die »Güte« seiner Konstruktion, seiner im Gegenständlichen wurzelnden Organisation nicht beurteilen; ebensowenig könnte ein Zoologe, der nicht weiß, ob er das Skelett eines Vogels, eines Fisches oder eines Säugetiers vor sich hat und die Knochen untersucht, ohne ihre Zweckbestimmung zu kennen, beurteilen, ob und in welchem Maße das »Originaltier« »gut« konstruiert ist. Eine gute, ja sogar vollkommene Ergänzung, die auch noch dessen Vollkommenheit demonstriert, ist für den Adler die Luft, für den Fisch das Meer, für den Vierfüßler der Dschungel oder die Steppe, und »umweltfrei« sind qualifizierende Feststellungen ja nicht zu treffen.

Falsch ist auch die Ansicht, die Emotionen, welche ein Werk in uns weckt, und damit auch die Gesamturteile, die deren kumulatives Resultat sind, ließen sich aus dem Rezeptionsvorgang herauspräparieren und man könne alle wertend-affektiven Erlebnisse suspendieren, weil man einen leidenschaftslosen Zustand erreichen möchte, der einen rein kognitiven, durch keinerlei Passionen mehr getrübten und daher auch nichtsubjektiven Einblick in den Aufbau des Werkes erlaubt. Wir sagen nicht, daß es unmöglich sei, einen beliebigen Text »kalt« zu lesen, um die vom Autor verwendeten sprachlichen Taktiken zu untersuchen. Einer solchen Untersuchung geht jedoch zwangsläufig eine Beurteilung voraus, denn in einer solchen, ganz auf Erkenntnis abgestellten Art wird man nicht wertlose Werke untersuchen; ist das aber dennoch der Fall, dann wird man sie, nur in dieser Weise rezipiert, nicht von wertvollen Werken unterscheiden können. Wer also »kalt« oder ungerührt untersucht, hat dennoch *zuvor* das Urteil gefällt, daß ein Werk die Untersuchung lohnt; wenn er dann am Ende so tut, als verdanke er alles, was er weiß, seinem »kalten« Vorgehen, dann begeht er einen alten Fehler, denn er begibt sich in einen *circulus in explicando.* Was läßt sich mit solchen »kalten« Verfahrensweisen erkennen? Mehr oder weniger das, was ein Mensch erkennt, der, um das »Wesen der Liebe« zu erkennen, sich »kalt« an einen Partner heranmacht und sich so mit ihm verbindet, daß eine »Zweipersonen-Körpermaschine« entsteht, die Lust produziert. Über die Liebe erfährt er dann gerade so viel wie der »kalte Forscher« über die ganzheitliche Welt des Werkes. Man kann auf diese Weise Einblick in elementare, freilich eigentümlich versprengte Elemente der »Physiologie« und »Anatomie« eines Textes gewinnen, doch ein Prosawerk von hohem Rang und von größerem Umfang ist auf diese Weise nicht zu verstehen, denn es besteht nicht aus jener Art von unverwüstlichem Geschwätz, das man unbesorgt auseinandernehmen kann; bei einer »kühlen« Rezeption kommt es nicht zur Konstituierung übergeordneter gegenständlicher Systeme, weil eines der konstitutiven Bindeglieder jener Systeme eben die Gefühle sind, die der Forscher sich versagte. Man kommt allerdings auch nicht weiter, wenn man einzelne »Gegenstände«, die – wie etwa die Figur des Franz K. in Kafkas »Prozeß« – durch das Werk als Ganzes gekennzeichnet sind, aus dem Werk »herausnimmt« und sie eventuell mit den Methoden der Psychologie, der Soziologie oder der Anthropologie untersucht, denn es kann sein, daß solche »Gegenstände«, die innerhalb des Werkes verständlich sind und das Werk als eine dynamische Ganzheit mitschaffen, außerhalb des Werkes vollkommen sinnlos und unglaubhaft sind und weder mit den Menschen noch mit unseren Vorstellungen über sie irgendeine Ähnlichkeit haben.

Wenn man also einen Text in Atome aufspaltet, verwandelt man ihn in eine Leiche, nicht anders, als wenn man einen lebendigen Organismus auf diese Weise untersuchen würde, nur mit dem Unterschied, daß der Tod des Werkes umkehrbar ist und man es durch eine »normale« Lektüre wiederbeleben kann, die sowohl von seinen Eigenschaften als auch von kulturell vorgegebenen Einordnungsrichtlinien bedingt ist. Auf die Konzeption des »Skeletts« oder des »Schemas« darf man sich also nur einlassen, wenn man es mit einem Skelett zu tun zu haben glaubt, das sich durch Einwirkungen des Rezipienten verlängern oder verkürzen, vereinfachen oder verkomplizieren läßt, das strukturelle Prägnanz gewinnen oder in einem eigentümlichen »Zerfließen« verlieren kann, wenn es also mit einem Wort um ein »Schema« geht, aus dem man sowohl eine köstliche Speise als auch Gift, sowohl eine schöne Blume als auch eine Distel herstellen kann; mit einer solchen Konzeption von »Schema« kann man einverstanden sein. Doch um eine solche Konzeption ging es dem Verfasser des Projekts schließlich nicht, und so verliert der ganze Vergleich mit den Skeletten, die der Rezipient nur mechanisch mit dem »Fleisch« seiner Erlebnisse und Empfindungen behängt, seinen ursprünglichen Sinn.

Wir würden uns gleichwohl wünschen, daß das Dilemma möglichst eindeutig geklärt wird. Ist das Werk eher ein »offener« thematischer Assoziationstest im Sinne des »Thematic Apperception Test« oder der Rorschach-Tafeln, oder ist es eine in sich geschlossene, wenn auch sehr komplizierte Struktur? Wir wollen zu zeigen versuchen, daß eine solche Alternative nur scheinbar besteht, da beide herangezogenen Anschauungsmodelle nicht völlig den methodologischen Anforderungen entsprechen. Kognitiv leistungsfähigere Analogien liefert uns ein anderer Bereich der exakten Wissenschaften.

Ein durchaus fruchtbarer Ansatz besteht in einer vor allem ökologischen und zugleich evolutionären Betrachtungsweise. Originäre Werke sind gewissermaßen »Mutanten« literarischer Gattungen, und sie haben in der Anpassung an die Umwelt, in der sie leben müssen, zahlreiche Schwierigkeiten zu bestehen. Die Beziehung ist jedoch umgekehrt wie in der Biologie: Dort passen sich die Organismen im Grunde an eine Umwelt an, die über größere Zeiträume hinweg invariant ist; hier muß sich das Werk an neue »künstlerische Organismen« anpassen, die in es eindringen.

Das Meisterwerk demaskiert

Ein Werk, das sich kraß von den bisherigen abhebt, ruft zunächst Urteile hervor, die einander sogar diametral widersprechen können, das heißt: Es wird ungefähr so wahrgenommen wie eine komplizierte Gestalt in finsterer Nacht; die einen werden darin einen kauernden Menschen sehen, andere eine Schar zusammengedrängter großer Vögel, vielleicht aber auch Dämonen oder Engel; die Spannweite der Urteile, die ein »Mutant« hervorruft, kann ebensogroß sein, in dem Sinne, daß verschiedene Rezipienten so sehr unterschiedliche »Dinge«, »Strukturen«, »Bedeutungen« und »Bezüge« an ihm wahrnehmen. Solche Schwankungen können sich durchaus lange halten. Erst danach kommt es zur Festigung des Urteils, und das heißt: zur Fixierung nicht unbedingt ausdrücklich und genau bezeichneter Rezeptionsweisen, als »richtig« geltender »Gesichtswinkel«, zur Verbreitung eines Repertoires von »angemessenen« Einordnungen des Textes. Autoritäten, die noch einige Jahre zuvor sich gegen ein Werk ausgesprochen, es also nicht entsprechend den Einordnungspraktiken, die sich dann letztlich gegen alle konkurrierenden durchsetzten, rezipiert haben, verdecken diese ihre Irrtümer häufig aus »Prestige«gründen mit einem geflissentlichen Schweigen. Eine andere Frage ist, ob man tatsächlich von Irrtümern der Kenner sprechen kann. Eher ja, wenn diese Irrtümer darauf hinausliefen, das Werk in Bausch und Bogen zu diskreditieren, es total abzulehnen, wenn sie also von dem, was sich dann durchsetzte, nicht einmal so sehr durch ihre Lesart, sondern durch eine Behandlung des Werkes abwichen, die ganz einfach dessen Zerfall zur Folge hatte; und eher nein, wenn es dabei lediglich um nicht so geschickte, den Informationsgehalt des Textes nicht optimierende Lesarten ging.

Alle derartigen Differenzierungen wären vollkommen vernünftig, wenn man sie an irgendwelchen Mustern der Vollkommenheit messen, wenn man nach Jahren irgendein Thermometer der Ästhetik in das Werk stecken oder zumindest annehmen könnte, daß alles, was sich, nachdem es die Zone der Vorgefechte um die Größe hinter sich gelassen hat, als makelloses Juwel in der Schatzkammer der Weltliteratur befindet, tatsächlich die Verkörperung einer stets fehlerfreien Vollkommenheit wäre. Dem ist jedoch durchaus nicht so; wenn das, was bei jedem anderen Werk und unter allen anders gelagerten Umständen als Mangel, Konstruktionsfehler, Weitschweifigkeit, Symptom der Inkohärenz des Autors, Fehltritt oder Bruch, also einfach als ein Mangel dieser oder jener Art erkannt und qualifiziert werden würde, positive Noten und eine von Wertschätzung und Anerkennung erfüllte Zustimmung findet, so liegt das allein an dem allgemeinen und endgültigen Einvernehmen zwischen Kennern und Publikum, durch das ein Werk zum Höhepunkt der Literatur erhoben wird. Dabei geht es durchaus nicht darum, daß die Apologeten innerlich unaufrichtig wären, daß sie dem Werk wider besseres Wissen Komplimente machten. Das anzunehmen wäre ein vollkommenes Mißverständnis. Die besagten Mängel, wie sie etwa in den unerträglichen historischen Abschnitten von »Krieg und Frieden« vorliegen oder in den berüchtigten Faulknerschen Perioden, die durch ihre nicht zu bremsende Weitschweifigkeit den Geist jedes normalen Lesers auf die Folter spannen (es geht nicht um den Stil Faulkners, sondern um dessen Auswüchse, dessen Elephantiasis), erlangen den gleichen positiven Wert, den für einen Verliebten jene körperlichen Merkmale seiner Angebeteten besitzen, die einem Fremden als Schönheitsfehler erscheinen. Den Großen nehmen wir ja alles ab, was sie zu bieten haben, und so werden ihre Fehler, ihre Wiederholungen unbemerkbar, ähnlich wie die Merkmale der Durchschnittlichkeit, die wir an den Menschen unserer Umgebung nicht Tag für Tag wahrnehmen. Doch auch mit diesen letzteren Vergleichen wird der Sachverhalt allzusehr vereinfacht. Es geht nicht darum, daß jemand, von seinen Gefühlen angestiftet, aus Minuspunkten Pluspunkte macht, noch darum, daß Fehler nicht gesehen werden, sondern vielmehr um eine Art der Rezeption, die aus ihnen Vorzüge macht. Psychologische oder gar schlicht logische Inkonsequenzen, die wir im »Hamlet« vorfinden, würden wir, wenn wir sie in einem Stück entdeckten, das ein Bekannter von uns geschrieben hat, als gewöhnliche Mißgriffe betrachten, die auf mangelnde Konzentration, Nachlassen der Einfälle, Mangel an schriftstellerischem Fingerspitzengefühl zurückzuführen sind, Mißgriffe wie etwa der, daß der Geist des geliebten Vaters als »Ratte« bezeichnet wird, oder viele Verhaltensweisen des Helden, Mißgriffe, die Eliot am einfachsten, wenn auch am wenigsten schmeichelhaft für Shakespeare, damit erklärt, daß Shakespeare verschiedene, vor ihm entstandene Versionen des Dramas zusammengefaßt und dabei die von ihm vorgefundenen Varianten nicht radikal zu einer vollkommen homogenen Gestalt umgeschmolzen hat. Doch wer traut sich auszusprechen, daß der »Hamlet« nicht nur fatal aufgebaut ist, sondern offenkundige Widersprüche enthält? In ihnen sehen wir (auch ich, ich bekenne mich dazu) ein unergründliches Geheimnis; die Seele eines Menschen, der sich einmal mit hingebungsvoller Achtung an die Erscheinung seines verstorbenen Vaters wendet und sich dann wieder (in ein und derselben Szene) über ihn lustig macht und ihn schmäht, erscheint uns als ein unfaßbares Rätsel, denn immerhin hat Shakespeare sie ja so dargestellt. So wird aus einem Buckel ein Schönheitsideal, werden aus Mißverständnissen oder Nachlässigkeiten Werte, aus Inkonsequenzen dämmrige Labyrinthe voll Bedeutung. Erst in diesem Lichte erkennen wir, daß der Kenner, der die himmelstürmende künftige Karriere des Werkes nicht vorhersehen konnte und bereit war, ihm zahlreiche Fehler nachzusagen sowie hier und dort eine rachitische Konstruktion vorzuhalten, im Grunde recht gehabt haben mochte. Erst im Rückblick wurde sein Urteil zu einem Irrtum.

Die historische Überlieferung von Generation zu Generation stellt uns die nationale Klassik als ein geschlossenes System von Werken vor, von Schätzen, die vom Augenblick ihrer Entstehung an von purem Golde geglänzt hätten. Erst wenn man in den Archiven herumstöbert, entdeckt man ketzerische Urteile von Zeitgenossen der Klassiker, und diese Urteile sind nicht immer ein Ergebnis treuherziger Beschränktheit.

In der Literaturwissenschaft ist ein irrationaler Faktor wirksam, der dem Verhältnis ähnelt, das die Menschen zu den Überresten Verstorbener haben, nur mit einem Pfeil in entgegengesetzter Richtung versehen. Bekanntlich darf man an die Überreste um so weniger rühren, je jüngeren Datums sie sind; öffnet man ein Grab, das erst ein Jahr alt ist, so entweiht man die Totenruhe, ist das Grab aber tausend Jahre alt, dann heißt es, man führe Ausgrabungsarbeiten durch. Umgekehrt in der Literatur: Greift man etwa als Verleger oder Lektor eines Buches in dessen Text ein, so ist das noch kein Verbrechen, doch tut man das gleiche mit einem Text von vor zweihundert Jahren, so begeht man ein Sakrileg. Je ferner die Vergangenheit, aus der Texte zu uns gelangen, um so mehr sind sie nicht nur unantastbar, sondern auch durch ihr bloßes Überdauern gleichsam auf eine Höhe spezieller Vollkommenheit erhoben. Man weiß, daß unter den Literaturwissenschaftlern häufig polemische Auseinandersetzungen geführt werden, bei denen es darum geht, die definitive Version irgendeines Gedichtfetzens festzulegen, der in den Papieren eines längst verstorbenen, großen Dichters gefunden wurde; dort, wo ein unleserlicher Krakel steht, fügt man verschiedene Wörter ein, und nicht selten zieht sich das Geplänkel um diese sogenannten »Lesarten« über Jahre hin – und dabei besteht doch schließlich auch die Möglichkeit, daß das Gedicht gerade deshalb nur in einer fragmentarischen Handschrift erhalten ist, weil der Verfasser nicht das richtige Wort fand und an dieser Stelle etwas Unpassendes einfügte. Dieses Argument würde sicherlich überzeugen, wenn es um einen zeitgenössischen Dichter ginge, aber es versagt gegenüber der »Größe«, so als beruhte diese auf ständiger kreativer Höchstleistung, die jedoch, was die Kenner im übrigen auch wissen, nur dann und wann von einem Künstler erreicht wird.

Die oben beschriebene merkwürdige Metamorphose, durch die uns die Schwächen berühmter Werke als deren Tiefen erscheinen und Spuren von Verkrüppelungen zu so etwas wie heiligen Stigmata werden, macht deutlich, wie sehr die sogenannte objektive Struktur des Werkes von einer bestimmten Rezeptionshaltung abhängt. Das gilt übrigens auch für die klassischen Werke, Werke also, die ohne Kenntnis der Konventionen, Relativismen und »veränderlichen Codes« der Gegenwart verfaßt wurden.

Die große Schwankungsbreite der Urteile, die wir beobachten, bevor das weitere Schicksal eines Werkes sich festigt, kann – und das ist zumindest teilweise voneinander unabhängig – an Schwierigkeiten der Informationsaufnahme (das heißt der Decodierung oder der »Einordnung«) oder an einem Widerstand gegen die von dem Werk statuierten Werte liegen. Es ist natürlich ebensogut möglich, daß ein Werk, das bezüglich der Informationsaufnahme keinerlei Widerstand bietet, den als verehrungswürdig geltenden Werten widerspricht (zum Beispiel Naturalismus im Gegensatz zur Romantik), wie andererseits auch, daß erst seine »Dechiffrierung« entweder einen Widerspruch oben genannter Art oder umgekehrt eine Übereinstimmung mit den vorherrschenden Wertvorstellungen offenbart. Im letzteren Falle liegt ein typisches Beispiel eines sogenannten »rein formalen« Experiments vor. Wenn sowohl das Codierungsverfahren neu ist und zugleich die Inhalte eine neue Werthierarchie aufstellen, kommt es mit Sicherheit zu einer mehrdimensionalen Oszillation der kritischen Urteile. In diesem Falle wird auch deutlich, daß der Aufstieg eines Werkes statistischer Natur ist, ein stochastischer Prozeß, eine Markow-Kette, die mit den Zickzackbewegungen der Beurteilungen und Deutungen so lange in dem diskontinuierlichen Feld der Bezüge, welches die nationale Kultur zum jeweiligen Zeitpunkt darstellt, umherirrt, bis sie schließlich auf einen eher stationären Zustand trifft (weil an dieser Stelle »Randbedingungen« zusammenkommen, welche die Situation des Werkes stabilisieren) oder auf einen sogenannten »Absorptionsschirm«, wo das Werk für eine gewisse Zeit in Unbeweglichkeit erstarrt. Erst eine Veränderung des bestimmenden Milieus kann dann bewirken, daß das Werk entweder in die Vergessenheit hinabgestoßen oder auf eine weitere Wanderschaft geschickt wird, was davon abhängt, ob es in seiner Struktur verwurzelte Lesarten aufweist, die auch der neuen geschichtlichen Situation gerecht werden.

Eine solche Beschreibung ist natürlich nicht befriedigend. Wir möchten wissen, ob der Filter für die Qualität von Werken, den der bloße Zeitablauf angeblich bietet, tatsächlich unfehlbar als ein ideal verläßlicher Selektor wirkt; wir möchten wissen, ob wir sagen dürfen, daß vorzügliche Werke ganz einfach diejenigen sind, die allgemein als vorzügliche Werke gelten; schließlich möchten wir wissen, ob es denkbar ist, daß es Werke gibt, die irgendwie wertvoll sind, aber dennoch dazu verdammt, verkannt zu werden. Kurz, wir möchten besser verstehen, worauf die extreme Streuungsbreite der ersten Urteile beruht, jene Streuung, die dann später – aus geschichtlicher Perspektive – auf einen Punkt zusammenschrumpft, so daß der Eindruck entsteht, als gäbe es –

im Normalfall – weder grundsätzliche noch begründete Zweifel bei der Auswahl und Beurteilung wertvoller Werke.

Wir sind nämlich nicht – auch wenn beim Leser ein anderer Eindruck entstanden sein mag – der Auffassung, daß die Karriere von literarischen Werken das Ergebnis einer Art von Lotterie sei, die durch eine Serie von Ziehungen vollkommen zufällig auf die Gipfel befördert, was sich gerade bietet. Wir haben bereits angedeutet, daß es unterschiedliche Ursachen sind, welche die Urteile in kräftige Schwingungen versetzen. Als eine im Grunde »halbleere« Struktur, die daher mit zusätzlichen Bedeutungen »auszufüllen« ist, welche sie erst in ein sinnfälliges Ganzes verwandeln, erinnert das Werk an die leeren Strukturen der Mathematik, die bisweilen von gewissen »Rezipienten«, nämlich den Physikern oder anderen Naturwissenschaftlern, mit materiell konkreten, physikalischen Inhalten ausgefüllt werden. Ein bislang leeres System von formalen, also ausschließlich auf sich selbst und in keiner Weise auf die reale Welt bezogenen Zusammenhängen, an das wegen seiner Nutzlosigkeit eigentlich niemand mehr gedacht hatte, kann so zu einer »neuen Karriere« kommen. Sprachliche (aus der natürlichen Sprache aufgebaute) Gebilde können einen solchen Grad an »Leere« nicht erreichen. Als Zeichen sind sie stets Repräsentationen von Bedeutungen. Diese Bedeutungen organisieren sich jedoch zu einem selbständigen Ganzen, das sich quasi direkt auf bestimmte Erscheinungen oder ihre Zusammenhänge »im Leben« bezieht, sie können aber auch in die – auf das »Leben« bezogen – entgegengesetzte Richtung weisen, nämlich in den Bereich der begrifflichen Ordnungen der Sprache, was sie allerdings nicht von sich aus tun, sondern erst, nachdem der Rezipient die gegebenen Elemente – ähnlich wie ein Kind die Teile eines Legespiels – in einer bestimmten Weise miteinander verknüpft hat. Wenn er sie nicht in der richtigen Weise verknüpft, entsteht etwas Ähnliches wie in dem Kasten mit den farbigen Steinchen, die das Kind nicht zu einem Bild zusammenzufügen vermochte. Manchmal wird dabei ein fragmentarischer Umriß herauskommen, manchmal wird am Ende aber auch die völlige Auflösung stehen. Nun ist es jedoch eine Eigentümlichkeit des Werks, daß es die »Bau«anweisungen Schritt für Schritt liefert, und zwar nicht auf einem gesonderten Kanal, sondern auf dem gleichen, der die »Vorgänge« darstellt, daß also der Plan des Hauses und die Ziegel oder das Programm der Operation und deren Objekte durcheinander »in einer Verpackung« ankommen, und daher läßt sich nie *beweisen*, daß eine bestimmte Lesart völlig falsch ist. Wenn sie nämlich innerhalb eines bestimmten Milieus zur Norm wird, gibt es gegen sie keine Berufung, es sei denn, man wendet sich an andere Leser.

Auf den ersten Blick könnte man meinen, ein Werk müsse gleichsam vorweg eine hohe Komplexität der Struktur demonstrieren, die, auch wenn sie vielleicht noch nicht verständlich ist, signalisiert, daß die Mühe der Decodierung sich lohnen wird. Das ist jedoch ein Irrtum: Die Komplexität entsteht *gleichfalls* erst durch das Decodieren. Wenn wir einen Text vor uns haben, der in einer unverständlichen Sprache verfaßt ist, wissen wir ja nicht, ob dahinter komplizierte Mitteilungen stekken oder nur schlichtes Gestammel. Was die Sache so unangenehm macht, ist, daß man eigentlich niemals im voraus weiß, ob es sich überhaupt lohnt, sich um eine optimale Deutung zu bemühen. Vordergründig kann ja die Unverständlichkeit sowohl auf die Genialität des Autors zurückzuführen sein wie auf geistige Verwirrung, Unfähigkeit, Verworrenheit der Gedanken oder Manieriertheit, und dahinter verbirgt sich insofern nichts, als sich die »Stückchen«, aus denen der Text besteht, ohnehin nicht zu einem geschlossenen Ganzen zusammenfügen lassen. Freilich kann man selbst bei einem solchen Text dank der Dehnbarkeit der Bedeutungen und mit Hilfe einer überaus regen Phantasie zu der Ansicht kommen, man habe dennoch seine Gesamtvision erfaßt. Das kommt übrigens vor – und zwar speziell dann, wenn es große Mode ist, »Neuheiten« mit

Blumen zu überschütten. Von einer Heidenangst erfüllt, er könne sich kompromittieren, wird der Kenner sich dann mit allen Kräften bemühen, des Kaisers neue Kleider zu sehen.

Es kann jedoch sein, daß ein Text eine »potentielle« Einheit der Bedeutungen besitzt, es kann also ihm gegenüber eine Strategie geben, die durch die Schaffung einer semantischen Kohärenz »siegt«. Daher kommt es vor, daß in dem, was die Zeitgenossen für Gestammel hielten, die Spätergeborenen ein Werk entdecken. So ist es den Polen mit Norwid und später mit Witkacy ergangen.

Man kann das Phänomen der Neuerung, die allzu weit vorauseilt, in der Weise verstehen, daß man es auf die Rezipienten bezieht. Wenn es allein genügt, daß eine gewisse Zeit vergeht, damit etwas, was zuvor als schlecht oder (beziehungsweise: und daher) unverständlich galt, verstanden wird, ist die Antizipation »gerechtfertigt«, und das Problem löst sich auf. Denkbar ist aber auch, daß folgendes geschieht: Ein Schriftsteller hat Ausdrucksformen vorweggenommen, welche die Zukunft möglicherweise verstanden hätte, aber nicht verstanden hat, weil die Hauptströmung der Kultur sich ein anderes Bett gewählt hat und die »Antizipation« auf der Sandbank zurückließ. Ich kann nicht sagen, wie es in der Literatur ist, aber in der Wissenschaft ist so etwas vorgekommen (Boskovic war z. B. ein verkanntes wissenschaftliches »Genie«, das sozusagen zu spät entdeckt wurde; allerdings belegt schon die Tatsache, daß ich von ihm wußte, daß er nicht ganz und gar verkannt worden ist). Die enorme Mannigfaltigkeit unserer Kultur, in der die unterschiedlichsten, ursprünglich oft sehr weit voneinander entfernten Traditionen miteinander verknüpft und verarbeitet wurden, macht im übrigen die oben angedeutete Spielart einer »Pseudoantizipation« sehr unwahrscheinlich, denn im Grunde besitzt unsere Kultur nicht ein Strombett, sondern sie zerfällt, wie das Nildelta, in viele Arme.

Nun gibt es aber für die Karriere, für den Höhenflug

eines Werkes sozusagen, eine Vorstufe: Im Wartesaal des Ruhmes muß es zwischen dem Werk und einer möglichst großen Zahl *verschiedener* Leser zu einem Kontakt kommen. Angesichts der Tatsache, daß die ganze Welt mit Werken vollgestopft ist, wird es für das einzelne Werk immer schwieriger, diese triviale Vorbedingung zu erfüllen. Nicht selten beobachtet man, daß ein bestimmtes Werk Interesse weckt, daß jedoch die dadurch hervorgerufene Reihe kritischer Äußerungen *abnimmt.* Damit es zu einer lawinenartigen Zerfallsreaktion im Uran kommt, muß der Reproduktionsfaktor der Neutronen, welche die Atomspaltung auslösen, größer als eins sein – anderenfalls »verpufft« die Reaktion. Die Bekanntheit eines Werkes hängt nun davon ab, ob die Rezeption eben abnimmt oder vielmehr lawinenartig zunimmt, und bei gewissen Werken, die gerade an die kritische Grenze kommen, ist es der *reine* Zufall, der über ihr Weiterleben oder ihren Untergang entscheidet. Man könnte denken, das dynamische Modell einer solchen Situation sei der Start einer Rakete, der auf dem Gipfelpunkt ihres Fluges für den Übergang in eine Umlaufbahn knapp einige Meter pro Sekunde an Geschwindigkeit fehlen. Dies ist jedoch nicht das passende Modell, denn das Schicksal der Rakete wurde bereits am Start durch die ihr verliehene Geschwindigkeit determiniert, hängt also nicht von der Umwelt ab, in der sie sich bewegt – anders als bei dem Werk. Wir sagten schon, daß ein vereinzelter Aufschrei des Entzückens, und würde er sich selbst dem kompetentesten und berühmtesten Munde entringen, hier nichts bedeutet. Anders als Christus ist einem Werk ein einzelner Rufer in der Wüste als Prophet nicht genug. Es ist notwendig, daß die Rufe wieder aufgenommen werden; so verstärken sie die Wellen, die das Werk auf dem Wasser des kulturellen Lebens hervorruft. Wenn es sich um ein stehendes Gewässer handelt und die Kritiker auf den Messias warten, dann wird oft die Geburt eines Werkes leichter und zugleich werden Irrtümer wahrscheinlicher sein, weil ja alle nach der Offenbarung lechzen. Dort jedoch, wo dieses Wasser der Kultur (ich bitte den bis zur Unmöglichkeit gedehnten Vergleich zu entschuldigen) von zahlreichen, einander durchkreuzenden Wellen aufgewühlt ist, bedarf es nicht selten ganz einfach des Skandals, des Lärms, des Krawalls, der das Werk als »Booster« in die Umlaufbahn befördert. Es kommt dann zu einer »Verstärkung«: Die kritischen Äußerungen lösen die Lawine der nächsten Generation aus, und durch weitere Generationen von Rezensionen entsteht ein kumulativer Effekt. Die Karriere des Werkes beginnt, einstweilen noch innerhalb seines eigenen Sprachgebiets. Es kann ein lokales Phänomen bleiben, es kann aber auch in andere Sprachgebiete gelangen, und zwar, grob gesagt, auf zwei Wegen: »von oben« oder »von unten«. Der Einstieg »von oben« liegt vor, wenn ein Werk aufgrund der Vollkommenheit, die ihm von bestimmten kulturellen Zentren, die anderen den »Kurswert« künstlerischer Beurteilungen diktieren, bescheinigt wurde, an fernen Orten der Erde bereits »blanco« aufgenommen wird, mit einer Anerkennung, die der Rezeption *vorausgeht.* Die örtlichen Kritiker stimmen in diesem Falle ihre Beurteilungen nachträglich mit der hohen weltweiten Notierung ab; die Meinungen ganzer Kontinente werden informational miteinander verknüpft, und wenn ein Werk sich irgendwo nicht der Wertschätzung des Publikums erfreut, werden die Kritiker eher das Publikum und nicht das Werk für die mangelnde Resonanz verantwortlich machen. Es geht hier nicht nur um Snobismus und Schwindelei. Es kann ja passieren, daß jemand sein Augenmerk auf ein Mädchen richtet, in der Meinung, sie sei eine Prinzessin, denn so hat man es ihm erzählt; wenn sich dann später herausstellt, daß das nicht stimmt, kann es durchaus sein, daß die einmal entstandenen Gefühle weiterbestehen; die Aufmerksamkeit galt also dem, was – Prinzessin hin oder her – ihrer würdig war. Das Übel liegt nicht bei den Werken, die auf diese Weise hervorgehoben werden, sondern bei jenen, die manchmal sozusagen nur Sekunden und Millimeter von der Schwelle trennen, hinter der ihnen die ganze Welt offensteht. In dem Maße, wie die ersteren aufblühen, welken die letzteren dahin, und die Kluft zwischen ihnen, die nur noch auf Zufallswirkungen beruht (einerseits die Kumulation, andererseits die Vernachlässigung), wächst. Wenn man dann nach Jahren zwei Werke, die einander sozusagen »immanent« ebenbürtig sind, miteinander vergleicht, muß man sich wundern, warum die Popularität, die Auflagenhöhe und die Beurteilungen so weit auseinandergingen. Wenn ein Schriftsteller mit einem von mehreren Büchern zu spätem Ruhm gelangt, so werden seine übrigen Werke »rückwirkend« aus dem Nichts hervorgeholt (so hat man nach der »Lolita« eine ganze Reihe anderer Titel Nabokovs ans Tageslicht gefördert). Hat ein Schriftsteller bereits einen weltweiten Ruf erlangt, so daß praktisch eine einhellige Meinung über ihn herrscht, so wird er diese durch seine weiteren Werke nur schwer erschüttern können, weil der Impuls, einmal gegeben, eine erhebliche Trägheit besitzt.

Man könnte meinen, daß wir über bloße Äußerlichkeiten sprechen, denn die weltweite Karriere – was ist das schon für ein Kriterium künstlerischer Vollkommenheit? Man könnte meinen, wir wüßten nicht, daß man die Qualität eines Werkes nicht anhand von Häufigkeitskriterien bestimmen kann, so als bestünde zwischen der Anzahl der Rezensionen, der Auflagen und der Übersetzungen auf der einen Seite und dem literarischen Rang auf der anderen Seite eine feste Korrelation! Gewiß sind derartige Korrelationen keine sicheren Qualitätsmerkmale. Daß soziologische Rezeptionsuntersuchungen jedoch nicht vor den Werken haltmachen, sondern auch etwas über die Mechanismen aussagen, durch die beim Rezipienten die Bedeutungsstruktur des Textes erst *entsteht*, davon können wir uns durch einen Vergleich zwischen Karrieren »von oben« und solchen »von unten« überzeugen. Unter den letzteren verstehe ich eine solche Art der internationalen Zirkulation von Texten, zu der es eher zufällig kommt. Es werden also nicht deshalb hier und da Bücher übersetzt, weil *Lutetia locuta*, sondern deshalb, weil sich dank zufälliger gesellschaftlicher Begegnungen, persönlicher Kontakte und wohlwollender, einflußreicher Persönlichkeiten in diesem oder jenem Land ein Verleger gefunden hat. Der Rang und die Rezeptionsweise entsprechender Werke werden also nicht mehr durch eine unter den Fachleuten generell abgestimmte Festlegung bestimmt (wenn ich von »Abstimmung« spreche, meine ich damit natürlich nicht irgendwelche freimaurerischen Machenschaften, und ich glaube auch nicht, daß irgend jemand blindlings *in verba magistri* schwört; ich meine lediglich das, woran es liegt, daß wir eine Musik, die uns als eine wiederaufgefundene Komposition Beethovens angekündigt wird, mit einer *anderen Einstellung* hören, als wenn man uns sagt, es handele sich um eine interessante Komposition eines gewissen Briefträgers aus Wanne-Eickel). Es stellt sich dann auch heraus, daß die Meinung über ein Werk, falls sie sich in jedem einzelnen Sprachgebiet isoliert entwickelt (daher die Bezeichnung »Karriere von unten«), wiederum den Charakter von *Zufallstreffern* hat, der deutlich wird, wenn man diese relativ unabhängig voneinander entwickelten Meinungen miteinander vergleicht. Es kommt beispielsweise vor, daß ein Buch in einer bestimmten Gruppe von Ländern disqualifiziert wird, während es in anderen Ländern einiger wohlwollender Äußerungen für würdig erachtet wird, um in einer Reihe wiederum anderer Länder »die Gattung zu wechseln«: Aus einem, sagen wir einmal: »kryptophilosophischen« Roman verwandelt es sich (bei der Rezeption) in einen gewöhnlichen Sensationsroman, so daß die ernsthafte Kritik ihn ignoriert. Allein schon die Einstufung in eine bestimmte *Gattung* ist ja ein wesentliches Element der Rezeption. Auf der erweiterten Stufe der Zirkulation in verschiedenen Ländern unterliegt das Buch dann ähnlichen Prozessen wie schon nach seiner Entstehung in seinem Ursprungsland: Erneut bedarf es einer hinreichenden Zahl von Beurteilungen, damit es sich zu einer Berühmtheit entwickeln kann, und erneut kann es geschehen, daß es ihm an einem bestimmten Ort an einer nicht sehr großen Zahl solcher Beurteilungen mangelt, um diese Schwelle zu erreichen. Der Mangel an kritischen Äußerungen liegt ja in erster Linie daran, daß es an einem Netz von Informationsverknüpfungen fehlt, das mindestens in dem Maße ständig funktioniert, daß überhaupt eine stabile und kohärente Meinung sich bilden kann. So sind z. B. die Bühnenstücke von Mrożek zweimal in Paris herausgekommen: Beim erstenmal wurden sie praktisch nicht wahrgenommen – das war der »Einstieg von unten«; beim zweitenmal kamen sie »von oben«, und dieselben Stücke, die zunächst mißachtet wurden, wurden beim zweiten Anlauf gelobt. Verschiedene lokale Zentren werden also erst dann zu kommunizierenden Gefäßen, wenn Meinungen, die sich an einer Stelle gebildet haben, deutlich an anderen Stellen eindringen. Dies belegt ein weiteres Mal, daß die »Vorausinformation« ebenso wichtig ist wie der statistisch-massenhafte Charakter der Herausbildung von Rezeptionsregeln. Die Literaturwissenschaft ist für solche Phänomene besonders blind, weil diese die von ihr implizit oder explizit behauptete objektive Einzigartigkeit des Werkes und zugleich die Bedeutsamkeit singulärer Urteile von berühmten Kritikern in Frage stellen. Die Literatur hat in dieser Hinsicht den größeren Scharfblick bewiesen, denn bei Gombrowicz (»Ferdydurke«; Vorwort zum »Philidor«) können wir lesen: »Na ja, es ist ja bekannt, die Menschheit braucht eben Mythen; sie sucht sich den oder jenen unter vielen Schöpfern aus (wer aber vermöchte die Gründe solcher Auswahl herauszufinden?), und schon stellt sie ihn über die anderen, beginnt, ihn auswendig zu lernen, entdeckt in ihm ihre Geheimnisse, ordnet ihm ihre Gefühle unter. Würden wir uns aber mit gleicher Hartnäckigkeit daranmachen, irgendeinen anderen Künstler zu glorifizieren, so würde eben dieser zu unserem Homer werden.« Gombrowicz sagt hier eindeutig, wie zufällig es ist, wenn verschiedene Shakespeares und Homers mit Ruhm gesalbt werden – wobei man gerechterweise hinzufügen muß, daß Gombrowicz dort, wo er über Bruno Schulz schreibt, sich selbst anklagt, gegenüber dem Freund gleichgültig gewesen zu sein, daß er jedoch in dieser Passage zwar den Splitter, nicht aber den Balken sieht. Denn auf Anraten von Schulz (den man jetzt mit einem Sammelband im Krakauer literarischen Verlag finden kann) hat er die Einleitung zu »Philidor« radikal geändert – und zwar in der uns interessierenden Frage. Der junge Gombrowicz hatte nämlich, als er die erste Fassung dieser Einleitung schrieb, geschwankt, es hatte ihm an Mut gefehlt, und so hatte er über die Kategorie jener Werke, denen von der gesellschaftlichen Lotterie der Eintritt ermöglicht wird, eine gesonderte Kategorie genialer Werke gestellt, die sich – wie die Sonne – selbst repräsentieren, also nicht der Geburtshilfe des Zufalls bedürfen. In der Nachkriegsausgabe des »Ferdydurke« strich er dann die Kategorie der »von Kindheit an gesalbten« Werke, nicht ohne die einstige Hilfe Schulzens, denn dieser hatte ihn darauf hingewiesen, daß es falsch sei, in dieser Weise zwischen den Triebkräften und den Kriterien der Größe zu unterscheiden; in seinen Schulz gewidmeten Erinnerungen hat er darüber jedoch nicht ein einziges Wort verloren.

Wie kann ein Schriftsteller angesichts der Erfahrung, daß seine Werke, wenn sie »von unten« in verschiedene Sprachgebiete eindringen, sich in der Rezeption verwandeln, ernsthaft an die Unveränderlichkeit dieser Werke glauben? Er kann das dank der Eigenliebe, die ihm einflüstert, seine Werke seien »an sich Brillanten« und es sei allenfalls möglich, daß sie nicht in ihrer Brillantenhaftigkeit erkannt werden. Bestärkt wird er in dieser Selbsttäuschung durch den Philosophen-Literaturwissenschaftler, der versucht, die Beurteilung des Werkes von seiner Semantik abzulösen, so als wüßten wir nicht, daß gerade der unauflösliche Zusammenhang zwischen Bedeutungen und Urteilen bis heute eine zugleich objektive und semantische Informationstheorie unmöglich macht. Werke, die in ihrer Struktur angeblich so starr sind wie irgendwelche Möbel, sind vergleichbar mit einem »Omasessel«, den die einen für eine Schaukel, die anderen für ein Bett halten; bald sieht man in ihnen einen wunderschönen Sekretär mit lauter Geheimfächern voller Juwelen, bald eine ordinäre Kiste, die nichts als Ramsch enthält.

Gewiß muß ein Werk, um in den »Wartesaal der Literatur« zu gelangen, gewisse Minimalkriterien erfüllen – ein Koch- oder Telefonbuch wird wohl kaum zum Meisterwerk ausgerufen werden. Unerläßlich ist eine Prädisposition in Gestalt einer zumindest potentiellen Organisiertheit, oder anders gesagt: einer gewissen Komplexität der Information, aber das ist eigentlich schon alles. Der ganze »Rest« entsteht bei den Rezipienten.

Wenn das stimmt, dann fällt es schwer, auch noch den Zeitablauf als einen völlig unfehlbaren Filter aufzufassen, denn es geht dabei um eine Tautologie: In der Literatur gilt als vorzüglich, was langlebig ist, und als langlebig, was vorzüglich ist. Größe wird durch Dauer etwas Endgültiges, und sie wird um so unwiderruflicher, je mehr Generationen auf sie geschworen haben; das ändert nichts an dem ursprünglichen Indeterminismus, der am Anfang wirksam ist und die Chance potentieller Austauschbarkeit erzeugt – vielleicht sogar innerhalb der »Klasse der Meisterwerke«, wie das angeführte Zitat besagt. Ließe sich diese unbewiesene Hypothese in eine durch Beobachtungen gut verifizierte Behauptung überführen? Ganz sicherlich. Man müßte dazu im Bereich der Ökologie und der Soziologie der Rezeption Häufigkeitsuntersuchungen durchführen und für einzelne Werke Vergleichstabellen aufstellen, um zunächst nur die Anzahl der verschiedenen Auflagen und Übersetzungen mit der Anzahl der parallel erschienenen Besprechungen zu vergleichen, dann müßte man versuchen, aus dem Zahlenmaterial Korrelationsfaktoren abzuleiten, und schließlich müßte man von diesem rein statistischen Ansatz zu einer genaueren Analyse übergehen. Anschließend könnte man ja die kritischen Stimmen danach aufteilen, ob sie eher eine *gattungsmäßige* Einordnung des Werkes vornehmen, es also einem bestimmten Genre zuordnen, oder ob sie eher eine semantisch-strukturelle Beurteilung darstellen; danach müßte man dann die verschiedenen Kulturkreise im Hinblick auf ihre lokalen Besonderheiten differenzieren, also darauf hin, ob sie »ökologische Nischen« für literarische Texte bieten, und vielleicht ließe sich am Ende herausbekommen, in welchem Maße Faktoren am Erfolg beteiligt sind, die dem Werk eher »äußerlich« sind, beziehungsweise solche, die eher »bei ihm« liegen (dies wäre natürlich keine singuläre Differenzierung, sondern eine frequentative). Da es an solchen quantitativen und komparatistischen Unterlagen ganz und gar fehlt, bleibt uns nichts anderes übrig, als Hypothesen zu äußern, die schon wegen ihrer empirischen Unbestimmtheit extrem sind und entweder aus dem Lager derer kommen, die dem Werk eine objektiv invariante Existenz zuschreiben, oder von jenen, die eine solche objektive Einzigartigkeit grundsätzlich verneinen. Leider finden wir in diesem Bereich nur Theoretiker, die zu den umfassenden und immer umfassenderen Synthesen gern noch eine hinzufügen würden, während es völlig an idiographischen Forschern fehlt, die den ersteren mit gut verifiziertem Beobachtungsmaterial behilflich wären. Das ist auch der Grund, weshalb unsere Überlegungen über eher apodiktische Verallgemeinerungen nicht hinausgehen, deren Radikalität, durch den Gegensatz zu den bislang vorherrschenden Ansichten bedingt, als wahrscheinlich zu nihilistisch betrachtet werden muß.

Die Auffassung, Werke seien etwas »Starres«, führt zu weiteren Konsequenzen, nämlich zu pathologischen Erscheinungen »positiver« und »negativer« Art. Unter der »positiven« Variante verstehe ich, daß bestimmten Werken im Laufe der Zeit ein immer größerer Bedeutungsüberschuß zugeschrieben wird. Nach einem Jahrhundert sieht es schon so aus, als enthalte das auf diese Weise behandelte Werk buchstäblich »alles«, als sei es eine semantische Menge von unendlicher Mächtigkeit.

Dies ist eigentlich das übliche Schicksal von Meisterwerken. Sie werden nicht nur insgesamt vollkommen, sondern scheinen, wie ständig aktive Vulkane, eine Unmenge immer neuer Wahrheiten, Feststellungen und

Offenbarungen aus sich herauszuschleudern, mit deren Aufzeichnung die Gemeinschaft der Theoretiker kaum nachkommt. Jeder neue Forscher entdeckt an dem Werk etwas Neues, etwas, was auf andere Bezüge verweist. Solche späten Untersuchungen bewegen sich gewöhnlich am äußeren Rande des Werkes, in seinem Grenzbereich, der dermaßen aufgebläht wird, daß er sich mit allen möglichen kulturellen Strömungen, philosophischen Systemen, gesellschaftlich-politischen Doktrinen und mit einer Unmenge sonstiger Werke berührt; diese »Gemeinschaft der Heiligen« hat ihre Ursache natürlich nicht darin, daß das Werk selbst ständig weiterwächst, größer wird und anschwillt, sondern kommt allein daher, daß man ihm buchstäblich die gesamte nationale oder gar die Kultur der gesamten Menschheit als »Lebensnische« zugewiesen hat. Der Text wird zum Ausgangspunkt für Entdeckungen, zu einer Art abgrundtiefem Brunnen, aus dem man ständig neue Schätze hervorzieht; mit den Begriffen und Relationen, die ihm entnommen werden, durchkämmt man wie mit einem Schlepper andere Gebiete der Literatur; ein solcher Text wird mit ganzen Schichten von Beiträgen und Neuinterpretationen eingedeckt, und wenn er darunter nicht völlig erstickt, dann nur deshalb, weil der normale Leser kaum Bescheid weiß – nicht über den Inhalt solcher Arbeiten, sondern darüber, daß es sie überhaupt gibt. Untersuchungen, die ansonsten nützlich sein mögen, tragen so dazu bei, daß in ein Meisterwerk ständig neue Bedeutungen »hineingepumpt« werden, und es kommt zu Elephantiasis und zu semantischer Akromegalie.

Zugleich bleibt Werken, die außerhalb des derart eingeengten Bereichs der Aufmerksamkeit liegen, ständig eine hinreichende Interpretation versagt. Schon vor langer Zeit hieß es, daß es dreier Dinge bedarf, um zum Klassiker zu werden: Ausländischkeit, Schwierigkeit und Leblosigkeit, denn ein ausländischer schwieriger Verstorbener ist ein idealer Klassiker. Ausländischkeit bedeutet, daß er bereits anderswo verifiziert worden ist; Schwierigkeit, daß der Beweis der Unsinnigkeit einer Interpretation im Grunde unmöglich sein wird (denn wo es schwierig ist, dort ist es gewöhnlich auch dämmrig); der Tod klärt die Situation zusätzlich, denn weder wird ein Verstorbener sich dadurch kompromittieren, daß seine späteren Texte schlechter sind, noch wird er jemals seinen Senf dazugeben. Sicherlich ist das eine oberflächliche und banale Redensart, aber es steckt auch ein bißchen Wahrheit darin. Werken, die niedrig notiert werden, spricht man – und zwar gleichsam a priori – bestimmte Bezüge ab, beispielsweise zu einer im strengen Sinne philosophischen Frage. Es geht uns hier keineswegs darum, die Zustände der »Verkennung« und der »Anerkennung« um ihrer selbst willen miteinander zu vergleichen, sondern um ihre Konsequenzen für die Menge der in einem Werk enthaltenen Information. Wir haben das Wort »enthaltenen« nicht in Anführungszeichen gesetzt, denn es handelt sich nicht um einen Irrtum; wenn man einen Gegenstand in bestimmte Bezüge einordnet, wie wir es am Beispiel der Ampel besprochen haben, dann erhöht man tatsächlich die »in ihm steckende« Informationsmenge, denn diese hängt von der Mächtigkeit der Bezugsmenge ab.

Karriere eines Falsifikats

In meiner »Summa technologiae« habe ich darauf hingewiesen, daß der Start eines Werkes dadurch erschwert wird, daß die Zahl der Werke zunimmt. Zu der Indeterminiertheit der Entscheidungen der Kenner kommt nämlich – bei einem großen Angebot an Werken – die triviale Beschränkung hinzu, die aus der Erschöpfung der »Durchsatzkapazität« der Kritik erwächst. Heute ist niemand mehr in der Lage, alles zu lesen, was auf dem Buchmarkt erscheint. Die Verleger machen den Kennern das Leben leichter, indem sie eine erste Klassifikation vornehmen. Diese Klassifikation trägt dazu bei, daß geschlossene Gattungsghettos entstehen, wobei über die

Zugehörigkeit eines Werkes zu einer bestimmten Gattung häufig das Thema entscheidet. Würden wir diese Methode auf sämtliche Werke anwenden, so fänden wir Mickiewicz und Goethe entsprechend aufgeteilt auf Regalen mit den folgenden Hinweisschildern: »Streitigkeiten in Einfamilienhäusern«, »Sabotage und Diversion im alten Litauen«, »Verführungen mit Hilfe von Teufeln«, während Słowacki teils unter prothetischer Osteologie (»Złota Czaszka«), teils in der Abteilung »Epidemien, Katastrophen, Seuchen in der Wüste« figurieren würde. Einstweilen macht man noch Ausnahmen bei berühmten Autoren, doch ist die Berühmtheit ein erworbenes Merkmal und nicht ein angeborenes Stigma; so fand ich Novellen von Gombrowicz in dem großen Katalog einer westdeutschen Firma unter »Science-fiction« (weil sie angeblich zur »Phantastik« zählten). Allmählich steuern wir also auf eine Ordnung jenes Chaos zu, das Goethe und Mickiewicz mit allen ihren Titeln in der Buchhandlung an einer Stelle stehen läßt, was offenbar das Verkehrteste von der Welt ist, denn in Modegeschäften liegen ja auch nicht die Socken, Unterhosen und Krawatten von ein und demselben Hersteller in einer Schublade, die mit seinem Namen versehen ist, sondern in den entsprechenden Schubladen mit Strümpfen, Wäsche usw. Sollte ein Autor künftig die Absicht haben, einen Pseudo-Kriminalroman zu schreiben, der aber zwischen den Zeilen auch ein philosophischer Roman sein soll, oder eine neue Art von »Schuld und Sühne«, so wird er sich das zweimal überlegen müssen, bevor er einen solchen Leichtsinn begeht, denn die Kenner werden das Werk, nachdem es zwischen Agatha Christie und Chandler gelandet ist, sicherlich nicht zu Gesicht bekommen.

Wenn man Werke vorweg in das »Ghetto« einer bestimmten Gattung einordnet, entzieht man ihnen das Recht, in der Konkurrenz »Literatur schlechthin« zu starten. Dadurch vereitelt man die Möglichkeit von »vertikalen Bewegungen« innerhalb der natürlichen Hierarchie der Werke. Sie stellt so etwas wie eine Pyramide dar, deren Spitze ausgefüllt ist mit »großen«, »berühmten«, von der Tradition überlieferten Werken, zu denen solche hinzutreten, die bereits den Test der Gegenwart bestanden haben. Das nächsttiefere Stockwerk nehmen Werke vom Typus der diversen »Milieuschilderungen«, des »kleinen Realismus«, der »Reportagen« ein, die korrekt über bestimmte familiär-gesellschaftliche, berufliche oder erotische Sachverhalte informieren – und zwar mehr über die Durchschnittsnorm als über die Extreme. Diese Literatur, die gelegentlich als zweitrangig bezeichnet wird, zeichnet sich durch »Solidität« und nicht selten durch den Anspruch auf die ihr abgesprochene »Erstrangigkeit« aus. Unter ihr befindet sich ein ausgedehnteres Feld, von Werken bevölkert, die auf veristische Vermittlungen verzichten können zugunsten der Befriedigung nicht so sehr kognitiver, sondern »wunschmäßiger« Bedürfnisse der Rezipienten; solche Bücher stellen ein Surrogat einer Wunschwirklichkeit dar, einen Ersatz für stärkere reale Erlebnisse, der beispielsweise zu einem »Strauß« erotischer Abweichungen arrangiert wird und eher »gefällige« als »unterrichtende« Information liefert; zumindest kann man die von den Autoren angewandten Auswahlkriterien in dieser Weise kennzeichnen. Weil man über den sprachlichen Kanal sinnliche Informationen nicht derart mimetisch übertragen kann wie über die Kanäle der unmittelbaren Wahrnehmung, können Film und Fernsehen auf dem Gebiet der Darstellung einer Wunschrealität durch deren künstliche Inszenierung erfolgreich mit der Literatur konkurrieren. Die untersten Schichten der Pyramide, die Verliese und Höhlen nehmen die Sensations-, Abenteuer- und Liebesromane ein, die gar keinen Anspruch mehr auf eine, sei es mittlere, sei es radikale Glaubwürdigkeit erheben; wirkliche Verliebte, Verbrecher, Detektive einschließlich der Perversen verhalten sich nämlich anders, als die erstarrten Schemata des Kriminal- oder des pornographischen Romans es darstellen. Dieser letztere ist ein typischer Vertreter der »Drittrangigkeit«; die Pornographie tritt entweder offen auf, indem sie ohne irgendeinen Vorwand sexuelle Obszönitäten beschreibt, oder verschleiert unter einem Vorwand, der es ihr nicht nur erleichtert, durch das Sieb der Zensur zu schlüpfen, sondern außerdem mit einem pharisäerhaften Trick das Gewissen des Lesers beruhigt, der sowohl nach Anstößigkeiten als auch zugleich nach Entschuldigungen verlangt.

Von Zeit zu Zeit kommt es vor, daß ein Werk von diesem untersten Niveau durch verschiedene Umstände nach oben gehievt wird. Als Beispiel eines solchen »Aufstiegs« kann der Roman »Der bemalte Vogel« von Jerzy Kosiński gelten. Dieser Autor hat, unter dem Vorwand, »die wahren Erlebnisse eines Kindes in Polen während der Besatzungszeit« darzustellen, eine Serie von Szenen geliefert, die als Exempel in einer Monographie der sexuellen Psychopathologie stehen könnten unter besonderer Berücksichtigung des Sadomasochismus. Das Kind wird von jungen, unbefriedigten polnischen Bäuerinnen zu Orgien angehalten oder beobachtet ihren – figürlich komplizierten – Verkehr mit Mitgliedern der Familie (es geht um Blutschande). Darüber hinaus maßlos mißhandelt, geschlagen, aufgehängt, ist es ständig sowohl Opfer von Grausamkeiten als auch deren Zeuge, beispielsweise einer *captivatio penis* während der Vergewaltigung einer Jüdin, die einem »Transport ins Gas« entkommen ist; sie wird von einem anderen Bauern geschändet, der keine Rücksicht darauf nimmt, daß sein Opfer einen gebrochenen Arm hat; wir finden hier, auf einem insgesamt recht knappen Raum, sowohl Sodomie (ein anderer Bauer liebt eine Ziege) als auch Kollektivvergewaltigungen auf dem Pferderücken (also schon eine echte Kopulationsakrobatik) und schließlich Verkehr zwischen kleinen Kindern, die in ihrer freien Zeit – nach dem Krieg und zum Vergnügen – Züge entgleisen lassen. Dieses Buch hat als Bestseller bei bekannten Kritikern ein positives Urteil gefunden; das Widerwärtige darin hat man als »Fieberphantasien« und »Phantasmagorien« des kleinen Pechvogels hingestellt; das Kopulationsmarathon der polnischen Dorfbewohner wurde aufgefaßt als eine düstere Schilderung des Wildwuchses einer »balkanischen« Bevölkerung; selbst Polen, die darüber im Bilde waren, daß es sich um eine auf »Bestellung« verfaßte Schmähschrift handelt, waren bereit, im »Bemalten Vogel« eine gewisse Größe zu erkennen, und zwar wegen seiner Kühnheit und seiner grenzenlosen Vehemenz.

Einen Teil der Verantwortung für derartige Karrieren trägt die Literaturwissenschaft, die die unteren Regionen der Schriftstellerei mit Schweigen abtut. Dadurch passiert ihr, was einem Frömmler widerfahren kann, der, vom Pfad der Tugend abgekommen, in einem Freudenhaus landet und die Zärtlichkeiten, welche die Prostituierte ihm erweist, für ein Zeichen wirklicher Gefühle nimmt, weil er die üblichen Verhaltensregeln in diesem Fach nicht kennt. Dabei kann man gerade in Werken aus diesen unteren Sphären Materialien finden, die für den Kulturwissenschaftler und den Anthropologen interessant sind. Die Schundliteratur, bisweilen eine vulgarisierte, primitivere Version der erstrangigen Literatur und aufnahmebereit für deren Niedergangserscheinungen, kann unter Umständen die Schlüssel liefern, mit denen die Schlösser komplizierterer Probleme zu öffnen sind. Doch die Literaturwissenschaftler, zu einem ständigen, mehrdeutigen Wechsel zwischen einer wissenschaftlichen und einer ästhetisch-wertenden Haltung verurteilt, befürchten vielfach, man könnte ihnen einen schlechten Geschmack und einen Hang zum Ordinären unterstellen. Da wiederum die Anthropologen und Soziologen sich nicht mit dieser Literatur befassen, weil sie meinen, das gehöre nicht zu ihrem Fach, bleibt dieser ganze Bereich unerforschtes Gebiet. Dabei gibt es dort ... zigtausende von Problemen, die man einfach liegenläßt, angefangen mit den erotisch-pornographischen; in der Ethik gibt es bekanntlich einen normativen und einen empirischen Zweig, der moralische Haltungen nicht bewertet, sondern lediglich beschreibend untersucht – und zu einer solchen Einteilung muß es auch in der Literaturtheorie kommen. Genetisch sind alle Werke in doppelter Weise bedingt: sie entstehen aus einer Kreuzung von gesellschaftlichen und literarischen Situationen. Man kann daher allen Werken eine doppelte Abstammung zuordnen, eine literarische und eine gesellschaftlich-zivilisatorische, oder anders gesagt: man kann unterscheiden zwischen dem, was der schöpferische Akt aus den realen Lebensbedingungen schöpfte, und dem, was an ihm determiniert ist durch die selektiven, kompositorischen, stilistischen, motivischen Kunstgriffe und Konzeptionen, welche die Vergangenheit der Weltliteratur bereitstellt. Auf die Problematik dieser doppelten Bedingtheit würde viel Licht geworfen durch eine Untersuchung der Evolution der Gattungen, die jedoch auch alle Arten von Reptilien und Amphibien umfassen müßte, auch »das, was kriecht« in der Literatur, und das wäre für die Vollständigkeit der Erkenntnis nur von Nutzen. Es gibt nämlich Gattungen, die sich aus den Niederungen losreißen und zu den Gipfeln streben (der Roman war einmal eine Gattung von durchaus verdächtiger Provenienz und konnte sich lange nicht mit der Poesie, dem Drama, der Epik messen, die ausschließlich als eine poetische Gattung aufgefaßt wurden), während andere, ähnlich wie jene Flüsse, die vor den Augen des Beobachters verschwinden und unter der Erde weiterfließen, aus einer geachteten Stellung in die Gosse absinken; das trifft in großem Maße beispielsweise auf die Science-Fiction zu (die aus der Utopie, aus einem philosophischen Element und zugleich aus der Soziologie und Philosophie der technischen Entwicklung hervorgegangen ist, aber zu einer derart abenteuerlich-sensationellen Gattung wurde, daß heute ein und dieselben Autoren abwechselnd »Kriminalromane« und »Phantastik« produzieren). Wenn eine Gattung nach Ansicht der Kenner in die Hölle der Drittrangigkeit hinabsteigt, entzieht sich alles, was sich in ihrem Entwicklungskern abspielt, der Aufmerksamkeit der Theoretiker, und so kann es dann passieren, daß ein Werk, das offensichtlich von dem Inhalt des degenerierten Zweiges befruchtet wurde, wie eine Offenbarung aufgenommen wird. Was die Kenner am »Bemalten Vogel« so verblüffte, kann man in vielen pornographischen Machwerken wiederfinden, und sogar das Erzählschema weist formale Übereinstimmungen auf, denn es ist nur Vorwand und darauf ausgerichtet, ein Maximum an obszöner Information mit Hilfe eines Minimums an verbindender Information zu einem erzählerischen Ganzen zu verknüpfen. Es muß deutlich gesagt werden, daß das sexuelle Parasitieren an der Epoche des Völkermords zu dem Widerlichsten gehört, das man sich vorstellen kann. Da einem sexuell orientierten Sadisten die Realität der völkermörderischen Praktiken der Deutschen nicht sonderlich entspricht, denn dabei handelt es sich um eine Art von industrialisiertem Schlachthof und nicht um ein orgiastisches Panoptikum, kommt der Authentizität eine *pseudologia pornographica* zu Hilfe. Eine geradezu gottgefällige Rechtfertigung erfährt sie in der für das Gewissen so bequemen Überzeugung, daß man von all den vorgekommenen Greueln nur dann erfährt, wenn man sich zugleich der Gemarterten erinnert.

Das willkürliche Abschneiden der »wirklichen Literatur« von allen zweifelhaften Verbindungen, die sie mit dem sadomasochistischen Untergrund verbinden könnten, erschwert die Aufgabe des Theoretikers, wenn es ihn nicht gar in eine falsche methodologische Ausgangsposition bringt.

Damit soll nicht dem Puritanismus in der Literatur das Wort geredet werden. Die uralten Auseinandersetzungen über den angeblich pornographischen Charakter bestimmter Werke sind unentscheidbar, weil gewisse Szenen nur dann ihren pornographischen Charakter verlieren, wenn man sie in das Ganze integriert; wenn es aber dazu nicht kommt, bleiben sie mosaikartig verstreute Fragmente, an denen sich bestimmte Appetite ebenso weiden können wie an den vorzüglichsten Aktgemälden oder Skulpturen. Aber nur den, der sie *nicht* gelesen hat, läßt Kosińskis Buch an die Werke des Marquis de Sade denken. Diese Werke sind – auf ihre Art! – ein glänzender Ausdruck einer Perversität, die so radikal und absolut ist, daß sie alle Hüllen fallen läßt und aus der brennenden Begierde eine eigentümliche Philosophie der

Revolte und des Nihilismus macht; sie betören einen durch die mutige Offenheit des Bösen, das nicht nach pharisäerhaften Masken oder Entschuldigungen sucht; man mag sie hassen wegen der Verworfenheit einer Phantasie, die nur im Leiden anderer Linderung fand, aber niemals wegen Verlogenheit, Heuchelei oder Falschheit, denn sie gibt es nicht in diesem Werk. Übrigens schlagen diese Paroxysmen am Ende ins Lächerliche um, denn die verbissene Suche nach immer ungeheuerlicheren Aufhäufungen von Scheußlichkeiten bringt einen, wenn man nur ein bißchen nachdenkt, zum Lachen – besonders bei der grotesken Überspitzung der Ausschweifungen, die die Grenzen aller, also auch der physischen Möglichkeiten sprengen. Außerdem ist das Verbrechen dort kein Ziel, sondern so etwas wie das Wasser, mit dem man das Höllenfeuer zu löschen versucht. Auch gibt es bei de Sade eine Verbindung von Verzweiflung und Stolz, mit der er in ambivalenter Weise seine eigene, von der Norm so sehr abweichende »Andersartigkeit«, also auch seine menschliche Einzigartigkeit bewertet.

Man kann einräumen, daß es eine gewisse, rein äußerliche, oberflächliche Ähnlichkeit gibt zwischen dem, der, unfähig, Linderung zu finden, unter immer größeren Mühen seine orgiastischen Visionen wiederholt, kompliziert und erfinderisch zubereitet, und demjenigen, der mit Hilfe eines psychopathologischen Wörterbuchs immer neue »häßliche Ausdrücke« vorträgt und diese Pathologie nach Kräften herunterleiert. Diese Verwandtschaft ist jedoch das Ergebnis eines Kalküls, das nicht bis zum Schluß Authentizität vorzutäuschen vermag. Ich will nicht – wiederum gleichsam im Widerspruch zu dem, was ich vorher sagte – eine Apologie der Werke des »göttlichen Marquis« verfassen, sondern weise lediglich darauf hin, daß neben der blutigen Galerie seiner Szenen, aus denen eine unbeschreibliche Glut der Qualen und der Sehnsucht nach ihnen hervorbricht, das Büchelchen von Kosiński unsäglich platt wirkt, denn sein Sadismus ist bestellt, seine Verworfenheit hohl, und die Ausschweifung ist das Kalkül einer schlauen Dirne, die weiß, wofür die Gäste am besten zahlen.

Bedeutet das, daß ich inkonsequent bin, wenn ich einmal als jene Instanz, die unwiderruflich über Texte urteilt, in beinahe fatalistischer Weise die kollektiven Meinungen der Leser sowie der Kenner bestätige und mich dann wieder, wie oben, ihnen zu widersetzen versuche?

Die statistische Natur der Rezeptionsprozesse ist nicht gleichbedeutend mit ihrer Determinierung, so wie auch der Glaube an die Richtigkeit des historischen Materialismus nicht bedeutet, daß man untätig darauf warten kann, daß die Geschichte alles, was für die Beglükkung der Welt vonnöten ist, für uns tut. Die Karriere des »Bemalten Vogels«, der als Beispiel eines gelungenen Falsifikats diente, macht deutlich, daß die Unwissenheit -- oder eine allzu enge Spezialisierung der Kenner – ihnen geradezu trivial einfache, aber dennoch wirksame Fallen stellen kann. Ein umfassendes außerliterarisches Wissen ersetzt nicht den künstlerischen Geschmack, kann ihn aber unterstützen, besonders bei jenen, denen es, obwohl sie Spezialisten sind, daran mangelt.

IX.
Die Moderne oder der Zufall

Einleitung

Wir haben Überlegungen angestellt, die dem Werk *äußerlich* bleiben, beispielsweise mit der statistischen Betrachtung der Karriere und des Schicksals eines literarischen Werkes, doch sind sie damit nicht abgeschlossen, denn wir werden noch einmal darauf zurückkommen, wenn wir das Lebensmilieu der Werke untersuchen, die wir dann allerdings nicht mehr singulär betrachten, denn auf jener höchsten Ebene wollen wir die *gesamte Literatur*, angepaßt an ihre »letztendliche« ökologische Nische, nämlich die Kultur, als taxonomische Einheit auffassen.

Wenden wir uns nun einem Phänomen zu, das man bezeichnen könnte als Eindringen eines Faktors, der den literarischen Werken ganz und gar äußerlich war, in ihr Inneres. Es geht um eine moderne Erfahrung, die darin besteht, daß der Zufallsfaktor als stochistischer Generator in die *Konstruktionsmethoden* des literarischen Werkes eingeführt wird. Dieses Phänomen, das nicht bei seinem statistischen Namen genannt wird, ist als Antiroman bekannt. Zwar weiß man nicht genau, was sein Wesen ausmacht, doch ist immerhin so viel klar, daß es sich so sehr von aller bisherigen Literatur unterscheidet, daß der vielstimmige Chor der Kritik es – mit Recht – eben als »Antiroman« bezeichnet hat – wegen seines radikalen Bruchs mit allen literarischen Ordnungsprinzipien, deren gemeinsamer Nenner war, bestimmten kulturellen Stereotypen zu gehorchen, was sie zu Ordnungen von Bildern, Ereignisserien, Sinngehalten und Bedeutungen werden ließ, in denen sich eines der grundlegenden Merkmale der menschlichen Kultur widerspiegelte: daß diese niemals, in keiner der uns aus der Geschichte bekannten Formationen, etwas Beliebiges ist, ein auch nur halbwegs chaotisches Mosaik von Gesetzmäßigkeiten, Normen und Direktiven, die das menschliche Leben regulieren. Weil diese Abhängigkeit von Stereotypen in Frage gestellt wurde, entstand der »Antiroman«.

Rekapitulation und ein Schritt nach vorn

Die Gebrechen von Meisterwerken sowie von solchen Schöpfungen, denen die *vox populi* ebenso wie das Urteil der Hermeneutiker diese Bezeichnung versagten, bezeichnen wir einerseits als semantische Plethora, andererseits als semantische Asthenie. Beides sind pathologische Grenzfälle einer noch immer ganzheitlichen Rezeption. Möglich und auch durchaus verbreitet ist jedoch eine andere Art von Pathologie, denn die Anpassung der Werke an die Köpfe der Leser muß nicht immer mit einem ganzheitlichen Verstehen dieser Werke identisch sein. Eine nicht bestehende Rezeption eines sprachlichen Textes, das ist so etwas wie eine *contradictio in adiecto*, aber dennoch ist sie, unter bestimmten Umständen natürlich, durchaus möglich. Wenn man durch ein fremdes Land fährt, versteht man auch nicht alles, und dennoch kann es eine angenehme, ja sogar zauberhafte Reise sein. Wohl in diesem eigentümlichen Sinne faszinierte mich im Alter von siebzehn Jahren das Gedicht »Ogród pana Błyszczyńskiego«. Gerade seine partielle Unverständlichkeit bezauberte mich – die exotische Sprache, ganz bestimmte schöne Stellen, der von einzelnen Teilen der Strophen ausgehende Eindruck von gleichsam magischen Formeln, doch ehrlich gesagt, weiß ich im Grunde nicht genau, was mich an diesem Gedicht eigentlich am stärksten anzog. Jedenfalls reichte mein Verständnis an verschiedenen Stellen nicht über eine gewisse Stufe hinaus, sondern der Rhythmus und der Reim trugen gewissermaßen über die dunkleren Abschnitte hinweg; so las ich denn auch – ungefähr ein Vierteljahrhundert später – mit größtem Erstaunen die Interpretation der Ontologie dieses Gedichts von J. Trznadel, von der ich keine Ahnung hatte, denn es hatte sich mir in der embryonalen oder infantilen Form, in der ich es las (und auf Anhieb, ohne es zu wollen, auswendig lernte), eingeprägt. Ich sage das nicht, um frühe Kunsterlebnisse zu beichten, sondern weil ich denke, daß viele Leser literarische Werke – vielleicht besonders Gedichte? – in dieser Weise rezipieren. Weil wir bislang nicht von den Empfindungsaspekten der Rezeption gesprochen haben und auch anschließend nicht mehr darüber sprechen werden, wollen wir hier einen Augenblick bei ihnen verweilen. Dabei wollen wir uns auf die informational-semantischen, also intellektuellen Seiten der Rezeption beschränken und die emotionalen außer acht lassen. Zwischen beiden kann ja ein sehr unterschiedliches Verhältnis bestehen, von synergistischer Harmonie bis hin zu einem sogar drastischen Gegensatz. Es gibt Werke, die man korrekt »decodiert«, weil man die »Codes« erkannt hat oder über sie informiert wurde – und dennoch gewährt die Lektüre keine innige Befriedigung. Ich kenne viele Bücher, über deren »Klasse«, »Rang« oder »Wert« ich mir im klaren bin, die ich sozusagen schätze, aber nicht liebe (so ist es z. B. mit Malcolm Lowrys »Unter dem Vulkan«). Denn mit der erfolgreichen intellektuellen Integration sind noch nicht alle, auch nicht die emotionalen Erwartungen befriedigt. Es kann aber auch umgekehrt sein: die »magische« Schönheit eines Werkes läßt, wie im Falle des erwähnten Gedichts, die intellektuelle Neugier darauf, »was es eigentlich bedeutet«, »worauf es sich bezieht«, »was es insgesamt ausdrückt« usw., verstummen. Man kann bis zu einem gewissen Grade ein Werk sogar *wegen seiner Unverständlichkeit* liebgewinnen – und ich habe den Verdacht, daß ein solches Verhältnis den späteren Enttäuschungen zugrunde liegt, die mit schöner Regelmäßigkeit eintreten, wenn man im reiferen Alter erneut mit Texten in Berührung kommt, die man in der Kindheit verehrt hat. Ihre Faszination ging ja auch von dem aus, was unser Fassungsvermögen überstieg; wir befanden uns gewissermaßen zu Füßen von etwas Großem, das wir nicht zu erfassen vermochten und das dadurch etwas Zauberhaftes, Ernstes, überaus Feierliches hatte, wir hegten gegenüber diesen Texten ähnliche Gefühle, wie wir sie den Eltern entgegenbrachten, die man auch als Erwachsener noch lieben kann, auch wenn man inzwischen weiß, daß sie weder Heilige noch Mächte dieser Welt sind.

Auf die Frage, warum eine Rezeption, die in informationaler Hinsicht (»decodierungsmäßig«) möglicherweise sogar identisch ist, bei verschiedenen Menschen so unterschiedliche Gefühlswirkungen auslöst, kann man nur im Sinne Molières antworten (der nach der Ursache gefragt wurde, warum Mohnkuchen schläfrig macht). Physikalisch läßt sich dieser Aspekt der Rezeption nicht sinnvoll formulieren, denn als gefühlsmäßiger ist er eben auf nichts anderes als Gefühle reduzierbar. Eventuelle »wissenschaftliche« Erklärungen, wie sie uns ein Psychologe liefern könnte (indem er chronologisch erläutert, welche Vorlieben, Assoziationen und emotionalen Haltungen etwa auf sehr frühe Kindheitserfahrungen mit bestimmten Reiz-Reaktions-Zusammenhängen zurückgehen), stellen nicht die gesuchte Antwort dar. Der Modus des Gefühlslebens scheint übrigens in höherem Maße erblich determiniert zu sein als die Modalitäten des Intellekts. Das affektive Leben verbirgt sich in den subcortikalen Tiefen des Gehirns, es nistet in der Umgebung seiner Zwischenräume, also gewissermaßen in der Nähe der Höhlen dieses wertvollen Gebildes, und macht sich von dort aus bei den höheren Instanzen durch Interventionen unterschiedlicher Qualität und Stärke bemerkbar. Dieser Gefühlskern ist in seinen Neigungen konservativ, und wir vermögen seine Emanationen allenfalls zu sublimieren, in dieser oder jener Form zu veräußerlichen, doch niemals werden wir uns in den »Motivationen« dieses Regulators restlos auskennen. Vielleicht sind psychische Allergien und Ausschläge für uns letzten Endes ebenso unabänderliche Gegebenheiten wie deren somatische Entsprechungen.

Wir wollen nun sagen – und damit teilweise auch wiederholen –, auf welche Weise ein Werk zum »Modell«

einer bestimmten Wirklichkeit wird. Die überwältigende Mehrheit der Leser neigt dazu, literarische Werke möglichst wortwörtlich aufzufassen, und so sehen denn die Rezipienten nicht die Bezüge des Werkes, die integralen Symbole, die Allegorien oder Hypostasierungen, sondern vornehmlich eine »buchstäbliche Adresse«; entsprechend hat sich nach Manns »Königlicher Hoheit« der Adel über ihn empört (so als wäre das Buch ein »Modell des Lebens der Aristokratie«), und nach dem »Zauberberg« entrüsteten sich die Ärzte (in beiden Fällen erklärte Mann öffentlich, daß es ihm nicht um ein wörtlich zu nehmendes Modell sei es der »Aristokratie«, sei es der »Phthisiatrie« gegangen sei). Wegen des Buches »Zaklęty rewiry« wären die Kellner auf H. Worcell böse, und ähnliche Beispiele könnte man zu Dutzenden anführen. Mit der Zeit nehmen solche potentiellen Designate jedoch sichtlich ab: die von Worcell geschilderten Kellner gibt es nicht mehr, und noch stärker ist die »Phthisiatrie« des »Zauberbergs« verschwunden, und sei es auch nur, weil die Methoden der Heilung der Tuberkulose sich vollständig geändert haben. Allerdings müssen nicht gleichzeitig auch die Werke verschwinden; in Ermangelung der Designate, der »wortwörtlichen Originale«, ist man freilich zu einem stärker verallgemeinernden Denken, zu einer weniger persönlich engagierten Reflexion gezwungen. Lesarten, die informational »gewinnbringend« sind und das Werk auf breite Lebensbereiche projizieren, werden durch den Austausch von Bemerkungen und Urteilen, der ständig in der Gesellschaft stattfindet, verbreitet und normativ fixiert. Dank der Osmose und Diffusion der Anschauungen und Beurteilungen, dank der Wirkung des schulischen Bildungsapparats und einer Vielzahl anderer, ganz oder teilweise institutionalisierter Systeme, welche die »Einordnung« einüben, beginnt dem Werk eine bevorzugte Rezeptionsstrategie anzuhaften, die im Laufe der Jahre eine immer dicker werdende Hülle um das Werk erzeugt, bis es schließlich in einen panzerartigen Kokon der Achtbarkeit und Vollkommenheit eingeschlossen ist und zu so etwas wie dem unantastbaren Nationalepos »Pan Tadeusz« wird. Es kommt dabei zu einem durchaus nicht metaphorisch verstandenen Informationskreislauf zwischen dem Text und den Lesern, denn die Rezeption ist kein einseitiger Prozeß, kein passives Anwachsen der Gewinne auf seiten der Rezipienten, sondern sie hat Rückkoppelungscharakter. Literarische Werke können als »Projektionsleinwand« fungieren, auf die man Emotionen, Einstellungen, Erwartungen, Ängste und Hoffnungen projiziert; die Normung der Rezeption erleichtert eine solche Projektion noch, denn jeder weiß schon ungefähr, was er in einem Text finden wird, und das findet er denn auch. Daß der Umgang mit literarischen Werken ein grundsätzlich singulärer, sich in der Einsamkeit vollziehender Akt ist, darf uns keineswegs zu der irrtümlichen Auffassung veranlassen, es gehe tatsächlich um zweigliedrige Beziehungen (Werk – Leser), die von der gesellschaftlichen Welt ganz und gar isoliert sind. Das Kind, das zum »Pan Tadeusz« greift, weiß bereits, noch ehe es das erste Wort gelesen hat, daß es sich um ein Kulturdenkmal, ein nationales Kunstwerk handelt, um die sehr schöne, hochgeachtete und dergleichen mehr Geschichte von dem »letzten Eintritt«. Ferner gehen aus einem literarischen Werk verschiedene Formulierungen, Redensarten, Wendungen, Wortschöpfungen und Zusammenhänge zwischen Bildern und Bedeutungen, welche die Gedankenwelt des einzelnen und der Allgemeinheit organisieren, in die Umgangssprache über. Und schließlich ist ein Werk im Sinne der literarischen Tradition für andere Werke befruchtend, inspirierend, Ausgangspunkt oder auch eine Grenze, die es zu überschreiten gilt.

Obwohl also einzelne Parameter in einem Werk invariant festzustehen scheinen, da sein Text ja nicht im buchstäblichen Sinne beweglich oder – als sprachliche Äußerung – veränderbar ist, funktioniert die Rezeption derart, daß diese Parameter sich je nach der angewandten Strategie wie Variablen verhalten. Diese Auffassung läßt sich auch rein informationstheoretisch ausdrücken:

Jedes, also auch ein starres System läßt sich, sofern es über eine hinreichende Komplexität verfügt, in einem keineswegs bildlich zu verstehenden Sinne als eine Pluralität von Untersystemen auffassen, die in mannigfacher Weise miteinander verknüpft sind. Wenn man ein solches System außerdem noch innerhalb verschiedener Bezugssysteme in seinen Bedeutungen – wie es bei einem literarischen Text der Fall ist – umtaufen kann, ergibt die elastische Variabilität der scheinbar starren Struktur einen Zustand mit einer so großen Zahl von Freiheitsgraden, daß nur noch eine erhebliche Zahl der von verschiedenen Rezipienten angewandten *Regeln* im Endeffekt den Eindruck zu schaffen vermag, ein Werk oder ein Meisterwerk widersetze sich mit scheinbarer Unveränderlichkeit den Verwandlungen durch Generationen und Epochen.

Indessen wird durch die wachsende Unbestimmtheit der Rezeptionsregeln – bei der experimentellen Prosa und der Dichtung – die vermeintliche Stabilität der Rezeption immer unsicherer. Ein eindeutiges Indiz für solche Veränderungen ist der beispielsweise in Frankreich, aber auch anderswo geübte Brauch, Bücher mit umfangreichen »Anhängen« zu versehen, in denen sie interpretiert werden. So hängen z. B. »Les Editions de Minuit« an Robbe-Grillets »Les Gommes« (deutsch: »Ein Tag zuviel«) einen »Schlüssel zu ›Les Gommes‹« von B. Morrisette im Umfang von achtundvierzig Seiten an; Samuel Becketts »Molloy« wird begleitet von einer Interpretation Bernard Pingauds, und in der gleichen Reihe erläutert O. de Magny Robert Pingets »Graal Filibuste«; Michel Butors »Modification« (»Paris – Rom oder die Modifikation«) wird wiederum von Michel Leiris als »mythologischer Realismus« präsentiert. Wenn man bedenkt, daß schon Romanen von hundert und einigen ...zig Seiten Erläuterungen von über vierzig oder gar fünfzig Seiten beigegeben werden, dann kann man sich mit einer gewissen Phantasie eine herrliche Zukunft vorstellen, in der winzige, dafür aber ungeheuer dunkle Texte gleichsam das Vorwort zu ihrer wohlbeleibten Interpretation abgeben; da nun einige dieser Interpretationen ihrerseits recht umständlich artikuliert sind, wäre es nicht unangebracht, sie wiederum mit Erläuterungen einer nächsten Stufe zu versehen usw. Das Sonderbarste ist jedoch, daß Morrisettes »Schlüssel zu ›Les Gommes‹« eine völlig andere Deutung gibt als der Autor selbst und daß beide wiederum völlig von derjenigen abweichen, die beispielsweise Barthes gegeben hat, und vielleicht werden sich die Leser in einer nicht allzu fernen Zukunft daran ergötzen können, daß nur noch die verschiedenen Interpretationen ohne die entsprechenden Werke erscheinen. Ich will mich darüber gar nicht lustig machen; man kann darüber diskutieren, ob derart konstruierte literarische Werke notwendig sind, aber unzweifelhaft ist, daß sie, wenn sie so gebaut sind, spezieller Schlüssel bedürfen, denn andernfalls entsteht bei ihrer Rezeption eine so große Streuung, daß ein Meinungsaustausch zwischen den Lesern unmöglich wird: jeder wird von etwas anderem sprechen. Diese Unsicherheit des Urteils ist übrigens ein ziemlich dauerhaftes Merkmal der besagten Werke, denn selbst zwanzig Jahre nach ihrem Erscheinen ist sie noch nicht einem stabilen Urteil gewichen.

Die Sache ist – zumindest unter informationstheoretischem Aspekt – ganz einfach: Sehr schwer zu deuten sind Codes von hochgradiger Subjektivität, bei denen diese Subjektivität für ihren Nachweis ausschlaggebend ist (von solchen Codes war die Rede). Extrem »schwankende« oder »verschmierte« Codes kann man als nicht vorhanden auffassen. Nehmen wir an, daß von hundert auf den ersten Blick gleichermaßen legitimen Taktiken nur eine die informationale Integration eines Textes gewährleistet; wenn unter Millionen Lesern nur hundert Hermeneutiker diese erfolgreiche Taktik kennen, ist der Text für alle anderen seines Schlüssels beraubt. Nun stellt sich ein Code, der für einen ungeübten Dechiffrierer nicht erkennbar, also für ihn nicht vorhanden ist, ihm als ein *rein zufälliger Code* (beziehungsweise als »Rauschen«, d. h. als Abwesenheit eines Codes) dar. An der

Dichtung läßt sich das leicht demonstrieren: Nichts einfacher, als ein Gedicht zu verfassen, indem man Zettel, die man aufs Geratewohl aus einem Wörterbuch herausgeschnitten hat, aus einem Hut zieht, denn für den, der nichts versteht, klingt ein genialer Satz nicht viel besser als ein vollkommen zufälliges Konglomerat von Wörtern, sofern sie nur der Syntax entsprechend geordnet sind. Hat man die Wörter: Schlammpeitzger, Hänfling, Meltau, zumindest, Terzett, umzingeln, Frühmette ausgelost, so braucht man nur noch etwa zwei Verben hinzuzufügen, die ebenfalls ausgelost werden oder die man »nach Gefühl« wählt, um mit dem Gedicht zu beginnen. Entsprechende Versuche hat man übrigens in größerem Umfang mit Computern gemacht – und die Gedichte, die dabei herausgekommen sind, waren machmal durchaus nicht die schlechtesten.

Wenn Wörter in dieser zufälligen, also mit Rauschen behafteten Weise zusammengefügt werden, so ist das Ausmaß der Selektion gleich Null; wir sagen nicht, daß die Dichtung heute ein Resultat ausschließlich von Zufallsstrategien sei, sondern daß diese »Nullselektion« auf der Ebene der Satzeinheit ihren »absoluten negativen Pol« darstellt. In der Prosa werden nicht Sätze, sondern größere Systeme – gewissermaßen parallel – bezüglich ihres Codes vernebelt. Ist eigentlich klar, was es – insbesondere in der Dichtung – bedeutet, wenn eine »Nullselektion« stattfindet? Es bedeutet nichts anderes als ein totales Parasitieren am Rezipienten – an dessen semantischer und syntaktischer Ordnung. Das Merkwürdigste ist indessen, daß es in solchen Situationen überhaupt keinen Absender von »übertragenen Informationen« gibt; ein solches Gedicht ist, von einem psychologisch individualisierenden Standpunkt aus, ein Text, den »niemand« gesendet hat. Der Rezipient schreibt ihm Bedeutungen zu und versucht, ihn in sein semantisches Universum einzuordnen, doch ist das ein Mißverständnis, wie es ähnlich auch vorliegen würde, wollte er annehmen, daß, vergliche man den Kartenumriß Skandinaviens mit einem Seehund oder ließe man ihn bei zwei

Würfen mit einem Würfel einmal eine Sechs, einmal eine Eins werfen, ihm auf diese Weise etwas mitgeteilt werden sollte. Ein solches Verständnis ist pure Einbildung, und es ändert auch nichts an der Sache, wenn gelegentlich ein Mensch an die Stelle eines mechanischen Zufallsgenerators tritt, denn Zufälligkeit ist in der Sprache keine Taktik, sondern die Abwesenheit von Taktik. Zumindest ist sie in allen Lebensbereichen für die Homöostase dasselbe wie das Chaos: der Hauptfeind jeglicher Organisation. Man sollte daran denken, daß derjenige, der Chaos übermittelt, nichts übermittelt.

Nouveau roman und neue Physik

In der guten alten Zeit interessierten sich die Humanisten nicht für die Physik, und die Physik wiederum interessierte sich aufgrund einer gewissen Gegenseitigkeit nicht für sie. Diese symmetrische Neutralität wurde einseitig gestört. Die Konzeptionen des »nouveau roman« entstanden an einem »unklaren und ungewissen« Ort, wo die gegenständliche Wirklichkeit des Werkes von der realen Welt getrennt ist. Es schien, als würde diese Prosa, die sich so sehr für die strukturale Linguistik, die ihre Inspiration darstellt, interessiert, den letzten Schritt tun und die Kreation in ihren im Text vorliegenden Vergegenständlichungen von der Realität lösen. Man hat ja auch im Zusammenhang mit dem »nouveau roman« häufig von einer autonomen Welt strukturaler Poetiken gesprochen. Es heißt, diese neue Prosa sei vor allem eine Sache der Sprache und die Zukunft der Literatur liege darin, daß sie die grundsätzliche Unmöglichkeit anerkennt, die Welt in einer Weise darzustellen, die ein naives, ja grenzenloses Vertrauen zur Sprache voraussetzt. Wenn man derartige Dinge liest, gelangt man unschwer zu der Ansicht, daß literarische Werke als Sprachgebilde aufgefaßt werden, deren Denotate weder unmittelbar noch mittelbar, weder beschreibend noch transformiert irgendwelche Wirklichkeitsbereiche sind. Bald erfahren wir jedoch zu unserem nicht geringen Erstaunen, daß es mitnichten so ist. Die Veränderungen in der Kunst, so hören wir, ähnelten ungemein den Veränderungen in der Wissenschaft; Sartre sagt beispielsweise, der nouveau roman liquidiere den Standpunkt des »privilegierten Beobachters«, ähnlich wie die relativistische Physik, in der die Aussagen aller Beobachter gleichberechtigt sind, obwohl die Raum- und Zeitverhältnisse sich bei den Beobachtungen relativ verändern, wenn der Beobachter durch eine Änderung seines Standpunkts zugleich sein »Bezugssystem« ändert.

Unter Berufung auf Sartre und in Anspielung auf Einstein sagt Bruce Morrisette im »Schlüssel zu ›Les Gommes‹« schließlich, ähnlich relativ sei die menschliche Zeit, sie hänge als eine Funktion des Beobachters von dessen existentieller Situation ab, und deshalb seien die Urteile über Ereignisse, die von den Personen des Romans geäußert werden, gleichberechtigt, selbst wenn sie einander widersprechen würden. Die geschilderte Wirklichkeit selbst, sagt er, »wird dadurch ungewiß, oszillierend, verschwindend«.

Ich weiß nicht, ob Physiker derartige Elaborate von Kritikern lesen; wenn ja, dann haben sie nicht geringen Anlaß zur Fröhlichkeit. Philip Frank sagt in seinem interessanten Buch »Modern Science and Its Philosophy« mit Recht, daß die Wahrheiten der Physik von gestern heute Axiome der Philosophie seien. Ich möchte hinzufügen, daß die Situation in der Literaturwissenschaft insofern schlimmer ist, als das, was dort als erkenntnistheoretische Axiome fungiert, nicht einmal Physik von vorgestern ist; weil man es so eilig hat, auf dem neuesten Stand des Wissens zu sein, stellt man die elementarsten Tatsachen auf den Kopf.

Erstens: Die Wahrnehmungen von Beobachtern, welche sich in unterschiedlichen Inertialsystemen befinden, können einander nicht kausal widersprechen; zweitens: Die physikalische Wirklichkeit schwankt weder, noch verschwindet sie, sondern ihre Einheit wird dadurch bestätigt, daß die Aussagen beliebiger Einsteinscher Beobachter sich durch covariante Transformation der Meßergebnisse ineinander übersetzen lassen; drittens schließlich: Nur eine Verletzung der physikalischen Gesetze, z. B. das Überschreiten der Lichtgeschwindigkeit, kann den Beobachtungen widersprüchlichen Charakter verleihen.

Wenn die führenden Köpfe der Literaturwissenschaft sich ein halbes Jahrhundert nach der Entstehung der Relativitätstheorie in derart fundamentalen und zugleich derart einfachen Dingen nicht auskennen, wäre es wahrlich besser, zu dem früheren Neutralitätszustand zurückzukehren und nicht in der theoretischen Physik nach Bestätigungen für literarische Experimente zu suchen.

Die Berufung auf die Physik ist in dem genannten Fall ebensoviel wert, wie wenn man mit der Begründung, daß es tatsächlich Hämmer gibt, den »Hexenhammer« für maßgeblich erklären würde. Man kann nicht gleichzeitig das Omelett und die heilen Eier haben. Menschen, die sich scheiden lassen, bleiben kein Ehepaar, und man kann nicht gleichzeitig die Verbindungen zur Empirie zerreißen und sich zu ihr und ihren Resultaten bekennen.

Literarische Werke mögen in ihrem Inhalt widersprüchlich sein, aber eine Theorie darf nicht widersprüchlich sein, nicht einmal eine Theorie der Literatur. In der Literatur herrscht kein Zwang im Sinne einer empirischen Notwendigkeit. Möglich, daß man in hundert Jahren nur noch Werke verlegen wird, die rein formale Spielchen sind; mir gefällt diese Aussicht nicht, aber mein Geschmack hat in dieser Beziehung keinerlei Bedeutung. Was aber eine mögliche Kongruenz zwischen der Evolution der Prosa und der Evolution der Physik betrifft, so ist das eine andere Sache.

Der Theoretiker der Modernität holt, ähnlich wie ein Kind aus dem Kuchen die Rosinen herauspult, aus der Empirie die Relativismen, Indeterminismen und Beschränkungen heraus und führt fröhlich den Beweis, daß es in der Literatur ganz »genauso« sei, daß sie in Richtung der Ungewißheit, der Relativierung und der Beschränkung weitergehen müsse. Man müßte sich jedoch auf den Kopf stellen, um den neuen Roman, der sich häufig den Mythos zum Paradigma wählt, mit einer empirischen Tätigkeit vergleichen zu können. Hier legen sich Emporkömmlinge, denen die eigene Herkunft offenbar nicht genügend vorzeigbar erscheint, eine vornehme Verwandtschaft zurecht.

Wie ist es zu solchen Vergleichen gekommen? Der philosophisch naive Realismus, der den Erzähler mit dem Autor, die Sprache der Aussage (in ihrer Semantik, nicht aber in der Syntax!) mit der Umgangssprache und die von ihr bezeichneten Vergegenständlichungen mit einer wortwörtlich genommenen Welt sei es des kritischen Wachbewußtseins, sei es der Phantasie gleichsetzte – das alles ist bereits eine verflossene Epoche. Der Erzähler wurde »delokalisiert« und zu einem »Feldphänomen«, denn nunmehr handelt es sich nicht darum, daß man ihn auf einer kognitiven Achse verschieben und ihm dadurch unterschiedliche Horizonte verschaffen kann, die vom göttlichen Horizont der Allwissenheit bis hin zu dem engen Horizont reichen, der durch die Gleichsetzung mit den übrigen Gestalten des Werkes gekennzeichnet ist, sondern vielmehr darum, daß man den Erzähler ganz und gar unlokalisierbar werden lassen kann. Was die Sprache betrifft, so ist an die Stelle der klassischen Situation, die durch ein Modell wiedergegeben wird, bei dem im Zentrum des semantischen Konfigurationsraums ein »gegenständlicher Zustand« steht, während die »artikulatorischen Bahnen« homomorphe oder isomorphe Widerspiegelungen (nicht im Sinne der philosophischen »Widerspiegelungstheorie«, sondern im mathematischen Sinne der Gruppentheorie) dieses Zustands sind, ein Zustand getreten, in dem jenes »Nebeneinander«, jene »Parallelität« von Bahnen und Dingen in doppelter Weise gestört ist. Man hat nämlich die Adäquatheit der (gleichgültig, ob nun homo- oder isomorphen) Widerspiegelung in Frage gestellt, und dadurch (deshalb die doppelte Störung) ist unklar geworden, wer eigentlich für diese angeblich immanente Inadäquatheit verantwortlich ist: die Welt oder die Sprache. So kann man sich – vereinfacht – den Ausgangspunkt des »nouveau roman« vorstellen.

Physikalische Analogien schienen sich aufzudrängen – wegen der »Entthronung« des privilegierten Beobachters und der Feststellung, daß rein räumliche beziehungsweise rein zeitliche Betrachtungen sich nicht selbst genügen. Die Physik entging jedoch den Fallen eines absoluten Relativismus, der ein extremer Konventionalismus gewesen wäre, denn mit der Konstituierung des Raum-Zeit-Kontinuums wurde die Invarianz der physikalischen Gesetze (z. B. der Erhaltungssätze) wiederhergestellt, und die Beobachter wurden einander »demokratisch« gleichgemacht, da die Aussagen aller, weil ineinander übersetzbar, gleichviel wert sind; die Übersetzung ist ein Sieb, das die Naturgesetze *als universale Invarianten* durchläßt, während es Regelmäßigkeiten, die lediglich lokaler Natur sind, zurückhält. Von diesem letzteren Teil der Operation kann in der Literatur keine Rede sein.

Ich hoffe, daß der nouveau roman nicht unter Bezugnahme auf die Physik entstanden ist, denn wenn diese ihm tatsächlich als Vorbild gedient haben sollte, dann wäre er eine Nachahmung, wie sie der dumme Hans im Märchen praktizierte, der alles, was seine Brüder richtig und nutzbringend machten, falsch und zum eigenen Schaden nachmachte. Denn es ist wahrlich nicht dasselbe, ob man einen Arm bricht, damit man den Knochen besser zusammenfügen kann, oder ob man alle Knochen bricht, um sie so zusammenzusetzen, wie es einem gerade gefällt, ohne Rücksicht auf die Physiologie und Anatomie der Wirklichkeit.

Es läßt sich sehr genau darlegen, warum und wozu die Physik so vorgegangen ist, wie es der Fall war; ihr Programm enthielt einen »zweifelnden«, »zerstörerischen« und einen »schöpferischen«, »aufbauenden« Teil. So stellte sich denn auch heraus, daß ein extremer Konventionalismus in der Physik nicht haltbar ist. In der Literatur dagegen, zumindest aber im »nouveau roman«, wird gerade ein extremer Konventionalismus bezüglich der Sprache forciert, den man als eigenständiges und außerphysikalisches Phänomen erforschen und kritisieren kann, dem man jedoch nicht irgendeine Ähnlichkeit mit den Wandlungen in der Physik zuerkennen kann. Die Physik mag brauchbar sein in einer Theorie des literarischen Werkes, nicht aber in dem Werk selbst; die Literatur hat irgendwelche gelehrten Verwandten nicht nötig; die dürftigen Ideen, die man irgendwelchen populären Broschürchen entnimmt, können hier nur Verwirrung stiften, und es ist geradezu schändlich, daß angeblich kompetente Personen zu diesem Thema derart törichte Dinge von sich geben; es scheint, als sei dieser ganze Bereich geistiger Tätigkeit – in diesem Falle nicht die Praxis, sondern die Theorie der Literatur – von anderen abgeleitet.

Was bedeutet denn ein extremer Konventionalismus? Blanke Zufälligkeit, sofern wir Kriterien ästhetischer Art ausschließen (weshalb auch nur die Ästhetik des nouveau roman eine nicht zufällige ist). Ein gemäßigter Konventionalismus bedeutet, daß man gegenständliche Zustände durch ineinander übersetzbare Sprachen beschreiben kann und daß die so entstehenden, homomorphen oder komplementären, also nicht unbedingt aufeinander reduzierbaren Artikulationen, die auch durchaus nicht miteinander identisch sind, sich dennoch auf ein und dieselbe Welt beziehen. Wenn man jedoch meint, daß geschlossene und nicht ineinander übersetzbare Sprachen nebeneinander existieren, und sich außerdem der Kriterien der Erfahrung entledigt, dann erzeugen die Äußerungen pseudogegenständliche Wesenheiten, dann existiert nicht mehr jener eine Konfigurationsraum der Semantik, der Äußerungen, die um einen solchen »Schwerpunkt« kreisen, zum Sonnenzentrum hat, und es entsteht eine Vielzahl völlig beliebiger »Welten«, die zur realen Welt keinerlei Bezüge haben. Der nouveau roman, der vor allem eine sprachliche Konstruktion sein möchte, muß jedoch eine außersprachliche Grundlage finden, und so »hängt er sich« wie eine Winde oder eine Bohne an das, was gerade anfällt: Mythologien, Archetypen, phänomenologische Realitätskonzeptionen, die Psychoanalyse, die Tiefenpsychologie – und bestärkt dadurch die Ansicht, er stelle eine typische »Mutation« im Bereich der Literatur dar, sofern wir unter einer Mutation eine Veränderung der Organisation verstehen, die vor allem ein Ergebnis zufälliger Prozesse ist. In einem gewissen Sinne ist es – im Gegensatz zu dem, was über ihn geschrieben wird – dem nouveau roman im Grunde gleichgültig, an welche außersprachlichen, der Konstruktion Stabilität verleihenden Elemente er sich »anzuhängen« vermag. Sein oberstes Prinzip ist Originalität im Sinne selektiver Information, allerdings nicht thematische (und das ist das einzig Neue daran), sondern methodische Originalität. Es geht darum, Werke zu schaffen, die »anders« sind als die bisherigen, und der ganze Wert steckt in der »Andersartigkeit«, sofern sie sich realisieren läßt. Diese Werke sind vor allem an die professionellen Kritiker adressiert, die nach einem breiten Felde für eine große Zurschaustellung ihrer intellektuellen Bildung dürsten. »Buchten toter Zeit«, »kreisförmig geschlossene Zeiten«, Inkohärenzen in der Darstellung von Vorgängen, beiläufige Anspielungen auf den Ödipus-Mythos, die man emsig ergründen und explizieren kann – das alles macht deutlich, daß es hier um regelrechte Kritikerseminare geht, um eine Demonstration dessen, wie man aus einem semantischen Beinahe-nichts bei findigen Rezipienten eine Fülle von Bedeutungen hervorzaubern kann, die noch an Glanz dadurch gewinnt, daß die angedeuteten Sinngehalte sich nicht zu einem geschlossenen Ganzen zusammenfügen, sondern eine Streuung von erstaunlicher Breite ergeben.

Wir haben schon darauf hingewiesen, daß der Zufallsgenerator, wenn es um die Prosa geht, nicht auf der gleichen Ebene stehen kann, auf der er im Gebiet der Poesie funktionieren könnte. Betrachtet man ein Werk als eine Hierarchie von miteinander koexistierenden Codes, die von den lokalen bis zu den nichtlokalen sprachlichen und von den zeichenhaften bis zu den symbolischen gegenständlichen Codes reichen, dann ergeben sich wesentliche Unterschiede in der Wirkung, je nachdem, in welchem Stockwerk dieser Pyramide wir den Zufallsgenerator unterbringen. Bringen wir ihn »ganz oben« unter, dann erzeugt er eine völlig autonome Sprache, in der alle Konstruktionen, einfach weil sie realisierbar sind, gleichberechtigt werden; die Welt liefert nicht mehr die Paradigmata, denn sie ist gleichsam verschwunden; wenn es beispielsweise darum geht, zwischen mythischen Motiven auszuwählen, so ist die Wahl Zufallssache, denn es spielt keine Rolle, ob man den Mythos des Sisyphus oder den des Ödipus wählt. Hier haben wir es mit einer Transzendenz zu tun, die den Schriftsteller zu einem Schöpfer macht oder vielmehr zur Karikatur eines Schöpfers, der, in der Sprache gefangen, keinen Schritt über sie hinaus zur Wirklichkeit tun kann. Vielleicht möchte der Gefangene die Jahreszeit, den Monat, die Woche und schließlich die Stunde erraten, die außerhalb der Mauern seines Gefängnisses gilt, doch ob er richtig rät, ist von keinerlei Bedeutung, wenn er nie seine Zelle verläßt, um Vermutung und Wirklichkeit miteinander zu vergleichen. Er muß daher, um »festzustellen«, ob hinter den Mauern Winter oder Sommer, Tageshelle oder mitternächtliche Finsternis herrscht, eine Münze werfen oder einen Würfel nehmen. Ihm genügt daher ein Zufallsgenerator. Die Gefangenschaft gewährt also eine gewisse Freiheit, und die Gefangenen teilen sich auf in solche, die deren schöpferische Konsequenzen erfassen, und andere, die sich ihrer nicht bewußt sind. Die Bastille des Verfassers eines »nouveau roman« ist die Sprache. Das extrem Hermetische der so geschaffenen Situation gefällt ihm jedoch nicht; die Zufälligkeit seiner Wahlen nimmt er nicht zur Kenntnis; er möchte, wie ein Autor von früher, in »beiden Welten zugleich« gegenwärtig sein, der geschaffenen und der wirklichen, auch deshalb, weil er in Wahrheit durchaus kein Solipsist – und sei es auch nur ein sprachlicher – ist. Eine solche widersprüchliche Haltung kann nicht inkonsequent sein. Zum Glück für den Verfasser haben sich pfiffige Kenner gefunden, die einen ganz neuen Informationskanal entdeckten, derart, daß derjenige, der an ihn »angeschlossen« ist, mit Hilfe des »Zufallsgenerators« in seinem Gehirn etwas erzeugt, was im Grunde gar kein zufälliges Isolat ist, da es im »Zufallsgenerator« schlummert: den Archetyp als strukturelles Urmuster, ein Erbe unserer altehrwürdigen Vorfahren, ja mehr noch, der gesamten bisherigen Menschheit. Auf diese moderne Version der Reinkarnation, mit akademischem Hermelin geschmückt und ex cathedra verkündet, werden wir noch gesondert zu sprechen kommen.

Auf dem höchsten Niveau untergebracht, macht der Generator, um es altmodisch auszudrücken, die Welt zum Korrelat des Geistes oder, neumodischer ausgedrückt, zur selektiven sprachlichen Struktur. Auf einer »tieferen« Stufe, im Gegenstandsbereich des Werkes angesiedelt, legt dieser Generator keine ontologische Qualität mehr fest, sondern erzeugt lediglich »reistische« Ordnungen, die man wahrnehmen und in unterschiedlichen Varianten auslegen kann. Denn wer auf den Rorschach-Tafeln tausenderlei verschiedene Dinge »sieht«, stellt ja die Objekte nicht unter ontischem Aspekt in Frage. Die »Seinswurzel« bleibt also erhalten, und »alle Auffassungen haben irgendwelche sachlichen Gründe für sich« – aber es ist nicht mehr möglich, daß »die Frage nach dem sachlichen Grund sinnlos wäre«. Es kann allerdings vorkommen, daß die Feststellung der »Lokalisierung des Zufallsgenerators« bei einem konkreten Werk auf Schwierigkeiten stößt, ja, daß sie sich als ein unauflösliches Dilemma erweist. Als ich »Les Gommes« und die entsprechende gelehrte Interpretation las, dachte ich an die Ermordung Präsident Kennedys. Robbe-Grillet ist nicht der Erfinder einer Situation, in der ein unergründlicher Sachverhalt von einer Kruste von Erklärungen und Deutungen zugedeckt wird, die, für sich allein betrachtet, völlig klar sein mögen, aber schon durch ihre von Widersprüchlichkeiten strotzende Masse den Rezipienten ratlos machen und ihn in einem Zustand völliger Ignoranz zurücklassen. Es bedarf durchaus nicht archetypischer oder mythologischer »entia«, um Umstände zu belegen, unter denen wir durch eine Lawine von Informationen betäubt und unseres Verstandes beraubt werden, denn nach x Versionen und Theorien, ballistischen Analysen und Zeitmessungen, Lokalterminen und Simulationen des Ereignisablaufs, Berichten von Kommissionen und Privatpersonen wissen wir über den Hergang der Ermordung eines der bedeutendsten Politiker unseres Jahrhunderts im Grunde nichts. »Les Gommes« ist jedoch nicht konsequent, wie es die Wirklichkeit war. Wie jeder normale Mensch muß Robbe-Grillet privat davon überzeugt sein, daß ganz sicherlich jemand Kennedy ermordet hat, daß, wenn an dem Mord zwei Komplizen beteiligt waren, es nicht drei gewesen sind und daß, wenn es einer war, dann ganz sicherlich nur einer usw. Derartige Situationen mit der Quantenphysik zu vergleichen, weil in ihr die singulären Bahnen von Ereignissen grundsätzlich unerkennbar sind, ist schlichter Humbug. Weder im Himmel noch auf Erden gibt es irgendeinen Grund, warum ein Schriftsteller den Erzähler stets in eine Position bringen sollte, die ihm nur eine relativ schlechte oder eine unklare beziehungsweise falsche Einsicht ermöglicht, sofern es überhaupt eine Position gibt, die ihm eine bessere Einsicht erlaubt. Ich sage damit nicht, daß man nicht von Zeit zu Zeit in einem Werk einen Erzähler oder eine Menge von Erzählern auftreten lassen kann, der zu denen gehört, die am schlechtesten über die Vorgänge informiert sind, denn in der Sache Kennedy bilden wir alle gerade eine solche Menge, weil derartige Situationen zum gesellschaftlichen Repertoire von Ereignissen gehören, und eben das ist ihre hinreichende Legitimation. Die Literatur ist zwar berechtigt, Zustände sowohl der individuellen wie auch der kollektiven Desinformation oder Mystifikation abzubilden, denn sie kommen ja vor und besitzen ihre eigene, komplizierte Problematik, doch darf sie nicht desinformieren um der Desinformation willen. Einseitigkeit kann hier leicht zu einer Besessenheit werden, die sich an der Verworrenheit ergötzt, oder zur böswilligen Methode, falls das Werk einer »Verdunkelungs«absicht dient. Es ist durchaus möglich, daß die Mörder des amerikanischen Präsidenten straflos ausgehen, aber *id fecit, cui prodest*; die Nichtfeststellung der Täter ist nicht gleichzusetzen mit einer erkenntnistheoretischen Nichtfeststellbarkeit, und sie hat nichts, aber auch gar nichts zu tun mit den Einsteinschen Beobachtern oder mit der Unbestimmtheit der Atomtrajektorien. Zweifellos darf der Schriftsteller nicht ein allwissendes Wesen vortäuschen, aber ebensowenig darf er jemanden vortäuschen, der absolut nichts weiß, weil angeblich »alles unergründlich ist«. Ein Zufallsgenerator, der sich gewissermaßen über dem Werk befindet, der es zu einer hermetischen Aussage werden läßt, die sich ohne Übergänge zur Wirklichkeit in der Sprache verbarrikadiert, erzeugt einen Zustand totaler Lähmung durch Agnosie. Bringt man ihn dagegen »tiefer« unter, im Bereich der Vergegenständlichung, so daß er nicht mehr die Ontologie festlegt, sondern als ein ontologisch neutraler Regler fungiert und innerhalb der dargestellten Wirklichkeit unter den unterscheidbaren Ordnungen eine solche Unbestimmtheit erzeugt, daß man sie ebenso wie die wirkliche Welt unterschiedlich auslegen kann, so ruft er nicht mehr Agnosie, sondern »Polygnosie« hervor, also eine Vielzahl von Interpretationsmöglichkeiten, die, wenn sie nicht komplementär sind, den Anschein der Widersprüchlichkeit erwecken, aber auch nur den Anschein, weil sie sich letzten Endes nicht widersprechen. Die Widersprüche in unseren Kenntnissen über den Tod Kennedys sind ja insofern scheinbare, als niemand daran zweifelt, daß es an jenem Tag in Dallas nur einen einzigen, wenngleich unbekannten, ganz und gar realen Ereignisablauf gegeben hat. Für die Justiz ist eine solche Unterscheidung bedeutungslos, denn der Mörder ist ebensowenig zu fassen, wenn er seine Spuren geschickt verwischt hat, wie auch in dem Falle, daß die Wirklichkeit selbst widersprüchlich aufgebaut sein sollte (daß es also sowohl einen als auch gleichzeitig zwei, fünf und so weiter Mörder gegeben hat). Für den normalen Menschen und auch für den Schriftsteller, vom Philosophen ganz zu schweigen, ist die Unterscheidung jedoch von größter Bedeutung.

Wenn wir den Zufallsgenerator auf einer tieferen Ebene ansiedeln, nämlich zwischen den Sätzen (aber nicht innerhalb der Sätze, denn damit würden wir bereits die Grenze zwischen Prosa und Poesie überschreiten), dann kommt ein Text heraus, der Buczkowskis »Pierwsza świetność« ähnelt, und die Agnosie betrifft dann die lokale Ausdrucksweise, nicht aber die gesamte Gegenstandssphäre.

Die Achse, auf der wir den Standort des »Zufallsgenerators« verschieben, ist lediglich die Achse der Entropie, aber die Orte sagen etwas aus über die Wirkungen, die auf ein Werk von der Ununterscheidbarkeit von Zuständen ausgehen, und diese können, wie wir gesehen haben, sowohl ontologischer Natur sein, sie können aber auch, als erkenntnistheoretische Konsequenzen, das gesamte Werk betreffen, und sie können schließlich, am anderen Ende der Skala, nur noch die semantische Stabilität des Satzes betreffen. Zwischen diesen Polen erstreckt sich das Reich der Literatur, wobei man sagen muß, daß beide schon erreicht worden sind. Dabei hat sich gezeigt, daß die Pole kein Ort sind, der der Literatur eine üppige Blüte erlaubt. Größte Freiheit – im Ganzen oder auch nur lokal – bedeutet zwar potentiell größte Originalität, gleichzeitig aber völlige Unleserlichkeit. Diese beiden chaotischen Zustände, ausgelöst dadurch, daß die Sprache sich entweder im gesamten Artikulationsbereich oder auch an einzelnen Punkten von der realen Welt löst, sozusagen ein doppelter »absoluter Nullpunkt«, scheinen auf die Schriftsteller eine merkwürdige Anziehungskraft auszuüben. Immer häufiger wird versucht, sich diesen Orten möglichst weit anzunähern, ohne daß der Text dabei in Trümmer zerfällt. Eine eigentümliche Äquilibristik! Die aber zugleich charakteristisch ist, denn die ambitioniertere Literatur flüchtet aus den seit jeher bewohnten mittleren Bereichen der Skala, in denen überlieferte Konventionen und Ordnungen herrschen, die unzählige Male in der Literatur erprobt worden sind. Nun ist aber ein Werk kein deduktives System, und daher ist keineswegs ausgeschlossen, daß man »Zufallsgeneratoren« oder umgekehrt »Ordnungsgeneratoren« während des Schaffensprozesses sozusagen an mehreren Orten der Skala zugleich einsetzt. So entsteht ein weiter Raum für eine potentielle Kombinatorik, die selbst das stärkste Verlangen nach Neuheiten befriedigen müßte. Und dennoch besitzen gerade die Extreme eine besondere Anziehungskraft – vielleicht deshalb, weil, wie Michel Leiris einmal geschrieben hat, die Literatur, um zur »Tat« zu werden, eines möglichst realen Substitus der Gefahr bedarf, die den Ernst oder auch den Mut ihres Tuns auf die Probe stellt? Wäre es so, dann hätte die Gefahr, der sie an den Polen begegnet, den sehr eigenartigen Charakter einer Vernichtung des Erschaffenen durch Nichtkommunizierbarkeit, einer Zerstörung durch das Chaos oder durch die Beliebigkeit, die sozusagen die ästhetischere Variante des Chaos darstellt. Noch einmal: Ich bin wirklich gespannt darauf, wie sich die erzählende Prosa künftig weiterentwickeln wird.

Nouveau roman und Mathematik

Man hat versucht, dem »nouveau roman« neben der physikalischen noch eine andere achtbare Genealogie zu verschaffen, nämlich eine mathematische. Die Anhänger dieser literarischen Richtung betonen, ihr Prinzip sei der Bruch mit der traditionellen, »informierenden« Funktion; das Werk war bislang eine »Nachricht«, eine »Mitteilung«, und es erfüllte die Funktionen eines Vermittlers zwischen verschiedenen Darstellungen und Beurteilungen von Ereignissen und den Menschen. Mit dieser Vermittlung macht der »nouveau roman« Schluß; er setzt nämlich an die Stelle der Abbildungsfunktion die Funktion, aus Zeichen ein autonomes System zu konstruieren, und eben darin soll er einer mathematischen Schöpfung ähneln. Ein mathematisches System bezieht sich ja im Grunde nicht auf die Wirklichkeit und informiert uns nicht über irgendwelche Eigenschaften von ihr, sondern ausschließlich »über sich selbst«.

Da es sich nicht bloß um eine Metapher handelt, muß man sich diesen Vergleich ein bißchen genauer anschauen. Jede mathematische Darlegung läßt sich aufteilen in eine Ausgangsmenge von *Zeichen* und in Regeln, mit deren Hilfe aus ihnen Ausdrücke gebildet oder sie umgestaltet werden. Das erstere bezeichnen wir als Menge der Elemente, das letztere als Menge der Operatoren. Diese Einteilung genügt uns hier; für die Zwecke unserer Komparatistik brauchen wir uns nicht mit weiteren Einzelheiten zu befassen, die beispielsweise damit zusammenhängen, daß es Operatoren unterschiedlicher hierarchischer Stufe gibt (also auch solche, die Operationen an Operationen durchführen).

Es sei darauf hingewiesen, daß jede mathematische Darlegung eine doppelte »Daseinsberechtigung« besitzt. Sie betrifft einerseits die internen Beziehungen zwischen den Elementen, von denen widersprüchliche Beziehungen ausgeschlossen werden müssen. Kriterien, die lediglich prüfen, ob eine Darlegung *korrekt* aufgebaut ist, sagen noch nichts über deren Wert aus. Man kann nämlich eine unendliche Zahl von korrekten, das heißt widerspruchsfreien Aussagen erzeugen, die jedoch in ihrer überwältigenden Mehrheit für den Mathematiker »wertlos«, nämlich banal, trivial oder irrelevant sind. Über den *Wert* einer Aussage entscheiden erst ihre Außenbeziehungen, die sich nicht auf die reale Welt, sondern auf andere mathematische Aussagen im Sinne eines »Systemhintergrunds« beziehen. Diese Beziehungen entscheiden darüber, ob eine gegebene Aussage irgendwie »wertvoll« oder »aussagekräftig« ist oder nicht.

Die in der Mathematik vorkommenden Elemente sind Namen, die häufig aus der Umgangssprache und der empirischen Wirklichkeit stammen (»Kugel«, »Menge«, »Gruppe«). Einst waren diese Elemente als Namen nur solchen Operatoren unterworfen, die sprachlich abbildeten, was man in der realen Welt antreffen kann: eine wirkliche Kugel, Menge oder Gruppe (von Gegenständen). Im Laufe der Zeit haben sich diese Operatoren und ähnlich auch die Namens-Elemente von ihrer empirischen Herkunft unabhängig gemacht. Die Richtung der Veränderungen war in beiden Fällen insofern ähnlich, als die Namen und die Operatoren von ihrer »Seinswurzel« in der empirischen Welt immer stärker abgelöst wurden, so daß man zu einem immer höheren Grad der Abstraktion gelangte und noch immer gelangt. Wenn die Abstraktionen einen ungewöhnlich hohen Grad der Verallgemeinerung erreichen, beginnen sich nicht selten in verschiedenen Zweigen der Mathematik (wie etwa der Algebra und der Topologie, der Algebra und der Geometrie), die vorher, in der geschichtlichen Vergangenheit, weder aufeinander reduzierbar noch einander ähnlich zu sein schienen, *Ähnlichkeiten* sowohl der Elemente als auch der Operatoren und schließlich auch der *Beziehungen* zwischen den ersteren und den letzteren abzuzeichnen. Man gelangt auf diese Weise zu den höchsten *Systemgesetzen* der Mathematik als einer ihren einzelnen Teilbereichen und Zweigen übergeordneten Ganzheit. Eine selbst radikale Trennung zwischen dem System und der Welt bedeutet, wie man hieraus ersieht, keineswegs Beliebigkeit der deduktiven Schritte, sondern ganz im Gegenteil: Die Mathematik würde ohne Zweifel vernichtet werden, wenn auch nur die geringste Beliebigkeit in sie einzöge. Allerdings finden die Beziehungen zwischen der Menge der Elemente und der Menge der Operatoren ihre Begründung nicht mehr in der realen Welt, sondern im gesamten Gebäude der Mathematik, in dem »Systemhintergrund« jeder einzelnen Darlegung und aller zusammen.

Wir wollen nun einen typischen Roman der »neuen Schule« mit Hilfe einer ähnlichen Terminologie als eine autonome Konstruktion untersuchen und wählen als

Beispiel »La maison de rendez-vous« (deutsch: »Die blaue Villa in Hongkong«) von Robbe-Grillet. Wir können, wie in jedem Text, auch hier »Elemente« und »Operatoren« entdecken. In einem naturalistischen Roman sind die einen wie die anderen »dem Leben entnommen«: daß der Held sich in die Heldin verliebt, bedeutet, daß auf die entsprechende Romangestalt ein »erotischer Operator« angewandt wird. Die Rechtfertigung für die Anwendung dieses Operators besteht in der schlichten Tatsache, daß »solche Fälle sich tatsächlich ereignen«. So bilden denn auch die Elemente des Werkes und die Regeln ihrer Transformation für den traditionellen Roman eine homogene Menge, da sie aus ein und demselben Ursprungsgebiet der Wirklichkeit entnommen sind. Auch die Elemente und Regeln eines Werkes der phantastischen Gattung passen im Hinblick auf einen bestimmten Kulturkreis und seine geschichtlich verfestigten Traditionen homogen zueinander (weil z. B. sowohl die Gestalten bestimmter Dämonen als auch ihre Verwandlungen *aus ein und derselben Quelle* geschöpft sind: den Glaubensvorstellungen, Mythen und Sagen dieser Kultur). Damit bricht der »nouveau roman«. Er informiert uns nicht über irgend etwas, weder im Sinne eines Protokolls wirklicher Vorgänge noch im Sinne einer Legende oder Sage. Wenn danach gefragt wird, welcher Zusammenhang in der »Blauen Villa« zwischen den Elementen und Operatoren besteht, so muß man sagen, daß es keinerlei Zusammenhang im Sinne einer eindeutigen Korrelation zwischen ihnen gibt. Die Elemente sind einfach da, und man kann sie aufzählen; mit den Operatoren kann man genauso verfahren. So gehören zu den Elementen gewisse »Kernszenen«, in denen die Personen in einer situativen Umgebung beschrieben werden. Unter den Operatoren finden wir zum Beispiel solche wie die Regel, die einzelnen Vorgänge (Elemente) zu Phasen zu verknüpfen, die den Charakter einer Schlinge haben, die sich mehr oder weniger eng schließt. Die Erzählung führt uns nämlich immer wieder bis zu bestimmten Momenten, die eine *Zäsur* der »Handlung« darstellen, so etwa bis zum Eindringen der Polizei in die blaue Villa, bis zum Zerbrechen eines Glases usw., so daß der Eindruck von kreisförmig sich wiederholenden zeitlichen Sequenzen entsteht. Als zeitliche kann man diese kreisförmigen Abläufe deshalb bezeichnen, weil sie sich auf ein Nacheinander von Vorgängen beziehen, die auf ein und derselben hierarchischen Ebene liegen. Unabhängig davon wendet Robbe-Grillet einen anderen Operator an, der gewissermaßen »vertikal« wirkt. Mit seinen Effekten erinnert dieser Operator an die Verfahren, dank derer man in der Topologie ein zweiseitiges Band in ein einseitiges Möbiusband und eine dreidimensionale Flasche in eine nur noch eine Oberfläche zeigende Kleinsche Flasche überführen kann. Die Ereignisfolgen werden nämlich derart miteinander verbunden, daß Dinge, die in Wirklichkeit auf unterschiedlichen kategorialen Ebenen liegen, in der Romankonstruktion als koexistent erscheinen. So tritt etwa die Besitzerin des öffentlichen Hauses zwischen verschiedenen Stripteasenummern in einer Weise auf, als würde sie irgendeine Rolle spielen, doch stellt sich bald heraus, daß sie sich nicht anders verhält als in ihrem ganz gewöhnlichen Privatleben. Normalerweise halten wir ja die »spontane Lebensebene« für eine Art von »Nullwirklichkeit«, während die künstliche Ebene des Theaterspiels sich gewissermaßen ein Stockwerk höher befindet; würden wir darüber, im Sinne eines »Theaters im Theater« wie beispielsweise im »Hamlet«, ein weiteres Stockwerk errichten, so würden zwischen diesem Supertheater und der »Null«wirklichkeit bereits zwei Ebenen liegen; demgegenüber wendet Robbe-Grillet seinen zweiten, »vertikal« wirkenden Operator an, der bewirkt, daß wir auf jener höheren Ebene gewissermaßen erneut und unverhofft auf die »Nullebene« der spontanen Wirklichkeit stoßen. Es kommt auch zu »Oszillationen«, so daß wir einmal sozusagen ein gespieltes Spektakel vor uns haben, das dann aber wieder unbemerkt in »das Leben als solches« übergeht, wobei die Grenzen zwischen dem Künstlichen und dem Natürlichen sich auflösen.

Wir haben diesen zweiten Operator als einen »vertikalen« bezeichnet, der nicht innerhalb der Zeit wirkt, weil er die übliche, nur in einer Richtung wirkende hierarchische Kategorisierung von Ereignissen zunichte macht, denn er ermöglicht unverhoffte und normalerweise »verbotene« Übergänge von den höheren Ebenen (des Spiels) zu der »Nullebene« der Wirklichkeit – gleichsam wie durch einen »Kurzschluß«.

Nun schließt sich aber die Zeit nicht zu Kreisen, und es ist auch in der Realität nicht möglich, die Topologie der kategorialen Ebenen von Erscheinungen kreisförmig zu transformieren, und deshalb gibt es in der realen Welt nichts, was den Wirkungen der Anwendung der genannten Operatoren entspräche. (Es sei hinzugefügt, daß Robbe-Grillet auch andere Operatoren anwendet, z. B. einen, durch den gewisse Szenen von einem Fingerring eingefaßt werden, oder einen, der diese Szenen zu Illustrationen einer Zeitschrift macht usw.)

Wie wirkt sich nun die Anwendung einer Reihe solcher Operatoren aus? Da sind zunächst widersprüchliche Effekte, denn es stehen verschiedene, teils nur inkohärente, teils aber auch gegensätzliche Versionen der Ereignisse nebeneinander. Es gibt ferner einen »Labyrinth«-Effekt. Die durch die Anwendung solcher Operatoren erzeugte »Vielschleifigkeit« in der »Ebene« der Zeit und in der »Senkrechten« der kategorialen Hierarchie des Werkes hat nämlich zur Folge, daß aus einer relativ geringen Zahl von elementaren Szenen (Sir Ralphs Gespräch mit dem Mädchen, die wachsende Begehrlichkeit Sir Ralphs, die Forderungen des Mädchens, das Hin und Her um das Geld zur Befriedigung der Forderungen der Kurtisane) eine Art von Labyrinth entsteht. Die Übergänge zwischen den Kammern dieses Labyrinths, die keineswegs kausalen Handlungsverknüpfungen oder einer Ordnung der oben angeführten Disposition entsprechen, werden ganz einfach durch bestimmte Operatoren eröffnet, die die einzelnen Szenen-Elemente »kurzschließen«. Diese durch nichts motivierten Übergänge verhalten sich zu den Szenen wie die Bewegungen einer Hand, welche ein Kaleidoskop hält, zu den darin beobachteten Verteilungen: sie sind rein äußerlich, willkürlich und ganz und gar zufällig erzeugt.

In Wirklichkeit ist es deshalb nicht so, als würde die entstehende Konstruktion uns irgend etwas als »Botschaft«, als »message«, vermitteln, denn die Szenenverknüpfungen entsprechen weder den Möglichkeiten realer Vorgänge, noch ähneln sie einem Handlungsschema, wie es sich unter den »phantastischen« oder mythischen Stereotypen einer beliebigen Kultur finden läßt. Zugleich ist es aber auch nicht so, als wäre diese Konstruktion in ihrer Autonomie das Pendant einer mathematischen. Die Beziehungen, die in der Mathematik zwischen einer Menge von Zeichenelementen und einer Menge von Operatoren bestehen, können zwar ganz verschieden sein, aber sie sind nie zufällig. In der Mathematik sind diese beiden Mengen jeweils kraft entsprechender axiomatischer Beschlüsse *von Anfang an gegeben.* Im »nouveau roman« herrscht dagegen eine in mathematischen Verfahren unzulässige Beliebigkeit der Transformationen.

Man könnte das beweisen, indem man zeigt, daß sowohl die Operatoren selbst als auch die Stellen, an denen Robbe-Grillet sie an die »Handlung« anlegt, ganz andere sein könnten und daß der Text, der auf diese Weise entstünde, sich dennoch von der »Blauen Villa« insofern nicht unterscheiden würde, als er die gleiche Entropie besäße. Diese Austauschbarkeit hat ihren Grund darin, daß Systeme, die in einem solchen Maße ungeordnet sind, einander in informationaler Hinsicht gleichwertig sind.

Die Menge der Robbe-Grilletschen Operatoren hat indessen ein gemeinsames Merkmal, das bei allen Modifikationen durchgehalten werden müßte: sie ist nämlich heterogen. Eine homogene Menge würde andere Effekte ergeben, als sie »Die blaue Villa« erzeugt. Würden wir beispielsweise konsequent nur Operatoren der »Transmutation« anwenden, durch die jede Frau, die eine Hand hebt, sich in einen Hund oder eine Göttin verwandelt, und jeder Mann, der Rauschgift nimmt, zu einem

Gespenst wird, so würde die – genetische – Homogenität der Operatoren einer solchen Transmutation den Text hinsichtlich seiner Metamorphosen dem typischen Märchenschema angleichen. Zwar würde dadurch kein »konventionelles Märchen« entstehen, aber der Rezipient würde dennoch konstatieren, daß in dem Text durchgängig eine märchenhafte »Atmosphäre« herrscht, weil nämlich Gesetze herrschen, die »Wundertaten« möglich machen. Alle Operatoren, wie sie in Märchen vorkommen, haben ja eine gemeinsame Grundlage: sie alle erzeugen Resultate, die, obwohl empirisch unmöglich, einen durchgehenden »kausalen« Zusammenhang zwischen den Ereignissen herstellen. Es handelt sich um eine Art von Determinismus, denn *jedes* Reiben an dem Zauberring oder an Aladins Lampe ruft den hilfsbereiten Geist herbei, auf jeden Zauberspruch folgt regelmäßig die entsprechende Verwandlung, so daß sich ein Kamm stets in einen Wald und nicht einmal in einen Wald, ein anderes Mal in einen geflügelten Teufel verwandelt. Solche wundertätigen Operatoren haben also eine gemeinsame und daher homogene Wirkungs*logik*, und außerdem greifen sie immer dann aktiv in die Handlung ein, wenn diese es erfordert. Weil Robbe-Grillet die Effekte einer solchen Homogenität vermeiden wollte, hat er denn auch gerade nach solchen Operatoren gesucht, die zueinander weder auf der realistischen noch auf der phantastischen Ebene in einer logisch *einzigartigen* Beziehung stehen. Einmal benutzt er einen Operator, der eine Szene aus einem Fingerring »herleitet«, also gewissermaßen märchenhafter Art ist, doch dagegen, daß der Text insgesamt eindeutig dem »Märchentyp« zugeordnet werden kann, setzt er sogleich, daß diese Operation – innerhalb der Handlung – *zu nichts dient* (während sie im Märchen zu etwas dient: das Reiben am Ring läßt den Geist erscheinen!), und ferner, daß unverzüglich andere Operatoren angewandt werden, denen sich eine »märchenhafte Genese« nun nicht mehr zuschreiben läßt.

Das Kriterium, nach dem Robbe-Grillet seine Operatoren zusammenstellt, ist daher ein *ausschließendes*: sie müssen *inhomogen* sein, dürfen keine eindeutige Beziehung zu den Elementen der Handlung haben, und sie dürfen nicht innerhalb des Handlungsverlaufs damit erklärbar sein, daß sie bestimmten Vorgängen *dienen*. Es geht bei der »Blauen Villa« ja nicht darum, was die Anwendung des jeweils benutzten Operators »bedeutet«, »wie sie die Handlung vorantreibt«, sondern im Gegensatz zu den Erwartungen der Leser gerade darum, daß die Folge der am Text durchgeführten Operationen sich *nicht* semantisch kumulieren kann, so daß sich der homogene Eindruck verstärken würde, daß »dies ein Märchen ist« (oder eine Legende, ein Mythos, eine Sage –, oder auch ein Protokoll realer Vorgänge).

Wenn die Anwendung der Operatoren für die ihnen unterworfenen Elemente *nichts* bedeutet, oder anders gesagt: wenn diese Operatoren nicht auf der gleichen Ebene funktionieren, auf der die »Handlung« als solche sich abspielt, wenn sie ihr also ständig äußerlich bleiben, dann muß die Suche nach dem *einen Prinzip* dieser ganzen Konstruktion vergeblich sein. Wenn der »Sinn« der Operatoren sich nicht an den »Sinn« der Vorgänge anhängen läßt, muß die semantische Integration des Textes durch eine formale Integration ersetzt werden. Könnten wir ihn formal integrieren, so würde deutlich der Isomorphismus einer solchen Konstruktion in bezug auf eine beliebige mathematische Konstruktion hervortreten. Auf den ersten Blick scheint dies möglich zu sein. Obwohl nämlich die in einer mathematischen Darlegung vorkommenden Namen wie »Menge«, »Gruppe« oder »Kugel« sich genetisch von empirischen Begriffen herleiten, sind sie dennoch keine empirischen Begriffe; und obwohl das »Abzählen« der Elemente einer »Menge« als Operation seine Entsprechung in der Wirklichkeit hat, gibt es doch nichts, was einem »Abzählen« entspräche, welches uns festzustellen erlaubte, daß eine unendliche Menge von der Mächtigkeit Aleph kleiner ist als eine Menge von der Mächtigkeit des Kontinuums. Daß also andererseits in einem Roman solche aus der Wirklichkeit entlehnten Namen wie »Hund«, »Frau« oder »Mord« vorkommen, beweist noch nicht, daß wir ihn als eine »Nachricht« über wirkliche Sachverhalte auffassen müssen. Damit wir jedoch darauf verzichten können, solche Namen auf bestimmte Fragmente der Realität zu beziehen, und uns mit ihrem nichtinformierenden Status abfinden könnten, müßte sich die Konstruktion des Werkes durch eigene, innere Beziehungen erklären lassen, die ihr starke Kohärenz und Geschlossenheit verleihen. Genau das läßt sich nun aber nicht realisieren. Der Bruch des Werkes mit der »informierenden« Tradition stellt sich daher als ein *Postulat* und nicht als eine vollendete *Tatsache* heraus. Selbst wenn er den theoretischen oder programmatischen Direktiven des »nouveau roman« noch so wohlwollend gegenübersteht, vermag der Leser trotz besten Willens diese Direktive in der Rezeption nicht zu realisieren. Wenn ein Text mit der Funktion, eine Nachricht im Sinne von »message« zu übermitteln, gebrochen hat, dann heißt das, daß man auf die Frage, »wozu er dient«, »worüber er informiert«, nicht nur nicht antworten muß, sondern vielmehr *nicht* antworten *darf.* Ebensowenig darf man die Frage für sinnvoll erklären, über welche Eigenschaften der realen Welt uns beispielsweise die Tatsache informiert, daß eine Menge von der Mächtigkeit des Kontinuums nicht abzählbar ist. Nun erklärt aber Adam Ważyk im Nachwort zur polnischen Ausgabe der »Blauen Villa«, es handele sich hier um »ein Gewimmel von Tatsachen, wie es einfach im Kopf eines Autors besteht, wenn er einen Roman plant«. Dies ist jedoch eine jener Deutungen, die absolut alles, also auch jede Beliebigkeit rechtfertigen und jeder beliebigen Äußerung »literarischen« Status verleihen. Solchen Interpretationen zufolge gibt ein langweiliger Text das »taedium vitae« wieder, ein sinnloser Text bildet das »Chaos des modernen Lebens« ab u. dgl. m. Wenn man dieser Richtung folgt, läßt sich beweisen, daß ein Telefonbuch, ein Stoß alter Rechnungen und die Etiketten auf den Bierflaschen zur Literatur gehören und daß ein Buch, welches rote Seiten hat, weil es in den Borschtsch gefallen ist, einen »semantischen Überschuß« enthält, der auf eine Bluttat hindeutet, von der im Buch weder explizit noch implizit die Rede ist. Da er in irgendeinem Designat des Werkes selbst keinerlei Kohärenz zu entdecken vermag, adressiert Ważyk die »Blaue Villa« an den Geisteszustand des »Absenders« in seiner »widersprüchlichen schöpferischen Verwirrung«. Wenn er damit eine parodistische oder komische (Ważyk spricht von einer parodistischen) Wirkung erzielt, so ist sie nicht beabsichtigt. Wie wir wissen, stellt ein mathematischer Gedankengang keine »Mitteilung« dar. Wenn ein solcher Gedankengang falsch, widerspruchsvoll ist, gehört er nicht mehr zur Mathematik, informiert uns aber dennoch über etwas *außer ihm selbst*, nämlich darüber, daß er *schlecht, fehlerhaft* durchgeführt wurde. Dieser Fehler verweist uns an eine bestimmte Adresse – die des schlechten Mathematikers, der diesen Gedankengang konstruiert hat. In diesem, aber auch *nur* in diesem Sinne kann man ein Zeichensystem, das nicht den Charakter einer »Nachricht« hat, dennoch zu einer machen. Dann hat jedoch der besagte »Gedankengang«, als *Mitteilung* verstanden, nichts mehr mit der Autonomie einer mathematischen Schöpfung zu tun, denn nun fassen wir ihn als ein *psychologisches Dokument* auf (als ein Protokoll der Vorgänge in jemandes Kopf). Daß ein Gedankengang sowohl ein mathematisches Theorem als auch eine psychologische Mitteilung ist, ist nicht möglich; das eine schließt das andere aus. So kann auch der nouveau roman nicht gleichzeitig eine »Nachricht« (über den Geisteszustand seines Urhebers) und eine »autonome Konstruktion« sein. Man kann nämlich nicht gleichzeitig etwas mitteilen und absolut nichts mitteilen. Wenn wir also die »Blaue Villa« an den Geist des Urhebers adressieren, dann kann von einem Bruch mit der Tradition der »message« keine Rede sein, und dieser »neue« Roman erweist sich als eine andere Spielart eines durch und durch »alten Romans«, oder anders gesagt: das Neue besteht lediglich in einem unerfüllten Wunschtraum, einer nicht realisierten Absicht des Schriftstellers. Eine

Daseinsberechtigung bekommt das »antikommunikative« Neuerertum des »nouveau roman« nur dann, wenn seine Früchte jene Autonomie erlangen, durch die sich die *korrekte* schöpferische Arbeit des Mathematikers auszeichnet.

Betrachten wir nun die Menge der Elemente, die Robbe-Grillet als Ausgangspunkt gewählt hat, so sehen wir, daß sie aus einem durchaus homogenen Ursprungsbereich stammen; es ist thematisch der Bereich von *sex and crime* (ebenfalls in »Ein Tag zuviel«, »Der Augenzeuge« und teilweise auch in der »Eifersucht«). Diese Wahl wurde dadurch diktiert, daß dieser Bereich für den Leser attraktiv ist – und daß es in ihm sehr beständige Handlungsstereotype gibt. Die bloße, gegen deren Sinngehalt indifferente Stabilität der Handlungsstereotype wäre allein nicht hinreichend. Dem Einflußbereich der transformierenden Operatoren entzogen, ist die »Blaue Villa« die Geschichte eines nicht allzusehr in Einzelvorgänge verzweigten Geschehens, das sich in dem öffentlichen Haus einer gewissen Dame zugetragen hat; wir finden dort eine Stripteasedarbietung (ein dressierter Hund reißt einem jungen Mädchen das Kleid herunter) und die Peripetien eines Mannes, den die Leidenschaft für eine schöne Kurtisane packt, die von ihm Geld fordert, um dafür sein Eigentum zu werden; die nächtliche Suche des glühenden Liebhabers nach diesem Geld endet fatal. Das ist eine ziemlich stereotype Situation; wir könnten ein Handlungsstereotyp finden, das nicht minder dauerhaft ins allgemeine Bewußtsein eingeprägt, aber semantisch neutraler, das heißt weniger drastisch ist, etwa in Gestalt einer Geschichte, in der eine Mutter für das Abendessen in der Küche Klöße zubereitet, während die Kinder und der alte Onkel in seinem Sessel auf Rädern ihr zuschauen; dies wäre ein Analogon der Szenen mit den (Striptease-)Darbietungen; dann stellt sich heraus, daß das Geschirr und Besteck irgendwo verschwunden ist; die komplizierte Suche danach endet damit, daß alle Teller entzweigehen. Die gleichen Operatoren, die Robbe-Grillet anwandte, auf diese von uns als

Beispiel angeführte Sequenz angewandt, würden unter *formalem* Aspekt ähnliche Effekte ergeben, wie sie die »Blaue Villa« enthält. Leider könnte ein solcher Text wohl kaum auf Leser hoffen. Es besteht nämlich ein durchaus wesentlicher, wenn auch eher trivialer Unterschied zwischen den Vorbereitungen zum Abendessen und denen zum Striptease, zwischen der Suche nach Geld für eine schöne Dirne und der Suche nach Besteck und Tellern in der Anrichte, zwischen dem Verzehr von Klößen und dem von Rauschmitteln. Das Stereotyp der Abendbrotvorbereitungen ist nicht mehr und nicht weniger determiniert und verbreitet als das »kriminell-obszöne« Stereotyp, doch vermag das erstere niemanden hinreichend anzuziehen und in Anspruch zu nehmen, die Mühsal der Lektüre auf sich zu nehmen, *sofern* diese mühselig ist. Wenn sowohl das Stereotyp der »Mutter mit den Klößen« als auch das des »öffentlichen Hauses« *banal* ist, dann müßten beide eigentlich für die transformierenden Operatoren des »nouveau roman« gleichberechtigt sein, wenn dieser tatsächlich das Pendant einer mathematischen Schöpfung oder auch eines abstrakten Gemäldes wäre. Denn wenn weder ein abstraktes Bild noch Gödels Beweis uns über irgendwelche Erscheinungen der *realen Welt* informieren, wenn deren Werte ausschließlich »innere«, autonome Werte sind, wenn es, wie man einmal gesagt hat, *gleichgültig* ist, was ein abstrakter Maler malt, sofern er nur *gut* malt, dann muß es auch gleichgültig sein, ob die originellen Transformationen, die man uns zeigt, an Müttern, Kindern und Klößen oder an erotischen Szenen durchgeführt werden. Das ist jedoch keineswegs der Fall. Es zeigt sich also, daß die Frage, ob man diese oder jene, *formal* und *konstruktivistisch* mehr oder weniger interessanten Operatoren anwendet, ein sekundäres, *unwesentliches* Problem ist, und es stellt sich zum wer weiß wievielten Male heraus, daß ein literarischer Text, der Eingriffe, die ihn selbst bis an die Grenze des *Chaos* umformen, zu »überstehen« vermag, dies einfach *trotz* jener Operatoren und nicht, wie im traditionellen Roman, *dank ihrer* tut. Beim traditionellen Roman dienen ja die Operatoren der Handlung, halten sie in Gang und führen in eine bestimmte Richtung; dagegen erweist sich der »nouveau roman«, an dem man alle möglichen, durch das Prinzip der »Antikommunikativität« diktierten Eingriffe vorgenommen hat, als ein möglicherweise malerisches Trümmerfeld von Bedeutungen; der Leser, der auf diesem Felde zwischen den Überresten der traditionellen Erzählung umherirrt, verhält sich mutatis mutandis wie ein Halbwüchsiger, der sich bemüht, die Fetzen eines weiblichen Aktbildes zusammenzufügen, die er in buntem Durcheinander mit den Fetzen eines Fotos vom Mont Blanc auf dem Fußboden gefunden hat. Es ist klar, daß ihn nicht die Komposition der durcheinandergewürfelten Fetzen interessiert, sondern daß er *gegen* das Chaos der Zerstreuung, gegen seine völlige Heterogenität anarbeitet und es in eine Ordnung zu verwandeln versucht, denn er wählt ja eben die Teile des Aktbildes aus und setzt sie zusammen. Dabei sollte es doch so sein, daß durch die Anwendung der Operatoren nicht irgendein Chaos entsteht, sondern eine neue Art von Ordnung, also eine Ganzheit, die den Rezipienten befriedigen sollte. Es ist jedoch anders, und so stellen wir fest, daß die Menge der Elemente des Werkes und die Menge der Operatoren innerhalb des »nouveau roman« eine gleichsam natürliche Tendenz besitzen, auseinanderzutreten. In einem »gewöhnlichen« literarischen Werk wirken die Elemente und die Operatoren zusammen, und für dieses Zusammenwirken gibt es auch eine eindeutige Entsprechung im mathematischen Schaffen. Es wäre Unsinn, zu behaupten, in der Mathematik könnten sich die Menge der Elemente und die Menge der Operatoren zufällig zueinander verhalten oder eine dieser Mengen könnte »wichtiger« sein als die andere. Gerade das ist leider beim »nouveau roman« der Fall. Die Anwendung der Transformationen, die neuartige Beziehungen hinsichtlich des Zeitablaufs und hinsichtlich der Hierarchie der Ebenen der Romanwirklichkeit ergeben, stellt eine Art von strukturalistischer Tätigkeit dar. Können die so entstehenden Strukturen irgend etwas bedeuten? Ein Zeichen wird in seinen Funktionen durch entweder doppelte – sowohl designative als auch konnotative – oder zumindest einfache, ausschließlich konnotative Bezüge konstituiert. Ein Isolat, nicht aber ein Element eines Systems, kann höchstens ein Zeichen sein, das irgend etwas designiert, was seinerseits kein Zeichen ist (mit anderen Worten ein Zeichen, das sein gegenständliches Designat besitzt). Es repräsentiert dann durch sein Auftreten diesen Gegenstand und sonst nichts. Sobald jedoch von der Konnotation die Rede ist, wird es zur reinsten *contradictio in adiecto*, die Existenz eines isolierten Zeichens zu postulieren. Die Konnotation verleiht ja einem Gebilde durch die Beziehungen, in die es mit anderen Gebilden als Elemente eines bestimmten Systems tritt, Bedeutung. Ein Isolat kann somit keine Konnotation besitzen, denn so etwas wie ein System, das aus Elementen zusammengesetzt ist und ihm Bedeutung verleihen würde, existiert für ein Isolat nicht. Ein reiner Fall des Verleihens von Bedeutung durch Designation ist die Signalsituation (des bedingten Reflexes), und eine reine Konnotation finden wir in der Mathematik. Ich verstehe das Wort »Drenn« nicht, weil ich weder sein Designat noch seine Konnotation kenne; stoße ich darauf in den Sätzen: »Als das Drenn aufwachte, brüllte es« oder »Von einer Kugel getroffen, fiel das Drenn tot um«, dann kann ich dank dieser Konnotation vermuten, daß es sich um irgendein Lebewesen handelt. Wenn es jedoch so ist, daß das »Drenn« einmal brüllen kann, während andererseits ein Satz lautet: »Ich holte Wasser, drenn ich wollte trinken«, so lassen sich die Resultate dieser beiden Konnotationen in keiner Weise in der dem »Drenn« zugeschriebenen Bedeutung auf einen Nenner bringen. Aus diesem Grunde, d. h. wegen der Konnotation, die zu semantisch widersprüchlichen Zuständen führt, kann Ważyks Hypothese nicht richtig sein, daß die zeitlichen Strukturen bei Robbe-Grillet Modelle irgendwelcher Gemütszustände sein könnten. Denn weder aus der »Blauen Villa« noch aus anderen Werken dieses Autors läßt sich irgendeine

Konnotation der »neuen Strukturen«, etwa der Zeitschleifen, herausholen, die diesen eine Bedeutung geben würde; allein die wiederkehrende Regelmäßigkeit der zwischen den Zeichen auftretenden Beziehungen vermag nämlich Bedeutung zu verleihen. Wo es nicht einmal eine Spur einer solchen Regelmäßigkeit gibt, gibt es auch keine Konnotation, und die sowohl der Denotation als auch der Konnotation beraubte Struktur *kann nichts bedeuten.*

Bevor ich dasselbe noch einmal, aber genauer wiederhole, möchte ich mich für die Pedanterie rechtfertigen, denn es könnte ja jemand meinen, diese Analyse sei gegenstandslos und ich klebte nur an Wörtern, weil daraus, daß jemand gesagt hat, eine bestimmte Art von Kreation erinnere an die Mathematik, ja nicht folgt, daß sich die Literatur tatsächlich in Mathematik verwandeln muß. Nun sind mehrdeutige Metaphern ebenso wie unernst gemeinte Urteile und Mystifikationen zwar in der Literatur zulässig, nicht aber in der *Theorie der Literatur.* Wenn man uns früher gesagt hat, ein Werk sei aufgebaut wie ein lebendiger Organismus, so haben wir sehr gut verstanden, wo die Berechtigung eines solchen Vergleichs endet, denn es bedarf keines Fachstudiums, um zu begreifen, daß ein literarisches Werk weder Arme noch Beine, weder ein Herz noch eine Leber hat. Wenn man jedoch heute wiederholt Behauptungen hört wie die, ein Werk sei eine typische strukturalistische Arbeit, zwischen der Entwicklung der Erzählung und der Entwicklung der Physik bestünden angeblich genaue Parallelen, ein Werk erfülle oder erfülle nicht die Funktion der »message«, so ist es nicht nur unser Recht, sondern auch unsere Pflicht, die Sinnhaftigkeit solcher Thesen zu überprüfen. Es macht schließlich einen Unterschied, ob man eine allgemeinverständliche Metapher benutzt – oder ob man systematisch mit einer Terminologie operiert, die der Informationstheorie (zu ihr gehört die »message«), der Strukturtheorie oder der Physik entnommen ist. Zusammen mit solchen Ausdrücken taucht im Bereich der Literaturwissenschaft der Terror der vermeintlichen Exaktheit auf, die ein zähes Leben besitzt, denn Behauptungen, die schon von Anfang an in einem achtunggebietenden terminologischen Gewande daherkommen, erwecken den Anschein reiner »wissenschaftlicher Wahrheit«, und auf der Grundlage einer solchermaßen beglaubigten »Wahrheit« entstehen dann die Programme künstlerischer Schulrichtungen. Einer solchen Maskerade muß so schnell wie möglich ein Ende gemacht werden. Um auf das Thema zurückzukommen: Wenn ein Text eine Struktur enthält, die sich als Modell auf Erscheinungen *außerhalb des Werkes* beziehen läßt, wenn, anders gesagt, diese Struktur, die die Aufgabe eines Zeichens erfüllt, eine nicht leere Denotation besitzt, dann ist das Werk eine Nachricht (stellt es eine »message« dar). Schon deshalb besitzt ein solches Werk keine Souveränität, keine der mathematischen ähnliche Autonomie. Ist aber eine Struktur, die in einem bestimmten Teil eines Werkes (einer bestimmten Verknüpfung seiner Szenen) besteht, nicht von der Art einer Nachricht, dann muß sie, um eine Bedeutung zu erhalten, in den Bereich der durch das Werk festgelegten Konnotationen einbezogen werden. Das Werk ist für eine solche in ihm enthaltene Struktur dasselbe, was für ein unverständliches Wort die Menge der Äußerungen ist, in der es vorkommt. Das Werk ist ein Zeichensystem, und die Struktur ist eines der Zeichen dieses Systems, ein Zeichen, das seinen Sinn *ausschließlich* seiner Stellung innerhalb des Systems verdankt. Für sie, die Struktur, existiert die reale Welt als Sinngeber nicht mehr. Das Werk ist dann das »semantische Universum«, und ein bedeutungsvoller Bestandteil eines solchen Universums zu sein heißt, die Bedingungen eines Untersystems gegenüber dem größeren System, eines untergeordneten Teils gegenüber dem übergeordneten Ganzen zu erfüllen. Wir sprechen hier nicht davon, *ob* es *möglich* ist, aus der Umgangssprache, mit der die Literatur operiert, ein derart autarkes, derart endgültig mit den Funktionen der »message« brechendes Gebäude zu errichten; wir zählen lediglich die Bedingungen auf, die erfüllt sein müssen, damit bestimmte Artikulationen noch etwas bedeuten können, obwohl sie *nichts mehr bezeichnen* – wie es eben in der Mathematik der Fall ist. Ein beliebiges Gebilde kann zum Zeichen werden – entweder dadurch, daß es in dauerhafte Beziehungen mit der realen Welt tritt, oder dadurch, daß es auf der Grundlage von Systemgesetzen in Beziehungen mit anderen derartigen Gebilden tritt. Entweder verschafft die aus Designaten bestehende Welt oder das Universum der Zeichen einem bestimmten Element Bedeutung, beispielsweise die »Bedeutung, Modell eines bestimmten Gemütszustandes zu sein«. Tertium non datur. Wenn nun im Falle der »Blauen Villa« von Designaten keine Rede sein kann, wenn dieser Text nicht die Funktion einer »message« erfüllt, dann kann den in ihm vorkommenden Strukturen, den »Zeitschleifen« oder »kategorialen Kreisen« allein die *Konnotation* eine Bedeutung verleihen, also jene feststellbaren Zusammenhänge, welche diese Strukturen mit ihrer Nachbarschaft *innerhalb* des Werkes, innerhalb seiner autonomen Welt bilden. Könnten wir diese Zusammenhänge feststellen, dann dürften wir – innerhalb des Textes, jedoch nicht außerhalb! – solchen Strukturen eine durch die Konnotation erzeugte Bedeutung zuschreiben. Die in dem Text vorkommenden Nachbarschaften dürfen einander dann jedoch nicht – als Konnotationen ein und derselben Struktur – widersprechen. Falls ein Text außerdem noch Designate besitzt, dürfen die Konnotationen untereinander widersprüchlich sein, denn die Bedeutungen werden dann zusätzlich durch die objektiven Eigenschaften der Denotate stabilisiert. Widersprüche, wie sie in der Umgangssprache häufig vorkommen, sind nicht sinnlos, weil sie eine nichtleere Denotation haben (wenn jemand von der »größeren Hälfte« von etwas spricht, verstehen wir, um was es geht; innerhalb eines mathematischen Gedankengangs, der ex definitione nicht einmal virtuell reale Designate besitzt, kann ein solcher Ausdruck dagegen nichts bedeuten). Wenn nämlich ein System nach Art der Mathematik denotativ leer ist, führt ein konnotativer Widerspruch zum Zerfall und zum Verschwinden der Sinngehalte. Nun ist die »Blaue Villa« in sich widersprüchlich. Ich empfehle jedem, der genügend Geduld aufbringt, dieses Buch aufmerksam zu lesen und sich am Rande an den entsprechenden Stellen Zeichen zu machen, welche die Anwendung der transformierenden Operatoren anzeigen – also ein Zeichen für den Operator, der die Kategorie des Geschehens transformiert (also die »unmittelbare Beschreibung des Erzählers« in eine »Beschreibung, die eingearbeitet ist in die Illustration einer Zeitschrift, welche der Straßenkehrer in die Gosse wirft«, in eine »Beschreibung, die aus einem Fingerring hergeleitet wird« und so weiter), und ein Zeichen für den Operator, der von einer bestimmten Zäsur an eine Umkehr der Handlung und ihren Neubeginn bewirkt. Diese beiden Arten von Operatoren (oder vielmehr diese beiden *Gruppen*, denn die Operatoren wirken nicht auf eine sich exakt wiederholende Weise) überlagern sich in ihren Wirkungen, d. h., es kommt vor, daß einer unmittelbar nach dem anderen an den Text angelegt wird. Der Operator der Zeitumkehr mag zunächst den Eindruck erwecken, als sei er ein Pendant jener alten Regel, nach der ein Romanschriftsteller zuerst den Gesamtablauf der Handlung oder das Wesentliche daraus erzählerisch beschreiben durfte, in einer knappen Form, indem er gewissermaßen die Disposition der Vorgänge in ihrer zeitlichen Folge vortrug, um danach erst zur Entfaltung dieser Beschreibung überzugehen; dieser traditionelle Operator besitzt sein Gegenstück in der Realität, denn nicht selten kündigt jemand, dem etwas zugestoßen ist, zum Beispiel ein Verkehrsunfall, seine Beschreibung durch eine knappe »Überschrift« an (»gleich hinter der Stadt geriet ich an einen Telegrafenmast«), um danach erst die ganze Geschichte mit näheren Einzelheiten zu wiederholen. Wahrscheinlich ist dies der Ursprung von Robbe-Grillets (»horizontalem«, »zeitumkehrendem«) Operator, doch wurde er gewissermaßen in der Wirkung verstärkt und dadurch antirealistisch verformt. Das einzige Prinzip, das ein aufmerksamer Leser dieser Segregation des Erzählflusses zu entnehmen vermag, ist das *Prinzip des Mischens*; dabei erfolgt das Mischen jedoch nicht auf rein mechanische Weise durch eine beliebige Verknüpfung der *Szenen*, sondern durch die *beliebige Reihenfolge* der benutzten Operatoren; wenn die Erzählung mit ihren Stereotypen (ein »öffentliches Haus«, dort dann »Gespräche über Frauenhandel«, »obszöne Darbietungen«, »Eindringen der Polizei« usw.) gewissermaßen in banalen Konventionen zu erstarren droht, wird ad hoc einer der Operatoren angelegt, und die Antizipationen, die Erwartungen des Lesers, geraten durcheinander. Das Prinzip, nach dem die Operatoren ausgesucht und zusammengestellt wurden, ist also, wie schon gesagt, eine programmatische genetische Heterogenität, und erst das Prinzip der ad-hoc-Anwendung auf den Text ist die zufällige Mischung der Szenen. Wir können darin keinerlei Zusammenhang, keinerlei Korrelation zwischen der Ebene der Szenen und der Ebene der Operatoren entdecken. Wenn wir die Tötung Mannerets und deren Folgen (die Leiche im Zimmer) einmal auf der Schaubühne und dann wieder im »realen Leben« beobachten können, wenn die Besitzerin der blauen Villa sich mit ihren eurasiatischen Dienern einmal unter vier Augen und dann wieder auf der besagten Bühne einläßt, wenn also der Operator, der in der »Vertikalen« ein kategoriales Durcheinander einführt, einmal an »bedeutsame« und dann wieder an x-beliebige, »an sich« banale Vorgänge angelegt wird, dann ist, das geben wir zu, der Effekt dieser Analogie eine Mystifizierung der »Wichtigkeit« jener banalen Bilder, die dadurch, daß sie in der gleichen Weise behandelt werden wie die »wichtigen« Szenen (die daliegende Leiche), eine Aufwertung erfahren, so daß auch die unwesentlichen Szenen eine gewisse Aura des Geheimnisvollen erfaßt. Ein gesondertes System von Kunstgriffen, welche die Benutzung der Operatoren »verschleiern« sollen, besteht im übrigen darin, daß bestimmte Szenen, wie sie etwa auf der Bühne dargeboten werden, sich an obszön-sadistische »Standbilder« anlehnen, die sich im Garten des Hauses von Mrs. Ady befinden. Dem Autor ist nämlich, wie man leicht bemerkt, daran gelegen, die Anwendung eines Operators auf die Handlung zu verschleiern, und deshalb verfährt er so, daß man es möglichst nicht bemerkt (anfangs ist beispielsweise eine bestimmte Szene einfach eine gewöhnliche Photographie in einer Zeitschrift, und insofern hat sie einen »veristischen« Beigeschmack, denn eine Zeitschrift kann ja in der Tat Bilder von einer »Razzia« in einem öffentlichen Haus enthalten; wenn dann allerdings die Personen auf dem Foto sich nach und nach zu rühren beginnen, ist das mit Sicherheit nicht mehr veristisch). Ein geduldiger Leser, der diesen Wirrwarr klassifizieren möchte, wird also mit der eindeutigen Zuordnung zu bestimmten Operatoren nicht geringe Schwierigkeiten haben, doch ist dieses Vorhaben gleichwohl durchführbar. Ich empfehle ferner, sich überall dort Zeichen zu machen, wo Widersprüche entstehen, weil die verschiedenen Versionen miteinander kollidieren, und zwar nicht in den Beziehungen zwischen verschiedenen Personen, sondern in den Aussagen des Erzählers selbst; man wird sich dann davon überzeugen, daß widersprüchliche Nachbarschaften und widersprüchliche Beziehungen zwischen einzelnen Szenen wiederholt vorkommen und daß sie darüber hinaus in einer rein zufälligen Weise über den Text verstreut sind (die konnotativen Antinomien unterliegen also nicht einmal in ihrer *Verteilung* innerhalb der Erzählung irgendeiner Regelmäßigkeit, die sie – die Antinomien – möglicherweise auf einer anderen semantischen Ebene erklären würde). Die »zeitlichen Verflechtungen« oder andere Verdrehungen der Handlung können daher nicht Modelle von irgend etwas sein, denn in ihren Auswirkungen fahren sie einander in die Parade, so daß sich zwischen ihnen und vermeintlichen inneren Denotaten des Textes keinerlei Korrelation feststellen läßt.

Was stellt nun also der »nouveau roman« in Wirklichkeit dar? Er ist eine unleserlich gemachte Nachricht, die zu einer eigenständigen Konstruktion werden *sollte*, aber nicht geworden ist. Er ist eine interessante Ruine von Bedeutungen und nicht ein kohärentes Gebäude, kurz, er ist eine Banalität, die auf eine zweifellos interessante, erfinderische Art zerhackt wurde. Warum eine Banalität? Warum (und das ist dem »nouveau roman« oft vorgeworfen worden, allerdings von seinen Anhängern nur halblaut) sind seine Inhalte thematisch so wenig aufregend? Der Grund: Je origineller die transformierenden Operatoren sind, je stärker sie die Verknüpfungen zwischen den Vorgängen und Szenen verformen, in um so höherem Maße muß die Ausgangsmenge dieser Szenen *stereotyp* sein, denn nur die Unverwüstlichkeit des Stereotyps kann noch verhüten, daß das Ganze sich in ein unleserliches Chaos verwandelt. Es ist also durchaus kein Zufall, daß Robbe-Grillet in dem Maße, wie er von Buch zu Buch die *Zahl* der transformierenden Operatoren erhöht, zu immer starrer determinierten und dadurch banalen thematischen Stereotypen seine Zuflucht nimmt. Der rätselhafte Kriminalfall in »Ein Tag zuviel« ist ziemlich kompliziert, doch dafür gibt es dort nicht viele transformierende Operatoren »neuen Typs«, z. B. keinen »vertikalen Operator«. In der »Eifersucht« macht eine sparsame Anwendung von Operatoren es möglich – wenn auch nur bis zu einem gewissen Grade –, die Handlung als solche von thematischen Stereotypen freizuhalten. Umgekehrt in der »Blauen Villa«, wo es eine Unmenge von Operatoren gibt, während die Handlungselemente trotz ihrer Zerstückelung eine starke Kohäsion zeigen, so daß sie sich gleichsam »von selbst« zu Stereotypen zusammenfügen, die jedem wohlbekannt und daher banal sind (der Lüstling, der nach Geld sucht, um damit die Willfährigkeit einer Kurtisane zu erkaufen, ein öffentliches Haus, in dem anstößige Szenen aufgeführt werden, in das die Polizei eindringt usw.). Denn je origineller die Operatoren werden, um so weniger darf die Menge der Handlungselemente bezüglich der Designate »semantisch leer« sein. Der ständige Antagonismus, der durch das umgekehrt proportionale Verhältnis dieser beiden Mengen entsteht, führt zur inneren Zerrissenheit des »nouveau roman«. Je ungewöhnlicher, je neuartiger der Ablauf der Erzählung sein soll, um so älter, erstarrter, bekannter, das heißt *banaler* muß ihr Thema sein. Der »nouveau roman« hat sich dieses Dilemma nicht ausgedacht, und er ist auch nicht zufällig darauf gestoßen: es lag, ohne daß er ihm ausweichen konnte, auf seinem Wege. Wenn man vollkommen neue, unbekannte Situationen, die niemand bislang erlebt hat, auf eine ebenfalls neue und unbekannte Weise beschreiben möchte, entsteht unausweichlich eine solche Unleserlichkeit, die durch nichts mehr zu retten ist. Die Originalität des Themas, sofern sie authentisch und nicht nur vorgetäuscht ist, hat immer der Originalität der Vermittlungsmethoden entgegengestanden. Daß der »nouveau roman« in einer Gesellschaft entstand, die strukturell eher zu den unbeweglichen gehört, ist ebenfalls kein Zufall. Die Situation der Schöpfer des »nouveau roman« ist nur eine Bestätigung und zugleich ein Beispiel eines allgemeinen Gesetzes; es bleibt ihnen nichts als die Sphäre der Kompromisse, deren Scylla in der Banalität und deren Charybdis in der völligen Unverständlichkeit besteht. Eine Literatur, die sich den idealen Formeln der mathematischen Konstruktion nähert, angelockt von der exakten Schönheit ihrer Leere, geht, um es noch einmal zu sagen, ihrer Selbstvernichtung entgegen.

X.
Modelle des Werkes

Biologische Modelle des Werkes

Wir haben kaum von der Ökologie des literarischen Werkes gesprochen, denn wir hätten dazu soziologisches Beobachtungsmaterial heranziehen müssen, über das wir nicht verfügen. Für eine solche Ökologie bräuchte man eine vernünftige, quantitative Vergleichsstudie, aus der hervorginge, wie ein und dieselben Werke in unterschiedlichen Milieus aufgenommen wurden – allerdings unter der Voraussetzung, daß die Standpunkte der Kritiker und die Meinungen der Leser nicht schon »von oben her« im nationalen oder auch im Weltmaßstab in Übereinstimmung gebracht wurden. Wir wollen ja die Prozesse untersuchen, von denen die Invarianten der Werke geformt werden – und nicht ihr äußerer Schein. Wenn die Wirkung von neuen Medikamenten erforscht wird, so werden die Ärzte, welche diese den Patienten verordnen, selbst nicht darüber informiert, welche der Pillen das Medikament enthalten und welche nur »Placebos«, Imitationen aus weißem Pulver, sind, und man verfährt nicht deshalb so, weil man die Ärzte für Betrüger hielte, sondern weil die Ergebnisse der Untersuchung objektiv sein müssen, und das heißt, daß sie durch keinerlei Voreingenommenheit beeinträchtigt sein dürfen. Da es uns an Faktenmaterial fehlt – persönliche Eindrücke und Erfahrungen können nicht als solches gelten –, müssen wir über die Ökologie des Werkes schweigen.

Es gibt für unsere Fragestellung neben dem ökologischen noch einen anderen brauchbaren Ansatz mit entsprechenden Analogien aus dem Bereich der Biologie: den genetischen. Es könnte interessant sein, als Modell für die Rezeption eines Werkes die Embryogenese zu wählen. Der Genotyp eines Organismus verwandelt sich nicht durch mechanische Vergrößerung in den erwachsenen Organismus. Aus der Embryogenese geht der Phänotyp hervor – als Resultante des Wirkens der Instruktionen des Genotyps und der Einflüsse der Umwelt. Per Analogie werden wir die Konkretisation durch den Rezipienten als Phänotyp des literarischen Werkes bezeichnen. Der Phänotyp ist das, was im Geiste des Lesers entsteht, was aber die fromme Einfalt häufig mit dem Werk als Genotyp gleichsetzt. Sowohl der Text als auch der organische Genotyp sind informationale Steuerungsprogramme auf einem materiellen Träger. Wir müssen jetzt eine klare Aufteilung vornehmen zwischen dem »Text« als solchem und dem Empfänger oder Rezipienten. In der Biologie sieht diese Aufteilung folgendermaßen aus: Der Text besteht in den Chromosomenfäden des Kerns; der ganze Rest des Protoplasmas des Eis stellt den »Empfänger« dar. Diesem entspricht der einzelne Leser; das Äquivalent der kulturellen Umwelt ist dagegen die natürliche Umgebung, die in der Außenwelt besteht. Wenn wir beide Prozesse ausschließlich unter dem Informationsaspekt untersuchen, ist es kein wesentlicher Unterschied mehr, daß der Prozeß einmal innerhalb eines materiell-informationalen Systems abläuft, das die Autonomie der Selbstorganisation besitzt, während andererseits eine ungleich losere direkte Verknüpfung zwischen dem Rezipienten und dem Text erfolgt. Der Genotyp hat immer nur einen »unmittelbaren Rezipienten«, der zugleich der Ausführende des Steuerungsprogramms ist, aber erstens stellen reinerbige Eier, die genetisch identisch sind, gewissermaßen die »Auflage« eines Buches mit (einander sehr ähnlichen) »Rezipienten« dar, und zweitens kann man bereits Kerne, also auch Genotypen, aus den Eiern einer Tierart auf andere übertragen. Wir werden etwas über die Ergebnisse solcher Experimente sagen, weil sie auch für uns interessant sind.

Veränderungen des Genotyps, die unter dem Einfluß einer Mutation eintreten, könnten Veränderungen der literarischen »Konventionen« entsprechen. Bestimmte literarische »Mutanten« erweisen sich, ähnlich wie die biologischen, in einer neuen Umwelt als lebensfähig, andere dagegen nicht. Über das »Überleben« der lebenden oder künstlerischen Organismen entscheidet in beiden Fällen allein die Umwelt. Eine plötzliche Veränderung der Umwelt kann die »Organismen« zu schlecht angepaßten machen. Viele Werke, die zuvor populär waren, »gehen« nach Katastrophen, Kriegen, weitreichenden gesellschaftlichen Veränderungen häufig »unter«. In der Natur wie in der Literatur gibt es auch »versteinerte« Gattungen, »primitive« Formen, weil in der menschlichen Umwelt eine Nachfrage nach ihnen besteht, während in der natürlichen Umwelt dem dauerhaften Interesse die konstanten Bedingungen bestimmter ökologischer Nischen entsprechen. Eine solche bequeme »Nische« besitzt z. B. der Kriminalroman. Sowohl der Text als auch der Genotyp legen ihre entsprechenden Verkörperungen, also die Phänotypen, nur innerhalb eines gewissen Wahrscheinlichkeitsintervalls fest. Für einen gegebenen Genotyp und eine gegebene Umwelt hat dieses Intervall eine relativ konstante Breite, und es ergibt – im Hinblick auf die Vielzahl der meßbaren Parameter des Organismus – eine Normalverteilung in Gestalt einer Poisson-Kurve.

Die Streuung der Phänotypen, die dafür sorgt, daß diese niemals miteinander identisch sind, sowie die Tatsache, daß Geschosse, selbst wenn man sie aus einem vollkommen starren Geschütz abfeuert, niemals in einem einzigen Zielpunkt landen, ist nicht das Resultat einer unzulänglichen Steuerung, einer ungenügenden Regelung, einer »Schematisiertheit« der Genotypen des Organismus beziehungsweise des Werkes, sondern stellt ein unveräußerliches Merkmal der sich selbst organisierenden Entwicklung aller komplexen Systeme dar, wobei es einstweilen genügt, wenn wir unter einer »sich selbst organisierenden« Entwicklung eine solche Entwicklung verstehen, die nicht einen deduktiven (analytischen) Charakter hat, sondern in einem »Spiel« besteht, das in einer realen Umwelt oder in einer irgendwie indirekten Verbindung mit einer solchen Umwelt abläuft.

Daß der Wahrscheinlichkeitscharakter der Ontogenese für den Biologen eine Selbstverständlichkeit ist, für den Literaturtheoretiker aber eine eher fremde Vorstellung, hat seine Ursache darin, daß die Phänotypen der Organismen als reale Objekte direkt miteinander verglichen und gemessen werden können, und wenn man dann feststellt, daß sie immer verschieden sind, muß man zwangsläufig den Wahrscheinlichkeitscharakter der Entwicklungsdynamik anerkennen. Hingegen kann man die Konkretisationen, also die Phänotypen von Werken, nicht in analoger Weise miteinander vergleichen. Loyalerweise muß man zugeben, daß die Meßbarkeit allein noch kein zwingender Grund ist, die statistische Betrachtungsweise für fundamental zu erklären; Beweise dafür haben wir auch in der Biologie gehabt, wo die Biometrie, die sich mit statistischen Messungen befaßt, lange so etwas wie eine eigene Enklave gebildet hat, während in der »eigentlichen« Biologie, in deren zentralen Forschungsbereichen, verschiedene holistische und andere ganzheitliche Geister, angeführt von der Entelechie, herumspukten. Es gibt ja keine derart hartnäckigen Tatsachen, daß man sie nicht bei einer bestimmten Einstellung mit entsprechenden Mitteln und dank einer entsprechenden Begriffsapparatur »wegerklären« könnte.

Die Verzögerung der methodologischen Entwicklung, die sich in der Literaturwissenschaft feststellen läßt und die der Statistik nur insofern entgegengekommen ist, als man diese quasi durch die Hintertür an (quantitativ-strukturelle) Untersuchungen herangelassen hat, verhindert bis heute, daß bestimmte, ins Auge springende Phänomene festgestellt werden, und folglich hat niemand auch nur versucht, sie zu erforschen.

Den Ökologen ist bekannt, daß die Genotypen von Pflanzen, deren Phänotypen sich in natürlicher Umwelt erheblich voneinander unterscheiden, versetzt man sie in eine Umgebung mit einem hohen, gleichmäßigen Störpegel, verkümmerte Phänotypen ergeben können, die durch diese Verkümmerung untereinander eine weit größere Ähnlichkeit zeigen als mit den normalen Formen.

Eine solche »schwierige« Umwelt, die eine »Verkümmerung« von Werken sehr unterschiedlicher Art bewirkt und deren Konkretisationen auf eine eigentümliche Weise einander ähnlich werden läßt, stellen Leser dar, welche die Rezeption eines Werkes darauf beschränken, dessen Handlungsentwurf kennenzulernen. Daten, die aus Äußerungen über verschiedene Werke indirekt gewonnen wurden, deuten auf folgendes hin: Je geringer die Erfahrung eines Lesers als Literaturrezipient, um so größer ist die Ähnlichkeit zwischen den in einer solchen geistigen Umwelt entstehenden Phänotypen von Werken; dabei werden diese Phänotypen gewissermaßen von zwei Seiten »zusammengepreßt« – »von oben« und »von unten«. Ein solcher Leser nimmt nämlich sowohl Meisterwerke als auch stümperhafte Schöpfungen als Texte auf, die einander an Bedeutung, Informationsgehalt und Rang mehr oder weniger gleichen.

Daß es ein solches »Zusammenpressen« der qualitativen Rangleiter literarischer Werke tatsächlich gibt, bekommt man deshalb nur schwer heraus, weil die Leser – auch solche, die nicht allzu bewandert sind – sich bereitwillig der Meinung von Autoritäten oder dem Ruf von Werken, die als hervorragend gelten, unterwerfen, weil sie in solchen Texten – nicht ohne Grund – eine Art von »Test« auf ihre Intelligenz, ihr Kunstempfinden, ihr Stilgefühl zu sehen geneigt sind, und so offenbaren sie denn auch nicht gern, daß die Romane Tolstois in ihren Augen genausogut oder sogar ein bißchen »schlechter« sind als die Romane von Vicki Baum oder der Baronesse Orczy. Wenn es für die Diagnose solcher »komprimierten« Konkretisationen unbedingt erforderlich wäre, daß man telepathische Fähigkeiten besitzt oder Leser, die hinreichend verdächtig sind, einem Kreuzverhör unterzieht, so würden wir es nicht wagen, sie aufrechtzuerhalten. Man kann sich jedoch leicht davon überzeugen, daß Phänomene einer solchen »Kompression« von Werken völlig unverhüllt auftreten und daß Werke, die literarisch wertvoll sind, genauso wie wertlose durch eine gewisse Trägheitswirkung auf ein und demselben Niveau der Konkretisation durch die Rezipienten landen, wenn man sich zu den Orten hinabbegibt, die von den Kennern niemals aufgesucht werden – den geschlossenen Ghettos der literarischen Gattungen. Eines der hermetischsten Ghettos, das zugleich ein reges Innenleben mit einer eigenen Kritik und zahlreichen Zeitschriften besitzt, in denen neben Rezensionen auch Leserstimmen abgedruckt werden, ist der Bereich der Science-fiction. In den angloamerikanischen SF-Magazinen werden derart viele Leseräußerungen zu verschiedenen Werken veröffentlicht, daß man auf ihrer Grundlage eine gewisse Komparatistik betreiben kann, denn man erfährt gleichzeitig etwas über die Beurteilungen und über ihre Gegenstände; so stellt sich denn regelmäßig heraus, daß die (in dieser Gattung sehr seltenen) Texte, die man zur Literatur schlechthin, und zwar zur guten Literatur rechnen kann, oft ebensoviel Anerkennung finden wie primitive, schlechte, schwache Texte und daß ihre »qualitativen« Merkmale in der massenhaften Rezeption eine erstaunlich geringe Rolle spielen. Für einen äußeren Beobachter – und das ist einfach jemand, der außer der SF viel »normale« Literatur liest und in ihr so etwas wie einen Maßstab für das »Niveau« hat – ist dieses Phänomen zunächst geradezu schockierend. Sehr häufig werden in diesem Ghetto Werke einander gleichgestellt (also gleichermaßen anerkannt oder in Bausch und Bogen verworfen), die sich so sehr voneinander unterscheiden, wie sich in einer Gemäldeausstellung ein wohlgemästeter Hirsch auf dem Brunstplatz oder ein Strauß entsetzlich gestalteter Blümchen in unglaublichen Farben von einem untadeligen, stilvollen, abstrakten Gemälde oder einem gut komponierten Landschaftsbild unterscheiden würden. Dieses kuriose Durcheinander läßt darauf schließen, daß die Ansichten der Kenner von außerhalb, der Theoretiker der »Literatur schlechthin« nie bis in dieses Gattungsghetto vordringen (weil sie Werke aus diesem Ghetto gar nicht kennen) und daß die eingefleischten Abnehmer einer solchen Literatur wiederum nicht zu guten Werken greifen, die – wer weiß?

– vielleicht ihren Geschmack ein wenig verfeinern könnten. In dieser, durch thematische Homogenität und Unterentwicklung der Rezeptionsstrategien gegebenen idealen Abgeschiedenheit bildet sich dann eine lokale Trägheitstendenz in der Beurteilung aus. Ich möchte hier auf die in Vergessenheit geratenen, aber wissenschaftstheoretisch sehr wertvollen Arbeiten von Ludwig Fleck hinweisen (die bei uns nach dem Krieg in der Zeitschrift »Życie Nauki« veröffentlicht wurden); er hat beschrieben, wie sich in einem abgeschlossenen, pseudowissenschaftlichen Ghetto, das die Deutschen im Konzentrationslager einrichteten, eine Gruppe von Leuten mit höherer, allerdings nicht einschlägig bakteriologischer Ausbildung bemühte, nach besten Kräften und gestützt auf die ihr zugänglich gemachte Fachliteratur experimentelle Untersuchungen über den Typhus durchzuführen; Fleck hat sehr schön beschrieben, wie dort nach einer gewissen Zeit eine regelrechte »quasi-Wissenschaft« entstand, wie man den mangelhaft verfertigten Präparaten und den an ihnen vorgenommenen Artefakten eine aufgrund der Fachliteratur erwartete diagnostische Bedeutung zuschrieb; wie man dort bestimmte »Hypothesen« »durch Beobachtung verifizierte«, während man andere »widerlegte«; wie man zufällige Erkrankungen der Versuchstiere »im Einklang mit der Theorie« erklärte, wie man fand, daß sie, diese Krankheiten, mit ihr »zusammenpaßten« usw. usf. Denn anders, als es sich die »ehemaligen« logischen Empiriker in naiver Weise einbildeten, ist die Wahrnehmung der »elementaren Tatsachen«, jener »Bausteine der Erfahrung«, keineswegs etwas, was jeder, der gesunde Augen und eine Hand hat, mit der er an der Mikrometerschraube des Mikroskops drehen kann, zu leisten vermag. Interessant ist dabei nicht, daß diese Menschen im KZ irgendwelche Niederschläge von Farbstoff und größere Verunreinigungen für Kerne, Zellen, Bakterien u. dgl. gehalten haben, sondern vielmehr, daß es ihnen gelungen ist, all diese Zufallsgebilde zu einem *System* zu verknüpfen, das für sie in geradezu idealer Weise mit der Theorie übereinstimmte – Theorie jetzt ohne Gänsefüßchen, denn die stammte ja aus soliden Fachbüchern.

Aus der Erkenntnis, daß derartige Verirrungen der Forschungstätigkeit (in abgeschlossenen und isolierten Gruppen empirischer Spezialisten) möglich sind, haben nach dem Kriege zahlreiche Forscher vor der Gefahr gewarnt, die für die Wissenschaft aus der Geheimhaltung gewisser Arbeiten, also aus ihrer »ghettoartigen Absonderung«, erwächst. Wenn so etwas in einer experimentellen Disziplin geschehen kann, wo sich angeblich jeder Forschungsschritt unfehlbar auf die Meßbarkeit stützt, ist an den lokalen »Entartungen« der Konkretisation, wie sie in der von der Gesamtgesellschaft abgesonderten Enklave der Science-fiction auftreten, nichts Verwunderliches.

Die Literaturwissenschaft nimmt solche Phänomene nicht wahr, und sie möchte sie auch nicht wahrnehmen. Es wäre nämlich für sie eine unangenehme Einsicht, daß es eine eindeutige positive Korrelation gibt zwischen der Verläßlichkeit des Urteils, das den Rang eines Werkes bestimmt, also der zeitlichen Beständigkeit dieses Urteils auf der einen Seite – und andererseits solchen Merkmalen der Menge der Rezipienten wie deren Heterogenität, d. h. der qualitativen und quantitativen Vielfalt der Leser, sowie dem dynamischen Charakter ihrer informationalen Verknüpfung – *als Leser von Literatur* – mit der übrigen Gesellschaft. Damit wäre nämlich ein weiteres Mal die auffällige Impotenz literarischer Urteile bewiesen.

Daß die Konkretisationen nicht direkt meßbar sind, ist nur eine von vielen Ursachen dieses mißlichen Zustands. In der Wissenschaft ist die Zeit sowohl der »Kirchenväter« als auch der »Bischöfe« längst vorbei – sie wird heute nicht von großen Persönlichkeiten, sondern vielmehr von großen Kollektiven vorangebracht. In der Literaturwissenschaft entscheidet noch immer die Stimme der großen Autoritäten. Daher ist es dann auch nicht absonderlich, wenn abweichende Deutungen, die nicht mehr zu umgehen und zu übersehen sind, mit dem Argument wegerklärt werden, sie seien durch ein Verhalten zustande gekommen, das von dem »richtigen« Verhaltensmuster abweicht; das ist eine ebenso originelle Wahrheit wie die Napoleon zuteil gewordene Erklärung für jenen Kanonensalut, mit dem er *nicht* begrüßt wurde.

Die Phänomenologie, die sich in einer ungewöhnlich vorteilhaften Erkenntnissituation befindet, weil sie einen unmittelbaren Zugang zur Schatzkammer des unfehlbaren Wissens hat (Phänomenologen irren sich nie, sondern sie wechseln höchstens, indem sie nach den ersten Bänden ihrer Werke nicht die zweiten, sondern die »nächsten ersten« folgen lassen, präzisierend ihren Standpunkt), hat das Problem der unausweichlichen Streuung der Konkretisation für immer gelöst: Die Werke bewirken diese Streuung, weil sie schematisch sind, und die Leser, weil sie nicht in gleichem Maße mit rezeptiven Talenten ausgestattet und von den zufälligen Beschwerlichkeiten des Lebens geplagt sind.

In Wirklichkeit verhält sich die Rezeption mit ihrer statistischen Natur unter massenhaftem Aspekt wie eine Markow-Kette, die im Konfigurationsraum umherirrt; je kleiner die Menge der Leser ist, die durch eine Korrelation die Zahl der »möglichen Zustände« der Kette festlegt, um so wahrscheinlicher wird diese sich »irgendwo« stabilisieren, und das heißt, daß eine solche Rezeption irgendeinen Zustand beinahe zufällig privilegiert. Die Markow-Kette, die auf den Absorptionsschirmen der Stabilisierungen, welche sie in der Bewegung lähmen, gebremst wird, mag im übrigen nicht das beste Modell für diese Erscheinung sein. Da wir das Problem nicht besser lösen können, wollen wir wenigstens darauf hinweisen, daß es als Problem vorhanden ist.

Der geologische Aufbau des Werkes, den es unleugbar besitzt und den man in der Rezeption entdeckt, so wie man bei Probebohrungen Verschiebungen und Synklinalen der Gesteinsschichten feststellt, ist eine der stärksten Verdinglichungen der Literaturtheorie. Sie wurde unvermeidlich, nachdem man die prozeßhaften Invarianten aus den Köpfen herauspräpariert und in eine vollkommene platonische Außerzeitlichkeit gestellt hatte. Der kuriose Mechanismus, dank dessen selbst der finsterste Schreiberling jene göttlich invarianten Strukturen zu intentionalem Dasein, das zugleich ein ideales ist, zu bringen vermag, erinnert an jene Entscheidung, die dem Schöpfer jedesmal aufgezwungen wird, wenn irgendein Lümmel irgendeine Säuferin ins Gebüsch zerrt, so daß der »höchste Faktor« dann eilends eine sogleich unsterbliche Seele für das Wesen produzieren muß, das im Gebüsch gezeugt wird. Seltsam, daß die Phänomenologen nicht den Schichtaufbau der Beine bemerkt haben, denn deren lokale und elementare Funktionen, nämlich die Beugungen in den verschiedenen Gelenken, ergeben wiederum Schritte, die bereits höhere Elemente darstellen, aus denen dann wiederum Elemente noch höherer Ordnung hervorgehen: »marschhafte«, »tanzhafte« und »wanderhafte« Ganzheiten. Die These, daß nicht Sequenzen von Einordnungen, von »Schritten der Lektüre«, die hierarchische Ganzheit des Phänotyps konstituieren, sondern daß das Werk selbst einen solchen hierarchisch geschichteten Aufbau habe, würde der These entsprechen, daß der Genotyp noch vor der Embryogenese »Schichtchen« im Sinne einer Hierarchie aller aufeinanderfolgenden Zustände des Keims enthält, vom einzelligen Zustand über die Morula und die Blastula bis hin zum reifen Organismus, der aus ihm hervorgeht. Denn wenn der Organismus Zellen, Organe, Gliedmaßen und deren entsprechende Funktionen enthält – wie ist es da möglich, daß der Genotyp nicht »Schichten« enthält, welche die »Zellelemente«, »Organe« usw. festlegen? Es muß dort, im Ei und in der Samenzelle, schichtweise übereinandergelagerte schematische Instruktionen geben, welche die Embryogenese »ergänzt«, »entschematisiert«, bis schließlich die »polyphonische Ganzheit« des ausgewachsenen Organismus entsteht.

Diejenigen, die innerhalb der Literaturwissenschaft

eine solche Ansicht vertreten, befinden sich auf einem Entwicklungsstand, der in der Biologie vor über einem halben Jahrhundert aufgegeben wurde, als noch die gegensätzlichen Richtungen der Epigenetiker und der Präformisten miteinander rangen. Die ersteren sahen in der Entwicklung eine Schöpfung, die von einem prinzipiell unorganisierten Zustand ausgeht, und bildeten gewissermaßen das Pendant des Psychologismus in der Theorie des Werkes, während die letzteren mit ihrer Vorstellung, im Genotyp sei alles schon »fertig« vorhanden, sozusagen als ein Schemachen, das man nur zu vergrößern braucht, lebhaft an die phänomenologische Spielart der Theoretiker des Werkes erinnerten. Der Präformismus berief sich auf ein menschliches Modell, die Epigenetiker dagegen auf gewisse »ganzheitliche« Kräfte oder Gradienten; beide Standpunkte sind falsch, wenngleich man einräumen kann, daß die Epigenetiker sich in einem etwas geringeren Maße geirrt haben als die Präformisten. Durch Beschädigungen des Eis kann man zeigen, daß es eine im Hinblick auf die Embryogenese redundante Information enthält; wenn man von den zwei Zellen, die nach der Befruchtung aus der ersten Teilung hervorgehen, eine entfernt, so verhindert das nicht, daß ein völlig normaler Organismus entsteht, was ja im übrigen auch beim Menschen durch die Entstehung von eineiigen Zwillingen bewiesen wird. Diese Redundanz nimmt in dem Maße ab, wie der Entwicklungsprozeß fortschreitet, obwohl sie nie gleich Null wird. Auch »Textbeschädigungen« sind bis zu einem gewissen Grade kompensierbar; das Ausstreichen von Wörtern und Sätzen macht nicht die ganzheitliche Rezeption des Werkes unmöglich, und der Text besitzt sogar, ähnlich wie der Keim, Stellen, die mehr oder weniger für Beschädigungen empfindlich sind: An den einen »verträgt« er mehr, an den anderen weniger davon. Der Genotyp ist ein Programm, das durch molekulare Angriffe auf breiter Front synchronisierte Steuerungsoperationen für die Synthese von Eiweißmolekülen und anderen Bauelementen des Organismus in Gang setzt, wobei die einzelnen Genabschnitte nacheinander aktiviert werden, was wahrhaftig an den linearen Charakter der Lektüre erinnert, die ja ein metrisch fortschreitendes Aktivieren des Geistes durch Signalsequenzen ist, welche zu Wortblöcken, Satzeinheiten usw. zusammengefaßt sind. Zwar beginnt bei der Frucht früh das Herz zu schlagen und das Blut zu zirkulieren, doch gibt es im Genotyp weder ein »Herzschlagen« noch ein »Blutzirkulieren« als gesonderte Direktiven. Die embryogenetische Steuerung ist, ähnlich wie das Lesen eines Textes, vor allem eine systematisch lenkende Restriktion, die Elemente erzeugt, welche dann schon autonom miteinander reagieren können; sie stellt eine Art von »demokratischem Zentralismus« dar, denn sie geht davon aus, daß das, was entstehen wird, schon dadurch, daß es »mit sich selbst« reagiert, mit den weiteren Transformationen in ihren Einzelheiten »fertig wird«, so daß sie sich nur noch um die teleologische Hauptachse des Gesamtstroms der in Gang gesetzten Prozesse zu kümmern braucht. So kann denn auch keine Rede davon sein, daß sich im Genotyp buchstäblich Anweisungen finden ließen, die, ähnlich wie die Löcher auf dem Band eines Pianolas, alle aufeinanderfolgenden Etappen der Keimtransformation von der Morula bis hin zum reifen Organismus festlegen. Dagegen findet man dort Genkomplexe, die beispielsweise dafür sorgen, daß auf einer bestimmten Entwicklungsstufe Kiemenspalten entstehen, die sich dann beim Menschen oder beim Hirsch in ganz andere Organe verwandeln; ähnlich kann man im Text der »Trilogie« Gruppen von Ausdrücken finden, die lokale Festlegungen eines gewissen (scheinbaren) Objekts darstellen, genannt »Herr Wołodyjowski«, das im Werk selbst nicht jene Autonomie, Kohärenz und Ganzheitlichkeit aufweist, die dann beim *Leser* entstehen – aufgrund der kumulativen Effekte der sukzessiven Einordnung der in kleinen Dosen eintreffenden, über »Herrn Wołodyjowski« unterrichtenden Information in einen zeitlich stabilisierten zerebralen Prozeß, der diesem »imaginierten Wesen« auf eine stabile Weise zugeordnet ist. Doch so, wie es im Genotyp nicht das Schlagen des Herzens, nicht den Schnitt der Lippen, nicht die Art des Lächelns gibt, und so, wie es im Sauerstoff, im Wasserstoff oder im Kohlenstoff nichts gibt, was man als die »Süße« des Zuckers bezeichnen könnte, die sich als Gesamteffekt aus den genannten Elementen erzeugen ließe, so enthält auch das Werk nicht eine *eigene*, irgendwie ganzheitliche Hierarchie; ebensowenig enthält es irgendwelche Vergegenständlichungen, die ein Leser (auf eine nicht sinnliche Art) wahrnehmen wird, sondern es gibt lediglich Gruppen von sinntragenden Signalen, die einen solchen Eindruck hervorrufen. Aber selbst daß sie Gruppen sind, stellt keine objektive Eigenschaft des Textes im physikalischen Sinne dar. Zu Gruppen werden sie für den Leser, so wie ein bestimmter Komplex von gewundenen Spiralen molekularer Desoxyribonukleinsäuren erst für die plasmatischen Effektoren zum Bauprogramm eines Organismus wird; ohne sie ist er nichts als ein gewöhnlicher Faden chemischer Teilchen, und es gibt weder im Himmel noch auf der Erde irgendein Verfahren, mit dem man durch eine physikalische, chemische, beliebig subtile und langwierige Untersuchung dieses Fadens feststellen könnte, daß es sich um eine »hierarchische Aufzeichnung des Organismus eines Gorillas« handelt und daraus unter gewissen Bedingungen ein realer Gorilla entstehen kann. Der isolierte Genotyp ist nämlich ein ebenso unhierarchischer, unautonomer, sich nicht selbst erklärender *Teil* wie ein Werk ohne Leser. An Gegenständen, die mit objektiven Merkmalen ausgestattet sind, fehlt es auf der Welt nicht; so ist zum Beispiel die Spaltbarkeit eines Kristalls, bei der bestimmte Richtungen gegenüber anderen privilegiert sind, ein absolut objektives Merkmal, das »ganz bei dem Kristall« liegt – und nicht bei dem, der diesen Kristall untersucht. Ein solches Merkmal ist dagegen nicht mehr die Linearität des gedruckten Textes. Der wichtigste Unterschied zwischen einer (fixierten) sprachlichen Artikulation und der chromosomalen Artikulation besteht darin, daß der Genotyp sich in einer zeitlich linearen Weise »konkretisiert« und daß er nur in dieser Weise zu einem Organismus werden kann, während der Leser die Reihenfolge der Lektüre ändern und sich so zum Beispiel der Ungewißheit entledigen kann, wie die gerade gelesenen Szenen ausgehen werden, und außerdem kann der Autor, indem er etwa die chronologische Folge durcheinanderbringt, eine kohärente Rezeption erschweren. Der Leser verfügt also über eine größere Freiheit gegenüber dem Text, als sie gegenüber dem Genotyp die Embryogenese besitzt, die zwangsläufig die Reihenfolge der Entwicklungszustände genau einhalten muß, weil diese sich in einer bestimmten Ordnung gegenseitig bedingen. Freilich handelt es sich um eine relative Zwangsläufigkeit, aber wenn sie verletzt wird, entstehen Mißbildungen oder Defekte, so daß beispielsweise einem Embryo etwas Ähnliches wie ein Bein aus dem Mund herauswächst; der Unterschied zwischen einem nicht richtig abgelesenen Entwicklungsprogramm und einem nicht richtig aufgenommenen Werk ist gleichwohl evident; während nämlich Mißgeburten im allgemeinen lebensunfähig sind oder krüppelhafte Formen darstellen, deren Gebrechlichkeit im Vergleich zur Gattungsnorm ins Auge springt, unterliegen die »Mißgeburten«, die einer falschen Konkretisation der Lektüre entspringen, nicht derart strengen Prüfungen. Man könnte nun fragen, ob den verschiedenen Zuständen des Keims, die sich bei einem regelmäßigen zeitlichen Querschnitt durch die Embryogenese ergeben, in der Rezeption eines Textes irgend etwas in homomorpher Weise entspricht. So ist es; die Entwicklung des Keims läuft nicht vollkommen gleichmäßig ab, sondern vollzieht sich gewissermaßen in einer Folge von Beschleunigungen und Verzögerungen, denn nicht alle Organansätze entwikkeln sich in einem ideal gleichmäßigen Tempo, und auch die Handlung eines Werkes schreitet ungleichmäßig voran, denn einmal gehen die Szenen oder Beschreibungen in die Breite, während dann wieder der Gang der Ereignisse durch Abkürzungen beschleunigt wird, doch kann ein Werk natürlich mit einem Satz den Ablauf eines Jahrtausends simulieren, während es bei der inneren Ungleichzeitigkeit des Keims um einige Minuten oder höchstens Viertelstunden geht. »Dafür« entwikkelt sich aber der Embryo gewissermaßen an einer ganzen »Front« von Prozessen zugleich, denn in ihm vollziehen sich ja simultan unzählige Veränderungen, während ein Werk die Nichtlinearität, d. h. die Nichteindimensionalität der Entwicklung, höchstens bis zu einem gewissen Grade simulieren kann, und die Embryogenese ist auch nicht ebenso umkehrbar wie die Lektüre, denn wenn ein Keim an den Störungen zugrunde geht, verschwindet er ja einschließlich der gesamten Steuerungsinformation, während die Monstrositäten, die sich in den Köpfen der Leser herausbilden, die Texte durchaus nicht beschädigen.

Man könnte leicht meinen, daß unser Vergleich hinkt, weil sich die Biologie mit Genotypen, also mit »Artikulationen« befaßt, die sich aktiv formen, während die Literaturwissenschaft es mit passiven, zu Texten erstarrten Artikulationen zu tun hat. Nichts wäre verkehrter als diese Ansicht. Der Genotyp einer durchschnittlichen Gattung ist, isoliert betrachtet, genauso starr und unveränderlich wie ein gedruckter Text. Der Unterschied ist nur, daß es sehr schwierig ist, den Genotyp zu isolieren, denn Genotypen lassen sich aus lebenden Zellen nicht so leicht heraustrennen, wie man die Bücher von ihren lebenden Rezipienten trennen kann. Die ganze »Plastizität« hängt jedoch an den zellularen Effektoren, so wie sie bei der Lektüre an der rezeptorischen Umwelt hängt.

Da sie nicht den massenhaft-statistischen Charakter der Rezeptionsprozesse berücksichtigt, sondern sie apodiktisch zu singulären Prozessen erklärt, sieht die von der Phänomenologie inspirierte Literaturwissenschaft in den Fluktuationen der Rezeption Abweichungen von einer Idealnorm, die für sie ein unerreichbares Paradigma ist. Deshalb ist sie der Ansicht, daß alle semantischen oder emotionalen Schwankungen, die während einer konkreten Lektüre auftreten, als individuelle Besonderheiten von dem Leser produziert werden und nicht zum Werk selbst gehören. Sie sind etwas ebenso Privates wie die Erlebnisse, die jemand bei einem schönen Sonnenuntergang hat. Diese Erlebnisse sind ohne Zweifel keine »Stückchen«, keine integrierenden Bestandteile des besagten Phänomens. Wir stoßen hier auf ein methodologisches Problem, das überall dort auftritt, wo man massenhaft-statistische Prozesse direkt auf völlig singuläre Konzeptionen zu reduzieren versucht. Die Ansicht, statistische Erklärungen oder Modelle seien lediglich eine Approximation, eine grobe Näherung von Zuständen, die gleichwohl im Grunde individueller Natur sind, ist ungemein zählebig, sogar in der Atomphysik. Sie stellt so etwas wie eine Monadentheorie dar, deren Ursache darin zu sehen ist, daß die Individualität sowohl der Beobachter als auch der Objekte, welche diese auf der makroskopischen Ebene, d. h. in der Größenordnung des menschlichen Körpers, beobachten, etwas absolut Universelles zu sein scheint. Obwohl man das Verhalten von solchen Objekten wie Menschen, Kraftfahrzeugen oder Zivilisationen in statistische Gesetze fassen kann, scheint es doch, als müßten einer solchen Fassung verborgene, in ihrem Rahmen nicht feststellbare Parameter entsprechen, die als rein singuläre den einzelnen Objekteinheiten zugeschrieben werden. Die Statistik erlaubt, Selbstmorde und Verkehrsunfälle vorherzusagen, ohne daß man sich auf irgendwelche »individuellen Parameter« berufen müßte, doch wissen wir, daß jeder Verkehrsunfall genauso wie jeder Selbstmordversuch auf jeweils eigenen, vollkommen singulären Bedingungen beruht, also auch Parameter besitzt, die das statistische Gesetz außer acht läßt. Dort jedoch, wo singuläre Zustände nicht nur aktuell nicht meßbar sind, sondern wo man weiß, daß man nie eine solche Meßbarkeit erreichen wird wie etwa in der Quantenmechanik, verschwindet der »Doppelcharakter« der statistischen Konzeption, und die Suche nach »verborgenen Parametern« wird zu einer Gespensterjagd. Aber auch auf der makroskopischen Ebene lassen sich nicht alle Gesetze, zu denen man durch die statistische Betrachtungsweise gelangt, auf Singularitäten zurückführen. Wenn beispielsweise die Linguistik die statistischen Aspekte der Sprache übergeht und sich auf die Untersuchung isolierter Sprecher beschränkt, verurteilt sie sich damit zum Scheitern. Auch die Regelmäßigkeiten, welche die Soziologie erforscht, sind nicht aus den Verhaltensweisen einzelner Menschen ableitbar, und genauso wenig darf die Populationsgenetik die Prozesse der Auslese oder der stabilisierenden Zuchtwahl mit individuellen Verhaltenssingularitäten gleichsetzen, denn die Merkmale, welche diese Wissenschaften erforschen, sind Merkmale von Mengen; jede andere Betrachtungsweise führt zu Hypostasierungen oder zu platonischen Wesenheiten. Hätte ein Biologe, der sich mit der Klassifikation von Pferden befaßt, eine phänomenologische Ausbildung, so würde er, wenn die Untersuchung eines Pferdes A ergibt, daß es dämpfig ist, festlegen, daß die Dämpfigkeit kein immanentes Merkmal des Pferdes als solches ist, so daß die Konkretisation des Pferdes, welche der Gaul A darstellt, abzulehnen sei. Pferd B lahmt; das Lahmen ist kein immanentes Merkmal des Pferdes als solches, folglich ist auch B keine paradigmatische Konkretisation eines Kleppers. Pferd C beißt, und Pferd D fürchtet sich vor Straßenbahnen; weder Beißen noch Furcht vor Straßenbahnen sind immanente Merkmale des Pferdes, und somit sind auch C und D nicht als musterhafte Konkretisationen anzuerkennen. Pferd E läuft eine Meile in 67 Sekunden; weil kaum ein Pferd das schafft, ist auch E keine entsprechende Konkretisation; es stellt sich schließlich heraus, daß es »Pferde als solche«, »immanente Pferde« in der Realität überhaupt nicht gibt. Es bleibt uns nur noch die bloße »Idee des Pferdes«, der sich einzelne »Konkretisationen« annähern mögen, mit der sie aber nicht identisch sind.

Anatomische Lehrbücher stellen mit großer Genauigkeit die Topographie der Blutgefäße des menschlichen Organismus dar. Einen Aufbau, wie ihn das Lehrbuch und der Atlas zeigen, finden wir jedoch bei keinem der

Menschen, die wir im einzelnen untersuchen mögen, denn was die Anatomie beschreibt, ist ein Durchschnittsergebnis aus einer großen Zahl von Fällen; wenn man das nicht begreift, kann man leicht zu der Ansicht kommen, die einzelnen »Gefäßkonkretisationen« bei realen Individuen seien nicht identisch mit dem »Gefäßsystem als solchem«, und folglich sei das System in seiner Immanenz unerkennbar, denn obwohl die Theorie von ihm spreche, könne man es doch nirgendwo in der Praxis finden. Die singulären Abweichungen von der theoretischen Norm, dem mustergültigen Zustand, werden dann nicht korrekt als jenes Material gedeutet, auf das die verallgemeinernde Beobachtung sich stützte, um den Begriff der Norm festzulegen, sondern sie werden sozusagen umgekehrt als eine Art Hindernis aufgefaßt, das es uns unmöglich macht, zur Immanenz des Blutkreislaufs vorzustoßen; ein solches Vorgehen ist offensichtlich falsch und erinnert sehr stark an die Schwierigkeiten, welche sich die »allgemeinen Semantiker« vom Schlage eines Stewart Chase selber bereiteten, als sie »entdeckten«, daß es so etwas wie die »Armee der Vereinigten Staaten« nicht gibt, sondern lediglich einzelne Soldaten; sie glaubten, die Nichtexistenz der Armee könne man dadurch beweisen, daß man ruft: »He, Armee der Vereinigten Staaten!«, woraufhin sich natürlich kein Schwein rührt; wenn man dagegen rufe: »Gefreiter $Brown_1$!«, »Gefreiter $Brown_2$!« usw., werde man entsprechend uniformierte Menschen sehen, die sich auf den Anruf melden. Dies gilt aber selbst für Wahrnehmungsobjekte wie die Sonne, die einmal klein und glühend, ein andermal groß und rot ist, die einmal hoch und ein andermal tief am Himmel steht, woraus sich unschwer folgern läßt, daß es »die Sonne überhaupt« nicht gibt, sondern lediglich eine Vielzahl unterschiedlicher Sonnen. Wer nach der »Sonne als solcher«, der »Armee als solcher«, dem »paradigmatischen Pferd« oder dem »paradigmatischen Hamlet« sucht und sämtlichen »Konkretisationen« solcher materiellen oder informationalen Objekte abspricht, daß sie mit dem exemplarischen Designat identisch sein könnten, weil ja kein einziger Einzelfall einer Konkretisation mit ihm identisch sei, der begreift nicht, daß man über Mengen von Objekten oder Wahrnehmungen ebensogut sprechen kann wie über einzelne Gegenstände und Perzeptionen, daß aber die Merkmale der Mengen nicht unbedingt identisch sind mit den Merkmalen der zu ihnen gehörenden Elemente, denn daraus, daß z. B. das durchschnittliche Heiratsalter irgendwo bei 21 Jahren und 3 Monaten liegt, folgt durchaus nicht, daß man mit Sicherheit jemanden finden kann, der im Augenblick der Eheschließung bis auf die Sekunde genauso alt ist.

Die spöttische Frage, ob die Zahnschmerzen, die jemand während der Lektüre der »Trilogie« empfindet, einen integralen Bestandteil dieses Werkes bilden oder ob die durch den Besuch der Tante bewirkte Unterbrechung der Lektüre ebenfalls ein Element des Romans sei, da sie ja als Lesepause quasi auch »zur Konkretisation gehöre«, beweist denn auch nur, daß der Fragesteller methodologisch noch nicht so weit ist, literaturwissenschaftliche Probleme zu erörtern. Genausogut könnte man fragen, ob der von dem Sprecher empfundene Zahnschmerz oder die mit der Beobachtung des Eintreffens der Tante verbundene Empfindung ein Bestandteil der Sprache sei. Nichts einfacher, als von solchen »Reduktionen« zu der Auffassung zu gelangen, die Sprache sei durch irgendwelche, von den Zufälligkeiten des Lebens isolierte Sprachgeneratoren entstanden, oder es habe sie theoretisch schon zu einer Zeit gegeben, als noch kein Mensch sich ihrer zu bedienen wußte; in Wirklichkeit litten die Menschen, die sie geschaffen haben, an Zahnschmerzen, an Besuchen von Tanten in den Höhlen und an Tausenden anderer Beschwerden, und obwohl man nicht annehmen kann, daß Neuralgien des Trigeminus oder Überfälle von Tanten in ihrer zufälligen Einmaligkeit konstitutive Bestandteile des »Sprachfeldes« gewesen sind, kann man doch andererseits auch nicht unterstellen, daß sich dieses Feld unabhängig von der Vielzahl gerade solcher sporadischer, ganz und gar örtlich begrenzter Situationsverwicklungen entwickelt hat. Die Sprache ist das Resultat einer massenhaft-statistischen Durchschnittsbildung aus einer Unzahl von Singularitäten gerade dieser Art, und außerdem ist es wahr, daß es sie nicht außerhalb der Menschen gibt, die sich ihrer bedienen, und daß sie nicht auf irgendeinen einzelnen Sprecher reduziert werden kann.

Nehmen wir an, daß jemand, der an Zahnschmerzen leidet, »Durch die Wüste« liest und aufgrund dieses Leidens dem kleinen Staś und der kleinen Nel das Schlimmste zu wünschen beginnt, was sich als eine Projektion seines inneren Zustands erklären läßt (als der banale Mechanismus der Umwandlung von Frustration in Aggression). Auch bedenkt er Personen, die, wie Mahdi, Chamis und Gebhr, all die kleinen Helden bedrohen, mit Sympathie. Zweifellos ist eine solche, durch den Zahnschmerz hervorgerufene Konkretisation – *bezogen auf das jeweilige Rezeptionsmilieu* – anomal, also eine extreme und außergewöhnliche Variante. Man braucht sich aber nur zu vergegenwärtigen, wie die Araber von damals diesen Text aufgenommen hätten, um zu begreifen, daß das, was wir als eine »Entartung«, eine »private Besonderheit« der Rezeption betrachten, die durch einen zufälligen Zahnschmerz ausgelöst wurde, anderenorts gerade die Regel, die Norm sein kann. Araber werden in diesem Werk nicht die erhabene Geschichte von dem mutigen Knaben sehen, der blutrünstige Barbaren besiegt, sondern eine Beschreibung von Mordtaten, die der Sohn des Kolonisators an jenen verübt, die nicht ihm, sondern seinen erwachsenen Stammesbrüdern übel wollten. Was in dem einen Milieu eine abweichende Konkretisation ist, wird auf diese Weise im anderen zur Norm, was in dem einen eine extreme Rezeption ist, im anderen zur durchschnittlichen Regel, und wenn an die Stelle des »Zahnschmerzes« der »Schmerz der nationalen Unterdrückung« tritt, verwandelt sich eine Beschwerde, die »nicht zum Werk gehört«, in ein Element der Beurteilung dieses Werkes, das dessen Semantik und Wertsystem aktiv beeinflußt. Wer sich darauf versteifen würde, daß die arabische Konkretisation »anomal« sei und daß die »richtige« in der Deutung bestehe, die den Mahdi und die anderen Araber für Schurken, Staś und Nel dagegen für lichtvolle Gestalten hält, verhält sich wie jemand, der den Gebirgsphänotyp einer Pflanze für »zufällig«, für eine »krankhafte Konkretisation« hält, die nicht zu der Pflanze »als solcher« gehört, weil nur der Niederungsphänotyp deren »angemessene« Konkretisation darstelle. Dieses Verfahren ist jedoch reine Willkür, denn die Tatsachen werden dabei nicht *entdeckt*, sondern *festgelegt.* Es kann ja geschehen, daß der Niederungsphänotyp vernichtet wird, während der Gebirgsphänotyp überlebt und zur Grundlage neuer botanischer Arten wird; es wäre Unsinn, würde man annehmen, daß eine Umwelt, die einen bestimmten Zustand hervorgebracht hat, gegenüber allen anderen Zuständen und Umwelten »recht habe«; die Anerkennung einer solchen These würde dazu führen, daß ein Leben auf den Bäumen für die Affen »adäquat« ist, während der Affe, der vom Baum herabsteigt und eine Zivilisation aufzubauen beginnt, eine pathologische Entartung des Evolutionsverlaufs darstellt. Wenn man einem konkreten Pferd »das exemplarische Pferd« gegenüberstellt – oder auch den Aufbau der Arterien und Sehnen eines bestimmten Menschen der Topographie der Blutgefäße, wie sie der anatomische Atlas zeigt, oder die individuellen Deutungen des »Hamlet« der kulturellen Konkretisationsnorm –, dann vergleicht man nicht singuläre Fälle mit einem Muster, das tatsächlich irgendwo als paradigmatische Individualität existiert, sondern dann mißt man etwas Individuelles an etwas, was *nicht mehr* individuell ist, weil es entstanden ist aus individuellen Vorgängen, Untersuchungen oder Lektüren, die einander überlagerten, bis daraus eine kollektiv gültige Norm wurde. Wenn man also »das Pferd«, »das Blutgefäßsystem«, »den Hamlet« oder »Durch die Wüste« durch eine neue Information bereichert, so heißt das, daß man der bestehenden Verallgemeinerung neue Merkmale hinzufügt, die von neuen Einzelfällen stammen, weil es außerhalb der Durchschnittsbildung der »Pferdemenge« kein »Pferd« und außerhalb der Klasse der Rezeptionen dieses Dramas keinen »Hamlet« gibt.

Die Klasse der Rezeptionen eines Werkes liefert regulative Normen, denen der individuelle Leser sich nicht zu unterwerfen braucht, doch hilft ihm die Kenntnis des kollektiven Standpunkts bei der Entwicklung seines eigenen. Es ist falsch, zu glauben, daß ein Kritiker, der als erster ein ungewöhnlich originelles Werk liest, sich mit der Entscheidung über die Rezeptionsstrategie, die Semantik und die Beurteilung des Werkes deshalb schwer tut, weil er als Kritiker nicht gut genug, also in seinem Urteil nicht ganz und gar souverän ist. Das Urteil, das er schließlich ausspricht, ist eine durch eine Vielzahl von Entscheidungen zustande gekommene Aufgliederung eines prinzipiell ganzheitlichen Lektüreeindrucks (die Aura aller Erlebnisse ist ganzheitlich, sowohl solcher, die man ganz verstanden hat, als auch solcher, die man nur teilweise verstanden hat, und schließlich auch solcher, die man intellektuell überhaupt nicht verstanden hat). Man muß das Werk auf einer bestimmten kategorialen Ebene ansiedeln – vor dem »adäquaten Hintergrund« anderer Werke, aber auch sonstiger, nicht nur literarischer Kulturphänomene; man muß ihm also eine »literarische« und eine »natürliche« Genealogie zuweisen; man muß im Hinblick auf beide den Grad der Originalität bestimmen, die stets sowohl als eine Verirrung wie auch als eine Offenbarung aufgefaßt werden kann; schließlich muß man erraten, auf welchen kategorialen und inhaltlichen »Ebenen« der Autor das Werk ansiedeln wollte, sofern die Kritik eine immanente sein soll (»was der Schriftsteller tun wollte und was er tatsächlich getan hat«). Die Entscheidungen, die der Kritiker in all diesen Fragen fällt, müssen teilweise willkürlich sein, denn die Semantik, die Axiologie und damit auch der Rang des Werkes existieren ja gesellschaftlich noch nicht. Die Anwendung der von uns propagierten »physikalistisch-gnostischen« Methode beseitigt diese Unbestimmtheit ebenfalls nicht, sondern kann höchstens deren Vorhandensein feststellen; die Methode offenbart nur, daß wir dort, wo man gemeinhin die Existenz von »restlos objektiv feststellbaren Qualitäten« behauptet, über eine Freiheit verfügen, die uns innerhalb eines gewissen Spielraums apodiktische Urteile erlaubt. Wir können ja die Entscheidungen, die wir auf anderen Gebieten, außerhalb von Literatur und Kritik, auf eine »ganzheitlich intuitive« Weise treffen, nachträglich rationalisieren und mit Argumenten versehen, und so ist auch die Tatsache, daß uns ein Werk besonders beeindruckt hat, ohne daß wir wüßten wodurch, noch kein Grund, es auch unter konstruktivem und inhaltlichem Aspekt zu bewundern; der Sinn für das richtige Maß, der einem Kritiker zu der Einsicht verhilft, daß er mit dem »Hochloben« eines Werkes übertrieben hat – dieser Sinn »steckt« durchaus nicht als ein logisches oder informationales Merkmal in dem »diagnostischen Apparat« des Kritikers, sondern ist gewissermaßen neben diesem »Apparat des Diskurses« wirksam. Man kann ja, von einem nach subjektiver Meinung mittelmäßigen Werk ausgehend, in seinen Überlegungen, die sich immer weiter entwickeln, Gott weiß wohin gelangen, und erst die Verwunderung darüber, wo man gelandet ist, macht einem plötzlich bewußt, wie beliebig der Ausgangspunkt der ganzen Überlegungen gewesen ist.

Da mehrere Strategien und Interpretationen angewandt werden können, wird das »richtige Urteil« durch nichts anderes als die gesellschaftliche Zirkulation der Ansichten der interessierten Personen und Schichten festgelegt. Die Festlegung einer solchen maßgeblichen Meinung ist – insbesondere in der »Jugendzeit des Werkes« – nicht unumkehrbar, und je größer die Streuungsbreite der kritischen Urteile am Anfang ist, um so weniger treten bestimmte extreme Standpunkte auf; der Kritiker äußert niemals ein »nacktes Urteil«, das diesen Namen verdiente, sondern immer eine Reihe von möglichst explizit genannten Annahmen, die man sich zu eigen machen muß, um zu dem Resultat zu gelangen, zu dem der Kritiker gelangt ist. Die Argumentationsketten bezüglich der Semantik, der Axiologie, der Zuordnungen mögen – was übrigens selten ist – logisch vollkommen korrekt aufgebaut sein, sie knüpfen aber alle, bildlich gesprochen, an bestimmten »Stellen« an, die mit einer nicht zu beseitigenden Beliebigkeit ausgewählt wurden. Wenn sie bei anderen, die sich öffentlich äußern, auf Widerhall stoßen, können die ersten kritischen Äußerungen den Verfestigungsprozeß einer ersten Spielart der kollektiven Rezeption stören, weil die maßgebliche Meinung sich erst allmählich herausschält, über längere Zeit noch ungefestigt, gewissermaßen ungebunden ist; allerdings ist es ein Unterschied, ob man auf einen Prozeß, der schon im Gange ist, gestaltend einwirken kann oder ob dieser Prozeß noch nicht einmal begonnen hat. Mag ein Kritiker also auch die ersten, von der seinen abweichenden Deutungen für »falsch« oder »schief« halten – sie sind dennoch eine Hilfe und Stütze für ihn, denn sie liefern gewissermaßen die ersten Punkte einer Bewertungsskala, die er nun nicht mehr *ex nihilo* erzeugen muß. Denn fremde Standpunkte helfen uns ja nicht nur dadurch, unseren eigenen zu entwickeln, daß sie uns fertige Alternativen anbieten, zwischen denen wir wählen können, sondern auch dadurch, daß sie einen begrifflich ungegliederten Bereich in deutlichere Segmente aufteilen, und sie können – im Sinne der Methode von »Versuch und Irrtum« – als »Irrtümer« für uns aufschlußreich sein. Außerdem erkennt man in ihren Formulierungen deutlicher den »Zielpunkt«, den »Abschluß der Überlegungen«, als ihre Ausgangspunkte, so daß man nur die Schlußfolgerungen als intuitiv falsch zu verwerfen braucht, um mit der Suche nach dem eigenen Standpunkt zu beginnen, ohne daß man dem Gang der bereits vorgetragenen Äußerungen noch einmal nachgehen müßte. Kenntnisse, Fingerspitzengefühl, sicherer Geschmack und Besonnenheit können dazu beitragen, den Spielraum der eigenen Unsicherheit einzuengen, können diese aber nicht restlos beseitigen. Denn mit den Werken verhält es sich gewissermaßen ähnlich wie mit der Sprache: Wenn außer dem Sprachwissenschaftler niemand mehr eine bestimmte Wendung für falsch hält, dann ist sie nicht mehr falsch.

Es wird für uns interessant sein, am Modell der durch den Genotyp dargestellten Artikulation zu prüfen, inwiefern man ihn als ein Objekt auffassen darf, das in dem Sinne diskret und »starr« ist, daß man seinen einzelnen Elementen (den Genen) eindeutig bestimmte Merkmale und Eigenschaften des Phänotyps zuordnen kann. Auf den ersten Blick scheint ein solches Zuordnungsverfahren auf technische, nicht aber auf prinzipielle Schwierigkeiten zu stoßen, wie sie bei der Rezeption des Werkes bestehen, wo ja ein – physikalisch verstandener – Vergleich zwischen den Texten und ihren Konkretisationen durch die Leser unmöglich ist. Wie sich jedoch herausstellt, bedeutet die prinzipielle Meßbarkeit sowohl der Genotypen als auch der Phänotypen noch nicht, daß sie einander in jedem Einzelfall eindeutig zugeordnet werden können. Das ist eigenartig, aber es stimmt. Man kann zwar den Genotyp sehr genau mit physikalischen Mitteln untersuchen und auf diese Weise (ganz hat man das noch nicht geschafft) zu seiner vollständigen stereochemischen Formel gelangen, einem spiralförmigen System von makromolekularen Verbindungen vom Typus der Desoxyribonukleinsäuren, und es ist daher grundsätzlich möglich, die Anordnung der Atomgruppen innerhalb des Genotyps festzustellen und ein vergrößertes Strukturmodell von ihm zu bauen. Dennoch darf man nicht glauben, daß es anders als auf indirektem Wege, durch umfangreiche statistische Untersuchungen im Bereich der Populations- und der Evolutionsgenetik, möglich ist, bestimmte Merkmale des Organismus bestimmten Genen zuzuordnen. Wenn wir nämlich von einem bestimmten Gen sagen, es determiniere z. B. die Farbe der Iris, so bedeutet das lediglich, daß dieses Gen sich unter gewissen Entwicklungsbedingungen so verhält und daß an der Realisierung seiner potentiellen Wirksamkeit neben einer gewaltigen Anzahl weiterer Gene auch Prozesse beteiligt sind, die nicht in diskreter Weise durch bestimmte Gene ausgelöst werden, sondern dadurch zustande kommen, daß es innerhalb des Keims zu einer »feldartigen«, »gradientenartigen« Organisation kommt. Nicht, daß man einen bestimmten Genotyp nicht seiner phänotypischen Realisierung gegenüberstellen könnte, weil er während der Embryogenese »aufgelöst« wird und sich gewissermaßen »informational« über den ganzen Organismus »verteilt«. Darum geht es nicht, denn erstens erzeugt dieser Organismus seinerseits Keimzellen, die wiederum den gleichen Genotyp enthalten, und zweitens können wir gleichzeitig andere reinerbige Genotypen untersuchen, die den ersteren strukturell vollkommen gleichwertig sind. Die Entwicklung läuft jedoch nicht in der Weise ab, daß bestimmten Genorten bestimmte Orte in der phänotypischen Ausprägung entsprechen, daß ein beliebiger Wirkimpuls, der von einem aktivierten Gen ausgeht, sich in einer zumindest funktional unterscheidbaren Weise an einem bestimmten Abschnitt der embryogenetischen Front realisiert, daß sich also die Information in einer eindeutig mosaikartigen Form materialisiert; es ist nicht so, daß jedes Gen »das Seine tut« und daß sich das Ergebnis dieser Tätigkeit in die gesamten Bauarbeiten einfügt. Die Änderung eines beliebigen Gens kann vielmehr für andere Gene und deren phänotypische Äußerung Konsequenzen haben, die nicht von vornherein absehbar sind; die Gene sind etwas Unabänderliches, so wie z. B. das Grundgesetz, die Verfassung eines Landes etwas Unabänderliches ist, und die Fruchtzelle muß dem Wortlaut dieses »Gesetzes« gehorchen, aber nur generell; die »Lokalität« beim Genotyp wird beim Phänotyp zu etwas Nicht-Lokalem, und ein bestimmtes Gen als dasjenige zu bezeichnen, »das die blaue Farbe der Augen bewirkt«, wäre gleichbedeutend damit, einen bestimmten Menschen als Briefträger zu bezeichnen: Wohl unterscheiden wir ihn so aufgrund seiner Funktion, doch übt er als lebendiger Mensch schließlich eine Unzahl sonstiger Funktionen aus, und es wäre unsinnig zu behaupten, daß der Briefträger, weil er Briefträger ist, keine sonstigen »Eigenschaften« hat und, vom Briefetragen abgesehen, nichts zu leisten vermag. Sowohl die Embryogenese als auch die Konkretisation eines Textes durch den Leser sind Sonderfälle der allgemeinen Theorie der hierarchisch integrierenden komplexen Steuerung, die mit probabilistischen Gradienten arbeitet, weil anders die zielgerichtete Transformation der Ausgangsgegebenheiten zum End»produkt« nicht realisierbar ist – aus fundamentalen Gründen, die in der Natur des materiellen Substrats liegen, aus dem die Welt aufgebaut ist; dieser Probabilismus hat nichts Vorläufiges oder Zufälliges, so daß man in ihm eine von vielen möglichen Varianten einer (unter Umständen auch deterministischen) Realisierung solcher sich selbst organisierenden Transformationen sehen könnte. Natürlich kann sich die Wirkungsdynamik einer so komplizierten Steuerung in unterschiedlicher Gestalt äußern, aber probabilistisch ist sie immer; die Stabilisierung der Entwicklungsbahn – im Sinne einer Stabilisierung der Konkretisation – durch Zusatzbestimmungen des ursprünglichen Programms (des Genotyps oder des Textes) ist nicht in dem Maße wirksam, daß sie zu einer kausalen Determination führen würde, denn allein schon die Anzahl der an dem Gesamtablauf beteiligten Prozeßelemente, die Zahl der unvermeidlichen Codierungen und Decodierungen, der Integrationen, der wechselseitigen Einflüsse, welche die bereits erreichten Veränderungsabschnitte aufeinander ausüben, bringt in das System eine unvermeidliche Labilität, Plastizität und Elastizität hinein, die dem Unkundigen manchmal die Vermutung aufdrängt, das anfängliche Programm sei »schematisch«, denn da der Phänotyp – durch »Auffüllung« – reicher an Information zu sein scheint als der Genotyp, der ihn hervorbrachte, muß der Genotyp eine »Anstückelung«, eine informationale Ergänzung erfahren, und folglich ist er »schematisch«.

Nun entsteht die »zusätzliche« Information in einem sich selbst organisierenden Prozeß dadurch, daß er sich in einem gewissen Umfang auf rein zufällige Faktoren verläßt, die als mitbestimmende Restriktionen wirksam sind. So legt z. B. der Genotyp den endgültigen Umfang eines Organismus nur innerhalb eines Wahrscheinlichkeitsintervalls (unscharf) fest; der ausgewachsene Organismus, der bezüglich seiner Größe ja nicht »verschmiert« sein kann, sondern in seiner Einmaligkeit konkrete Maße besitzen muß, legt diese gewissermaßen »selbst« fest – dadurch, daß die Wachstumsprozesse, nachdem sie »ausgebrannt« sind, die exponentielle Dynamik in eine stationäre übergehen lassen; dieser Moment ist nicht genau durch den Genotyp festgelegt, der diesbezüglich nur Startimpulse gibt, so daß sich zu Beginn der Embryogenese in keiner Weise genau feststellen läßt, wie groß der entstehende Organismus sein wird. Die Ungewißheit über die endgültige Größe des Organismus ist anfangs durchaus erheblich, und sie nimmt erst »unterwegs« allmählich in dem Maße ab, wie aus den primären Prozessen sekundäre hervorgehen, die derart rückgekoppelt sind, daß autonome Korrelationsmechanismen wirksam werden, welche die Größe des Muskelsystems an das Skelett, die Lungen an das Herz und die Blutmenge an das Fassungsvermögen der Gefäße »anpassen«. Man könnte die Aufgabe, »einen Organismus herzustellen«, in etwa mit der Aufgabe vergleichen, »einen Fluß zu erzeugen«; zunächst braucht man dazu nur einen Behälter mit Wasser, der sich höher als der Meeresspiegel befindet, und den Ansatz eines Flußbettes; als Führungsachse einer solchen »Kreation« dienen die Gradienten der Schwerkraft, und es ist unnötig, den Flußlauf im einzelnen festzulegen, so daß die Formen seines Bettes auf jedem Meter von der Quelle bis zum Meer von vornherein feststünden; während er fließt, wendet der Fluß eine »Zufallstaktik« an, dank derer das, was nicht von vornherein festgelegt war, nach und nach eindeutig »ausdeterminiert« wird; die zusätzliche »Information« liefert ihm, dem Fluß, die Umwelt selbst durch Störungen in Gestalt von Hindernissen, die er überwinden muß; während er die Hindernisse umgeht, strebt er jedoch in die »richtige Richtung«, denn dafür sorgt der übergeordnete und ständig wirksame

Gradient der Schwerkraft. Die Embryogenese muß sich natürlich, wenn man so will, einen eigenen »Gravitationsersatz« verschaffen, der den Eindruck entstehen läßt, als sei der Entwicklungsprozeß schon von Anfang an auf den Endzustand »ausgerichtet«, denn »indem sie auf ihn zustrebt«, vermag sie ja Störungen zu kompensieren, also Hindernisse auf dem embryogenetischen Weg zu überwinden. Die Ausgangsinstruktion ist also nicht »schematisch« in dem Sinne, daß sie, wie ein »informational lückenhaftes Programm«, bestimmte, genau festgelegte Daten enthielte, während andere Daten ganz und gar fehlen. Der Prozeß erhält seine vielseitige Autonomie nur deshalb, damit »er sich selber hilft«, so wie sich ein Mensch hilft, dem wir einen Kompaß in die Hand drücken und die allgemeine Marschrichtung angeben, ohne genau festzulegen, wie er sich unterwegs verhalten soll; die Kompasse der Embryogenese sind regelnde, kompensierende, koordinierende und synchronisierende Rückkopplungsmechanismen. Bei einem Querschnitt durch den Gesamtstrom der Entwicklung ergibt sich jeweils das Bild von miteinander verflochtenen und sich gegenseitig stützenden Bestrebungen, die auf einen dynamischen Gleichgewichtszustand zielen, und genau diese Bestrebungen sind das Surrogat der Gravitation, die dafür sorgt, daß der Fluß schließlich ins Meer mündet. Eine erhebliche Rolle spielen bei dieser Steuerung die Störungen, die als »Rauschen der Umgebung« auftreten, und der Zufall, der aus der Ungewißheit herrührt, wann bestimmte Prozesse auslaufen werden, während andere noch weitergehen; gleichzeitig ist das Zusammenwirken von Zufallstaktiken und »rauschartigen« Einflüssen eine Quelle von »zusätzlicher Information«, die nicht nur wesentlich, sondern sogar unerläßlich ist für das, was sich materiell als Organismus oder informational als »Konkretisation durch den Leser« realisiert. Wir erkennen jetzt deutlich, wie unsinnig Behauptungen sind, in denen die Rede ist von der lediglich störenden Zufälligkeit von Faktoren, die »beim Rezipienten« wirksam sind und die entstehende Konkretisation mit »beliebigen« zusätzlichen Bestimmungen und Überschüssen versieht; würden nämlich jene Faktoren ganz und gar fehlen, dann würde die Konkretisation schlicht und einfach vereitelt. Die Vorstellung, daß an der »idealen Konkretisation« ein Text oder ein Genotyp seine definitive Gestalt annimmt, ohne daß daran irgendwelche Zufallsfaktoren, Rauschvorgänge oder Störungen beteiligt sind, geht also an dem realen Mechanismus der Prozesse vorbei, weil diese das Rauschen, die Zufälligkeiten und Störungen in ihre lebensnotwendige »Informationsnahrung« zu »verarbeiten« verstehen, und sie verwandeln sie in ihre eigene Ordnung. Die ideale Konkretisation, die sich haargenau mit einem Text oder einem Genotyp deckt, ist eine ebensolche Fiktion wie die »ideale Schachpartie«, die wir sicherlich deshalb gewinnen werden, weil wir bei ihr überhaupt keinen Gegenspieler haben werden: Klar ist, daß es nicht nur nicht zum Sieg, sondern nicht einmal zum Spiel kommen wird, weil es zwei Partner erfordert; nun stellt aber die Embryogenese ebenso wie die Rezeption eines Werkes (wie schon erwähnt) ein Spiel dar, denn sowohl der Keim als auch der Leser wenden gegenüber den »Einwirkungen« des Steuerungsprogramms und der eigenen inneren Reaktionen veränderliche Taktiken an, und die Resultate der Anwendung dieser Taktiken stellen »Ausgangspositionen« für die Spiele einer nächsten Etappe (der Entwicklung beziehungsweise der Lektüre) dar.

In einem gewissen Sinne legt also die Ausgangsinstruktion doch »alles« fest, denn sie enthält ja buchstäblich keine leeren Stellen, in einem anderen Sinne dagegen ist sie nicht vollständig determiniert; anfänglich ähnelt das Programm also einem Würfel, von dem man vor dem Wurf ja nicht sinnvoll sagen kann, er stelle ein »Schema« oder eine »lückenhafte Information« dar; derjenige, der den Würfel in der Hand hält, kann vor dem Wurf von dessen Ergebnis lediglich ein probabilistisches Wissen besitzen, er stellt also eine Prognose innerhalb eines bestimmten Werteintervalls auf, aber der Wurf determiniert dann vollständig, was anfangs nicht hinreichend determiniert war. Probabilistische Prozesse lassen sich ja nicht einfach unter bestimmten Umständen auf nichtprobabilistische zurückführen. Sind jedoch die Intervalle der Ausgangswahrscheinlichkeit für ein System vom Typ des Spielwürfels schmal und abzählbar, so daß man die Anzahl der möglichen Ausgänge (im Falle eines Würfels: sechs) von vornherein festlegen kann, so eröffnet ein komplexes System wie der Genotyp oder ein Text die Möglichkeit von so erheblichen phänotypischen Streuungsbreiten, daß man ihre Abzählbarkeit anzweifeln darf. In diesem Sinne muß man das alte Diktum von Driesch verstehen, die »prospektive Potenz« eines Eis sei immer größer als seine »prospektive Bedeutung«, und das heißt, daß ein Ei immer mehr (bewirken) »kann«, als es in einer jeweils gegebenen Entwicklung realisiert. Eine solche Redundanz im Sinne einer Potenz besitzt ebenfalls der literarische Text, denn auch die Tatsache, daß er, falls eine bestimmte Strategie sich gesellschaftlich durchgesetzt hat, in analoger Weise rezipiert wird, ändert ja nichts daran, daß die ähnlichen Rezeptionsweisen nicht miteinander identisch sind. Wohl jeder Leser bringt, anders gesagt, seine unwiederholbaren und nicht auf eine durchschnittliche Rezeptionsnorm reduzierbaren Eigentümlichkeiten in die Lektüre ein. Den Umfang der phänotypischen Möglichkeiten, die Grenzen ihrer Streubreite, legt die – biologische oder kulturelle – Umwelt fest. Ein und derselbe Genotyp einer Pflanze bringt unter den Bedingungen ihrer »normalen« Umwelt einen hochgewachsenen Phänotyp mit stattlichem Blattwerk hervor, während in einer gebirgigen Umwelt ein anderer Phänotyp entsteht, der, angeglichen an die Phänotypen von typischen Hochlandpflanzen, einen niedrigen Wuchs, eine schwächere Belaubung zeigt usw. Ähnlich realisiert sich ein Text, wenn er auf unterschiedliche Rezeptionsmilieus trifft, in unterschiedlichen Variationsintervallen. Nicht identisch sind allein die Mechanismen, die diese Variation hervorrufen. Im Hinblick auf die Anpassung ist ein literarischer Text ein weit schlechteres System als der Genotyp, der im allgemeinen eine große »kompensierende Anpassungsfähigkeit« an unterschiedliche Umgebungen besitzt. Allerdings überlebt auch der Keim nur dort, wo seine phänotypische Regelungsautomatik noch mit den Kompensationsanforderungen fertig zu werden vermag. Letzten Endes gehen daher sowohl in der Natur wie in der Kultur sehr viele – und zwar der Löwenanteil – der literarischen ebenso wie der lebenden »Organismen« zugrunde.

Der Genotyp, sagten wir, entspreche dem Text eines Werkes und das ihn umgebende Protoplasma dem einzelnen Rezipienten. Bei Experimenten mit Froschlaich ist es gelungen, befruchtete Zellkerne bestimmter Froscharten in Eier anderer Arten zu verpflanzen. Weil die Effektoren im Protoplasma der Eier, welche die Instanz darstellen, die die genotypischen Instruktionen »interpretiert«, nicht identisch waren, erhielt man, wenn man Kerne von Fröschen aus dem Norden (der USA) in das Plasma von Fröschen aus dem Süden verpflanzte, kleine Frösche mit großen Köpfen; führte man dagegen in die Eier von Fröschen aus dem Norden Kerne von solchen aus dem Süden ein, entstand die umgekehrte Deformation, nämlich große Frösche mit kleinen Köpfen. Ein und dieselbe genotypische Instruktion wurde also von nichtidentischen protoplasmatischen Effektoren unterschiedlich interpretiert. Dies entspricht ungefähr der Übertragung ein und desselben Textes (z. B. »Durch die Wüste«) auf zwei verschiedene Lesermilieus. An der Ontogenese und der Karriere von Werken ist darüber hinaus noch ein drittes Glied beteiligt, das die Werke mitgestaltet, nämlich die äußere Umwelt, im Falle der Organismen die »ökologische« und bei den Texten die »kulturelle Nische«. Oft ist diese Umwelt ein Weichensteller, der dem gesamten dynamischen Entwicklungsablauf eine andere Richtung gibt, eine Oberinstanz, welche die »kleineren« Umwelten überwacht, die für die Genotypen in den interpretierenden Effektoren des Plasmas beziehungsweise für die Texte in dem verstehenden Geist einzelner Menschen bestehen.

Wenn man also ohne Berücksichtigung all der prozessualen Glieder, die zwischen ihnen vermitteln, die Genotypen und die Phänotypen einander eindeutig zuordnen möchte, dann übergeht man die Umstände, aufgrund derer eine solche Zuordnung immer nur, da sie von statistischem Material ausgeht, etwas Sekundäres, Vermitteltes ist – und dadurch niemals etwas Eindeutiges, d. h. eine Eins-zu-eins-Beziehung. Sobald nämlich durch die Feststellung einer »kollektiven Verantwortung« für das Auftreten eines bestimmten Zustandes das analytische Vorgehen seine Grenze findet, wird die Einzelkausalität hinfällig. Mag also auch ein Mensch, der in einen Straßenauflauf hineingeraten ist und eine Scheibe eingedrückt hat, noch so hartnäckig beteuern, daß Herr X, der neben ihm in der Menge stand, ihn in die Scheibe hineingestoßen habe, so wird doch wohl jeder verstehen, daß X seinerseits in analoger Weise einen Y und dieser wiederum einen anderen als Urheber des Zwischenfalls beschuldigen kann – und daß es durchaus wahrscheinlich ist, daß die Scheibe von allen zusammen und gleichzeitig von keinem einzelnen eingedrückt wurde, weil die Einzelpersonen, aus denen die Menge bestand, lediglich als Anlegepunkte kollektiver Kräfte fungierten und in einer solchen Situation von einer Einzelurheberschaft überhaupt keine Rede sein kann. So geht denn auch die ganze intentionale Konzeption der Bedeutung, die Husserl unter so großen Mühen hervorbrachte und die die phänomenologische Theorie des Werkes mit so respektvoller Ehrerbietung von ihm übernahm, an dem realen semantischen Sachverhalt vorbei, denn der wird von massenhaft-statistischen Prozessen bewirkt, die sich auf keinerlei Singularität reduzieren lassen. In einem gewissen Sinne ist also ein bestimmtes Gen in der Tat der Urheber der Bläue der Augen, genauso wie Herr X der Urheber des Eindrückens der Scheibe ist, und wenn es, das Gen, oder er, Herr X, nicht an dieser Stelle gewesen wäre, dann wäre die Scheibe möglicherweise heil geblieben, und die Augen wären nicht blau geworden, doch dann kann auch das unmittelbar verursachende Glied nicht als *causa efficiens* des realen Zustands aufgefaßt werden. Die Populationsgenetik kann nichts anderes tun, als die »kollektiven Verhaltensweisen« von Genen zu untersuchen, sofern sie sich phänotypisch manifestieren, und so stellt sie Invarianten fest, die allen Elementen der Menge der Phänotypen gemeinsam sind; wenn aber sämtliche Rausch- und Störfaktoren, die für die Poissonsche Normalverteilung der letztlichen Konkretisationen verantwortlich sind, jene Invarianten nicht in ihrer teleologischen Wirksamkeit zu stören vermochten, darf man die einzelnen Merkmale, durch die sich das Bewirkte auszeichnet, den Eigenschaften der Genotypen selbst zuschreiben. Nur auf diese Weise, also indirekt, durch eine breite statistische Untersuchung der Phänotypen, erkennen wir die eigentümlich zwieschlächtige Struktur des verursachenden Genotyps, denn einerseits stellen die einzelnen Gene Elemente dar, die genauso scharf von anderen Genen abgegrenzt sind wie die einzelnen Wörter in einem Satz, aber andererseits erfüllen sie Funktionen, die nur ganzheitlich durch die Embryogenese »interpretierbar« sind – ähnlich wie die Sätze eines Textes durch die sie zusammenfassende Rezeption. Die genaue Feststellung der Wirkungspotenz der Gene, also die Feststellung, »wovon«, d. h. von welchen Merkmalen sie die Gene sind, ist der Populationsgenetik nur in bezug auf Phänotypen möglich, die bereits durch die Umwelt »verifiziert« worden sind. Entsprechend kann auch die Theorie der Werke deren Merkmale nur im Hinblick auf Deutungen untersuchen, die bereits vorliegen. Wenn die Rezeptionsmilieus – von Genen wie von Werken – praktisch konstant sind, erscheint uns das, was wir bei den einen und bei den anderen feststellen, als *deren* Eigenschaften – und nicht als Eigenschaften der Gesamtsituation, von der das Gen beziehungsweise der Text nur ein funktioneller Bestandteil sind. In der Praxis scheint denn auch die Größe, die wir erhalten, wenn wir auf der Erde Längenmessungen an Körpern vornehmen, eine Eigenschaft dieser Körper zu sein – und nicht deren situationsbedingte Funktion im Sinne einer Beziehung zwischen dem Messenden und dem Gemessenen. Dabei ist sie, wie die Relativitätstheorie zeigt, eine Funktion, denn Längenmessungen, die von Beobachtern in verschiedenen Bezugssystemen an ein und demselben Körper vorgenommen werden, ergeben unterschiedliche Resultate, und man kann nicht sinnvoll davon sprechen, daß irgendeines dieser Resultate »wahrer« wäre als ein beliebiges anderes und die »wirkliche Länge des Körpers« darstellte. Fragt man, wie lang der Körper *an sich* ist, so fragt man nach der in dem Objekt *an sich* enthaltenen Information, aber so etwas gibt es ganz einfach nicht. Offensichtlich gibt es keine Gene des »Verhaltens während einer Schiffskatastrophe«, obwohl die Erbinformation auch dieses Verhalten festlegt, indem sie bestimmte Grenzwahrscheinlichkeiten der physiologischen und emotionalen Reaktionsfähigkeit und der Widerstandsfähigkeit gegen Streß, auf die es in Situationen vom Typ der Katastrophe ankommt, präferiert. Der Ingenieur, der eine Brücke baut, »legt fest«, wie diese Brücke sich bei einem Erdbeben, bei starkem Wind oder beim Überqueren durch eine im Gleichschritt marschierende Kolonne verhalten wird; dabei legt er bestimmte Parameter der Brücke bewußt fest, indem er in seinen Berechnungen die Möglichkeit dieser Ereignisse berücksichtigt, während er andere »ungewollt« berücksichtigt, also ohne sie bei der Konstruktion zu antizipieren. Er »bestimmt« sogar, wie sich die Brücke verhalten wird, wenn aufgrund einer entsetzlichen kosmischen Perturbation die Erde samt der Brücke in die Sonne stürzen wird. Wollte jemand einen Katalog aller möglichen »Verhaltensweisen« der Brücke aufstellen – auch unter einem Hagel von Meteoren, bei Zusammenstößen mit Antimaterie, mit schwefelsaurem Regen usw. usf. –, so würde er seinen Katalog niemals vollenden. Weil jedoch die Zahl der realen Ereignisse, welche die Brücke betreffen können, für alle gewöhnlichen Brücken endlich ist, fassen wir sie als Objekt auf, dessen »wesentliche« Eigenschaften berücksichtigt und vom Konstrukteur festgelegt wurden. Nun entsprechen solchen »wesentlichen« Eigenschaften – bei einer konstanten Situation – bestimmte Informationsmengen. Die Information wird ja nicht »überhaupt« gemessen, sondern immer im Hinblick auf eine durch Auswahl begrenzte Menge von Zuständen. Ändert sich diese Menge, so ändert sich auch die Informationsmenge, die in dem Objekt, an dem wir sie messen, »enthalten« ist. Es ist deshalb nicht nur die Nichtexistenz einer mathematischen Theorie der semantischen Information, die uns vorherzusagen verbietet, wie ein bestimmtes Werk während einer nationalen Katastrophe, etwa während eines Krieges, aufgenommen werden wird. Die Zukunft einer Brücke, also eines makroskopischen physikalischen Objekts, mag uns nicht bekannt sein, aber sie ist in dem Sinne determiniert, daß sie sich für alle möglichen Ereignisse prognostizieren läßt; wenn man uns die physikalischen Zustände der Umgebung angibt, die auf die Brücke einwirken werden, können wir sagen, was mit ihr geschehen wird. Die Zukunft eines Werkes, also eines informationalen Objekts, ist grundsätzlich indeterministisch, und die Angabe der Zustände seiner »Umgebung«, also der Rezipienten, läßt keine sicheren Prognosen zu. So kann es geschehen, daß aus dem ernsten Heroismus eines Werkes in der Rezeption (während der besagten Katastrophe) plötzlich ein grotesker, komischer oder fader Heroismus wird, der das Werk »unlesbar« macht, oder er kann ihm umgekehrt einen Überschuß an neuen Bedeutungen und damit auch an Wert verleihen. Nach der phänomenologischen Theorie des Werkes handelt es sich »genotypisch« weiterhin um das gleiche Werk wie vorher, nur verhält es sich, in neue Phänomene einer veränderten Rezeption verwickelt, als habe es sich selbst verändert. Die Sprache solcher Äußerungen ist eine grundsätzlich nichtempirische, ja sogar kontraempirische Sprache, was man unschwer erkennt, wenn man sie aus dem Bereich der Literaturwissenschaft beispielsweise auf den der Physik extrapoliert. Man könnte nämlich analogerweise sagen, daß ein stählerner Stab, der einmal von einem stationären Beobachter und dann von einem solchen gemessen wird, der sich relativ zu dem Stab bewegt, »in der Immanenz« des Stabes stets derselbe sei, wovon man sich sogar überzeugen könne, denn wenn der eine Beobachter relativ zu dem Stab anhalten würde, erhielte er die gleichen Maße wie der dauernd unbewegte Beobachter, so daß sich »der Stab durchaus nicht verändert« habe, sondern lediglich die Beziehung zwischen dem Messenden und dem Gemessenen (das eine Mal sei sie in die gegenseitige Bewegung als Ortsveränderung »einbezogen« worden, das andere Mal nicht).

Die Physik verbietet derartige Redeweisen, weil sie, wie sich herausstellt, implizit die Existenz unerkennbarer Wesenheiten postulieren, zum Beispiel einen »absoluten« Raum und die Gleichzeitigkeit von Ereignissen. Ähnlich unerkennbar ist (was die Phänomenologie selbst übrigens durchaus nicht verhüllt) die immanente Eigenschaft des Werkes, ein intentionales Objekt zu sein. Diese Unerkennbarkeit ist der Preis, den wir dafür bezahlen müssen, daß wir darauf bestehen, daß die Information – im Sinne von Organisation – etwas ist, was sich eindeutig und ohne weitere Umstände lokalisieren läßt, und wenn wir darauf bestehen, sehen wir, daß sich zwar nicht die »Startinformation« des Genotyps verändert, wohl aber das, was später aus ihr wird. Erkennen können wir natürlich nur diese spätere Entwicklung und nicht die Information »an sich«, die der Genotyp des Werkes enthält, so daß in ihm so etwas wie ein »Wesen« sein muß, das zugleich unveränderlich und prinzipiell unerreichbar, unerkennbar ist. In dieser Auffassung bestärkt uns noch die Tatsache, daß sich das Werk als materielles Objekt nicht verändert und sich, ob wir es unter diesen oder jenen Bedingungen lesen, als »dasselbe« erweist, denn es ändert sich ja weder der Letterschnitt noch die Wortfolge in den Sätzen, weder die Interpunktion noch die Numerierung der Seiten und Kapitel. Diese ganze, vollkommen starre Fixierung von signalisierenden Zeichen gehört jedoch zu einer unendlichen, vielleicht sogar nicht abzählbaren Menge von Deutungen, und außerhalb dieser Menge gibt es nichts als Flekken von Druckerschwärze. Das einzelne Wort »rana« gehört gleichzeitig verschiedenen Mengen an, die ihm die folgenden Bedeutungen geben: »Gewebebeschädigung« (»rana« heißt zu deutsch: »Wunde«), »Genitiv Einzahl des Wortes ›rano‹« (»rano« heißt zu deutsch: »Morgen«) und »lateinischer Name für ›Frosch‹«. Es handelt sich also nicht einmal strukturell immer um ein und dasselbe Wort, denn als »Gewebebeschädigung« und als »lateinischer Name für ›Frosch‹« stellt es ein Substantiv im Nominativ, als Bezeichnung einer Tageszeit dagegen im Genitiv dar. Denn die Struktur, welche wir in dem gedruckten Wort »sehen« und die in der Topologie der Verteilung von Kurven besteht, aus denen seine Buchstaben gebildet sind, ist durchaus nicht jene Struktur, welche die semantische Syntax untersucht. Es gibt Zusammenhänge zwischen beiden, doch zerfällt die erstere in visuell wahrgenommene Orte, und das formintegrierende Sehzentrum ist ihre rezeptive Endstation, während die letztere grundsätzlich nichtlokaler Natur ist; das ist offenkundig, denn »druckerisch« ändert sich ja nichts an den Wörtern »Fliegen« und »Mensch«, wenn wir sie aus ihrer lexikalischen Vereinzelung »herauslösen« und nebeneinanderstellen, so daß »Fliegen Mensch« entsteht. Daß die gegenseitige Abhängigkeit dieser beiden Wörter, welche ihre Rezeption als eine einheitliche semantische Struktur konstituiert, keine physikalische Eigenschaft der Situation ist, die durch eine gewisse »Annäherung« der beiden gedruckten Wörter entsteht, wird an folgendem klar: Angenommen, in der Straßenbahn sitzen uns gegenüber zwei Menschen, die Zeitung lesen, und zufällig steht auf den aneinanderstoßenden Seiten der beiden Zeitungen am Ende einer Textzeile das Wort »Fliegen« und am Anfang der entsprechenden Zeile des anderen Textes das Wort »Mensch«; wir werden in diesem Falle keineswegs annehmen, daß es um irgendeinen »Fliegenmenschen« geht. Durch den Situationskontext wäre uns klar, daß sicherlich niemand beabsichtigt hat, uns durch die – mit der besagten physischen Annäherung gegebene – Wortverbindung eine semantisch organisierte Mitteilung zu machen. So hat denn auch die zweidimensionale Fläche, auf welcher der Text abgedruckt ist, nur im informationalen Sinne anisotrope Eigenschaften, denn sie besitzt privilegierte Richtungen der Rezeption, die in Wirklichkeit niemals »in der Immanenz gegeben« sind, sondern immer nur eine *ganzheitliche Funktion* der Situation darstellen.

Grenzen des biologischen Modells. Das Modell der literarischen Fiktion

Man kann zwar von einer »Semantik« der organischen Genotypen im Sinne der »Festlegung« der phänotypischen Merkmale durch die Gene sprechen – mit ihr werden wir uns übrigens gesondert befassen –, doch handelt es sich dabei um eine andere Semantik als die linguistische, denn die Sprache der Vererbung *bildet nichts ab*, so wie es die ethnische Sprache kann. So verdankt denn auch die Gen-Artikulation ihre Stabilisierung, die sich in der Teleologie äußert, ausschließlich physikalischen Mechanismen, die vollkommen souverän sind, denn die Embryogenese stützt sich in jedem Augenblick auf nichts anderes als ihren eigenen Zustand, der die Richtung ihres weiteren Verlaufs festlegt; dagegen ist, wie wir schon sagten, die sprachliche Artikulation nicht immer so autonom, denn sie beruft sich auf außersprachliche Zustände: auf situative Vergegenständlichungen, auf strukturelle Stereotypen, die von der Kultur und nicht von der Sprache festgelegt werden, auf experimentelle Regeln und Direktiven des empirischen Vorgehens, das man gleichfalls nicht auf ein rein sprachliches Verhalten reduzieren kann und das nur in analytischer Form (als formale Aussage) Autonomie erlangt. Diese Vergegenständlichungen, Stereotypen und Regeln sind also äußere Stabilisatoren der Artikulation, »Gerüste« sozusagen, die deren Rezeption dadurch stabilisieren, daß sie den Bereich der interpretatorischen Ungewißheit einengen.

Die Eindeutigkeit der Artikulation, ihre Stabilität, ist daher nicht autonom; wenn das, was sie abbildet, sich durch eine starke eigene Strukturiertheit auszeichnet, tritt die ausschließlich abbildende Funktion der Sprache eines Berichts besonders deutlich zutage. So verdankt das exakte Protokoll einer Schachpartie seine Eindeutigkeit nicht den Regeln des »Sprachspiels«, sondern des Schachspiels. Der Schwerpunkt, d. h. die Lage des »stabilisierenden Zentrums«, kann sich allerdings verschieben, und manchmal läßt sich nur schwer bestimmen, wie weit »Sprachimmanentes« und wie weit das, was lediglich »Abdruck« einer Vergegenständlichung in der Sprache ist, an der Stabilisierung der Rezeption teilhat. Am größten ist diese Schwierigkeit dann, wenn die von einer Äußerung »abgebildeten« Vergegenständlichungen selbst fiktiver Natur sind. Dann taucht nämlich sofort die Frage auf: Wie kann etwas, was nicht als Gegenstand existiert, durch seine »Vergegenständlichung« der Äußerung Stabilität verleihen?

Daß man diese »fiktionale« Problematik sprachlicher Äußerungen nach allgemeiner Übereinkunft völlig in die Literatur verlegt, ist ein eigentümliches Beispiel einer kognitiven Verirrung. Der Unterschied zwischen einer literarischen Fiktion und einer gewöhnlichen Lüge soll darin bestehen, daß weder ihr Absender noch ihr Empfänger sich so verhalten, als versuchten sie, etwas Falsches für die objektive Wahrheit zu nehmen. Nach einhelliger Ansicht – auch der Phänomenologen – soll die *differentia specifica* der Literatur darin stecken, daß Autor und Leser »nicht ganz davon überzeugt« sind, die Designate der Sätze in der realen Welt anzusiedeln. Selbst für formal identische Artikulationen, die sich einmal in dem wissenschaftlichen Werk eines Historikers, das andere Mal in einem historischen Roman finden, soll diese *differentia specifica* gelten.

Wir werden zeigen, daß es eine solche *differentia specifica* nicht gibt. In der Empirie, besonders in der physikalisch »verschärften«, benutzt man häufig verschiedene Fiktionen. In der relativistischen Astrophysik spricht man z. B. häufig von einem Beobachter, der sich genau auf der Grenze einer »Schwarzschild-Sphäre*« befindet, eines Sterns im Zustand des Gravitationskollapses, und es geht dabei darum, daß die Wahrnehmungen dieses Beobachters innerhalb seines Bezugssystems andere sind als die eines weiter entfernten Beobachters. Zwar könnte ein Mensch die physischen Bedingungen an diesem Ort nicht eine Sekunde überleben, und dennoch spricht man in Fachartikeln darüber, was er dort als Beobachter wahrnehmen würde. Logisch ist das ein völliger Widerspruch, denn ein Toter kann ja kein Beobachter sein. Vielleicht wird man uns sagen, daß ein System von der Art eines verbesserten Perceptrons, das den Störungen, die von dem Gravitationskollaps ausgehen, physisch eher zu widerstehen vermag als der menschliche Organismus, dort »tatsächlich« als Beobachter fungieren könnte, doch wird der Physiker solche Zusatzannahmen nicht einführen, weil sie für den Mechanismus der physikalischen Phänomene irrelevant sind. Weichen wir nun dieser Schwierigkeit aus, die durch unsere Physiologie gegeben ist, so geraten wir in eine andere hinein, der wir uns in keiner Weise mehr durch den Bau von Robotern entziehen können, denn selbst wenn ein Perceptron oder ein Mensch, der in seiner organischen Konstruktion entsprechend »verbessert« worden wäre, in jener Umwelt als Beobachter überleben könnte, würde er, wie aus der Theorie folgt, von seinen Wahrnehmungen anderen, von der Sphäre entfernten Beobachtern *niemals* irgend etwas mitteilen. Die »Unmöglichkeit« ist grundsätzlicher Natur, sie liegt im physikalischen Mechanismus der Erscheinung selbst und nicht in lediglich instrumentellen Gegebenheiten der Meßtechnik oder der Nachrichtenübermittlung. Selbst das, was man dort eventuell erfahren könnte, wird man also nie-

* Hypothetisches Objekt, heute als »Schwarzes Loch« bezeichnet. Anm. d. Ü.

mals mitteilen können. Für einen entfernten Beobachter – zum Beispiel auf der Erde – ist derjenige, der sich auf der Grenze der »Schwarzschild-Sphäre« befindet, samt der ganzen Sphäre einfach nicht vorhanden. Von ihrem Vorhandensein kann er etwas erfahren, indem er die Gravitationsmetrik des umgebenden Raums untersucht, doch darüber, was jener »in der geschlossenen Schwerkraft gefangene« Beobachter wahrnimmt, wird er durch das Herstellen einer Nachrichtenverbindung deshalb nichts erfahren, weil diese ein Element der Klasse der physischen Verbindungen darstellt und alle physischen Zusammenhänge zwischen einer solchen Sphäre und dem übrigen Kosmos durch den Kollaps unterbrochen werden.

Die Wahrnehmungen des Beobachters aus der Nähe sind also, empirisch gesehen, eine reine Fiktion, denn sie stellen einen Bericht über Tatsachen dar, den wir von demjenigen, der sie eventuell wahrnimmt, weder empfangen noch beobachtungsmäßig verifizieren können, weil wir durch Deduktion aus der Theorie zu dieser Beschreibung gelangen. Was also sagen uns die Astrophysiker eigentlich über jenen Beobachter? Sie sagen uns, daß, *wenn* sich jemand an einem bestimmten Ort befände, von dem man mit Sicherheit weder Informationen übermitteln noch physisch zurückkehren kann, er das und das erfahren würde. Doch woher sollen wir wissen, was man dort erfahren kann, von wo weder persönlich noch informational irgend jemand zurückkehrt? Aus Schlußfolgerungen, die sich auf theoretische Daten stützen. Uns interessieren hier allerdings weder die Wahrheit der Theorie noch die Schlußregeln, sondern uns interessiert nur, daß der Physiker bewußt eine fiktive Annahme macht. Tatsächlich sagt er ja, daß, wenn möglich wäre, was nicht möglich ist (wenn der Beobachter die Nichtmitteilbarkeit seiner Wahrnehmungen in Mitteilbarkeit verwandeln könnte), wir das und das erfahren würden. Entsprechend macht auch derjenige, der uns als Autor eines Werkes darüber informiert, was eine bestimmte Gestalt insgeheim denkt, eine fiktive Annahme, denn er informiert uns darüber, daß wir, wenn möglich wäre, was prinzipiell nicht möglich ist (wenn man sich informational an einen fremden Geist »anschließen« könnte), das und das erfahren würden. Daß der Beobachter der »Schwarzschild-Sphäre« ein rein fiktives Geschöpf ist, stört weder den Astrophysiker noch diejenigen, die seine Arbeit lesen, und ebensowenig stört es die Leser der »Trilogie«, daß Herr Wołodyjowski ein rein fiktives Geschöpf ist. Nun ist aber die bloße Existenz von »Schwarzschild-Sphären« einstweilen eine hypothetische Folgerung, die noch nicht einmal indirekt empirisch verifiziert worden ist; die Frage ist deshalb, inwiefern sich der Beobachter dieser Sphäre und Herr Wołodyjowski in ihrem ontologischen Status unterscheiden. Sie unterscheiden sich ganz erheblich, denn der Physiker informiert uns über die Wahrnehmungen des Beobachters in der bedingten Form des Konditionals, Sienkiewicz dagegen über die Wahrnehmungen und Verhaltensweisen Herrn Wołodyjowskis in der unbedingten Form des Indikativs. So sollte es zumindest sein, doch ist es nicht immer so, denn es gibt auch Arbeiten, in denen die bedingte Form verlassen wird, so daß man sagt: »Der Beobachter der Sphäre sieht das und das«, statt zu sagen: »Wenn sich jemand dort hinbegeben und beobachten würde, dann würde er das und das sehen.« Doch wo erklärt ein solcher Text eigentlich explizit, daß der Konditional als bedingt, als Vermutung aufzufassen ist? Und was verbietet uns eigentlich, in analoger Weise anzunehmen, daß jedes literarische Werk im Konditional geschrieben ist, nur daß diese Form der Bequemlichkeit und der Einfachheit halber »verlassen« wurde? Das eine wie das andere verbietet uns die Konvention, die nicht eine »informationale Eigenschaft« der Texte ist, sondern eine Eigenschaft der Situation der Rezeption einmal des wissenschaftlichen, zum anderen des literarischen Werkes. Jene stilistischen Anhaltspunkte, die angeblich den »fiktionalen Status« einer Gestalt aus einem literarischen Werk kennzeichnen – im Unterschied zum Status einer »Gestalt« aus einer astrophysikalischen Arbeit –, sind für die ontologische Beurteilung jenes »Status« vollkommen unerheblich, und wenn man sich mit ihnen befaßt, macht man aus einem eigentlich philosophischen ein gewissermaßen detektivisches Problem. Mit was für einer Art von Werk wir es zu tun haben, mit einem wissenschaftlichen oder einem literarischen, sollen wir ja angeblich daran erkennen, daß der Beobachter »von etwas« im einen Falle als abstrakte, im anderen als konkrete Gestalt mit den zu einem Konkretum gehörenden Einzelheiten angeführt wird. Wenn es also in einem Text heißt, daß der Beobachter rote Wangen und einen Schnurrbart gehabt habe, dann müssen wir, auch wenn er die sogar genau beschriebene »Schwarzschild-Sphäre« beobachtet hat, diesen Text als einen literarischen betrachten, sagt aber der Text nichts über Wangenröte und Schnurrbart, dann haben wir ein wissenschaftliches Werk vor uns. Aber klassifikatorisch die Gattungszugehörigkeit eines Werkes zu erkennen heißt noch nicht, seinen ontologischen Aspekt zu berühren. Deshalb noch einmal die hartnäckige Frage: Welchen ontologischen Status hat in einem wissenschaftlichen Werk die Gestalt des Beobachters, von dem dort im Indikativ und nicht im Konditional und obendrein noch assertorisch und nicht vermutungsweise als von einer realen Person gesprochen wird, obwohl der Autor wie der Leser des Werkes genau wissen, daß die Gestalt eines solchen Beobachters nichts als eine Annahme ist, ein »bedingt« existierendes Geschöpf, und daß es prinzipiell unmöglich ist, daß ein Wesen entdeckt wird oder entsteht, das zum Designat der Namen würde, die es, das Wesen, im Text denotieren? Welche Art von Existenz ist den Designaten jener Namen zuzuschreiben? Wenn es sich um leere Namen handeln würde, hieße das, daß uns der Text über »wissenschaftlich« so interessante Probleme informiert wie etwa folgende: die bedingten Reflexe des Einhorns und des Zerberus oder der Umfang des Gesichtsfeldes des Zyklopen, die sexuelle Potenz des Schwans, in den sich, wie man weiß, Zeus verwandelte, die Tragfähigkeit der von Hexen benutzten Besen, die Innervation des

Schwanzes eines Teufels u. dgl. Denn ein Beobachter, der uns über das, was er beobachtet, nichts mitteilen kann, ist *für uns* gar kein Beobachter, so wie auch die geniale Offenbarung, von der ein Physiker träumte, der jedoch an einem Schlaganfall starb, bevor er aus dem wissenschaftlich so wertvollen Traum erwachte, *für uns* keine physikalische Theorie ist. Genausowenig gibt es für uns Hexen, erotische Leistungen des Zeus-Schwans, Reflexe des Zerberus und Teufelsschwänze. Die Gleichstellung – zumindest hinsichtlich des semantisch-logischen Status – des Namens des Beobachters mit dem Namen der Hexe muß einen zwangsläufig am Sinn eines empirischen Textes zweifeln lassen, denn vom physikalischen Standpunkt aus ist es volkommen gleichgültig, ob wir eine Äußerung deshalb nicht empfangen, weil ihr Absender real gar nicht existiert, oder deshalb, weil, obwohl er existiert, nicht die geringste Möglichkeit besteht, sich je von seiner Existenz zu überzeugen.

Man kann auch nicht davon ausgehen, daß es sich um die berühmt-berüchtigte »Annahme« handelt, denn der Physiker denkt keineswegs, daß das, was er über die Wahrnehmungen jenes Beobachters sagt, »nicht ganz sicher«, eine »Mutmaßung«, ein »bedingtes Sein« oder eine »propositionale Vorstellung« sei, denn er äußert sich ja gerade assertorisch, mit der tiefen Überzeugung, daß es so ist, wie er sagt. Annahmen finden wir in der Physik in anderem Zusammenhang: dort nämlich, wo, wie bereits erwähnt, jemand nach dem Beispiel Bohms die rein hypothetische Möglichkeit zuläßt, daß es gewisse meßbare Parameter gibt, die bislang noch nicht entdeckt wurden. Damit sagt er ja, daß das, was gegenwärtig nur als seine Vermutung existiert, *vielleicht* einmal einen vollgültigen, durch das Experiment bestätigten physikalischen Seinsstatus erwirbt. Der Physiker ist jedoch durchaus nicht der Meinung, daß die Nichtmitteilbarkeit der Wahrnehmungen des Beobachters einer »Schwarzschild-Sphäre« sich »irgendwann einmal« in Mitteilbarkeit verwandeln könnte, und zwar aus dem einfachen, aber hinreichenden Grund, daß dies für ihn durchaus kein segensreicher Zustand wäre, denn die Mitteilbarkeit läßt sich logisch nicht mit der Theorie vereinbaren. Wenn also die Theorie in dieser Beziehung »wahr« ist, dann ist sie *nicht verifizierbar* durch eine solche »beobachtende« Erfahrung, wenn sie aber in dieser Weise *verifizierbar* ist, dann ist sie allein dadurch schon *mit Sicherheit falsch.*

Welchen Status hat denn nun um Gottes willen der »Schwarzschildsche Beobachter«? Was ist das für ein merkwürdiges Wesen, das, wenn wir uns von seiner Existenz überzeugen könnten, durch diese Tatsache die ganze Theorie Schwarzschilds widerlegen würde und dadurch wiederum seinen eigenen ontologischen Status wechseln würde, denn es würde ja aus einem unbeobachtbaren zu einem normal beobachtbaren und damit aus einem fiktiven zu einem realen Wesen? Aber was heißt das eigentlich, daß diese Gestalt dann zu einer »realen« würde? Die Theorie der »Schwarzschild-Sphäre« wird nicht nur dann widerlegt, wenn jemand aus dem Kosmos zurückkehrt und uns erzählt, er habe mit eigenen Augen aus der Nähe einen Stern im Gravitationskollaps gesehen; als Hypothese ist diese Theorie eine spezielle Konsequenz aus der allgemeinen Relativitätstheorie, angewandt auf die Zustände von Sternen, und folglich würde sie zusammenbrechen, wenn sich herausstellen würde, daß diese allgemeine Theorie falsch ist. Nehmen wir für einen Augenblick an, dies sei geschehen. Was folgt daraus? Was bisher nicht möglich war – nämlich Sterne im Gravitationskollaps aus der Nähe zu beobachten –, wird dann möglich. Aus dem physikalischen »Beobachter«, der sowohl eine *fiktionale* als auch *bedingte* Gestalt ist, wird eine nur noch *bedingte* Gestalt. Eine bedingte Gestalt ist eine solche, deren einstweilen leeren Namen man designativ durch entsprechendes Handeln ausfüllen kann: Der »Beobachter des Apfelbäumchens« in meinem Garten ist, während ich dies schreibe, eine rein bedingte Gestalt, nicht aber eine fiktionale, denn jeder Mensch, der den (einstweilen menschenleeren) Garten betritt, kann gegenüber dem

Bäumchen dazu werden. Eine *fiktionale* Gestalt dagegen, wie wir sie im literarischen Werk finden, ist eine solche, deren Name in alle Ewigkeit nicht designativ ausgefüllt werden kann. Ein Designat der Namen »Herr Wołodyjowski« aus der »Trilogie«, »Bogumil Niechcic« aus »Nächte und Tage« oder »Teufel« aus »Doktor Faustus« gibt es nicht, hat es nicht gegeben und wird es nicht geben. In seiner Fiktionalität ist besagter Teufel Herrn Wołodyjowski deshalb gleichgestellt, weil es den einen wie den anderen real nicht geben kann; die Fiktionalität des Namens bedeutet eine solche Hermetisierung, daß er niemals durch eine designative Vergegenständlichung auszufüllen sein wird. Zu einer realen Gestalt dagegen kann jeder Mensch werden, wenn er durch seine Person dem Namen des »Beobachters«, wie er in physikalischen Werken vorkommt, ein Designat verschafft, denn dieser Name ist *in abstracto* bedingt und bezieht sich nicht auf irgendeine konkrete Person. Nun gibt es aber Arbeiten, in denen von physisch realisierbaren Beobachtern die Rede ist; so kann man beispielsweise zu dem Beobachter aus Einsteins Theorie werden, jenem Beobachter, der mit Aufzügen fährt und sich bewegende Körper mit einem Zollstock mißt. Zum Beobachter aus Schwarzschilds Theorie zu werden – vorausgesetzt, sie ist richtig – bedeutet dagegen, jegliche physikalisch gegenständliche Existenz einzubüßen. Im Grunde ist es also unerheblich, ob ein Name deshalb kein Designat hat, weil – wie es beim literarischen Werk der Fall ist – niemand auch nur versuchen kann, es zu werden, oder deshalb, weil – wie in der Physik – jeder, sobald er versucht, zum Designat des Namens zu werden, zugrunde geht. Zum einen *in abstracto*, zum anderen *in concreto* präsentiert, denotieren die Namen der literarischen Gestalt beziehungsweise des Schwarzschildschen Beobachters nicht identische Merkmalsmengen (die Menge der Merkmale des Beobachters ist von geringem Umfang und enthält lediglich die Angaben, daß diese Gestalt ein Mensch im Zustand körperlicher Gesundheit ist, also weder ein Verrückter noch ein Blinder, denn ein solcher könnte die Beobachtungen nicht durchführen, und daß sie ferner über gewisse physikalisch-theoretische Kenntnisse sowie über die Fähigkeit verfügt, gewisse Messungen vorzunehmen usw.; die Menge der Merkmale von »Herrn Wołodyjowski« ist dagegen umfangreich und beschreibt diese Gestalt mit so vielen Einzelheiten, daß man es mit einer ganz und gar einmaligen Genidentität zu tun hat, also mit einem einzigen, unverwechselbaren, wenn auch in der Designation nicht existierenden Menschen). Für uns ist jedoch nur von Bedeutung, daß diese Merkmalsmengen, die sich einmal auf die gesamte Klasse der fakultativen Personen beziehen, welche Beobachtungen durchführen könnten, und einmal auf die nur ein Element, nämlich ausschließlich Herrn Wołodyjowski enthaltende Klasse – bedeutsam ist, wie gesagt, nur, daß diese Mengen *leer* sind, und zwar derart leer, daß ihre Leere niemals ausfüllbar sein wird. Zwischen der Fiktionalität und der Bedingtheit des Namens besteht, wenn beide designativ leer sind, der Unterschied, daß es reale Situationen gibt, welche die latente Bedingtheit solcher Namen wie »der Mensch auf dem Mond« oder »der Urenkel des Sohns meiner Schwester« aufheben und die Designate dieser Namen schaffen, während es keine realen Situationen gibt, welche die Leere eines fiktionalen Namens beseitigen könnten. Und gerade darin ist der Beobachter der »Schwarzschild-Sphäre« Herrn Wołodyjowski vollkommen gleich, daß es sie beide als reale Menschen für die gesamte Menschheit gleichermaßen nicht geben kann. Doch wozu produziert der Physiker eigentlich Namen, die den gleichen Status haben wie jene, die der Schriftsteller in einem Werk erzeugt? Wie es scheint, versuchen beide uns auf diese Weise ihre *assertorischen* Überzeugungen mitzuteilen, die sie für *wahr* halten, wobei die *licentia poetica*, die der Schriftsteller benutzt, ebenso eines *unmittelbar realen Designats* entbehrt wie die von dem Wissenschaftler benutzte eigentümliche *»licentia physica«*. Wie aber kann man mit Hilfe fiktionaler Namen, die in fiktive Konstruktionen eingefügt sind, Wahrheiten vermitteln? Als

Literaturkenner brauchen wir diese Frage zum Glück nicht mehr zu beantworten. Wir haben ja schon gezeigt, daß dieses Problem kein ausschließlich literarisches ist; Fiktion, die im Dienste einer »Wahrheit« benutzt wird, damit das, *quod erat demonstrandum,* deutlich wird, macht ja inzwischen den Literaten genauso zu schaffen wie den Physikern. Allerdings ist weder die allgemeine Methodologie noch die Epistemologie oder die Physik hier unser Thema. Die Fiktion innerhalb der Literatur ist ein Sonderfall eines allgemeineren Problems – mögen sich also die entsprechenden Theoretiker damit befassen! Dank ihrer Bemühungen werden wir dann eines Tages vielleicht die fertige Lösung jener Dilemmata finden, die uns durch den »fiktionalen Status« von – wie wir gezeigt haben – nicht nur literarischen Gestalten aufgegeben werden.

Wir haben inzwischen, wenn ich daran erinnern darf, die Grenzen der Entsprechung zwischen biologischen Modellen und literarischen Werken überschritten, denn die ersteren enthalten nichts, was genau der »fiktionalen« Eigentümlichkeit der letzteren entspräche; außerdem weisen Werke in ihren Konstruktionen eine erheblich breitere Streuung auf als Genotypen, denn diese können nicht anders als mit Hilfe probabilistischer Strategien aufgenommen werden, während die – fiktionale oder auch nicht fiktionale – »Vergegenständlichung«, die durch einen Text festgelegt wird, diesen in einem solchen Maße stabilisieren kann, daß er »eindeutig« wird, beispielsweise als Kriminalroman.

Ein Werk dieses Typs enthält offensichtlich zweierlei Arten von Informationen: wesentliche, die sich auf die Handlung im Sinne eines kausalen Gerüsts von Ereignissen beziehen, und unwesentliche, welche die Aufgabe erfüllen, dieses Gerüst zu tarnen, es durch Desinformation unsichtbar zu machen, oder auch die informationsneutrale Funktion erfüllen, das Werk »auszuwattieren«. Ein solches Werk erinnert lebhaft an eine mathematische Aufgabe mit einer oder mehreren Unbekannten, die man, um der Schuljugend das Leben leichter zu machen, in eine attraktive Handlung einkleidet; man sagt dann also nicht, daß ein X sich so und so zu einem Y verhält, sondern daß ein Gärtner einen Apfelbaum hatte, auf dem so und so viele Äpfel wuchsen, und daß drei Buben, die diese Äpfel untereinander aufteilen wollten, usw.

So wie der ganze »Wert« und der eigentliche Sinn der in einen Handlungstext eingekleideten Aufgabe ausschließlich in der Information steckt, die sich auf die besagten Relationen bezieht, so liegt auch der Wert eines Kriminalromans ausschließlich in den internen Relationen, denn auf diese kommt es dem Leser ja an. Ein literarisch hervorragender Text, der sich für einen Kriminalroman ausgibt, indem er beispielsweise ein bestimmtes Rätsel darstellt, es jedoch nicht auflöst, ist ja im eigentlichen Sinne kein Kriminalroman, ebensowenig wie man als Schach im eigentlichen Sinne eine Partie bezeichnen kann, die jemand damit beendet, daß er, statt den letzten Zug zu tun und den Gegner matt zu setzen beziehungsweise sich matt setzen zu lassen, sich das Schachbrett auf den Kopf legt, wunderschön zu tanzen beginnt und ein Solostück aus dem »Schwanensee« darbietet. So wie der Tanz, mag er auch vollendet sein, nichts mit dem Schachspiel zu tun hat, so hat auch die Nichtauflösung des Rätsels, mag sie an sich auch vorzügliche Literatur »einer anderen Art« sein, nichts mit dem Kriminalroman gemein.

Situationen, wie sie im realen Leben zwischen Gärtnern und Buben entstehen, welche ihnen die Äpfel stehlen, weisen umfassendere, soziale und psychologische sowie engere, mathematische Bezüge auf. Allerdings dürfen mathematische Aufgaben, die in einen Text eingekleidet sind, die Psychologie auf keinen Fall als einen Faktor berücksichtigen, der in ihre Lösbarkeit irgendeinen Indeterminismus hineinbringt. Von nicht geringerer kausaler Präzision muß die Mechanik der Ereignisse im Kriminalroman sein: Daß jemand wie Karamasow seinen Vater töten *wollte*, es aber in Wirklichkeit nicht getan hat, ist die einzige Feststellung, auf die es ankommt und durch die eine Gestalt im »Krimi« völlig entlastet wird, denn hier zählt ja nur, »who done it«; *Taten* interessieren also den Autor und den Leser eines »Krimis« mehr als deren tatsächliche oder mögliche Motive. Die Problematik des »reinen Kriminalromans« ist immer eine begrenzte: Sie hat genausowenig wie Schachpartien oder Aufgaben über Gärtner und Äpfel irgendwelche soziologischen, psychologischen oder philosophischen Bezüge. Und genauso wie wir beim Schach und bei diesen Aufgaben zwischen zwei Mengen von Objektkennzeichnungen unterscheiden – zwischen wesentlicher und unwesentlicher Information –, läßt sich diese Aufteilung auch beim »Krimi« durchführen – ein Beweis dafür, daß seine Struktur etwas von einem Mechanismus hat, denn der Text setzt sich, genau wie eine Standuhr, aus absolut notwendigen Teilen – also den Zeigern, Zahnrädern und Gewichten – und aus völlig auswechselbaren Teilen zusammen, die den »tragenden Rahmen« abgeben, wie zum Beispiel das Gehäuse, der Aufbau, die vorhandenen oder nicht vorhandenen Beine usw.

Derartige Werke haben also eigentlich nur einen wesentlichen, linearen Parameter sowie falsche Parameter, welche gegenüber dem wesentlichen als »Rauschen«, als *Masken* der eigentlichen Prozesse fungieren. Eine derart klare Aufteilung in »Rauschartiges« und »Informationsartiges« läßt sich freilich weder beim Organismus noch bei der »nichtmechanistischen« Literatur durchführen. Ein Werk wie Faulkners »Schall und Wahn« z. B. enthält »rauschende Teile«, die nicht die »eigentliche« Handlung »verdecken«, sondern eine Adäquation der Welt darstellen, die selbst »wie der unbewußt geträumte Traum eines Verrückten« ist. Deshalb läßt sich aus einem »Krimi« dessen »Aufgabe« herauspräparieren, während eine solche chirurgische Sektion an Faulkners Roman nicht durchführbar ist, denn dessen Handlung ist nicht bloß ein kausal zusammenhängender Mechanismus; sie aber auf einen solchen Mechanismus zu reduzieren, etwa durch eine Zusammenfassung, hieße, das Werk wesentlicher Informationen zu berauben. Der Versuch einer Zusammenfassung, durch den gewissermaßen die Bedeutung der typisch kausalen Zusammenhänge im Aufbau eines Werkes »getestet« wird, bringt etwas Gegensätzliches zutage: die vollkommene Autarkie der Handlung eines Kriminalromans und den nichtselbständigen Charakter der Handlung in einem Roman Faulkners.[9] Der Kriminalroman liegt weit außerhalb des Bereichs, in dem Werke und Genotypen einander entsprechen. Die Ähnlichkeit zwischen den informationalen Objekten, wie sie der Genotyp und das Werk darstellen, hat nämlich ihre Grenzen. Erst wenn man eine erhebliche Zahl solcher Objekte einander gegenüberstellt, erkennt man besser, was Information eigentlich ist. Die Theorie des Werkes untersucht einen Sonderfall von Artikulationen in der natürlichen Sprache, und diese Sprache ist wiederum ein Sonderfall von Informationsverfahren, denn ein anderer ist beispielsweise die Sprache der Vererbung. Wir können die Probleme der Theorie des Werkes nicht vernünftig lösen, wenn wir nicht über eine Konzeption verfügen, die für alle erdenklichen Informationsphänomene Gültigkeit besitzt.

Informationale und physikalische Objekte

Was heißt das eigentlich, daß die Informationsübermittlung ein statistischer Prozeß ist? Warum haben wir immer wieder auf diesen Aspekt der Übermittlung hingewiesen und bis zum Umfallen die Ausdrücke »stochastisch« oder »probabilistisch« wiederholt? Dafür, daß jeder Akt der Kommunikation genau derart beschaffen ist, ist die von zufälliger Mannigfaltigkeit erfüllte reale Welt verantwortlich. Die lebenden Organismen konnten, als sie sich an diese Welt anpaßten, denn auch gar nicht umhin, eine so fundamentale Eigenschaft der Umwelt zu berücksichtigen. Eine Kommunikation im Sinne der Codierung und Decodierung von Signalen kommt außer bei den lebenden Organismen in der Natur nicht vor. (Die Maschinen zur Informationsverarbeitung sind keine solchen Organismen, sondern sie wurden von lebenden und sich miteinander verständigenden Wesen – den Menschen – geschaffen.) Schauen wir uns die Umstände an, unter denen es zu einer vorsprachlichen und dann zu einer sprachlichen Signalisation kommt – sowohl durch die Sprache der Vererbung als auch durch die ethnische Sprache.

Die Sprache der Vererbung ging der natürlichen Sprache um einige Milliarden Jahre voraus, ist aber ihrerseits der Sprache der Lebensprozesse entsprungen, denn das, was die Homöostase, die den Lebensprozeß ausmacht, ermöglicht und stabilisiert, hat den Chromosomencodes als Rohmaterial oder Matrix gedient. Das Leben ist auf der molekularen Ebene der Materie verankert; Träger von Information sind auf dieser Ebene die einzelnen Moleküle. Der Feind jeglicher Informationsübertragung und Organisierung ist das Rauschen, auf dieser Ebene vor allem das thermische: Aufgrund Brownscher Bewegung bombardieren die kleineren Teilchen ständig die größeren, aber auch einander, und nur die Giganten der molekularen Welt, die Polymere, vermögen, falls ihre chemischen Nähte halten, dieser Zerstörungsarbeit zu widerstehen. Der lebende Organismus befindet sich, thermodynamisch gesehen, auf einer schiefen Ebene und ist deshalb so anfällig für jegliche Störungen, denn bei jeder Schwächung der Stabilität droht er in die »energetische Grube« wachsender Entropie, des Chaos und des Todes abzustürzen. Wenn alle Vorgänge von Zufälligkeit und damit von Unberechenbarkeit gekennzeichnet sind, sich also nicht vorhersehen lassen, ist Stabilität entweder nur durch eine außergewöhnlich »starre« Beharrlichkeit zu erreichen – oder durch die unablässige, kreisförmig wiederkehrende Wiederholung eines Programms, das ständig von neuem ordnet, was von überallher vom Chaos angenagt wird. Die erstere Lösung war jedoch für die Biogenese unerreichbar, weil sie als eine Ordnung entstand, die sich sozusagen gegen den Strom der natürlichen Prozesse zunehmender Entropie Schritt für Schritt »nach oben arbeitete«, und deshalb mußte sie sich von Anfang an auf kontinuierliche Transaktionen mit der Umwelt einlassen, um ihr immer wieder neue »Portionen von Ordnung« zu entnehmen, und zwar nicht nur, um mit ihnen die verlorengegangene Ordnung auszugleichen, sondern um Überschüsse zu erzielen, die den Organismen zunächst einen gewissen eigenen Gleichgewichtsbereich verschafften und später die Entstehung des ganzen, verzweigten Stammbaums der Gattungen ermöglichten. Denn obwohl das Gleichgewicht der Lebensprozesse ein fließendes ist, verfügt es dennoch über einen gewissen Spielraum, innerhalb dessen die Physiologie sich durch Kompensationsmechanismen gegen Störungen zur Wehr setzt, mit denen dann anschließend, gewissermaßen am Rande dieses engeren Bereichs, auch die Krankheit noch kämpft – auf Positionen, die erst dann verlorengehen, wenn die eintretenden Veränderungen thermodynamisch nicht mehr rückgängig zu machen sind.

Eine »Starrheit«, die gegen die molekularen Attacken des Chaos unempfindlich wäre und es erlaubte, ihnen auf Dauer zu widerstehen, gibt es in Wirklichkeit nicht. Es gibt keine Organisation – und wäre sie selbst aus den edelsten Metallen gefertigt –, die unter solchen Bedingungen Milliarden von Jahren überstehen könnte, ganz davon zu schweigen, daß sie komplexere Organisationen als sich selbst hervorzubringen vermöchte. So war denn die Biogenese von Anfang an dazu verurteilt, sich auf Verhandlungen mit der Umwelt einzulassen, und zwar sowohl aus Gründen der materiellen Ausgangsbedingungen (denn »sie hatte keine andere Wahl«) als auch deshalb, weil ihre Taktik der Auseinandersetzung – soweit wir das aufgrund unserer empirischen Kenntnisse beurteilen können – tatsächlich von allen möglichen die beste ist; sollte es noch vollkommenere geben, so wissen wir von ihnen nichts.

Auf kurze Sicht scheinen »starre« Konstruktionslösungen besser zu sein als »lebende«, weil sie energetisch sparsamer sind; die Energie»kosten« für die Erhaltung des Gleichgewichts einer Gitterbrücke sind, da sie gleich Null sind, mit Sicherheit geringer als die »Kosten«, die sogar im Ruhezustand jeder Organismus aufbringen muß, der in einer beliebigen Haltung Arbeit leistet. Die starre Konstruktion arbeitet genaugenommen nicht, wenn sie eine Last trägt; dagegen arbeitet ein Tier oder ein Mensch auch im Ruhezustand. Die Politik des Brükkenbauers ist jedoch in der Tat kurzsichtig, denn Brükken haben eine nur statische Festigkeit und keinerlei Selbstkorrekturtendenzen. Deshalb gibt es keine Brücke, die auch nur zweihunderttausend Jahre hält, wohingegen Organismen über Jahrmilliarden hinweg zu überleben vermögen.

Der Beginn des Lebens ist gleichbedeutend mit den ersten kreisförmig ablaufenden Prozessen, denn Leben ist eine vor allem zeitliche Organisation, insbesondere auf seinen mikroskopischen Ebenen. Die zeitliche Ordnung des Lebens besteht in der unablässigen Erneuerung eines dynamischen Gleichgewichts, das ohne die Wiederholungen sofort zerfallen würde. Innerhalb der Zelle übertragen bestimmte Prozesse Information und Energie an andere Prozesse, und dort, innerhalb der Zelle, haben einst die ersten »molekularen Artikulationen« begonnen, und im Protoplasma haben sich Zentren gebildet, die derart rückgekoppelt sind, daß sie zugleich als Sende- und Empfangsstationen von Nachrichten und Materialien dienen, die das Überleben ermöglichen. Doch auch ein solches Gleichgewicht ist in diesem Milieu nicht anders zu stabilisieren als durch Oszillationen: eine schwingungsfreie Homöostase gibt es nicht. Für den Konstrukteur von Maschinen, auch von solchen, die Rückkoppelung besitzen, ist die Oszillation lediglich ein Feind; das Leben, durch seine Dynamik besser in die Umwelt »eingepaßt«, hat die Oszillation zu seinem Gerüst gemacht. Deshalb stellen die Elemente von Zellen, anschließend aber auch die Zellen insgesamt synchronisierte Oszillatoren-Stimmgabeln dar, von denen die einen den anderen den »Ton« angeben und ihrerseits von jenen innerhalb des Bereichs jenes prozessualen

»Tons« gehalten werden. Die Rhythmen dieser biochemischen Schwingungen, die durch das Tempo von Anabolie und Katabolie, also den Stoffwechsel, gegeben sind, überlagern sich und führen zu mittleren »Schwebungen«, während bei größeren Organismen unterschiedliche Rhythmen aus ihnen resultieren, z. B. die zirkadialen oder tageszeitlichen Rhythmen des Schlaf- und Wachzustandes. Manche dieser Rhythmen sind so langsam, daß ihre Phasen sich sogar über ganze Jahre erstrecken, so etwa die Übergänge aus dem manischen Zustand in die Depression (und umgekehrt) bei den Zyklotomikern.

Das Leben ist die Strategie eines Spiels, bei dem der Gegner Zufallstaktiken anwendet, die innerhalb gewisser Grenzen durch ganzheitliche Züge, beispielsweise durch Strukturumstellungen, pariert werden. Die Ströme des Informations- und Energieflusses entstehen, intra- wie interzellular, aus der Durchschnittsbildung von vielen vereinzelten mikroskopischen Prozessen. Deshalb finden wir auf dem Grunde des Lebens die Statistik.

In der Praxis der Biogenese beziehungsweise der Bioevolution stellte sich jedoch heraus, daß diese Art der Aufrechterhaltung der Homöostase durch Schwingungen und Wiederholungen nicht ausreichend ist. Im Laufe der Zeit schleichen sich in die Informations- und Energiekreisläufe Störungen ein, die dermaßen zu einem Bestandteil dieses Kreislaufs werden, daß sie nicht mehr loszuwerden sind. Es setzt eine Desynchronisation, ein Zerfall der Korrelationen, eine Defokussierung ein, und die durch Rückkoppelungen hergestellte Zustandskorrektur läßt in ihrer Wirksamkeit nach. Auch dieser verhängnisvollen Bedrohung ist die Evolution mit einer Erfindung entgegengetreten, die im Grunde sehr einfach, aber in einem gewissen Sinne auch genial ist. Denn obwohl die Ordnung der Organismen »kaputtgeht«, treten nicht bei allen genau die gleichen Defekte auf, so daß Fehler sich dadurch korrigieren lassen, daß zumindest einige Zellen zusammengefaßt werden; zwar ist dieser Prozeß nicht ganz so einfach verlaufen, wie wir ihn hier darstellen, doch ist das sein informationales Prinzip.

Außerdem ist es, wenn man eine kaputte »Peripherie« hat, nicht schlecht, wenn man sie gewissermaßen entstrukturieren, »durchrühren« und aus diesem Teig mit Hilfe der Pläne, die man besitzt, neu wieder aufbauen kann. Diese beiden Prozesse sind von der Evolution hervorgebracht worden und gingen der eigentlichen sexuellen Fortpflanzung voraus. Diese besteht zunächst darin, daß der Organismus auf einen »Minimalplan« »reduziert« wird, woraufhin dann die derart reduzierten »Pläne« paarweise miteinander gekoppelt werden. Dieses Verfahren dient sowohl der Korrektur als auch der Ausbreitung von Exemplaren der Organismen, und außerdem ermöglicht es noch die Einführung gewisser »Innovationen«, die bei wenigen oder gar nur vereinzelten Mustern entstanden sind, in die »Massenproduktion«.

Diese Erfindung war, wie gesagt, im Grunde einfach, weil sie im Ansatz bereits von Anfang an in der Zelle enthalten war, denn deren oberste Strategie besteht ja in der ewigen Wiederholung ein und desselben Motivs. Doch erst nachdem dieses Wiederholungsprinzip aus dem Soma der einzelnen Organismen »herausgeholt« worden war, so daß deren Pläne sich gegenseitig korrigieren und dadurch auch weiterentwickeln konnten, begann der Aufstieg zu immer komplexeren Organisationsformen.

Die Fortpflanzung erweiterte die Strategien des Lebens um eine neue Direktive, nach der sogar der völlige Untergang von Organismen akzeptiert wird, sofern der Lebensprozeß in den folgenden Generationen weitergeht. Dies ist eine offenkundig statistische Direktive. Während die Zellen also ihr Duell mit der Entropie dauernd verlieren, beginnt der Prozeß nach jeder Niederlage von neuem, und dabei ist die Teilung der Amöben oder der Urtiere noch immer nur eine »Wiederholung« dessen, was schon am Anfang gegeben war, wohingegen die Fortpflanzung der Vielzeller bereits einen echt sprachlichen Charakter hat, weil der Organismus als eine gewisse Ganzheit chromosomale »Sätze« »artikuliert«, die an die Umwelt als »Rezipienten« adressiert sind, so daß es also zu einer »Externalisierung der Äußerung« und gleichzeitig zu ihrer extremen informationalen Verdichtung kommt, bei der das Informationsfassungsvermögen des Trägers maximal ausgenutzt wird.

Es entsteht somit eine neue Spielart der Oszillationen des Lebens, denn abwechselnd reduzieren sich die Organismen auf »Artikulationen« und wachsen wieder aus ihnen hervor; diese »Schwingung«, deren Amplitude sich zwischen dem makroskopischen Niveau der Organismen und dem mikroskopischen Niveau ihrer Samenzellen und Eier erstreckt, ist das letzte Wort im Bereich der Informationstechniken des Lebens. Etwas Vollkommeneres hat die Evolution nämlich nicht hervorgebracht.

Es verdient angemerkt zu werden, daß alle Übergänge auf diesem Wege der Leistungssteigerungen schrittweise erfolgten; anfangs ist gewissermaßen der ganze Organismus die »Artikulation«, denn er teilt sich auf in Tochterorganismen, und erst im Laufe der Zeit wird er als »Äußerung« »miniaturisiert«, bis diese sich tatsächlich einer sprachlichen Äußerung angleicht.

Dieser diachronische Überblick bestärkt uns darin, daß die Chance der signalisierenden Sprache der Tiere und der ethnischen Sprachen der Menschen bereits in der dynamischen Charakteristik der allerprimitivsten Lebensvorgänge enthalten ist. Auch das Leben eines Bakteriums besteht ja schon in der Kooperation der Moleküle und Prozesse, aus denen sein Körper sich zusammensetzt, und auch auf der Ebene menschlicher Kollektive war es die Kooperation mit ihren Notwendigkeiten, welche eine spezialisierte und veräußerlichte Sprache entstehen ließ.

Zwischen Pflanzen gibt es keinen Informationsaustausch – soweit wir wissen, muß man vorsichtigerweise hinzufügen. Tiere verständigen sich zunächst durch Beobachtung, denn schon die persönliche Erfahrung lehrt, daß die Bewegungen anderer Individuen innerhalb der näheren Umgebung ihre »Bedeutung« haben. Tiere führen also verschiedene Bewegungen aus, um sich fortzubewegen, und sie geben Laute von sich, die gelegentlich Signalwert annehmen. Solche Bewegungen und Laute sind das Ausgangsmaterial der Linguogenese. Die einen wie die anderen sind zunächst zufällig.

Wenn man von der Zufälligkeit von Vorgängen spricht, müßte man eigentlich jeweils erläutern, im Hinblick auf was sie zufällig sind. Ein Diebstahl in einem Selbstbedienungsladen ist zufällig in Hinblick auf das Personal, aber er ist nicht zufällig in Hinblick auf den Komplizen des Diebs, der auf der Straße auf diesen wartet. Der Sturz eines Meteors auf die Erde ist zufällig in Hinblick auf den irdischen Beobachter, allerdings nur einen solchen, der nichts davon weiß, daß der Meteor ein Komet war, der in der Nähe des Jupiter vorüberzog und durch dessen Gravitationsfeld von seiner Bahn abgelenkt wurde. Als zufällig betrachten wir ja Koinzidenzen, die daraus entstehen, daß zwei Kausalketten sich kreuzen, die bis zu diesem Zeitpunkt unabhängig voneinander waren. Die Mengen der Bewegungen und Laute, die zur Linguogenese beitrugen, waren zufällig insofern, als sie nicht *wegen* dieser Informationsfunktion entstanden waren. Zwar besaßen sie als Verhaltensweisen des Organismus ihre durchaus nicht zufälligen Zweckbestimmungen, aber nichts, was an die Verständigungsfunktion, die noch entstehen sollte, »adressiert« gewesen wäre. Sie waren auch insofern zufällig, als es für diese Funktion unerheblich war, welche der Bewegungen und Laute konkret semantisch beladen wurden. Es war deshalb Zufall, daß gerade der vokalisch-akustische Kanal innerhalb der Evolution eine solche informationale Bedeutung gewann.

Den Mengen der (ihr gegenüber) zufälligen Laute und Bewegungen erlegte dann die Informationsfunktion Beschränkungen auf, die davon bestimmt waren, welche Teile der gesamten Menge von Verhaltensweisen sich unter bestimmten situativen Umständen manifestierten.

Was anfangs z. B. nur ein Symptom der mit einer Gefahrensituation verbundenen animalischen Angst war, konnte sich mit der Zeit von dieser Situation lösen, um sie zu »symbolisieren«. In diachronischer Sicht entsteht die Sprache also dadurch, daß die Information gegenüber den Situationen souverän wird. Die natürliche Sprache entstand durch Einschränkungen, die das Spektrum der »möglichen« Laute in einer nicht zufälligen Weise »einengten«, wobei die Einschränkungskriterien vielfach zu sicherlich rein zufälligen Zuordnungen führten (daß ein und dasselbe Objekt einmal »stół«, einmal »der Tisch« und einmal »la table« heißt, muß an etwas Zufälligem innerhalb der Diachronie gelegen haben). Die Diachronie besteht demnach in der mit Situationen arbeitenden und zufällige Koinzidenzen nutzenden Restriktion, während die Synchronie den Zufall, der die Situation mit ihrer sprachlichen Begleiterscheinung verknüpfte, ignoriert; dasselbe wird mit anderen Worten ausgedrückt, wenn man sagt, daß die Linguogenese ein ergodischer Prozeß sei, dessen jeweilige zeitliche Querschnitte sich nicht selbst erklären. An der heutigen Sprache ist ja nichts zu entdecken, was uns erklären würde, warum ein bestimmtes Objekt ausgerechnet »Tisch« heißt. Würde man jedoch die gesamte Entwicklung der Sprache beobachten, so würde man sicherlich erkennen, wie irgendwann einmal bestimmte Lautgruppen zufällig mit bestimmten Situationen abgestimmt wurden, in deren Mittelpunkt das stand, was wir heute als »Tisch« bezeichnen. (Das ist natürlich eine vereinfachende Darstellung, denn solche Singularitäten hat es mit Sicherheit nicht gegeben; Häufungen statistischer Vorgänge haben dazu geführt, daß die Sprache sich systematisch herauskristallisierte, doch können wir hier auf deren »Feld«aspekt nicht eingehen.)

Sosehr die späteren Verzweigungen der Sprache wie beispielsweise die mathematische auch spezialisiert sein mögen, dürfen wir nicht vergessen, daß auch sie durch eine weitere Einengung des »Spektrums« entstanden sind, das nunmehr ein ausschließlich sprachliches war und nicht mehr das lautlich-situative von früher, und daß diese »Einengung« darauf zielte, die semantische Unbestimmtheit auf Null zu reduzieren. Der Mathematik ist das fast vollständig gelungen, denn bei ihr ist das Intervall der Amplitude der Ungewißheit, d. h. die Breite des interpretatorischen Spektrums »möglicher Sinngehalte«, bei Absender und Empfänger verschwunden.

Wir betreiben hier weder evolutionäre Linguistik noch gar Biologie, sondern befassen uns mit ihnen nur, soweit sie zum Thema beitragen. Die obigen Erwägungen haben uns in den Stand versetzt, uns mit dem »Status« der Information innerhalb der realen Welt zu befassen, denn von ihm leitet sich der »Status« des literarischen Werkes ab. Wir möchten insbesondere wissen, ob man informationale Objekte in der Weise untersuchen kann, daß man nicht die in diesen Objekten enthaltene, *an einen potentiellen Rezipienten adressierte* Information aufnimmt und dennoch irgend etwas von dieser Information erfährt. Das ist nicht gleichbedeutend mit der Frage, wie Bäume aussehen, wenn niemand sie betrachtet. Man kann ja beliebige Objekte als Isolate mit empirischen Methoden untersuchen, ohne sich dabei jener Decodierungsverfahren zu bedienen, die nach den Richtlinien der entsprechenden Informationsverarbeitungsverfahren diesen Objekten »angemessen« sind. Was wir wissen möchten, ist deshalb wichtig für uns, weil es das Verhältnis zwischen Genotypen und Phänotypen in seinen verschiedenen Spielarten berührt, die zwischen informationalen Objekten und deren Rezeptionsergebnissen auftreten.

Gewiß haben wir versprochen, über Werke nicht unabhängig von ihrer Rezeption zu sprechen. Wir sollten aber wenigstens einmal ausprobieren, ob es stets zu Antinomien, Hypostasierungen oder Transzendierungen führt, wenn man von den »unmittelbaren Genotypen« beliebiger informationaler Objekte spricht.

Es scheint, als sei das, was an einem Objekt die an einen Empfänger oder Rezipienten adressierte Information ausmacht, in bestimmten Situationen nicht mit physikalischen Untersuchungsmethoden feststellbar. Ein Mensch, der eine große Menge Zucker auf einmal zu sich nimmt, scheidet einen Teil dieses Zuckers mit dem Harn aus. Dies ist eine physiologische Erscheinung, der man entnehmen kann, daß die Leber den im Blut enthaltenen Zucker nicht vollständig zu Glykogen zu verarbeiten vermag. Durch eine entsprechende Vereinbarung kann dieser natürliche Vorgang jedoch zu einem Träger von Information werden. Trifft dieser Mensch mit einem anderen die entsprechende Vereinbarung, so stellt dieser, der den Harn auf Zucker untersucht, nicht nur dessen Vorhandensein fest, sondern erfährt außerdem noch etwas anderes, das in der Vereinbarung dem Auftreten des Zuckers im Harn als konventionelles Signal zugeordnet wurde. Es ist natürlich nicht möglich, hinter diesen Sachverhalt zu kommen, wenn man nicht die Vereinbarung und die darin getroffene Zuordnung des Vorhandenseins des Signalobjekts zu etwas anderem kennt.

Eigentlich ist aber die Vereinbarung nichts anderes als ein bestimmter, früherer Zustand einer Reihe von Ereignissen. Wenn wir uns darauf beschränken, die Synchronie dieser Ereignisse zu untersuchen, liegt das, was ihnen ihre informationale Eigentümlichkeit verlieh, außerhalb unseres Untersuchungsbereiches. Diese Eigentümlichkeit können wir erst durch eine diachronische Untersuchung erkennen. Nun ist aber die Methode der Physik gerade eine synchronische; die Möglichkeit, daß die von ihr festgestellten Gesetze sich im Laufe der Zeit ändern, wird von der Physik nicht zugelassen; sie sieht in ihnen konstante Parameter der Welt. Ebensowenig gibt es eine Physik einmaliger Vorgänge, denn ihre Theorien werden dadurch verifiziert, daß ein und dieselben Vorgänge sich unter gleichen Bedingungen regelmäßig wiederholen. Genau das ist der Punkt, warum Objekte, die als informationale kategorial miteinander identisch sind, als physikalische Objekte nicht kategorial miteinander identisch sein müssen. Wie könnte ein Physiker durch die Untersuchung eines Tonbands herausfinden, daß darauf eine menschliche Stimme registriert wurde? Er stellt bei der Untersuchung des Bandes verschiedenerlei Organisierungen fest, darunter auch jene, die durch die Aufzeichnung hervorgerufen wurden, denn dabei sind ja die ferromagnetischen Kristalle der Emulsion polarisiert worden. Nichts an dem Band deutet jedoch darauf hin, daß der Tonabnehmerkopf des Bandgeräts sein Adressat ist. Die Kenntnis von dieser Adressierung des Bandes gehört nicht zur theoretischen Physik. Nicht immer »deutet« das Verhalten physikalischer Objekte auf das hin, was die Ursache dieses Verhaltens ist. Die Erde »deutet« nicht auf die Sonne als die Urheberin ihrer Umläufe hin. Gleichwohl lassen sich durch Experiment, Beobachtung und Verallgemeinerung die Ursachen beziehungsweise die physikalischen Zusammenhänge herausfinden. Das Tonband deutet durch nichts darauf hin, daß es mit einer von seiner »eigenen« abweichenden Sphäre von Erscheinungen zusammenhängt, nämlich der akustischen. Gleichwohl könnte der Physiker dies mit seiner Methode herausfinden. Denn an dem Band läßt sich ja unter den vielen verschiedenen Organisierungen auch eine solche feststellen, die – in den ferromagnetischen Kristallen – den Lauten der menschlichen Sprache (und ihrer entsprechend fixierten Aufzeichnung) isomorph ist.

Wie gelangt der Physiker zu solchen Feststellungen? Er bedient sich nicht, wie gesagt, einer diachronischen Methode, sondern er läßt, wenn man so will, lediglich die Öffnung der synchronischen Beobachtung immer weiter werden. Wenn sich in seinem »Blickfeld« außer den elektromagnetischen Erscheinungen unter anderem auch akustische befinden, sind damit auch Anhaltspunkte gegeben, die – auf dem Wege der Zuordnung durch Ähnlichkeit – die besagte Entdeckung ermöglichen. Wie schwierig derartige Zuordnungen sind, hängt von den jeweiligen Merkmalen des konkreten informationalen Objekts und der Kommunikationsverfahren, deren Element es ist, ab. Der »Übergang« von dem »magnetischen Genotyp« des Tonbands zu der Sphäre der ihm eigentümlichen, d. h. akustischen »Phänotypen« erfolgte innerhalb der Physik und war nicht allzu schwierig, denn der Elektromagnetismus ist seit jeher mit den Erscheinungen der Akustik vertraut. Ungleich schwieriger und deshalb bis heute nicht realisierbar wäre der entsprechende Übergang vom Genotyp der Zelle – als physikalisches Objekt – zu den Organismen, die dessen phänotypische Konkretisationen sind. Das liegt jedoch nur daran, daß man, um Anfang und Ende der embryogenetischen Phänomene zu erfassen, die »synchronische Öffnung« von Beobachtung und Theorie so erheblich erweitern müßte, wie wir es bislang noch nicht können. Prinzipielle Hindernisse gibt es dafür jedoch nicht. Die Embryogenese ist ja ein wiederholbarer Prozeß, an dem keinerlei informationale Elemente beteiligt sind, die aus ihrer Synchronie »herausragen«. Auch die Frage, welche physikalischen Mechanismen bewirken, daß aus den Genen phänotypische Merkmale hervorgehen, läßt sich unabhängig von der Diachronie der Entstehung lebender Organismen, also unabhängig von der Evolution lösen. Wenn die »Öffnung der Synchronie« nur entsprechend groß ist, werden sowohl die Genotypen der Keimzellen als auch die Phänotypen der ausgewachsenen Organismen in ihrem Blickfeld Platz finden. Noch einmal: Diese Aufgabe ist so schwierig, daß sie heute unrealisierbar ist; sollte sie sich aber auch in ferner Zukunft als unrealisierbar erweisen, dann liegt das eher an der ungeheuren Zahl der zu bewältigenden technischen Probleme als an der Unzulänglichkeit des synchronischen Ansatzes der Physik.

Doch wie wäre eigentlich die »Öffnung der physikalischen Synchronie« so zu erweitern, daß sie die Genotypen literarischer Werke und deren Konkretisationen im Geist der Leser erfaßt? War schon die vorige Aufgabe ungemein schwierig, so erscheint uns diese als geradezu hoffnungslos. Sie würde nämlich eine Physikalisierung des geistigen Lebens erfordern; dem geistigen Leben müßten materielle Korrelate zugeordnet werden, und psychische Prozesse wären als Sonderfälle einer allgemeinen Theorie komplexer Systeme, der Selbstorganisation, der Homöostase usw., aufzufassen. Die Theorie müßte gänzlich auf die gesamte mentale, psychologische Nomenklatur verzichten, und entsprechend wäre die Tatsache, daß Menschen traurig oder fröhlich sind, daß sie an etwas denken, wovor sie sich fürchten oder was sie ersehnen, vollständig in eine Physik bestimmter Objekte und ihrer relationalen, ausschließlich physikalisch verstandenen Zusammenhänge zu übersetzen. Nur wenn das Untersuchungsgebiet derart homogenisiert wurde, kann man den Übergang von den Werken zu den Deutungen vollziehen, ohne das Gebiet der Physik zu verlassen. Sonst würde es rasch zu einer Situation kommen, in der man Traurigkeiten mit Zentimetern zu multiplizieren und Bedeutungen durch Sekunden zu teilen hätte.

Diachronische, nichtphysikalische Konzeptionen entstehen also gerade deshalb, weil wir uns nicht den Luxus erlauben können, wer weiß wie lange auf das Eintreten jenes vollkommenen Zustands zu warten, in dem die Öffnung der Synchronie mittlerweile »alles« erfaßt. Man darf annehmen, daß dieser Zustand einer vollständigen Physikalisierung jeglicher Erkenntnis, von dem logische Empiristen wie Neurath träumten, niemals eintreten wird.

In der natürlichen Sprache, aber auch in der Sprache der einzelnen Wissenschaften koexistieren »kollaborierend« zwei Arten von Begriffen: jene, die sich auf die synchronische Ordnung der Phänomene beziehen, und jene, die deren Diachronie betreffen. So ist etwa der Begriff des »Gedächtnisses« ein typisch synchronischer, denn er bezeichnet unsere *Unkenntnis* von den diachronischen Zuständen eines Phänomens. Wer nämlich weiß, wie die *jeweils* im Gehirn aktivierten Spuren früherer Erlebnisse das Verhalten eines Organismus beeinflussen, braucht sich nicht auf den Begriff des »Gedächtnisses« zu berufen. »Gedächtnis« ist der Name für die Menge jener Zustände des Gehirns, deren Diachronie wir nicht kennen und deren Existenz wir durch die synchronische Beobachtung des Verhaltens lediglich indirekt erschließen können. Es ist daher denkbar, daß unsere ganze Physik mit ihrer Synchronie lediglich einen Bruchteil des prinzipiell diachronischen möglichen Wissens ausmacht, daß die Physik mit einem bildlichen Vergleich so etwas ist wie ein bestimmter *Abschnitt* des menschlichen Lebens, der seine eigenen Regeln und Gesetze hat, die jedoch nicht konstant sind, sondern von der Zeit abhängen und sich im Laufe der Zeit ändern; es ist denkbar, daß der Untersuchungsgegenstand der Physik sogar in den Invarianten im Laufe der Zeit Veränderungen unterliegt und daß dieser Sachverhalt von einer diachronischen Betrachtungsweise festgestellt werden könnte, die unsere Physik in einen der synchronischen Querschnitte durch die gesamte kosmische Diachronie einordnen würde.

Wie man sieht, vermag uns die Physik gelegentlich jene Organisation informationaler Objekte zu enthüllen, die deren Bestimmung dient, die also auf bestimmte Empfänger »ausgerichtet« ist, aber immer kann sie das nicht; gerade literarische Werke liegen als Genotypen in ihrer physikalischen »Immanenz« jenseits der Grenze, zu der die immer mehr sich erweiternde »synchronische Öffnung« des Physikers irgendwann einmal vorstoßen mag. Von den beiden hochgradig komplexen Systemen der Biologie und der Kultur muß man dem ersteren die größeren Chancen zuschreiben, von der Physik und ihren Methoden »aufgesaugt«, »vereinnahmt« zu werden. Mögen also auch literarische Werke ganz offensichtlich als physikalische Objekte existieren, so gilt doch für die Organisationsformen, welche die Physik auf ihrem eigenen Gebiet an ihnen feststellen mag, daß sie mit den Konkretisationen als Phänotypen nicht vergleichbar sind und nicht vergleichbar sein werden.

Das stochastische Modell des Werkes[10]

Es ist eine Sache, die gesamte Relation »Sprache-Werk-Konkretion« zu »physikalisieren« – und eine andere, ein physikalisch vereinfachtes Modell dieser Beziehung zu konstruieren. Ein solches Modell muß sowohl die konstanten Parameter des Sendens und Empfangens von Informationen als auch die damit zusammenhängenden Variablen, nämlich die variable Rezeptionsstrategie und die variable »Eigenorganisation« der Nachricht, darstellen. Es hätte ferner neben der kommunikativen Synchronie auch die diachronische Entstehung der Semantik zu berücksichtigen, bei der zunächst zufällige und bedeutungslose Vorgänge durch eine Restriktion, welche sie bestimmten »außersprachlichen Zuständen« zuordnet, mit Bedeutungen aufgeladen werden.

Das einfachste derartige Modell ist eine Handvoll Spielwürfel. Wenn man diese aus einem Becher auf den Tisch wirft, erhält man vollkommen zufällige Verteilungen, und daher kann man mit solchen, keinerlei Restriktionen unterworfenen Würfeln keine Informationen übermitteln. Wenn man die Zufälligkeit ihres Verhaltens einschränken will, kann man Würfel nehmen, die aus Eisen bestehen, und sie in einem Magnetfeld werfen, das sich zwischen dem Becher und dem Tisch erstreckt. Wenn wir die Wicklung eines großen Elektromagneten, zwischen dessen Polen die Würfe erfolgen, in Reihenschaltung mit dem Wandschalter der Lampe verbinden, wird der Strom, der das Solenoid durchfließt, die magnetischen Pole nur dann anregen, wenn die Lampe eingeschaltet ist. Wir gehen nun so vor, daß wir bei eingeschaltetem Licht die Würfel aus dem Becher werfen; bei vielfacher Wiederholung der Würfe sind die Ergebnisse nicht mehr ganz zufällig; das sind sie nur bei den ersten Würfen. Danach erfährt das Eisen in den Würfeln jedoch eine Magnetisierung, von der auch nach dem Ausschalten des Feldes eine ständige Spur zurückbleibt. Wie die Würfel anfangs räumlich orientiert waren, während sie durch das Magnetfeld auf den Tisch flogen, das ist reiner Zufall. Diese Zufälligkeit erfährt jedoch eine Selektion, denn die Würfel, die nach vielen Würfen zu kleinen Magneten geworden sind (weil sich der Magnetismus spurenweise erhalten hat), orientieren sich, wenn sie bei den folgenden Würfen auf den Tisch fliegen, so, daß ihre Pole parallel zu den Kraftlinien des Feldes ausgerichtet sind. Die Oberseiten der Würfel, die anfangs außer der durch die Anzahl der Augen gegebenen Zahl »nichts bedeuteten«, »bedeuten« jetzt etwas, denn sie wurden jenem Zustand der Umwelt zugeordnet, bei dem es hell ist (weil die Glühbirne brennt). Dieses Modell bildet die Situation der Entstehung eines bedingten Reflexes in Reaktion auf einen Reiz ab; anfangs richten sich die Würfel nur dann »richtig«, »bedeutungsvoll« aus, wenn das Licht brennt. Nachdem sich die magnetischen Pole in den Würfeln schon herausgebildet haben, kann man jedoch die Leitungen des Elektromagneten vom Lichtschalter trennen; wenn wir jetzt Strom durch seine Wicklung schicken, wird das Feld zwischen dem Becher und dem Tisch die fallenden Würfel weiterhin »richtig« ausrichten. Der bedingte Reflex hält nämlich auch dann noch an, wenn der bedingende Reiz nicht mehr wirkt.

An unserem Modell lassen sich jedoch gleichzeitig die Vorgänge des Informationsempfangs untersuchen. Darüber, was die Seiten der Würfel »bedeuten«, muß der Empfänger informiert werden. Denn aus dem bloßen Verhalten der Würfel ergibt sich ja ebensowenig ihre »Semantik«, wie sich aus dem Klang oder aus dem Aussehen schriftlich niedergelegter Wörter ihre Bedeutung ergibt.

Die Informationsübertragung besteht im Codieren, Absenden und Decodieren der Information. Die Codierungsvorrichtung ist das Magnetfeld des Senders; der »Übertragungskanal« besteht in der Übergabe des Bechers mit den Würfeln durch den Absender an den Empfänger; die Decodierung besteht darin, daß der Empfänger die Würfel in seinem Magnetfeld wirft.

Wenn wir annehmen, daß der Empfänger die richtige Decodierungsstrategie anwendet, daß also das Magnetfeld, welches er zwischen dem Becher und dem Tisch hergestellt hat, die fliegenden Würfel richtig ausrichtet, dann bemerken wir, daß die Anwendung dieser Strategie eine zwar notwendige, aber nicht hinreichende Bedingung der Decodierung ist. Die Ausrichtung der Würfel erfolgt nämlich, während sie fallen, aber das Fallen wird nicht von dem Magnetfeld, sondern von der Schwerkraft bewirkt. Eine zusätzliche, aber unerläßliche Bedingung des Empfangs ist also die Gravitation, die als Gradient die Würfel in Bewegung und in einen solchen Zustand der »Ausrichtbarkeit« im freien Fall versetzt, daß sie sich entsprechend den Kraftlinien des Feldes orientieren können. Zugleich ist die Gravitation jedoch ein Faktor, der den Empfang stört, denn als schwere und träge Massen erhalten die Würfel bei den Würfen einen Drehimpuls, der gegenüber den Feldlinien, welche die Würfel auszurichten versuchen, ein »Rauschen« darstellt. Der Empfänger kann daher niemals sicher sein, ob er bei einem gegebenen Wurf das Ergebnis erhalten hat, das allein durch den Sender determiniert ist, oder ob dieses Ergebnis auch dem Einfluß eines zufälligen Störfaktors unterlag.

Das Modell macht also klar, daß der den Empfang störende Gradient nicht nur als notwendiges Übel unabwendbar ist, sondern eine *conditio sine qua non* des Empfangs darstellt, denn um die Information »hervorzurufen«, muß man die Würfel werfen, und daher ist die Kraft, die deren freien Fall bewirkt, unentbehrlich. Das Modell ist gleichzeitig ein physikalisches Objekt. Als physikalisches Objekt macht es in der Untersuchung deutlich, was die bestimmte, nichtzufällige Ausrichtung der Würfel bewirkt. Der Physiker könnte mühelos feststellen, daß das Magnetfeld die Würfel polar orientiert. Sobald wir jedoch mit der Trennung der elektrischen Leitungen von dem Lichtschalter die Diachronie von der Synchronie »trennen«, kann der Physiker keinen Zusammenhang mehr zwischen der Orientierung der Würfel und ihrer »Bedeutung« feststellen. Der Zusammenhang, der den »Zustand der Würfel« dem »Zustand der Helligkeit der Umwelt« »semantisch« zuordnete, wird dann nämlich zur nicht mehr feststellbaren Vergangenheit des Systems; aus einem synchronischen, physikalischen wird dann ein diachronischer Zusammenhang, und die Physik erweist sich als ohnmächtig gegenüber dem »semantischen Problem« der Bedeutung der »Würfelartikulationen«. Diese Artikulationen behalten zwar ihre physikalische Struktur, und der Physiker, der sie untersucht, ist gewissermaßen ein »strukturalistischer Linguist«; außer der Tatsache, daß das untersuchte physikalische Objekt sich auf eine bestimmte, regelmäßige Weise verhält, kann der Physiker jedoch nichts erfahren; die Information *im Sinne von Bedeutung* bleibt für ihn unentdeckbar.

Wenn Vorgänge, bei denen ein Zusammenhang physischer Natur einen Teil der Zustände einer zufälligen Menge mit einem bestimmten Zustand der Umwelt verknüpft hat, unwiederbringliche Vergangenheit geworden sind, bleibt die Restriktion des Verhaltens der Menge in Kraft und kann sich weiterhin aktualisieren, doch als bedeutungsvolle Äußerungen vermag diese Aktualisierungen nur derjenige zu »verstehen«, der von ihrer Zuordnung zu den Zuständen der Umwelt erfährt; »historisch«, d. h. diachronisch, *war* diese Zuordnung in unserem Modell rein physischer Natur, ist es aber jetzt nicht mehr – und sie stellt sich demjenigen, der die Sprache »versteht«, als eine »bloße Konvention«, als eine »auf Absprache beruhende Übereinkunft« dar. Wer sich der Sprache bedient, braucht ja die Peripetien und Abenteuer der Diachronie, durch welche die Sprache semantisch aufgeladen wurde, durchaus nicht zu kennen.

Wenn wir in unserem Modell in den Stromkreis zwischen dem Elektromagneten und dem Lichtschalter einen regelbaren Widerstand einfügen, wird aufgrund des veränderlichen Spannungsabfalls, den er hervorruft, das Magnetfeld stärker sein, wenn die Glühbirne hell brennt, und schwächer, wenn sie lediglich glimmt. Die

Würfel werden dann bei den Würfen einmal genauer, das andere Mal weniger genau ausgerichtet sein, denn einmal ist die Kraft, die sie ausrichtet, stärker, das andere Mal dagegen schwächer, so daß dann in stärkerem Maße der Zufallsfaktor über die Ergebnisse mitentscheidet. Benutzen wir dann zu den Würfen abwechselnd (bei Dämmerlicht beziehungsweise bei Helligkeit) zwei Mengen von Würfeln, so werden sie unterschiedlich – einmal schwächer, das andere Mal stärker – magnetisiert. Wird dann die Synchronie zur diachronischen Vergangenheit, dann werden die schwächer magnetisierten Würfel zwar dieselbe »Bedeutung« haben wie die stärker magnetisierten, doch werden die ersteren semantisch »verschmiert«, hinsichtlich ihrer Bedeutung »unscharf« sein, die letzteren dagegen »Ausdrücke mit geschärfter Bedeutung«. Die ersteren werden sich beim Empfang wie eine halbwegs zufällig zustande gekommene Nachricht verhalten, und an diesem Zustand der »Undeutlichkeit« ändert sich durch eine Wiederholung des Empfangs zunächst nichts. Der Empfänger hat dann zwei Möglichkeiten: Entweder gibt er sich mit diesem Zustand zufrieden und räumt ein, daß »ihm etwas unklar mitgeteilt wurde« – oder er kann sich um einen deutlicheren Empfang bemühen, indem er die Stärke seines Magnetfeldes steigert.

Nach einer gewissen Zahl von Wiederholungen gelingt es ihm tatsächlich, den Empfang zu »verdeutlichen« – allerdings dadurch, daß jetzt das Feld des Empfängers die Würfel, die »in ihrer Immanenz« nicht stark magnetisiert waren, übermäßig magnetisiert. Dadurch greift die Empfangsstrategie in die »eigene Organisation« der Nachricht ein und verändert sie, was der Empfänger freilich nicht wahrnehmen kann, und so wird er nicht erkennen, wann genau er begonnen hat, für eine deutlich empfangene Nachricht zu halten, was er – unwissentlich – selbst erzeugt, also gewissermaßen durch die von ihm angewandte Empfangsstrategie »hinzugefügt« hat. Der Empfänger »vervollständigt« dann, was in den Würfeln, also in den Artikulationen zunächst unbestimmt war. Diese Unbestimmtheit ist jedoch keine »Schematisiertheit«, denn an den schwach magnetisierten Würfeln ist nichts »Schematisches«. Schwache Magneten sind nicht »schematischer« als starke Magneten. Diese Unbestimmtheit bedeutet ganz einfach, daß der Zufallsfaktor an den Ergebnissen der Würfe einen größeren Anteil hat.

Das Drolligste ist jedoch, daß der Empfänger selbst solchen Würfeln, die überhaupt »keinerlei Bedeutung« tragen, weil sie vom Sender überhaupt nicht magnetisiert wurden, »Bedeutung verleihen« kann. Denn während er bei wiederholten Würfen zunächst rein zufällige Verteilungen erhält, wird er später, wenn sein Feld die Würfel während des Falls magnetisiert, Ergebnisverteilungen erhalten, die nicht mehr zufällig sind. Die Empfangsstrategie macht also aus einem anfangs zufälligen System ein nichtzufälliges und dadurch für den Empfänger »bedeutungsvolles« System.

Auf diese Weise demonstriert das Modell, wie »semantisch unscharfe« Texte rezipiert werden, denen durch die Rezeptionsstrategie »Ergänzungen« hinzugefügt werden können, als auch solche, die überhaupt keine Texte, d. h. Artikulationen sind, weil sie aus einer rein zufälligen Selektion bestehen, denen aber der Rezipient eine durch die angewandte Rezeptionsstrategie determinierte Bedeutung »aufdrängen« kann.

Wenn wir dagegen die stark magnetisierten Würfel betrachten, so können unterschiedliche Rezeptionsstrategien (d. h. unterschiedliche Stärken des Magnetfeldes) nicht in die Verteilung ihrer Würfe eingreifen – innerhalb gewisser Grenzen: Wenn die Stärke des Empfängerfeldes übermäßig abgeschwächt wurde, erhält der Empfänger dennoch »falsche« Ergebnisse – so wie derjenige, der eine sogar hinreichend »determinierte« Romankonstruktion nicht versteht, weil er beispielsweise die Sprache nur mangelhaft versteht oder das Empfangene nicht zu einem sinnvollen Ganzen zu integrieren vermag. Wenn sich auch in diesem Fall eine »semantische Unschärfe« ergibt, so liegt das an der desintegrierenden Unzulänglichkeit der Strategie und nicht an der »Unbestimmtheit der Nachricht«.

Es taucht die interessante Frage auf, ob das, was die Würfel an sich »ausdrücken«, genauso organisiert ist wie das, was ein »optimaler Empfang« ergibt, ob also beide Organisationen isomorph sind oder ob die Ähnlichkeit zwischen beiden nicht ganz so vollständig ist.

Die Organisation der Würfel vor dem Wurf, wenn sie im Becher liegen, ist nicht mit der empfangenen isomorph. Als kleine Magneten sich selbst überlassen, ordnen sich nämlich die Würfel aufgrund der gegenseitigen Anziehung so, daß ihre Nord- und Südpole »sich anschauen«, während sie sich nach dem Wurf parallel zueinander an den Polarachsen ausrichten, weil das Empfänger-Magnetfeld sie durch seine Kraftlinien dazu »zwingt«. Die Würfel erhalten dann (durch die allgemeine Parallelität der Würfel-Magneten) also eine andere Art von Ordnung als jene, durch die sie sich als »Genotyp« des Wurfs – im Becher – auszeichnen. Die Organisation des »Genotyps« ist somit der »phänotypischen« nicht isomorph.

Was nun das literarische Werk betrifft, so ist das, was bei ihm als Druckwerk unabhängig von der Rezeption eine »eigene Organisation« darstellt, eigentlich kein physikalisch einheitliches System wie die Magnet-Würfel im Becher. Als sprachliche offenbart sich die Organisation der gedruckten Wörter in der Rezeption, aber nichtsprachlich stellt sie kein einheitliches, irgendwie geschlossenes Ganzes dar. Der Text ist also nicht ein physikalisch organisiertes Objekt im Sinne eines isolierten Systems, sondern stellt lediglich eine thermodynamisch wenig wahrscheinliche Ausbreitung von Flecken von Druckerfarbe auf Flächen aus Zellulose dar. Das sollte uns nicht sonderlich überraschen. In dieser Hinsicht reduziert sich der Unterschied zwischen dem Modell und dem Sprachgebilde, welches das Werk ist, hauptsächlich auf den Unterschied zwischen zwei Diachronien. Die Aufteilung, das heißt die »Verzweigung« in »physische« und »semantische« Aspekte der Artikulation ist in unserem Modell erst »vor ganz kurzem« eingetreten, als die Leitungen des Elektromagneten von dem Lichtschalter getrennt wurden – und das war im übrigen ein einmaliger und einfacher Akt. Bei der natürlichen Sprache kann man von einem solchen einmaligen Ereignis, das die »physische Diachronie« von der »semantischen Synchronie« getrennt hätte, nicht sprechen; als ein physischer Prozeß mit verschiedenen synchronischen Stufen ist diese Trennung weit älter als das Menschengeschlecht, denn das, worauf beim Urmenschen die Entstehung der Sprache beruhte, ist als physisches Substrat sehr viel früher entstanden und hat sich über Jahrmillionen hinweg geformt; statt – wie im Modell – mit einer »Gabelung« in »Physik« und »Semantik« haben wir es bei der Anthropogenese und der Linguogenese mit einer geradezu unübersehbaren Zahl von nach und nach zerreißenden Verflechtungen zwischen den Vergegenständlichungen und einem von ihnen sich in probabilistischen Serien ablösenden Sinn zu tun. Dieser Prozeß ist unmöglich durch ein anschauliches Modell zu erfassen.

Es ist ansonsten schon merkwürdig, wie viele verschiedene Eigenschaften der Informationsübertragung unser einfaches Modell doch abzubilden vermag, denn seine Gültigkeit erstreckt sich auf den bedingten Reflex, die embryogenetische Umwandlung des literarischen Werkes und schließlich die Beziehung zwischen dem sprachlichen Feld (la langue) und der Äußerung (la parole).

Die wie auch immer beschaffenen Mengen der Würfel in den Bechern stellen gewissermaßen das »Lexikon«, den Wortschatz der Modell»sprache« dar, die Magnetfelder von Sender und Empfänger ihre »Syntax«, ihre Lehre vom Satzgefüge (die, wenn die Verständigung zwischen beiden optimal sein soll, in ihrer Operationsdynamik bei beiden identisch sein muß, denn es ist ja tatsächlich so, daß sie die Würfel buchstäblich entsprechend »fügt«); diese »Sprache« hat ihre »Diachronie«, die durch die nichtzufälligen Restriktionen der physikalischen, zufälligen Ausgangszustände gegeben ist, und sie hat ihre nur noch »semantische« Synchronie, in der bestimmte »Ausdrücke« etwas »bedeuten« – Helligkeit beziehungsweise Licht. Ferner besitzt diese Sprache einen Gradienten, dem sie ständig unterworfen ist, den man aber nicht mit dem syntaktischen gleichsetzen darf.

Die natürliche Sprache hat ja einen aus der Umwelt stammenden »Orientierungspfeil«, der ihre Äußerungen sowohl strukturell als auch semantisch festlegt, der von dem Zeitpfeil der objektiven Prozesse der Umgebung, also von ihrer sich mit dem Zeitablauf verändernden Vergegenständlichung bestimmt wird und aus der Vergangenheit in die Zukunft gerichtet ist; und entsprechend hat auch das Modell einen »Orientierungspfeil«, der sowohl das Senden als auch das Empfangen ermöglicht, der der Eigenstruktur der »Mitteilungen« und ihrer Semantik übergeordnet ist und von dem Gradienten der Schwerkraft als einem konstanten Parameter festgelegt wird. Hier wie dort ermöglicht dieser Gradient gleichzeitig die Linguogenese und das Funktionieren der Sprache – und zugleich stört er beides auf eine zufällige Weise.

Das Modell demonstriert ferner, daß die Artikulation zwar ihre eigene »syntaktische« Organisation aufweist (die im Modell durch den Magnetisierungszustand der Würfel gegeben ist) und daß ein anderer, unabdingbarer »Bestandteil« dieser Organisation die beim Senden und Empfangen wirksame »Syntax« ist, daß jedoch der entstehende Phänotyp niemals mit der Organisation der Nachricht als solcher identisch ist. Diese »Syntax«, als Funktion (Tätigkeit) des »Zusammenfügens« verstanden, stellt gleichzeitig eine bestimmte Sende- und Empfangsstrategie dar. An dem Modell erkennen wir auch, daß weder der Sender noch der Empfänger jemals vollkommene Gewißheit haben können, ob ihre »Strategien« tatsächlich isomorph sind und nicht irgendwelche »Spielräume« der interpretatorischen Ungewißheit übriglassen, denn die Empfangsstrategie kann ja, wie wir gezeigt haben, die »Eigenorganisation« der Äußerung bis zu einem gewissen Grade verändern und ihr eine andere aufzwingen.

Das Modell berücksichtigt außerdem, daß die »Eigenorganisation« der Mitteilung eine (für die *jeweilige* Mitteilung) konstante Größe sein kann, was nichts an der Tatsache ändert, daß die Konkretisationen des Empfängers eine ganze Menge von Phänotypen ergeben, weil sowohl die Veränderlichkeit der Strategien des Empfangs als auch der Zufallsfaktor der durch seinen Hauptgradienten hervorgerufenen Störungen unausweichlich eine Streuung der Ergebnisse bewirken, die teils zufällig und teils durch die gewählte Strategie determiniert ist.

Und schließlich zeigt das Modell, daß die Eigenorganisation der Mitteilungen nicht mit der des Phänotyps identisch ist, auch wenn sie zu ihr beigetragen haben mag, und deshalb ist die »Mitteilung in ihrer Immanenz« nicht das, um was es dem Sender und dem Empfänger »geht«. »In der Immanenz« ist die Mitteilung nämlich eine rein physikalische Größe, der es sowohl an der »Semantik« als auch sogar an jener *Struktur* fehlt, die sie beim Empfang erhält. Denn die »syntaktische Aktivität« des Empfängerfeldes richtet zwar die Würfel entsprechend deren eigener, durch die Magnetisierung gegebener Organisation aus, doch tut sie das, indem sie an den Würfeln, als »Ausdruck« verstanden, Operationen ausführt, die den strukturellen Genotyp des Ausdrucks transformieren. Sie ordnet sie nämlich so, daß die Seiten, die etwas bedeuten, nach oben kommen, während diese (durch einen Pol gekennzeichneten) Seiten »in der Immanenz« des Genotyps auf die »nichts bedeutenden« Seiten ausgerichtet waren (nämlich auf jene Pole, die in der Semantik des Modells »nichts bedeuten«). Im »Genotyp« ziehen sich ja die Würfel als kleine Magneten mit ihren entgegengesetzten Polen an, und über ihre »semantisch richtige« Orientierung kann nur die »Syntax« des Empfänger-Magnetfeldes »entscheiden«. So wie es in der Sprache ohne die Kenntnis der Syntax kein Verständnis von Äußerungen gibt, gibt es keine Syntax ohne ein Verständnis der durch sie determinierten Bedeutungen, denn Semantik und Syntax sind aufeinander verwiesen.

Bei der Embryogenese ergeben sich aus den stereochemischen Konfigurationen der »chromosomalen Äußerung«, so wie sie von den »Empfangsstrategien« erfaßt werden, unterschiedliche Phänotypen, deren Mittelwerte uns etwas über die »Eigenorganisation« des Genotyps verraten; allerdings ist diese Organisation, zu der wir von der Menge der Phänotypen her gelangen, nicht dieselbe, die wir feststellen würden, wenn wir den Genotyp als physikalisches Objekt außerhalb der Embryogenese untersuchten. Ohne die vielfältigen Verwicklungen in die embryogenetische Rezeption enthält nämlich der Genotyp als physikalisches Objekt keine unmittelbaren »Bedeutungen«, sondern lediglich »Merkmalsbestimmungen«, die an ihm selbst nicht feststellbar sind und zu denen man ebensowenig vordringen kann, wie man bei einem Wasserstoffatom zu dem vorzudringen vermag, was aus ihm unter dem Einfluß der Wirkungs»strategie« eines Chloratoms Chlorwasserstoff macht. Eine physikalische Untersuchung würde den Genotyp jedoch nicht nur von seiner »Semantik« »abschneiden«, sondern sogar seinen nichtsemantischen Informationsgehalt, seine Organisation beeinträchtigen. Der »immanente« Genotyp besitzt nämlich eine Unzahl von feststellbaren Organisationen: eine atomare, eine topologische, eine thermodynamische usw., und nur eine bestimmte Untermenge dieser Organisationen ist an die Effektoren des Empfängers »adressiert«. Diese Untermenge erfährt in der Embryogenese Modifikationen, die dem entsprechen, was mit den Würfeln geschieht, wenn sie aus der »genotypischen Immanenz« in den Bereich des sie ausrichtenden »Konkretisationsfeldes« übergehen.

Es besteht nämlich kein eindeutiger Zusammenhang zwischen der instrumentellen Eignung eines Objekts als Informations*träger* und -vermittler auf der einen und dem Repertoire seiner physikalischen, mit empirischen Methoden feststellbaren Strukturen auf der anderen Seite. Manchmal ist es leicht, diese Strukturen festzustellen, und sie korrespondieren dann, wie bei dem Würfelmodell, mit der Struktur der Phänotypen, auch wenn sie nicht mit ihr identisch sind, doch manchmal ist es so schwierig und weitläufig wie im Falle eines gedruckten Textes. Unter dem Gesichtspunkt ihrer »immanenten« Organisation stellen physikalische und informationale Objekte zwei Mengen dar, die sich nicht isomorph decken. Diese Inkongruenz ist gewissermaßen doppelter Natur: Entweder rührt sie aus unserer Unwissenheit her, die sich durch eine Erweiterung der »synchronischen Öffnung« grundsätzlich in Wissen verwandeln läßt, sie kann aber auch daran liegen, daß es selbst durch eine beliebige Erweiterung dieser »Öffnung« niemals möglich sein wird, ein diachronisch entstandenes Merkmal eines Objekts in dessen physikalische Synchronie zu verwandeln.

Häufig wissen wir nicht, welcher der beiden Fälle vorliegt, und wenn wir eine entsprechende Behauptung bejahen oder verneinen, beziehen wir damit einen bestimmten erkenntnistheoretischen Standpunkt bezüglich der »Reduzierbarkeit« oder »Nichtreduzierbarkeit« diachronischer Phänomene auf die Synchronie. Die völlige Reduzierbarkeit wurde von den Neopositivisten mit ihrem berühmten Programm der »Vereinigung der Wissenschaft« vertreten. Man darf jedoch annehmen, daß diese Hoffnung auf eine »Physikalisierung von allem, was es gibt«, ein unerfüllbarer Wunschtraum bleibt.

Als von den »kybernetischen« Aspekten der Artikulation die Rede war, nannten wir den Steuerungsaspekt, den strategischen Aspekt und den abbildenden Aspekt. Diese erkennen wir auch an unserem Modell. Die Würfel sind, als »Genotyp«, ein Steuerungsprogramm mit »Lücken«, da sie nicht determiniert sind, und zwar als informationales Objekt mit einer »Adresse« und nicht als physikalisches Objekt (denn in der physikalischen Synchronie dieses »Genotyps« gibt es keinerlei Lücken oder »leere« Stellen). Mit der Magnetisierung, die ihnen eine polare Organisation mitteilt, sind diese Würfel außerdem ein strategischer Zug eines Absenders, und die Strategie des Empfängers, die fallenden Würfel mit Hilfe eines Magnetfeldes auszurichten, stellt einen Akt der »Einordnung« dar. Und schließlich haben die Würfel aufgrund ihrer Ausrichtung eine »Bedeutung«, *bilden* sie einen bestimmten Zustand der Umwelt – die Helligkeit – *ab.*

Es gibt kein physikalisches Objekt, das sich nicht in ein informationales verwandeln ließe. Wenn ein Absender einem Empfänger eine Flasche mit Gas schickt und sie sich in dem Sinne verabredet haben, daß die Empfangsstrategie darin bestehen soll, ein anderes Gas, z. B. Chlor, auf dieses Gas einwirken zu lassen, und wenn dann Chlorwasserstoff entsteht, so bedeutet dieser Zustand etwas; die von dem Absender geschickten Wasserstoffatome erweisen sich somit als »Genotyp« einer Mitteilung, das »Anlegen« der Chloratome an sie als »Empfangsstrategie« und der entstehende Chlorwasserstoff als »Phänotyp der Konkretisation«.

Dieses Beispiel zeigt allerdings, wie relativ die Begriffe der »Mitteilung« im Zusammenhang mit dem »Genotyp« und der »Empfangsstrategie« sind, denn die Chlor- oder Wasserstoffatome enthalten an sich nichts, was die einen eher als die anderen zum »Genotyp« prädestinieren würde. Wir neigen zu der Ansicht, daß die »Mitteilung« eher etwas genotypisch »Starres« und die »Empfangsstrategie« eher etwas »Elastisches« ist, daß der »Genotyp« ein Objekt und die »Strategie« ein Prozeß ist. Diese Ansicht rührt daher, daß wir ja schließlich die »Unbeweglichkeit« im Sinne einer strukturellen »Unveränderlichkeit« des gedruckten Textes oder auch der isolierten stereochemischen Struktur des Zellkerns beobachten, während wir eine erstarrte »Strategie« der Leser oder auch der plasmatischen Effektoren der Embryogenese nicht derart isoliert beobachten können.

Der Empfang ist jedoch ein Prozeß, bei dem der »Genotyp« als physikalisches Objekt verändert oder auch nicht verändert werden kann. Ein Programmband unterliegt als »Genotyp« solchen Veränderungen ebensowenig wie der Text eines Werkes, eine Schallplatte oder ein Tonband. Dagegen bleibt der Genotyp einer Keimzelle während der Embryogenese kein genidentisches Isolat, und man kann ihn nicht aus dem phänotypischen Organismus »herausnehmen«, wie man das mit dem Programmband eines Computers tun kann. Auch in unserem Modell »verschwindet« der Würfel-»Genotyp« gewissermaßen, wenn er sich während des Wurfs in seine »phänotypische Konkretisierung« verwandelt. Diese Veränderlichkeit oder Unveränderlichkeit ist jedoch für die Beziehung zwischen Genotyp und Phänotyp nicht von wesentlicher Bedeutung, denn diese Beziehung ist prozessualer Natur, und es hängt von den physikalischen, nicht aber von den informationalen Merkmalen des Konkretisierungsprozesses ab, ob der Genotyp durch die Rezeption eine Transformation erfährt oder nicht. Daß sich im Chlorwasserstoff als »Phänotyp einer Mitteilung« der Genotyp in Gestalt eines (durch die chemische Bindung im Bereich der Elektronenhülle) ein wenig »abgeänderten« Wasserstoffatoms feststellen läßt, während man den Genotyp beim Würfelmodell nicht mehr findet, ist eine lokale Eigentümlichkeit des jeweils konkret vorliegenden Informationsverfahrens, eine Eigentümlichkeit, die durch die Eigenschaften der Substrate bestimmt wird und informationstheoretisch unerheblich ist. Mit den rein physikalischen Eigenschaften der Substrate befaßt sich die Informationstheorie nur im Hinblick auf ihre Eignung für die Informationsübertragung, denn obwohl man jeden beliebigen Träger mit Informationen beladen kann, sind doch nicht alle Träger hinsichtlich Fassungsvermögen, Leistungsfähigkeit, Rauschempfindlichkeit usw. einander gleich.

Das Würfelmodell macht gleichfalls deutlich, daß selbst bei ein und demselben Informationsverfahren der relative Anteil des Genotypischen und des Rezeptionsstrategischen an der Gestaltung des Phänotyps im Rezeptionsprozeß keine feste Größe ist.

Dieses Ergebnis ist sehr wichtig für die Theorie des Werkes. Man kann, wie wir gesehen haben, bestimmten Elementen – in unserem Falle eisernen Würfeln – bei der »Determinierung« eine mehr oder weniger beständige und »deutliche« Eigenorganisation mitgeben, und dementsprechend ist es einmal leichter und das andere

Mal schwieriger, die Rezeptionsergebnisse abzuändern, so daß sie dem, was gesendet wurde, in geringerem Maße entsprechen. Wenn es sich so schon mit der »Artikulation« in einer Sprache verhält, deren ganzes Wörterbuch in einer Handvoll Würfel, deren Rezeptionsstrategie in der Ausrichtung durch ein Magnetfeld und deren »Bedeutung« in einem einzigen Element der semantischen Klasse besteht, dann müssen literarische Werke als informationale Objekte durch ungleich breitere Spielräume der Veränderlichkeit gekennzeichnet sein.

Zusammenfassung

Wir können nun die wichtigsten, an dem Würfelmodell gewonnenen Resultate in ein paar Worten zusammenfassen.

1. Der Genotyp einer Mitteilung besitzt eine eigene Organisation; sie kann völlig abwesend sein (wenn die Würfel nicht magnetisiert wurden, wenn die Wörter für einen Text nach dem Zufall ausgewählt wurden), aber auch bis zu vollständiger Determiniertheit reichen (wenn die Würfel bis zur Sättigung magnetisiert wurden oder wenn die Artikulation in der Rezeption praktisch eindeutig ist).

2. Die Eigenorganisation des Genotyps ist mit physikalischen Methoden insofern feststellbar, als sie im Sinne eines materiellen Objekts innerhalb der Klasse solcher Objekte eine selektive Information darstellt. Die so festgestellte Struktur stellt einen prozentual veränderlichen Anteil von allen möglichen physikalischen Organisationsformen dar, die an dem Objekt feststellbar sind. Manchmal ist diese Struktur sehr leicht festzustellen, z. B. in unserem Modell oder an einer Schallplatte; manchmal ist es schwer, z. B. beim Genotyp eines Organismus; manchmal ist es praktisch unmöglich (bei einem gedruckten Text). Diese Schwierigkeit ist jedoch hauptsächlich technischer Natur.

3. Neben der im Sinne der Informationstheorie strukturellen Struktur besitzt der Genotyp auch eine semantische Struktur. Physikalisch ist sie dann feststellbar, wenn die synchronische Öffnung der physikalischen Untersuchung hinreichend weit ist, um die Umstände zu erfassen, unter denen – durch physikalische Restriktionen – die Zuordnungen von Objektzuständen zu Umweltzuständen zustande kamen. Beim Würfelmodell ist das durchführbar, doch im Hinblick auf das Werk ist es nicht anders möglich als durch die vollständige Physikalisierung der gesamten Menschheitsgeschichte und vielleicht auch noch der biologischen Evolution: ein solches Programm muß als undurchführbar angesehen werden; die Synchronie der Physik wird daher niemals die Diachronie der Werke als sprachlicher Artikulationen »aufsaugen«, umgreifen.

4. Es gibt keine Rezeption einer Mitteilung, die nicht durch Zufallsfaktoren gestört wäre. Bei wiederholter Rezeption entsteht eine Klasse von Phänotypen, die sich bei konstanter Strategie und konstanten Umweltparametern innerhalb eines Intervalls nicht mehr zu vermeidender Schwankungen stabilisiert. Änderungen der Strategie wie auch Änderungen der Umweltparameter (im Modell: Änderungen der Stärke des Magnet- oder auch Gravitationsfeldes) führen zu einer Änderung der Klasse der Phänotypen.

5. Wenn die Struktur des Genotyps – sowohl die eigene, d. h. selektive, als auch die abbildende, d. h. semantische – unscharf ist, entstehen »verschmierte«, »mit hochgradiger Subjektivität feststellbare« Codes. Der Rezipient kann dann entweder die Uneindeutigkeit der Mitteilung zur Kenntnis nehmen, oder er kann versuchen, sie mit Hilfe verschiedener Strategien (im Modell durch eine Steigerung der Feldstärke) zu »verdeutlichen«, wobei er der Mitteilung unabsichtlich eine Organisation aufzwingt, die sie nicht vermitteln sollte.

6. Eine Mitteilung, die buchstäblich keinerlei Information enthält, die also nicht nur undeutlich ist, sondern überhaupt nichts bedeutet und keinerlei selektive Struk-

tur besitzt, kann als »bedeutungsvoll« und »strukturiert« aufgefaßt werden, nachdem ihr durch die Rezeptionsstrategie eine entsprechende Organisation übergestülpt wurde. Diese entsteht jedoch ausschließlich beim Rezipienten, der gewissermaßen einer nicht psychologischen, sondern informationalen »Halluzination« erliegt.

7. Unser Modell ist der natürlichen Sprache ähnlicher als der Sprache der Vererbung. Die Semantik der Vererbung unterscheidet sich von der typisch linguistischen dadurch, daß die erstere in kausalen Prozessen entsteht und eine kausale bleibt, während die letztere ebenfalls in solchen Prozessen entsteht, sich aber von ihnen emanzipiert. Beim Organismus ist nämlich die Beziehung zwischen Genotyp und Phänotyp eine ursächlich-bewirkende, und zwar sowohl unter dem diachronischen Aspekt der Bioevolution als auch unter dem synchronischen Aspekt der sich wiederholenden Embryogenese. Die Sprache dagegen liegt in ihrer Synchronie gewissermaßen »parallel« zur gegenständlich-phänomenalen Welt, denn diese bildet sie denotativ ab, doch wird sie nie und nirgendwo »selbst« zu einem Bestandteil realer Phänomene, und ein solcher, in die Realität eingreifender »Kontakt« ist auch nicht möglich. Die Ansicht, er sei gleichwohl möglich, führt zum Glauben an die »Magie«, zur Fähigkeit der Sprache, physikalische Veränderungen zu bewirken (»die Macht der Verwünschungen«). Irgend etwas zu »bedeuten« heißt in der Sprache der Vererbung, bestimmte objektive Merkmale – und sei es auch nur potentiell – zu »bestimmen« oder »herzustellen«. Was in dieser Sprache nichts herzustellen oder Hergestelltes nicht zu beeinflussen vermag, »bedeutet« in ihr nichts, weil es nichts »bestimmt«. Die Semantik dieser Sprache ist also aus der Vergangenheit (früheren Zuständen) in die Zukunft (spätere Zustände) gerichtet und in dieser vektoriellen Ausrichtung mit der Richtung des Ablaufs der physikalischen Zeit identisch. Die »Bedeutungen« der Gene sind nämlich die späteren Zustände der Umformungen ihrer Ausgangszustände.

8. Um aus dem Würfelmodell ein Modell der Artikula-

tion der Vererbung zu machen, muß man z. B. Würfel herstellen, die aus drei Schichten bestehen, aus zusammengeleimten Plättchen von Eisen, Graphit und Uran 235. Die Rezeptionsstrategie ist dann »richtig« oder »adäquat«, wenn das Magnetfeld des Rezipienten die fallenden Würfel so ausrichtet, daß sie mit ihren Uranseiten aneinanderliegen, so eine überkritische Masse bilden und eine Explosion (eine Kettenreaktion des Kernzerfalls) auslösen. Wenn durch eine »unkorrekte« Rezeption nicht alle Würfel in dieser Weise zu liegen kommen, entsteht die überkritische Masse nicht, und damit wird auch das Ergebnis »nichts bedeuten«. »Bedeuten« heißt in diesem Modell soviel wie »bewirken« eines bestimmten, rein physikalischen Zustands, nämlich der Explosion (so wie bei der Embryogenese dieser bewirkte Zustand im Phänotyp des Organismus besteht, denn er verleiht dem Genotyp »Bedeutung«).

9. In je höherem Maße der Phänotyp ein nicht nur informationales, sondern auch materielles Gebilde im Sinne eines physikalischen Objekts sein muß, desto wichtiger wird das Substrat, aus dem der Genotyp besteht. Man kann ja die eisernen Würfel in unserem Modell (das, in den Phänotypen rezipiert, »hell« »bedeutet«) gegen andere austauschen, die aus den unterschiedlichsten ferromagnetischen Substanzen hergestellt sind, und außerdem kann man die semantische Funktion der Unterrichtung, daß »es hell ist« (nachdem man entsprechende Zuordnungen von Zeichen vorgenommen hat), auf beliebige Substrate übertragen (Papier, Leder, Stahl, ja sogar Wolken). Tauscht man hingegen das materielle Substrat des organischen Genotyps aus, so erhält man sein Strukturmodell, das jedoch der phänotypischen »Wirksamkeit« und damit auch der »Semantik« »beraubt« ist. Nicht anders verhält es sich mit unserem »Uran«modell, denn wenn man einen der Bestandteile (Graphit, Eisen, Uran) gegen einen anderen auswechselt, ja, wenn man auch nur den relativen Anteil der Materialien verändert, verschwindet die »Wirksamkeit« und damit auch die »Semantik«.

10. Gerade wegen dieses Unterschiedes sind die Zuordnungen zwischen Namen und Designaten in der natürlichen Sprache keine Vektoren im Sinne physikalischer Größen, die innerhalb der Kausalketten aus einer bestimmten Vergangenheit in die Zukunft weisen, sondern durch zeitliche Invarianz ausgezeichnete *logische* Beziehungen, und gerade deshalb kann man im Prinzip feststellen, warum und in welcher Weise das Gen X das Geschlecht »bedeutet«, ohne daß man den Bereich der Physik verläßt, während man im physikalischen Bereich nicht feststellen kann, warum ein bestimmtes Objekt den Namen »Stuhl« trägt. Zwar ist, wie wir schon erklärt haben, auch die natürliche Sprache »aus der Physik hervorgegangen«, nämlich aus den Markow-Ketten der Anthropo- und der Soziogenese, doch war das ein einmaliges Phänomen, und insofern ist die Semantik der ethnischen Sprachen »von Dauer«, ein »konstanter Parameter« der Kommunikation, während die Semantik der Vererbungsvorgänge gemäß der Regel der ständigen »Wiederholung der Programme« immer wieder von neuem, d. h. bei jedem embryogenetischen Zyklus, empirisch »erprobt« wird.

11. Ebendeshalb – aufgrund dieser Loslösung – kann das, was ein Mensch zu einem anderen sagt, inhaltlich den Gesetzen der Physik widersprechen, denn im Rahmen der Rezeption unterliegen unsere Artikulationen nicht einer sofortigen Überprüfung auf ihre empirische Entsprechung gegenüber jenen Gesetzen. Was dagegen die Organismen zueinander »sagen«, wenn Elternorganismen chromosomal ihre Nachkommen »artikulieren«, darf nicht im geringsten den Gesetzen der Physik widersprechen – nicht widersprechen im Hinblick auf ihre Semantik, denn die Designate der Äußerung sind nicht nur physikalische Objekte (das ist auch bei der natürlichen Sprache der Fall), sondern die Artikulation soll diese Designate bewirken, d. h. hervorbringen, und folglich muß auch die Syntax und Logik dieser Äußerung ihrerseits eine physikalische sein. Während man also in der natürlichen Sprache sagen kann: »Der kleine, riesige

Hund hat drei Beine und sieben Beine«, läßt sich dies in der Sprache der Vererbung in keiner Weise artikulieren. Antinomien können in dieser Sprache nicht formuliert werden.

12. Im »Eisenwürfel«-Modell kann man etwas Falsches sagen, indem man den Würfeln einen Ausdruck beilegt, der »hell« bedeutet, während es dunkel ist. Im »Uranwürfel«-Modell kann man dagegen nichts Falsches äußern, denn die »Bedeutung« der Mitteilung ist nichts anderes als ihr objektiver Zustand im Phänotyp: Der Genotyp bedeutet »Explosion« nur dann, wenn es tatsächlich in der Rezeption zur Explosion kommt. Kommt es nicht zu ihr, dann hat der Genotyp nicht eine falsche Bedeutung, sondern ist überhaupt ohne jede semantische Ladung. Die den Genen chemisch ähnlichen Chromosomen»orte«, die jedoch keinerlei Merkmale des Phänotyps bewirken, bedeuten deshalb nichts und sind somit auch keine Gene.

13. Wie wir sehen, kann man im »Eisenwürfel«-Modell lügen, weil die in der Diachronie entstandene physikalische Beziehung zwischen dem Ausdruck und seinem Designat inzwischen Vergangenheit ist und gegenwärtig nicht mehr der Überprüfung auf physikalische Adäquatheit unterliegt. Desgleichen kann man in der ethnischen Sprache lügen. Im Uranmodell ist das jedoch nicht möglich, denn bei ihm bleibt nicht nur die Syntax ein permanenter Bestandteil der Physik, jener Bestandteil, der auch schon in der Diachronie vorkam; ein Bestandteil der Physik bleibt vielmehr auch die Semantik, im Sinne jener Wirkungsbeziehung, welche den Genotyp mit dem Phänotyp verknüpft.

14. In den Sprachen beider Modelle kann man Unsinn artikulieren; in der ersteren, wenn die Würfe sich zufällig verteilen, in der letzteren, wenn sie nicht zur Explosion führen. Wenn die chromosomale Artikulation Unsinn enthält, so läßt sich das in dem Test der Phänotypen auf Angepaßtheit an die Umwelt feststellen: ein Säugetier ohne Speiseröhre ist ja unter dem Aspekt der Überlebensfähigkeit »unsinnig«. Die sprach-

liche Äußerung wird auf Sinn oder Unsinn von der kulturellen Umwelt getestet. Die Anpassung an eine kulturelle Nische ist nicht dasselbe wie die Anpassung an eine ökologische Nische. Ein Organismus kann ja in der Natur nicht überleben, ohne sich ständig mit der Physik und der Chemie in Einklang zu befinden, während es bei einer sprachlichen Artikulation, die sich inhaltlich zu beiden im Widerspruch befindet, durchaus möglich ist, daß sie in bestimmten kulturellen Milieus als »adäquat« und sinnvoll anerkannt wird, daß sie also in ihnen »überlebt«.

15. Aufgrund dieser Beziehungen überschreitet der Bereich der natürlichen Sprache (la langue) den Bereich der realen Welt, während der Bereich der Sprache der Vererbung sich vollständig in diese Welt einfügt. Was man mit Worten sagen kann, braucht nicht real zu existieren, aber was man mit Genen sagen kann, erlangt allein dadurch, daß es artikulierbar ist, eine nicht nur sprachliche Existenz. »Unsinnige« Gene, die phänotypisch keinerlei Merkmale festlegen, stellen denn auch, als »leere Namen« der Sprache der Vererbung, »semantische Löcher«, Defekte, Beschädigungen dieser Sprache dar, während die leeren Namen der ethnischen Sprache lediglich unempirisch sind, keine Designate besitzen, doch stellen sie kein »semantisches Vakuum« dar, weil sie, auch wenn sie nichts festlegen, dennoch etwas bedeuten.

16. Was in der natürlichen Sprache geäußert wird, kann syntaktisch korrekt, aber logisch inkorrekt, und kulturell wahr, aber empirisch unwahr sein (oder empirisch unwiderlegbar und damit – für die Positivisten – metaphysisch). Denn syntaktisch korrekt, wenn auch logisch inkorrekt ist der Satz: »Das Dreieck hat vier Ekken«, und kulturell wahr, wenn auch empirisch unwahr, ist der Satz: »Gott ist in der Dreifaltigkeit eins.« Syntaktische Korrektheit bedeutet ja, daß wir eine Artikulation verstehen können, auch wenn sie logisch falsch oder antinomisch ist (zu einem Widerspruch führt). Diese Unterscheidung ist zweckmäßig, denn den Satz: »Das Drei-

eck hat vier Ecken« können wir nur deshalb verwerfen, weil wir ihn verstehen; wir verwerfen ihn als einen syntaktisch richtigen (d. h. korrekt aufgebauten), logisch falschen Satz, während wir den Ausdruck: »Warschau muß laufenden« als ein sinnloses Wortkonglomerat verwerfen, das, da es kein Satz ist, weder wahr noch falsch sein kann. Wenn ein Satz syntaktisch korrekt, aber dennoch schwer verständlich oder unverständlich ist, wie etwa: »Der Überrock nieselt dreieckig«, so ist es uns gleichfalls verwehrt, seinen logischen Wert zu beurteilen.

17. In der Sprache der Vererbung kann etwas syntaktisch Korrektes nicht logisch inkorrekt sein, denn die Syntax dieser Sprache ist ihre Logik. Da sie eine Einheit bilden, stehen oder fallen sie gemeinsam. Man kann in dieser Sprache überhaupt nichts artikulieren, was logisch und syntaktisch inkorrekt wäre, denn das würde gleichzeitig eine Vergewaltigung der Gesetze der Physik bedeuten, die offenkundig unmöglich ist. Das bedeutet nicht, daß der Artikulationsprozeß nicht entgleisen kann; es bedeutet nur, daß, was auch immer dann entsteht, nicht schon eine genetische Artikulation ist, sondern ein physiko-chemisches Gebilde, dem nicht der »Status einer Erbäußerung« zukommt. Diesen Zustand kann man jedoch nicht auf Anhieb erkennen.

18. Die Semantik der natürlichen Sprache ist mit der Artikulation synchron, denn die logische und syntaktische Korrektheit einer Äußerung wird durch ihre notwendigerweise verstehende Rezeption erkannt. Von den Sätzen dieser Sprache gilt deshalb, daß sie in der Rezeption auf Anhieb etwas bedeuten oder nicht bedeuten. Die Semantik der Sprache der Vererbung ist dagegen »in der Schwebe«, und was in dieser Sprache »syntaktisch und logisch korrekt« ist – wofür der unsemantische Beweis ganz einfach darin liegt, daß »es sich zusammensetzen ließ« –, wird erst später, im Phänotyp, dem Test auf »Wahrheit« oder »Falschheit« unterworfen – und dadurch mit der entsprechenden Bedeutung ausgestattet. Der empirische und funktionale Test der natürlichen Umwelt auf die »Widerlegbarkeit« der Organismen ist

somit eine pragmatische Guillotine, die »Wahrheit« und »Falschheit« scheidet.

Als Semantiker ist die Natur also ein logischer Empirist, denn wie er vertritt sie den Grundsatz, daß der Sinn eines »Satzes« in der Methode seiner Überprüfung besteht. Was sich nicht auf dem Testgelände der ökologischen Nische überprüfen läßt, bedeutet nichts. So ist es in der von den Tieren bevölkerten Natur. Der Ort, an dem die Bedeutungen sich von ihr emanzipieren können, ist die Kultur. In ihr erlangen die Bedeutungen eine Autonomie, die jedoch an der Grenze der menschlichen, d. h. vom Menschen geschaffenen und verstandenen Welt endet.

Anmerkungen

1 In den Anschauungen über die Philosophiegeschichte lassen sich zwei Gruppen von Standpunkten unterscheiden. Sie entsprechen mehr oder weniger der transformationistischen beziehungsweise der evolutionistischen Konzeption in der Biologie.

Nach den Ansichten der einen stellt die philosophische Tätigkeit des Menschen in ihrem historischen Ablauf einen prinzipiell nicht kumulativen Prozeß dar, also lediglich eine Art von Transformation. Je nach dem »Zeitgeist«, dem wechselnden, für die einzelnen Epochen charakteristischen Denkstil nehmen bald diese, bald jene der »ewigen Probleme« in der Arbeit der Philosophen eines konkreten Augenblicks den zentralen Platz ein. Im Grunde reduziert sich die Arbeit von Generationen auf die immer wieder neue Umstrukturierung eines Ganzen, dessen Elementenmenge irgendwann in der Frühzeit der Kultur vorgegeben wurde.

Nach der Ansicht der anderen handelt es sich dagegen um einen wirklich evolutionären Prozeß, in dem sich ein realer Fortschritt zeigt, verstanden als eine nicht mehr rückgängig zu machende Kumulation von Wissen, und zugleich werden in diesem Prozeß Scheinprobleme aufgegeben beziehungsweise solche Probleme, die nur prima facie ewige Dilemmata sind, durch Nachdenken überwunden.

Nach meinem Eindruck lassen sich in der Philosophie Erscheinungen der Kumulation und eines irreversiblen Fortschritts feststellen, doch entwickelt sie sich andererseits nicht so rasch und nur in einer Richtung, wie es sich besonders hartnäckige Szientisten und Rationalisten erträumen. Wenn man nachprüft, was sich während des Vorfrühlings Tag für Tag vollzieht, kann man zu dem Schluß gelangen, einen Prozeß zu beobachten, der keinerlei Richtung hat, denn einmal schneit es, dann regnet es, dann tritt wieder ein leichter Frost ein usw. Dabei ist das, was an den klimatischen Phänomenen zufällig und zirkulär erscheint, nur prima facie zirkulär, denn schließlich muß der Frühling doch unausweichlich kommen und mit ihm Schnee und Frost vergehen. So besitzt denn auch dieser Prozeß einen Richtungspfeil, der allerdings verschleiert wird durch Oszillationen von höherer Frequenz, die ihrerseits in der Tat zufällig und richtungslos sind. Was unserer Zivilisation einen allgemeinen Gradienten verleiht, ist die Entwicklung der Wissenschaft; diese ist ein historisch junges Phänomen, so daß sich ihre kulturschöpferischen Wirkungen auch erst abzuzeichnen beginnen. Daß wir es mit einem Problem zu tun haben, welches nicht leicht zu lösen ist und jedenfalls schwieriger ist als die als Beispiel genannten aufeinanderfolgenden Klimaveränderungen, beweist im übrigen der sich lange hinziehende Streit zwischen Transformismus und Evolutionismus innerhalb der theoretischen Biologie. Jene Fakten, die beweisen, daß der prinzipiell zufällige Mechanismus der genetischen Mutationen imstande ist, Veränderungen hervorzurufen, die nach und nach einen nicht mehr zufälligen Fortschritt darstellen (indem die Komplexität der Organismen zunimmt und dadurch der Bereich der Homöostase sich erweitert) – jene Fakten lassen sich praktisch nicht aus jenen experimentellen Tatsachen herausschälen, die der Biologe im Laboratorium herzustellen vermag. Daß der Mutationsmechanismus für den Evolutionsgradienten verantwortlich ist, geht erst aus einem Experiment hervor, bei dem der Computer zur Modellbildung eingesetzt wird, weil sich dabei der Wandel der beobachteten Generationen gewaltig »beschleunigen« läßt. (Natürlich handelt es sich dabei nicht um Generationen realer Organismen, sondern nur um deren vereinfachte Modelle; dieses experimentelle Verfahren beweist jedoch, daß – anders als zahlreiche Forscher intuitiv annehmen – ein Zufallsgenerator unter geeigneten Umständen tatsächlich mit der Aufgabe fertig wird, Serien von aufeinanderfolgenden »Organismen« zu erzeugen, die auf der Stufenleiter der Komplexität beliebig hoch aufsteigen.)

Von einer entsprechenden; im Modell simulierten Beschleunigung der Erscheinungen der Kulturogenese und des historischen Wandels der Kulturen kann der Experimentator heute nur träumen, doch wird sich seine Situation mit dem Fortschritt der intellektronischen Technik systematisch verbessern. In der Frage, ob innerhalb der Philosophie die Information »kumulativ« oder »nichtkumulativ« wächst, ist uns heute nur eine rein intuitive Abschätzung möglich; deshalb harrt die oben erwähnte Auseinandersetzung auch noch immer ihrer Lösung. Wir können aber zumindest damit rechnen, daß diese Lösung nicht eine bloß rhetorische sein wird.

Wir behaupten durchaus nicht, daß jene philosophischen Richtungen, denen es um einen engen Zusammenhang zwischen dem Denken und den Resultaten der Wissenschaft geht, allein dadurch schon allen künftigen Veränderungen entzogen sein müßten und daß allein irrationale Richtungen zu einem allmählichen »Absterben« verurteilt seien. Allerdings geht der Prozeß des allmählichen Eindringens wissenschaftlicher Ergebnisse und der wissenschaftlichen Methode in das Alltagsdenken im gesamten Bereich der Kultur unaufhörlich weiter. Es ist heute nicht möglich, daß ein Denker es ablehnt, durch ein Fernrohr zu blicken, durch das man die Sonnenflecken erkennt, und zwar mit der Begründung, er besitze dank der Gewißheit, daß es auf der Sonne keinerlei Flecken geben könne, ein besseres, apriorisches Wissen. Andererseits müssen wir zugeben, daß eine endgültige Entscheidung von typisch ontologischen Fragen nahezu unmöglich ist. Man könnte beispielsweise die formalen Methoden der Informationstheorie auf Probleme der ontologischen Metaphysik, und zwar in deren theologischen Varianten, anwenden. Eine solche Analyse würde zeigen, daß der von den Kirchen postulierte Kontakt zwischen Mensch und Gott nicht stattfindet, denn die angeblichen Resultate eines solchen Kontakts (wie sie etwa in den Schriften der Mystiker vorliegen, die versichern, sie hätten diese Kommunion erlebt) sind, was die Menge der gewonnenen Informationen betrifft, immer den Ergebnissen einer realen Kontaktaufnahme unterlegen. Die Analyse tangiert nicht die Transzendentalität der göttlichen Person, denn untersucht wird nur das »irdische Ende« des Sendekanals. Ebensowenig betrifft sie die semantische Qualität der in solchen Kontakten enthüllten Offenbarungen, weil nur der quantitative Aspekt der Information in die Rechnung einbezogen wird. Mit Hilfe dieser physikalischen Berechnung läßt sich die Menge der gewonnenen Information ohne Rücksicht auf deren Inhalt (Sinn) bilanzieren. Nun läßt sich beweisen, daß auf die Herstellung einer realen Kommunikation, also auf die Schaffung eines Sendekanals, in der Regel ein Zuwachs der Informationsmenge auf Seite des Rezipienten folgt. Aus den verschiedenen Definitionen Gottes läßt sich das Axiom seiner unendlichen informationalen Vielfalt ableiten. Sie ist schon in der Allwissenheit Gottes impliziert. Nun können wir von einem Menschen, der angeblich Verbindung mit dem höchsten Wesen bekommen hat, zwar nicht erwarten, daß er dank ihrer über eine geradezu unendliche Menge an Informationen verfügt, doch müßte er zumindest einen gewissen Informationsgewinn vorweisen können, dessen Grenzen durch seine geistigen Möglichkeiten festgelegt sind. In ihrer Informationsbilanz sind jedoch die Schriften der Mystiker ungleich dürftiger als die Äußerungen von Menschen, die sich mit realen Informationsquellen in Verbindung setzen. Sie sind in dieser Hinsicht ebenso dürftig wie die Äußerungen von Menschen, die, als Generatoren von Vielfalt, ausschließlich auf sich selbst angewiesen sind. Der Schluß, daß der mystische Kontakt mit Gott etwas Fiktives ist, drängt sich daher unabweislich auf, und er ist ein zusätzliches Argument gegen die theologische Hypothese. Natürlich wird der Theologe nach einiger Zeit versuchen, auch dieser Darlegung Argumente entgegenzusetzen, und gerade durch ein solches Verhalten zeigt er, daß *credenti non fit iniuria*, selbst wenn er durch seine Äußerung die Logik vergewaltigt. Allerdings schmälert ein solches Verhalten den Besitzstand einer Theologie, die sich auf die Vernunft beruft. Wir deuteten an, daß eine wissenschaftliche Philosophie gegenüber einer irrationalen ein weit größeres Potential der Anpassung an die durch den historischen Gradienten gegebene Entwicklung der Kultur besitze. Ob es für diese Anpassung wirklich keine Grenzen gibt, ist eine andere Frage. Es taucht nämlich das Problem auf – heute nur als ein futurologisches –, ob der Gradient der wachsenden Beherrschung der Welt uns nicht durch die noch in weiter Ferne liegenden Folgen der intellektronischen Evolution aus dem Bereich jedweder »verstehenden Strukturen« herausführen mag. Denn wenn sich herausstellen sollte, daß nicht einmal die gesamte Menschheit – als »Regler« an die Welt »angeschlossen« – über hinreichende Vielfalt verfügt, um die weit größere Vielfalt der Welt abzubilden, besteht noch die Möglichkeit, diese Informationsbarriere durch den Bau künstlicher »Intelligenzverstärker« zu durchbrechen. Er böte die Chance, solchen Phänomenen beizukommen, die »kein Mensch versteht« (im heutigen Sinne des Wortes »verstehen«). Von einer solchen Eventualität, die das heute noch phantastisch wirkende Gespenst einer Krise der philosophischen Tätigkeit vor uns erstehen läßt, habe ich in der »Summa technologiae« gesprochen. Wie auch immer es sich damit in dieser oder jener futurologischen Perspektive verhalten mag – wenn Probleme, die der Philosophie entstammen und jahrhundertelang innerhalb ihrer diskutiert wurden, von empirischen Disziplinen übernommen werden, so kann man darin nicht einen räuberischen Akt sehen, den die Empirie sich gegenüber der Philosophie erlaubt. Daraus, daß bezüglich verschiedener Probleme ein solcher »Wechsel der Besitzrechte« stattfindet, folgt auch durchaus nicht, daß der Herrschaftsbereich der Philosophie dadurch kontinuierlich schrumpfen müßte. In der Zwischenzeit entstehen ja auf ihrem Gebiet neue, historisch erstmals auftretende Probleme. Alle Ansätze, »die Philosophie zu liquidieren«, erscheinen denn auch als ein Programm, das der Kultur Abbruch tut und inhaltlich unbegründbar ist. Im Gegensatz zu dem, was verschiedene Wahrsager verkünden, werden weder die sogenannte »Technotronik« noch die Kybernetik, die gewissermaßen ein Vorstadium der ersteren darstellt, dadurch, daß sie für traditionelle philosophische Probleme eingespannt werden, selbst zu einer Art von Philosophie. Die Kybernetik wird ja auch nicht zur Heilkunde, wenn sie der Medizin beim Bau von Diagnosegeräten behilflich ist. Was bei diesem Prozeß stattfindet, ist eine ontologische Neutralisierung und nicht eine Art von kognitiver Okkupation, die auf den Trümmern der alten irgendeine neue Philosophie errichtet. In diesem Buch wird denn auch die Auffassung vertreten, daß die Hilfe der Intellektronik nicht eine Invasion bedeutet, welche die Humanistik zu vernichten droht, sondern daß sie vielmehr in solchen Fragen, derer die traditionelle Humanistik in ihrem eigenen Bereich – unter anderem wegen der Mängel ihres Begriffsapparates – nicht Herr zu werden vermochte, als ein Instrument der Klassifikation und der modellhaften Abbildung der untersuchten Phänomene die Orientierung erleichtert.

2 Die in diesem Buch entworfene empirische Theorie der Literatur berücksichtigt nicht den ästhetischen Aspekt literarischer Werke. Das ist zwar ein schweres Versäumnis, doch war es nicht zu umgehen, weil es noch keine empirische Wertlehre gibt (von der die Ästhetik ein Unterkapitel wäre). Den im Text einer flüchtigen Kritik unterzogenen Versuchen, die traditionell humanistische Ästhetik in eine informationstheoretisch »physikalisierte« zu übersetzen, haftet gewöhnlich die Erbsünde wider die Methodologie an, daß sie eklektizistisches Flickwerk bleiben. So stehen neben Bruchstücken, die aus kybernetischen Konzeptionen entlehnt sind, solche, die, als axiomatische Basis dienend, direkt aus der Humanistik stammen. So nimmt etwa Max Bense das Begriffsschema des Hegelschen Kanons der Ästhetik und verpaßt ihm eine »informationistische« Auslegung und Verlängerung. Es fehlte nicht viel, und man hätte eine Kybernetik, die sich mit der Untersuchung der Rückkoppelungen zwischen dem göttlichen Thron und den Seraphim befaßt. Wenn die Urbegriffe eines Systems nicht empirisch sind, verhilft keinerlei »Präzisierung« der abgeleiteten Begriffe zu einem wissenschaftlich sinnvollen Resultat.

Wir legen in diesem Buch den Akzent systematisch auf das, was im Umgang mit dem literarischen Werk den Informationsempfang ausmacht, und weil es um die semantische Information geht, die vom Empfänger verstanden werden muß, behandeln wir jene Prozesse, die das Verstehen konstituieren. Wir tun das in der Überzeugung, daß das Werk ein integrierbares System ist, zu dessen möglicher »Ästhetizität« man unmöglich gelangen kann, ohne den Bereich seines sprachlichen Verständnisses durchlaufen zu haben. Die Realität der Werkrezeption ist jedoch ein wenig verwickelter, als der letzte Satz vermuten läßt, denn es gibt nicht eine den Vorgang der verstehenden Informationsaufnahme ausmachende Stufenfolge von Entscheidungen, die eindeutig getrennt wäre von einer anderen, ihr nachfolgenden Stufenfolge von Entscheidungen, die dann nur noch die ästhetische Qualität eines Werkes festlegt. Diese beiden Entscheidungsabläufe überlagern einander, und die Semantik ist insofern mit der Ästhetik verwachsen, als das *Verstehen* und das *Gefallen* sich nicht vollkommen voneinander trennen lassen.

Außerdem sind diese beiden Entscheidungsabläufe gleichsam verwachsen mit dem rein erlebnismäßigen Aspekt des Kontakts, der in der Lektüre zwischen der erstarrten Information und dem sie dynamisierenden und integrierenden Geist entsteht. Über kybernetische Modelle des Vorgangs des *Verstehens* können wir schon einiges sagen, doch von entsprechenden Modellen des letzteren Vorgangs (der die ästhetischen Qualitäten entstehen läßt) wissen wir so gut wie nichts. Die sogenannte »mathematische Ästhetik« ist ein einziger großer Mißbrauch, denn sie verpflanzt die Formeln der physikalischen Informationstheorie dorthin, wo ihnen jeglicher physikalischer Sinn abhanden kommt, und es hilft nichts, wenn man die entstehende Lücke durch die Wiederholung der Worte »Ästhetik« und »ästhetisch« zu stopfen versucht. Die Probleme, welche ein Programm der Empirisierung der Wertlehre (oder vielmehr eines ihrer Unterkapitel) aufwirft, möchte ich hier besprechen.

Der einzige Zweig der Naturwissenschaft, der sich seit jeher und unter erheblichen Schwierigkeiten mit Problemen der Wertung herumschlägt, ist die Biologie. Innerhalb ihres Untersuchungsgebietes – bei den Phänomenen des Lebens – lassen sich prinzipiell zwei Bewertungssysteme feststellen. In dem umfassenden System, welches die planetare Biosphäre darstellt, funktionieren Wertkriterien im Sinne der Anpassung. Berücksichtigt man nur die extremen Zustände und läßt man das ganze zwischen ihnen vermittelnde statistische Reich der Übergänge aus, so wird das Kriterium der »Güte« evolutionär durch das Überleben verifiziert, während »Schlechtigkeit« sowohl Individuen als auch Gattungen zum Untergang verurteilt. In diesem Bereich (der Biosphäre) können wir auch sofort eindeutig feststellen, daß die Wirkungsweise der Werte instrumentellen Charakter hat, denn die Evolution stellt ganz einfach einen gewaltigen, umfassenden, sich über Jahrmilliarden erstreckenden *Lernprozeß* nach der Methode von Versuch und Irrtum dar. Der »Lohn« des Überlebens und die »Strafe« der Vernichtung sind der zweigliedrige Regler und Koordinator des Lernens der lebenden Organismen bei ihrer materiellen Umwelt. Vermutlich läßt sich Lernen im Sinne der Aufnahme von Informationen, die einigermaßen kohärent, gesteuert und zu irgend etwas brauchbar sind, überhaupt nicht realisieren ohne irgendein Äquivalent eines Mechanismus dieser Art (also eines Mechanismus der *Bewertung*). Ebendiesen Mechanismus finden wir – in etwas abgewandelter Gestalt – bei allen Organismen des Tierreichs. Auch hier handelt es sich um einen prinzipiell bipolaren Mechanismus, der als Zentrum von »Lohn und Strafe« in die neuralen Systeme der Tiere eingebaut ist.

Nun zu der Frage, ob und wo man die Ursprünge von Phänomenen der »ästhetischen Beurteilung« im biologischen Kontext finden kann. So etwas wie ein »ästhetisches Objekt« oder »ästhetische Qualität« kann es innerhalb der evoluierenden Biosphäre als ganzer nicht geben, denn jener Abschnitt des Kosmos, der die natürliche Umwelt des Lebens bildet, ist kein Zuschauer, der entsprechende Qualitäten feststellen könnte. Das Urteil, das der Evolutionsprozeß liefert, ist ausschließlich leistungsbezogen und daher im Sinne der Anpassung ein pragmatisches. Anfänge einer »Ästhetik« sind erst dort festzustellen, wo sich mit der »Beurteilung« von bestimmten Individuen andere Individuen befassen und die Kriterien dieser Beurteilung häufig nicht adaptiv (im Sinne der Evolution) sind. Man darf annehmen, daß, wie im Buch erwähnt, Phänomene der sexuellen Auslese zumindest in einem gewissen, gewöhnlichen marginalen Umfang einen »vorästhetischen« Charakter haben. Wenn das schöne Balzgefieder über eine lange Zeit hinweg von den an der Fortpflanzung beteiligten Individuen selektiert wurde und sich zeigen läßt, daß der Wert eines solchen Gefieders für die Anpassung praktisch gleich Null ist, dann sind wir zu der Annahme gezwungen, daß das Auslesekriterium in diesem Bereich ganz einfach das ist, »was den Tieren gefällt«. Natürlich erfüllt das Balzgefieder hauptsächlich eine Signalfunktion und nicht eine ästhetische, aber sein Signalcharakter ist häufig derart übertrieben, daß die Hypothese, an der Auslese seien außer der Signalisation auch ästhetische Kriterien beteiligt, sich nicht so leicht von der Hand weisen läßt. Wir wollen loyalerweise hinzufügen, daß diese Hypothese sich vermeiden läßt, wenn man annimmt, daß Merkmale vom Typus des Balzgefieders durch Genkoppelungen entstehen (was man durch folgendes Schema veranschaulichen kann: die Weibchen bevorzugen Männchen, die hochgewachsen sind, und dieses phänotypische Merkmal ist auf der Ebene des Genotyps an das Merkmal eines märchenhaft bunten Gefieders gekoppelt).

Der Biologe ist nur unter großem Widerstreben bereit, die »ästhetische Hypothese« anzuerkennen, wenn nach der Genese des ästhetischen Charakters etwa des Gesangs oder des Gefieders von Vögeln gefragt wird, denn es geht dabei um Qualitäten, die sicherlich nach *unserem*, aber durchaus nicht unbedingt nach dem Empfinden der jeweiligen Tiere ästhetisch sind. Gleichwohl scheint eine Vielzahl von tierischen Merkmalen, die den Paläontologen bekannt sind (z. B. die gewaltigen Rückenkämme bestimmter ausgestorbener Saurier), für die Hypothese eines »ästhetischen Faktors« zu sprechen, der in der sexuellen Auslese wirksam war und ist.

Die einzige empirische Antwort auf die Frage nach dem Ursprung jener »Präästhetik«, die wir heute geben können, lautet, daß das Nervensystem, das aus einer Reihe von Filtern besteht, welche die Information im Hinblick auf ihren Überlebenswert aussieben, darüber hinaus offenbar auch – sei es »nebenbei«, sei es »notwendigerweise« – zu einem System werden kann, das selektiv auf bestimmte *unnütze* Reizkomplexe eingestellt ist, die in ihm einen Zustand des »Wohlgefallens« hervorrufen. Daß es sich um ein »ästhetisches Wohlgefallen« und nicht irgendein anderes handelt, erkennen wir daran, daß diese Information für die Anpassung nutzlos ist, also nur dazu da ist, »empfunden zu werden«. Die »ästhetische Sensibilität« wäre dann eine Eigenschaft der neuralen Filter, die alle Nadelöhre der evolutionären Auslese passiert hat und darum nicht ausgesiebt wurde, weil sie die optimale Wirkung der Auslese nicht tangiert. Denn würde die »Sensibilisierung für ästhetische Qualitäten von Reizen« mit der Überlebensfähigkeit kollidieren, dann würde die natürliche Auslese sie sofort liquidieren. Da dies nicht geschehen ist, darf man annehmen, daß diese spezifische Eigenschaft, wenn sie die Anpassung schon nicht fördert, sie zumindest auch nicht behindert, also unter adaptivem Aspekt neutral ist.

Was im Falle der Tiere eine nicht allzu sichere Hypothese ist, ist, auf den Menschen bezogen, im Grunde eine Gewißheit, denn darüber, daß die ästhetische Information »praktisch zu nichts taugt«, »instrumentell zu nichts gut ist«, herrscht allgemeine Übereinstimmung.

Für den Fall, daß wir kybernetische Geräte mit einer ästhetischen Urteilsfunktion bauen wollten, würden wir bei diesen Systemen nicht zwischen einem Perceptron und einem »Ästhetron« unterscheiden können.

Die selektive Aufnahme von Informationen aus der Umgebung ist beim Organismus nämlich immer zielbezogen, und wesentlich ist eine Information in dem Maße, wie sie der Erreichung eines Zieles dient. In der Evolution ist das Ziel vorgegeben; letztlich besteht es im Überleben sowohl des Individuums als auch der Gattung (die Individuen nehmen also nicht nur »rein egozentrische« Informationen auf, sondern darüber hinaus solche, die über die Fortpflanzungsprozesse in spezifischer Weise auf den Bestand der Gattung gerichtet sind). Innerhalb der Kultur sind die Ziele durch deren eigentümliche dynamische (soziostatische) Struktur gegeben. Ein künstlich geschaffenes System, das isoliert von Biologie und Kultur funktioniert, selektiert die Informationen jedoch nach dem ihm eingegebenen Programm, und es ist daher nicht möglich, bei ihm zwischen einem Teil zu unterscheiden, der instrumentalen Charakter hätte, und einem anderen, der auf die Realisierung von »autonomen Werten«, zu denen auch die ästhetischen gehören, gerichtet wäre. Den Prozeß des Verstehens von (z. B. sprachlichen) Informationen können wir formal imitieren, indem wir eine Maschine zu einem Übersetzer machen, der einen Text aus einer gegebenen Sprache in eine andere überträgt. Die Arbeit der Übersetzungsmaschine liefert uns dann einen objektiven Maßstab der »Verständnisfähigkeit« sowohl unter formalem wie auch instrumentalem Aspekt. Die Frage, »ob die Maschine beim Übersetzen etwas empfindet – und wenn ja, was –«, taucht bei diesem Experiment überhaupt nicht als ein unerläßliches Prozeßglied auf. Die »ästhetische« Information läßt sich dagegen nicht einfach durch einen Vergleich der eintreffenden Signalkonfigurationen mit den im System enthaltenen Modellen identifizieren. Die Einstufung einer Information als »ästhetische« erfolgt in einer weiteren, gesonderten Etappe der Erkennungsselektion, die innerhalb der Klasse der identifizierbaren Konfigurationen eine spezifisch eingeschränkte Unterklasse von Konfigurationen erzeugt, denen, nachdem sie wahrgenommen worden sind, der Status zuerkannt wird, daß sie »gefallen« und insofern keinem anderen Zweck dienen. Der künstlich geschaffene Homöostat benutzt nun aber überhaupt keine Informationen in »eigensüchtiger« Weise, denn Überlebensziele wurden ihm ja nicht eingebaut, und so kann man bei ihm auch nicht jene spezifische Art von Informationen feststellen, die seine »ästhetische Sensibilität« befriedigen würden.

Die Frage nach der ästhetischen Sensibilität eines Perceptrons hat überhaupt keinen empirischen Sinn, und deshalb läßt sich so etwas wie ein »Ästhetron« auch nicht konstruieren.

Demgegenüber wird jedes Perceptron sofort zu einem »Ästhetron«, wenn wir es als Unterkomplex einem Gesamtsystem einfügen, in dem die Information für Zwecke der homöostatischen Autonomie genutzt wird. Wenn dieses Perceptron, nun Bestandteil eines größeren Systems, Informationen bevorzugt, die den besagten autonomen Zielen des Ganzen nicht dienen, dann können wir die so von ihm privilegierte, ausgesiebte Information nicht anders als »ästhetisch« bezeichnen. Zunächst muß also bei einem informationssammelnden System die »Selbstinteressiertheit« konstruiert werden, damit die Chance entsteht, in diesem System modellhaft die typisch ästhetische, gegenüber dem pragmatischen Handeln *redundante* Funktion der Informationsauslese abzubilden. Vom pragmatischen Standpunkt aus, der durch die »Haltung der Evolution«, durch ihr »Verhältnis zur Information« gegeben ist, sind ja alle aus der Umgebung eintreffenden Nachrichten, die der Organismus aufnimmt, sich aneignet, bemerkt und die »nichts für die Anpassung hergeben«, eine gewisse Verirrung, sind einfach gänzlich unbrauchbar. Der Unterschied zwischen dem Perceptron und dem »Ästhetron« besteht darin, daß das erstere als eigenständiges System existieren kann, das letztere dagegen nicht. Es kann, wie gesagt, erst zu einem solchen werden, nachdem es mit einem übergeordneten System zusammengekoppelt wurde. Es ist dies der Unterschied zwischen einem isolierten Wechseltierchen (einer Amöbe), von dem man sagen kann, es sei »ein Organismus für sich«, und einem scheinbaren Wechseltierchen, das sich als ein der Amöbe ähnliches, weißes Blutkörperchen herausstellt. Ob dieses Wechseltierchen »ein Tier für sich« oder Teil eines Ganzen ist, nämlich eines vielzelligen Organismus, läßt sich nicht dadurch feststellen, daß man das isolierte Wechseltierchen allein untersucht, ohne über die Eigenschaften des Vielzellers und insbesondere über die Zusammensetzung seines Blutes, über seine weißen Blutkörperchen etwas zu wissen. »Ein Blutkörperchen zu sein« ist also, wie wir sehen, Ergebnis einer Relation (des Verhältnisses zwischen Teil und Ganzem) und nicht eine Eigenschaft, die sich vollkommen isoliert feststellen läßt. Es kann nämlich sein, daß sich an dem isolierten Wechseltierchen überhaupt nichts findet, was es als ein weißes Blutkörperchen auszeichnet – und nicht als eine selbständige Amöbe, als Vertreterin einer Gattung einzelliger Tiere. Entsprechend kann denn auch ein und dieselbe Informationsmenge unter bestimmten Umständen »aästhetisch« und unter anderen »ästhetisch« sein.

In analoger Weise läßt sich nicht entscheiden, ob ein Mensch, der seinen nackten Körper mit den Farben des Regenbogens bemalt hat und komplizierte Sprünge vollführt, ein Tänzer oder ein Verrückter ist, ob er sich also auf eine »ästhetische« oder eine »außerästhetische« Weise verhält, wenn man die Untersuchung allein auf ihn beschränkt. Das Ganze, innerhalb dessen sich die mögliche ästhetische Qualität eines als Information zu verstehenden Verhaltens offenbaren kann, ist die Kultur. Die in ihr geltenden Normen und Direktiven, anhand derer über die ästhetische Qualität einer bestimmten Information entschieden werden kann, sind jedoch in dem Sinne unbestimmt, als der einzelne Kunstrezipient diese Qualität nicht feststellen kann, ohne eine Entscheidung zu treffen. Dafür sind diese Normen und Direktiven zu allgemein. Es ist daher unausweichlich, daß der Rezipient *selbständige* Entscheidungen trifft, auch wenn er in dieser Hinsicht keine unbeschränkte Freiheit hat. Die Entscheidungen über die ästhetische Qualität eines literarischen Werkes fallen in einer ähnlichen Weise, wie sie auch dem *Verstehen* zugrunde liegt, denn gewöhnlich macht man sie sich nicht bewußt. Bewußt werden sie erst dann, wenn die Klassifikation (der ästhetischen Qualität eines Werkes und ihrer spezifischen Einordnung) sich als *schwierig*, problematisch herausstellt. Dabei kann es vorkommen, daß die Serie der geistigen Operationen, die zum Verstehen eines Textes führt, nicht abgeschlossen wird (es kommt nicht zur vollständigen Integration), weil der Rezipient sich mit einer für ihn nicht näher definierbaren »Zauberhaftigkeit« des Textes begnügt (z. B. mit seinem »inkantatorisch-magischen« Charakter, der, sagen wir, ein Mittelding ist zwischen dem kindlichen Wiegenlied und der in religiösen Riten vorkommenden Verwünschung). Die semantische Syntax und die ästhetische Syntax (die immer nur relativ voneinander isoliert sind) können sich also zueinander einmal wie Protagonisten, ein andermal wie Antagonisten verhalten; natürlich sind auch komplizierte gegenseitige Beziehungen möglich (unter anderem deshalb, weil an den Urteilen auch ein ethischer, normativ-sittlicher Faktor usw. beteiligt ist). Letzten Endes verhält sich ein Werk während der Rezeption wie eine komplexe Funktion vieler abhängiger Variablen, deren Werte von dem Rezipienten bis zu einem gewissen Grade *willkürlich* festgelegt werden (die Willkür ist eine doppelte – teils rührt sie von der Sphäre der kulturellen Direktiven her, teils von dem nur auf sich gestellten Leser).

Aus den genannten Gründen sind, wenn nach der Befriedigung gefragt wird, die die Lektüre vermittelt hat, scheinbar widersprüchliche Antworten möglich, zum Beispiel: »das Buch gefällt mir, aber ich verstehe es nicht ganz« oder: »es ist gut geschrieben, aber es gefällt mir nicht« usw.

Von diesen miteinander zusammenhängenden Variablen, deren Funktion das Werk ist, haben wir in unserer Untersuchung die ausgelassen, die speziell der *Wertlehre* zuzuordnen sind, weil das unsere Aufgabe erheblich vereinfacht. Dadurch wurde auch der Streuungsbereich der Rezeption (der Resultate der Lektüre) schmaler, denn wie wir hier zu zeigen versuchten, ist die verstehende Integration nicht unabhängig von der ästhetischen Beurteilung: beide beeinflussen sich wechselseitig in einem Maße, das von einem Kulturkreis zum anderen und innerhalb eines Kulturkreises von einem Leser zum anderen verschieden ist. Natürlich ist *für den Menschen* nicht jede instrumentell gänzlich »überflüssige« Information damit schon eine ästhetische. Eine solche Auffassung der Redundanz ist sicherlich bei rein biologischen Phänomenen eine Vereinfachung. Beim Menschen äußert sich die Redundanz beispielsweise in auffälligen Zwangshandlungen, in Manien, in Neurosen, und außerhalb der Psychopathologie in der Sammelleidenschaft, in einer stereotypen Gewohnheit, in verfestigten Angst- und Frustrationsreaktionen, die noch nicht die Grenze des Normalen überschreiten, kurz, Redundanz wird festgelegt durch die *individuelle Geschichte*, und darüber hinaus wird ihr Rahmen abgesteckt durch die *Geschichte der Kultur*, in der ein Mensch aufwächst.

Es ist daher nicht zulässig, ästhetische Phänomene nur singulär aufzufassen, als aus zwei Gliedern bestehend (dem »empfindenden Subjekt« und dem »ästhetischen Objekt«). Das Ästhetische derart beschränkt untersuchen zu wollen hieße, ein isoliertes Organ zu untersuchen und dabei gänzlich den Organismus, zu dem es gehört, außer acht zu lassen. Während einerseits der Untersuchungsbereich durch eine solche singularisierende Betrachtung allzusehr eingeengt wird, droht andererseits, wenn man sich auf eine ganzheitliche Betrachtung beschränkt und *ausschließlich* die kulturellen Normen untersucht, eine *allzu weitgehende Verallgemeinerung.*

Das Elend der »mathematischen Ästhetik« ist, daß sie keine spezifischen Unterscheidungen treffen kann und deshalb jegliche Redundanz von Information in den einen Sack der »Ästhetik« steckt. Um den aus einem solchen Vorgehen resultierenden Unsinn zu vermeiden, benutzt der Forscher als eine den Untersuchungsbereich einengende Restriktion, also als »Vorfilter«, einfach vorgefundene Schemata – etwa das Hegelsche Schema –, die er aus der traditionellen Humanistik übernimmt. Er paßt, wenn er so verfährt, an das empirische »Ende« seines analytischen Apparats nicht ein gleichermaßen empirisches Wissen über die Kultur (als Quelle der wertbezogenen Restriktionen) an, sondern die grundsätzlich unverifizierbaren, weil unwiderlegbaren Verallgemeinerungen eines Hegel oder eines Aristoteles. So tauchen denn, durch mathematische Ausdrücke verbrämt, solche Grundbegriffe wie »Transzendierung des Subjekts im ästhetischen Akt« und dergleichen auf. Natürlich betreibt derjenige, der einen »mathematischen Operator der Transzendierung des Subjekts durch sich selbst« einführt, noch keine Empirie. Er bringt nur verschiedene Sprach*ebenen* durcheinander, schafft *Hypostasierungen* und operiert mit ihnen so, als würden sie sich existentiell durch nichts von Stühlen oder Schränken unterscheiden. Ein Biologe würde, wenn er in dieser Weise verführe, in der Natur nach einem »algedonischen Zentrum« suchen, das Gattungen, die sich ungenügend anpassen, mit Vernichtung bestraft und jene, die diese Aufgabe lösen, mit Überleben belohnt. Es gibt einen solchen algedonischen Mechanismus im Sinne eines *lokalisierbaren Gebildes* jedoch nur in den einzelnen Organismen – davon war schon die Rede –, doch in der Biosphäre ist er nirgendwo konkret zu lokalisieren. Seine Funktionen erfüllt die Auslese, die hier eine (dynamische) Konkretheit ist, wohingegen der »Mechanismus von Lohn und Strafe« als solcher in dem *kumulativen Resultat* ihrer (der Auslese) grundsätzlich *statistischen* und *langfristigen* Wirkung besteht. Es gibt keinen Biologen, der derart kardinale Fehler beginge, aber es gibt entsprechend handelnde Verfechter einer »mathematischen Ästhetik«. Da es also eine empirische Wertlehre nicht gibt, haben wir uns in diesem Buch auf das relativ am einfachsten zugängliche, fundamentale Glied jeder Lektüre von Werken beschränkt, nämlich auf die Mechanismen des *Verstehens*, und außer acht gelassen, was innerhalb der Lektüre als Erleben und Empfinden von Werten, darunter auch ästhetischen, auftritt.

3 »Der radikalste Unterschied zwischen dem literarischen Werk und seinen Konkretisationen tritt in der Schicht der Ansichten auf. Aus ihrer bloßen Parathaltung und Schematisiertheit im Werk selbst werden sie in den Konkretisationen zur Konkretheit gebracht und zu wahrnehmungsmäßigem (bei einer Theateraufführung) oder zu phantasiemäßigem Erleben (bei der Lektüre) erhoben. Dabei gehen die konkret erlebten Ansichten unvermeidlich über den schematisierten Gehalt der parat gehaltenen Ansichten im Werk selbst hinaus, in dem

das bloße Schema in verschiedener Hinsicht durch konkrete Elemente ausgefüllt wird. Infolge dieser Ausfüllungen, die zwar durch die schematisierten Ansichten in gewissen Grenzen vorgeschrieben sind, aber trotzdem von Fall zu Fall variieren, müssen zwei beliebige Konkretisationen eines und desselben Werkes voneinander verschieden sein. Die Ergänzungen und die in ihnen stattfindenden Verwandlungen können dabei so mannigfacher Art sein, daß es kaum möglich ist, vorauszusehen, wie sich eine bestimmte einzelne Konkretisation in dieser Hinsicht gestalten wird. Und dies insbesondere auch aus dem Grunde, weil jede konkret erlebte Ansicht des dargestellten Gegenstandes funktionell von dem allgemeinen Bewußtseinsstand des Lesers in der jeweiligen Phase der Lektüre abhängt. Dieser Bewußtseinsstand wird zwar, wenn der Leser sich in die Lektüre ›vertieft‹, wesentlich durch das beeinflußt, was der Leser gerade liest, ist aber zugleich mitbestimmt durch die konkrete Lebenssituation, in der sich der Leser im Augenblick befindet.« (Roman Ingarden: *Das literarische Kunstwerk,* teils nach der deutschen Ausgabe – Tübingen 1972, S. 362 –, teils nach der polnischen Ausgabe – Warschau 1960, S. 418 –, soweit diese von der ersteren abweicht.)

4 Das Werk muß nicht notwendig als ein indeterministisches informationales Objekt im statistischen Sinne verstanden werden, denn es ist jetzt auch möglich, den Begriff der Information auf eine nicht statistische Weise zu interpretieren. Algorithmische Konzeptionen scheinen in der Literaturwissenschaft nicht anwendbar zu sein, denn einem Werk läßt sich sinnvoll weder ein einzelner Algorithmus noch eine Menge von Algorithmen zuordnen. Anders verhält es sich mit der topologischen Konzeption, nach der die Information als ein (vereinfacht gesagt) spezifischer »Unterschied« zwischen einer gegebenen und einer anderen Struktur aufgefaßt wird; einen solchen Begriff benutzen in unklarer Weise auch die klassischen Interpretationen der probabilistischen Informationstheorie. Bei der Überlegung, welche informationalen Wandlungen sich innerhalb einer evoluierenden Art ergeben, nimmt z. B. Szmalhausen (neben anderen Biologen) an, man könne die nicht mutierte genotypische Informationsverteilung einer Population prinzipiell mit Null gleichsetzen und erst von ihr ausgehend die neue, durch Mutationen entstehende Information »zählen«; diese Auffassung ließe sich grundsätzlich auf die topologische, strukturalistisch verstandene Konzeption zurückführen. Danach ist die Information gleich der »Originalität«, die durch die »Abweichung« einer gegebenen Struktur von »Null« entsteht, wobei dies allerdings durchaus kein »thermodynamischer« oder »statistischer Nullpunkt« zu sein braucht, sondern für einen thermodynamisch beliebigen Ausgangszustand will-

kürlich festgelegt wird (denn dann wird der thermodynamische Aspekt überhaupt vermieden, und eine solche Konzeption entspricht eher einem mathematischen als einem physikalistischen Verständnis). Diese Konzeption kommt der Literaturtheorie entgegen, weil sie synchronisch ist. Man denkt ja, wenn man von der »Originalität« eines Werkes spricht, gewöhnlich nicht daran, daß irgendein »Zustand vor der Entstehung von Werken überhaupt« den »Nullpunkt« für diese Originalität abgibt, so daß man, um den »Grad der Originalität« eines bestimmten Werkes zu kennen, dieses den Verteilungen aller im Laufe der Geschichte entstandenen Werke gegenüberstellen müßte, sondern in der Regel vergleicht man dieses Werk mit einer bestimmten, grundsätzlich synchronischen Untermenge von Texten, und auf diese Untermenge bezieht sich die »Berechnung«. Topologische (in diesem Falle semantische) Eigenschaften werden also als Abweichungen von einer Menge von bereits bestehenden Strukturen (anderen aktuellen Texten) untersucht, wobei der probabilistische Aspekt gewöhnlich nicht berücksichtigt wird (denn niemand wird wohl ernsthaft überlegen, wie klein oder groß die Wahrscheinlichkeit der Entstehung einer »originellen« Information war, die wir in einem bestimmten Text vorfinden).

5 Es tauchen erste Versuche auf, eine formale Theorie des literarischen Werkes zu schaffen – ein Beleg dafür ist die Arbeit »Podstawy semantycznej koncepcji rzeczywistości przedstawianej w dziele literackim« (»Grundlagen einer semantischen Konzeption der im literarischen Werk dargestellten Wirklichkeit«) von Jerzy Kmita (in »Studia Filosoficzne« 1/1966). Ich habe mich weder mit ihr noch allgemein mit in ihre Richtung führenden logisch-semantischen Untersuchungen befaßt, denn ich befürchte, dadurch das vorliegende Buch mit einer weiteren Riesenmenge von sehr speziellen, häufig umstrittenen und unklaren Problemen zu belasten. Eine in diesem Sinne exakte Theorie des Werkes muß nach meiner Meinung ein eigenes Kapitel der Semiotik und nicht nur der Semantik bilden, sie würde also auch – außer der Syntax – die Pragmatik berücksichtigen und so die Dreiheit »Syntax-Semantik-Pragmatik« zusammenfassen. Kmitas Konzeption ist dagegen ausschließlich semantisch, denn sie geht auf die Arbeiten von J. Kemeny auf dem Gebiet der Theorie des Sprachmodells zurück. Ihr hauptsächlicher und unbestreitbarer Vorzug ist die in diesem Buche häufig geforderte ontologische Neutralität. Zweifel vermag sie jedoch in zweierlei Hinsicht zu erwecken; im Telegrammstil stellen sie sich folgendermaßen dar:

Eine erste Gruppe von Vorbehalten richtet sich gegen den grundsätzlichen Standpunkt J. Kemenys, der, wie übrigens viele Logiker, die Kantsche Einteilung in analytische und synthetische Urteile praktisch unverändert beibehält. Die Kritik, die W. V. O. Quine an diesem Standpunkt geübt hat (insbesondere in »Two Dogmas of Empiricism«, *Philosophical Review* 60, 1951; zitiert nach Smirnow und Tawancew in »Logičeskaja semantika i modalnaja logika«, Moskau 1967), finde ich überaus treffend. Quine unterscheidet bei jeder Aussage zwischen ihrer »linguistischen« und ihrer »reistischen« (»dinglichen«) Syntax und zeigt, daß die berühmt-berüchtigte dichotomische Einteilung nur eine Approximation des augenblicklichen Standes des gesamten menschlichen Wissens ist; vollkommene »Analytizität« und »Synthetizität« sind gleichsam nur die in ihrer Extremität unerreichbaren Pole einer grundsätzlich kontinuierlichen Skala, wobei den Zwischenraum Urteile von unvermeidlich »hybrider« Natur ausfüllen, wodurch die »absolute« Abgrenzung zwischen einer »notwendigen Wahrheit« im logischen Sinne und einer »faktischen Wahrheit« im physikalischen Sinne ihre Berechtigung verliert. Wahrscheinlich wird diese Auffassung sich künftig durchsetzen, so daß man mit der schönen, wenngleich nur ungenau der Realität entsprechenden Kantschen Einteilung wird brechen können. Hier ist jedoch weder der Platz, noch besitze ich die nötige Kompetenz, um mich weiter in diese faszinierende Problematik zu vertiefen.

Eine zweite Gruppe von Vorbehalten ist gewissermaßen schon in Kmitas Konzeption selbst enthalten, und sie betrifft insbesondere den Status der kontradiktorischen Sätze. Kmitas zentrale Forderung ist, solche Sprachmodelle zu konstruieren, in denen die Widersprüchlichkeit von Sätzen eines literarischen Textes zu einer nur scheinbaren Widersprüchlichkeit wird, die, indem sie verschwindet, deutlich macht, daß diese Sätze Metaphern sind. Den technischen Aspekt von Kmitas Versuch lasse ich außer acht, denn er ist für diese Hauptfrage von minderer Bedeutung. Ich gehe also davon aus, daß Kmitas Regel allgemein anzuwenden ist. Nach dieser Regel fassen wir den Widerspruch als einen »vorläufigen Zustand« auf, als eine nur scheinbare Adressierung eines Satzes an einen Ausschnitt aus dem Sprachmodell (scheinbar, weil es für solche Sätze kein Modell gibt), und wir adressieren jeden entsprechenden Satz gewissermaßen um und richten ihn auf ein anderes Modell, bei dem die Widersprüchlichkeit dann verschwindet. Dagegen erhebt sich jedoch der folgende Zweifel: Verläuft die Rezeption eines literarischen Werkes, sofern sie optimal ist, tatsächlich immer so, daß jeder in dem Werk enthaltene semantische Widerspruch am Ende in einen Nichtwiderspruch überführt wird? Informiert uns Kmita lediglich über den theoretisch-semantischen Aspekt der Werkrezeption und beschreibt er ihn, oder unterscheidet sich vielleicht das Verhalten der Rezipienten von Literatur in nicht trivialer Weise von dem empfohlenen?

Die Annahme, es könne in einem literarischen Text keinen kontradiktorischen Satz beziehungsweise keinen (als Konjunktion von Sätzen aufgefaßten) ganzen kontradiktorischen Text geben, der widersprüchlich und dennoch nicht metaphorisch wäre, erscheint mir sehr stark. Aus ihr folgen, würden wir sie uns zu eigen machen, seltsame Konsequenzen. Es stellt sich nämlich heraus, daß es keine Konjunktion von Sätzen gibt – und wären diese Sätze auch, sofern sie nur syntaktisch unversehrt bleiben, vollkommen beliebig aneinandergereiht –, der man nichtmetaphorischen Wert und damit semantische Nichtwidersprüchlichkeit zuschreiben könnte. Wir dürfen ja, der Regel zufolge, sobald wir auf einen evidenten Widerspruch stoßen, davon ausgehen, daß man uns nicht einen schlichten Widerspruch mitteilen wollte, sondern daß wir es mit einer Anwendung eines (einstweilen unbekannten) metaphorischen Codes zu tun haben, und folglich müssen wir unser Suchen, Mutmaßen und Ausprobieren so lange fortsetzen, bis wir den betreffenden Satz einem solchen Modellbereich zuordnen können, eine solche »Dechiffrierung der Ellipse« aufzwingen können, daß der Widerspruch verschwindet. Man kann dieses Prinzip akzeptieren, doch erinnert es in unliebsamer Weise an ein Beispiel, das Bertrand Russell anführt. Ich zitiere: »Gibt es keine Grenze dafür, wie kompliziert ein Gesetz sein darf, so unterliegt jeder denkbare Ablauf von Ereignissen Gesetzen, und daher wird die Annahme, daß es Gesetze gibt, zu einer Tautologie. Nehmen wir z. B. die Nummern aller Taxis, die ich im Laufe meines Lebens benutzt habe. Dabei haben wir es mit einer endlichen Folge von ganzen Zahlen zu tun und einer endlichen Anzahl entsprechender Zeiten. Wenn nun n die Nummer des Taxis ist, das ich zur Zeit t benutzt habe, so läßt sich sicherlich auf unendlich verschiedene Weisen eine Funktion f derart finden, daß die Formel

$$n = f(t)$$

für alle Werte von n und t richtig ist, die bisher aufgetreten sind. Eine unendliche Anzahl dieser Formeln wird freilich bei dem nächsten Taxi, das ich benutze, versagen, aber es wird eine andere, ebenfalls unendliche Menge übrig sein, die richtig bleibt. Zur Zeit meines Todes wird man die Rechnung abschließen können, und es wird dann immer noch eine unendliche Anzahl möglicher Formeln geben, von denen jede den Anspruch erheben kann, ein Gesetz darzustellen, das die Nummern der Taxis mit der Zeit verbindet, zu der ich sie benutzt habe. Der Vorzug dieses Beispiels für den gegenwärtig vorliegenden Zweck ist seine offenbare Unsinnigkeit.« (Bertrand Russell, *Das menschliche Wissen, Umfang und Grenzen,* Darmstadt 1952, Seite 308 f.) In der Tat geht es in diesem Beispiel darum, zu einem bestimmten systematischen »Zusammenhang« zu gelangen, und dafür werden – als »System« – zwei Zufallsreihen von Zahlen (welche die Nummern der Taxis und die Zeiten ihrer Benutzung angeben) miteinander »verkoppelt«.

Ein bißchen ähnlich verhält es sich mit den Anwendungen der Modelltheorie des Werkes. Um zu semantischer Kohärenz zu gelangen, müssen wir, wenn wir auf widersprüchliche Textstellen stoßen, nach einem Modellbereich der Sprache suchen, in dem die Variablen (des Textes) widerspruchsfrei den Elementen dieses Bereichs zugeordnet werden können; dieses Suchschema mag den Aktivitäten eines Textrezipienten entsprechen, muß es aber nicht immer. Wenn wir nämlich für die Kompliziertheit dieser Suche keine Grenzen festlegen, müssen wir, sobald wir in einem Werk auf einen Widerspruch treffen, ad hoc Hypothesen bilden, gleichgültig, wie seltsam und kompliziert sie auch sein mögen, so lange es uns nicht gelingt, den im Text vorliegenden Widerspruch zu beseitigen; dieses Vorgehen wollen wir bezeichnen als »Dechiffrierung von metaphorischen Codes«.

Nehmen wir an, Becketts »Molloy« endet nicht mit dem Satz: »Es regnet und es regnet nicht«, sondern beginnt damit. Da er uns gleich am Anfang der Lektüre als Isolat gegeben ist, besitzen wir unbeschränkte Freiheit: Wir können durch die Konstruktion entsprechender Modelle und Konzeptionen metaphorischer Codes den Widerspruch dieses Satzes auf verschiedene Weisen liquidieren, so daß er, je nach Wunsch, zu einem empirischen Satz wird, der sich auf physikalische Sachverhalte als Modellbereich bezieht – oder auch auf mentale und schließlich auch auf phantastische Sachverhalte.

Wir können einen Code vorschlagen, bei dem die auftretenden Widersprüche aus dem Grunde scheinbar sind, daß der Ablauf der Aussage zeitlich mit dem Gang der Ereignisse synchronisiert ist, die Aussage also eben durch ihren zeitlichen Verlauf den Ablauf der Zeit abbildet, in der nacheinander Veränderungen eintreten, so daß es *(zuerst)* regnet und *(danach)* nicht regnet, denn bekanntlich ist es ja wirklich so, daß jeder Regen zunächst beginnt und dann irgendwann aufhört. Wir erhalten einen widerspruchsfreien, empirisch wahren Aussagesatz, der als »Metapher« wohlgemerkt nicht schön sein mag, doch gehört das nicht mehr zur Semantik. Wir haben einen Code konstruiert, der durch die Abfolge der Artikulationen (in einem zeitlichen Augenblick ohne Ausdehnung kann man ja Sätze weder aussprechen noch lesen) die Realität in ihren nur in einer Richtung ablaufenden zeitlichen Transformationen abbildet.

Dem besagten Satz können wir nun als Modellbereich mentale Zustände, nicht aber Sachverhalte zuordnen, wie die nachfolgend exemplifizierte Regel zeigt. Wenn ein Hysteriker während eines Angriffs schreit: »Ich bin schon tot!«, dann äußert er einen Widerspruch; zugleich informiert er uns jedoch über den Zustand seines Geistes (nicht aber seines Körpers, der ja weiterhin lebendig ist), und entsprechend dem Modell, das die Psychologie liefert, bedeutet dieser Satz etwa: »Ich möchte sterben«, »Ich habe Angst zu sterben« usw. Entsprechend kann auch der Satz: »Es regnet und es regnet nicht« bekunden, daß bei dem Sprecher, der in dem Werk als Erzähler fungiert, gewisse psychische Zustände einer, sagen wir, »Geistesstörung« oder ähnliches vorliegt. Über irgend etwas informiert der Satz auf jeden Fall, und insofern ist er, in der Sprache mentaler Zustände artikuliert, nicht kontradiktorisch.

In der Welt des Phantastischen wiederum mag Regen (hier ist eine Erläuterung notwendig: das deutsche »es regnet« wird im Polnischen ausgedrückt durch die Wörter »der Regen fällt«. Anm. d. Ü.) der Name eines Dämons sein, der die Fähigkeit besitzt, Wunder zu wirken, oder allgemeiner gesagt, der allmächtig ist. Wenn jemand, der »unendlich« ist, »Grenzen« haben kann (»der Unendliche hat Grenzen« heißt es in einem polnischen Weihnachtslied), dann kann unser Dämon »Regen« solche Wunder bewirken, daß er das Unmögliche realisiert, indem er gleichzeitig »fällt« und »nicht fällt« (was immer diese Tätigkeit bedeuten mag). Wie sich dies genauer darlegen läßt, zeigt Kmita am Beispiel eines Zauberers, der an zwei Orten zugleich sein kann; unser Widerspruch ist freilich »schärfer«, denn auch im empirischen Modell kann etwas, nämlich das Elektron, virtuell an zwei Orten zugleich sein (indem es längs der Wahrscheinlichkeitsamplitude »verschmiert« ist), doch kann es nicht an ein und demselben Ort sein und nicht sein. Hier liegt eine gewisse Schwierigkeit, denn man weiß nicht, ob selbst ein Zauberer nicht nur Widersprüche zu realisieren vermag, sondern auch noch den Sätzen, die diese ausdrücken, zu Modellen verhelfen kann, wenn das zur Modelltheorie der Semantik im Widerspruch steht; wenn er es *dennoch* könnte, würde er damit beweisen, daß die Theorie falsch ist; würde sich die Theorie als falsch herausstellen, so würden die Regeln, nach denen ihr gemäß Modelle gebaut werden, zusammenbrechen; würden sie zusammenbrechen, dann wüßte man nicht mehr, wie man überhaupt davon sprechen könnte, daß der Zauberer ein semantisches Modell von irgend etwas geschaffen hat; anscheinend muß man hier innerhalb eines »Regressus ad infinitum« hierarchisch immer weiter aufsteigende Modelltheorien bilden, die der Reihe nach zusammenstürzen. Wir befinden uns in einem Gebiet, das von Paradoxien und Antinomien nur so wimmelt, das also »irgendwie« phantastisch ist. Es gibt natürlich einen trivialen Ausweg in Gestalt des »Codes der Vermutungen«; »Es regnet und es regnet nicht« könnte beispielsweise heißen: »Es fällt ein unsichtbarer Regen, so daß es so aussieht, als würde es nicht regnen.« Das mag uns hier genügen.

Die weitere Lektüre des Werkes von Beckett macht jedoch deutlich, daß das »adäquate« Modell jenes Satzes ein anderes ist, und zwar wird das durch die allgemeine Tendenz der Topologie des Modells klar, das wir, wenn wir uns in den Text vertiefen, den Sätzen zuordnen müssen. Es zeigt sich nämlich, daß der oberste Modellbereich von »Molloy« ausgefüllt ist von gewissen philosophischen Verallgemeinerungen samt deren konkreten Spezifikationen wie etwa »Die Sprache lügt immer«, »Es ist nicht möglich, sprachlich etwas Bestimmtes mitzuteilen« usw.

Der Satz »Es regnet und es regnet nicht« enthüllt dann seinen in der Tat metaphorischen Status; er bedeutet soviel wie: »Nach meiner Ansicht ist Wahrheit Lüge und Lüge Wahrheit« oder : »Ich bin von Agnosie gelähmt.« Zum Schluß gelangen wir zu einer widerspruchsfreien Konstruktion, das Kontradiktorische verschwindet, und die Rezeption kann glücklich weitergehen.

Es ist jedoch die Frage, ob tatsächlich jedes Werk in dieser Weise zu rezipieren ist. Das folgt nämlich noch nicht daraus, daß man »Molloy« so rezipieren kann. Wer in dem Roman »Śmierć Aecjusza« von Parnicki sehr aufmerksam den Gang der Handlung verfolgt und dabei, um nicht durcheinanderzukommen, Notizblock und Bleistift zu Hilfe nimmt, wird nach und nach feststellen, daß nicht nur die intersubjektive Identität der Ereignisse, das heißt ihrer verschiedenen Versionen, nicht durchgehalten wird, sondern nicht einmal die Genidentität der Personen, die der Reihe nach zu Wort kommen. Ihre objektive Persönlichkeit scheint offenbar zu verschwinden, dann wiederzukehren, dann wiederum von einem Körper in den anderen zu wandern, so daß man am Ende nicht nur nicht weiß, *wovon* die Rede ist, sondern ebensowenig, *wer* eigentlich spricht – der jeweilige Held, der Erzähler, der Autor oder ein fiktives Wesen mit dem Namen »Niemand«. Als entsprechendes Modell müßte man eine Welt konstruieren, die von Wundern erfüllt ist, doch erweckt der Roman durchaus nicht den Anschein, als ginge es um Wunder. Soweit sich das aus dem Kontext feststellen läßt, behandelt das Buch offenbar nicht Phänomene von der Art der Persönlichkeits- oder Personenspaltung (also gewissermaßen der »physikalischen Entsprechung« der Reinkarnation, der Seelenwanderung), oder allgemeiner gesagt, befaßt es sich nicht mit übernatürlichen Phänomenen, die empirisch völlig und unter allen Umständen unmöglich sind, mit den Resultaten von Handlungen einer allmächtigen Instanz, des unmittelbaren Eingreifens einer wundertätigen Kraft in die gegenständliche Welt. So wäre es denn auch nach der vorherrschenden Überzeugung der Leser und der Kenner nicht richtig und dem Roman nicht angemessen, wenn man annehmen würde, es ginge bei dem Roman um irgendwelche »wundersamen« metaphorischen Codes, um Beschreibungen einer »tatsächlichen Seelenwanderung« oder auch der »Verschmelzung«, der »Aufspaltung« usw. von Seelen; es wäre nicht richtig, *obwohl* es nach Kmitas semantischer Modelltheorie des Werkes gerade geboten wäre. Läßt sich das von dieser Theorie nahegelegte Verfahren überhaupt realisieren?

Es wäre wohl durchzuführen, wenn wir mit den entsprechenden Protokollen und Numerierungsmaschinen an die Arbeit gingen, wenn wir, nachdem wir alle jene Stellen festgestellt hätten, an denen sich Widersprüche zeigen, darangingen, Hypothesen zu bilden, die mit Hilfe von metaphorischen Codes den ganzen Galimathias von Widersprüchen in eine semantische Ordnung überführen würden. Ohne die genannten Hilfsmittel läßt sich das nicht machen, und zwar aus dem ganz einfachen psychologischen Grunde, der es uns, abgesehen von einer Handvoll phänomenaler Rechenkünstler, verwehrt, zehn achtstellige Zahlen im Kopf miteinander zu multiplizieren und die vierte Wurzel aus ihnen zu ziehen. Wie also verfährt der normale Leser, wenn er nicht gar ein Kenner der Literatur ist? Da ihm die besagte Buchführung von ganzer Seele widerstrebt, denkt er nicht daran, vollkommene semantische Kohärenz herzustellen, jene ungeheuren Hypothesen zu bilden und die Widersprüchlichkeit des Textes völlig auszuräumen, sondern er wird vielmehr versuchen, den Widersprüchen so lange wie möglich auszuweichen. Dabei wird er sich von Zeit zu Zeit verirren, aber da das Werk schließlich keine Folge von Deduktionen ist, keine Beweisführung, die durch eine einzige Lücke überhaupt jeglichen Sinn einbüßt, wird der Leser bei der weiteren Lektüre wieder bis zu einem gewissen Grade seine Orientierung zurückgewinnen.

So wie der Empiriker die Ereignisse in Verallgemeinerungen zusammenzufassen versucht, so bemüht sich auch der Leser, den Text eines Werkes kohärent zusammenzufassen, und dabei wenden beide – jeder auf seine Weise – das Prinzip der Ökonomie der Mittel und der Aktivitäten an. Die empirische Theorie kommt nicht ohne Begriffe aus, die sich nicht direkt auf Beobachtungsnamen zurückführen lassen, doch folgt daraus nicht, daß der Empiriker in jedem Augenblick bereit wäre, sobald seine Vorhersage sich nicht erfüllt, der Theorie neue, unbeobachtete »theoretische Wesenheiten« hinzuzufügen, nur um wieder Übereinstimmung zwischen der Prognose und dem tatsächlichen Sachverhalt herzustellen. Auch der Leser ist nicht bereit oder ganz einfach nicht in der Lage, die Zahl der Mutmaßungen bezüglich der »Metaphern« unbegrenzt zu erhöhen, sobald er auf Bedeutungswidersprüche stößt, nur damit die semantische Kohärenz des Textes erhalten bleibt. Nur bis zu einer gewissen Grenze, die intuitiv, durch gesunden Menschenverstand und zugleich probabilistisch festgelegt wird, sind Empiriker und Leser bereit, ihre Theorie beziehungsweise die Menge der herangezogenen »metaphorischen Codes« zu komplizieren. So wie nicht jede Serie von Ereignissen – zum Beispiel Taxifahrten – für den Empiriker ein »System« ist, so ist auch nicht jede Serie von Sätzen für den Leser von Literatur ein literarisches Werk, obgleich man, wie gerade das Beispiel von Russell gezeigt hat, eigentlich eine beliebige Menge von Ereignissen als »System« betrachten kann und genauso eine beliebige Konjunktion von Sätzen als »literarischen« Text betrachten könnte.

Die von Kmita vorgeschlagene Theorie wäre vor dreißig, vierzig Jahren von Nutzen gewesen. Damals deckte sich tatsächlich die Grenze der »Leserfähigkeit«, widerspruchsvolle Texte in nichtkontradiktorische übertragene Sinngehalte zu transformieren, mehr oder weniger mit der Abgrenzung, die von den Kennern zwischen Literatur und Nichtliteratur gezogen wurde. Was soll man jedoch anfangen, wenn heute zu den literarischen Texten – das heißt solchen, die allgemein als literarische gelten – neben kontradiktorischen und gleichzeitig metaphorischen Sätzen auch solche gehören, die zwar widerspruchsvoll, aber nicht metaphorisch sind?

Wenn wir sagen, diese Sätze seien widerspruchsvoll, aber nicht metaphorisch, so möchten wir damit nicht behaupten, sie seien nicht in eine widerspruchsfreie Form zu überführen; wir haben ja soeben gezeigt, daß gerade das möglich ist. Es geht darum, daß die Leser sich nicht so verhalten; dabei ist die Grenze, an der der Leser sagt: »Dieser Text ist widerspruchsvoll, ich habe versucht, ihn zu einem widerspruchsfreien Ganzen zu machen, aber das ist unmöglich!« – diese Grenze ist zwar offensichtlich tief in das Gebiet der »immanenten Widersprüchlichkeit« hinein vorgeschoben worden, weil die Erzählkunst sich eben in dieser Richtung entwickelt hat, aber sie ist noch nicht ins Unendliche entwichen.

Nach Kmitas Theorie stehen wir hier vor einer eindeutigen Alternative: Entweder müssen wir das Werk samt all seinen Sätzen auf eine solche Modellebene heben, daß es seine Widersprüchlichkeit verliert und sein Sinngehalt eindeutig wird, wir müssen uns also in Buchhalter und zugleich in Schöpfer unzähliger seltsamer Hypothesen verwandeln, oder wir müssen zugeben, daß ein Text, der, weil wir uns weniger Mühe geben, als es theoretisch möglich wäre, keine Kohärenz erlangt, überhaupt kein literarisches Werk ist. Ein solcher Text stellt eine »verstreute semantische Ruine« dar.

Unterdessen zeigt sich heute in den Werken, und zwar sowohl auf der syntaktisch-sprachlichen Ebene wie auf der Ebene der gegenständlich geschilderten Realität, immer häufiger eine Tendenz zur Selbstzerstörung. Gestört ist also nicht nur der Bereich, in dem die Variablen der Sprache modellhaft festgelegt sind, sondern auch der Bereich der

Artikulation selbst unterliegt erheblichen Deformationen, welche die grammatische, syntaktische, lexikalische und logische Korrektheit verletzen. Diese Entwicklungstendenz mag jemandem nicht gefallen (mir z. B. mißfällt sie sehr), aber was hat das schon zu besagen, wenn es darum geht, eine Theorie des Werkes zu schaffen? Schließlich ist die Theorie ja ein Instrument der Generalisierung, nicht der Diskriminierung von Tatsachen.

Kmita bewerkstelligt die ontologische Neutralisierung der Theorie u. a. dadurch, daß er den fiktiven Status der literarischen Gestalt mit der denotativen Leere mathematischer Ausdrücke identifiziert; es geht ganz einfach um die Möglichkeit einer widerspruchsfreien Konstruktion. Indessen deutet alles, was wir gesagt haben, darauf hin, daß nicht jedes Werk in der Praxis bis zur Widerspruchsfreiheit gebracht werden kann. So wie ein Anhänger der klassischen Physik behaupten könnte, die Elementarteilchen besäßen einen völlig determinierten raumzeitlichen Ort, nur gebe es eine Reihe immaterieller Dämonen, die regelmäßig in die Meßergebnisse eingreifen und uns so daran hindern, diesen in der Natur prinzipiell gegebenen Ort festzustellen, so könnte auch ein Leser auftreten, der alles in dem Werk wörtlich nimmt und meint, Anzeichen für ein bestimmtes semantisches System vor sich zu haben, wenn eine Gestalt einmal innerhalb eines Dialoges abhanden kommt, also aus ihm verschwindet, um sich dann wieder gewissermaßen zu verdoppeln oder sich in eine andere zu verwandeln, wenn sie einmal Sinnvolles und dann wieder Unsinniges sagt, und so weiter – ein Leser, der meint, es komme nur darauf an, dieses System (d. h. Modell) herauszufinden, und schon werde sich vollkommene Bedeutungskohärenz des Textes einstellen.

Nun würde sich aber selbst dann, wenn wir anhand von Protokollen Ordnung in den Text bringen würden, das entstehende »Systemganze« als kompletter Nonsens erweisen. Erstens, weil der folgende Beispielsatz, der aus einem Gedicht stammen könnte: »Da sind Ala und lala, aber Ala ist nicht Ala und lala nicht lala«, sich zwar zu völliger Widerspruchsfreiheit bringen ließe, wenn man einen geeigneten Modellbereich wählt, bei dem die Widersprüchlichkeit verschwindet, doch sollte man das nicht tun, denn sicherlich kam es nur auf die euphonischen und nicht auf irgendwelche Sinnaspekte dieses Satzes an, zweitens aber, weil diese Mühe bei den meisten sehr »modernen« Prosatexten vergebens sein wird. Um es brutal auszudrücken, aber nicht ohne sachlichen Grund: Solche Texte konstruiert man gerade deshalb, damit sie sich nicht restlos »versachlichen« lassen; wer das dennoch schafft, hat dann so etwas wie Russells »Taxisystem« vor sich.

Wie kann es unter solchen Bedingungen zu einer Rezeption des Werkes kommen? Ist diese Rezeption bloß eine Fiktion, eine schlichte

Lüge, an der allerdings viele sich beteiligen? In bestimmten extremen Fällen, wo die Anzahl der widersprüchlichen Textstellen sehr groß ist, möchte ich annehmen, daß kein Leser mit gesundem Menschenverstand den auftretenden Bedeutungszerfall wirksam verhindern kann und daß er nichts erfährt, was insgesamt eindeutig, in seiner Bedeutung kohärent wäre, so daß er sich aufgrund einer bestimmten, nur psychologisch verständlichen Resignation ungefähr in der Weise mit dem Werk abfindet wie der Mystiker mit dem »Geheimnis«. Es ist ja möglich, in den Widersprüchen, die man nicht auszuräumen vermag, die »unbegreifliche Wahrheit« zu sehen, in den verstümmelten Bedeutungen einen Niederschlag von der »Verletztheit des Seins« zu erkennen, hinter dem Unverständlichen »archetypische Urquellen« der Existenz zu vermuten, ja ein solches Werk anzubeten, in ihm zu forschen und sich dadurch an es zu gewöhnen wie an ein Labyrinth; dies erinnert ziemlich stark an magisch-totemische Verhaltensweisen, und es kann einen rational denkenden Menschen ärgern, doch muß dieser sich damit abfinden, daß es bei der Avantgarde der literarischen Experimente eben nicht anders ist.

Eine genauere kulturhistorische Untersuchung, für die ich nicht die entsprechenden Kenntnisse besitze, würde übrigens zeigen, was für eine große Rolle in den verschiedenen Denksystemen oft gerade kontradiktorische Sätze gespielt haben (so etwa im System des Zen). Ich weiß nicht, ob sich ein Semantiker finden würde, der den Versuch unternähme, für ein religiöses System, verstanden als Menge bestimmter Behauptungen, den entsprechenden Modellbereich zu finden; ich glaube, daß bei diesem Unternehmen wohl kaum Modelle entdeckt würden, denn kontradiktorische Sätze besitzen keinerlei Modell; bei den meisten, wenn nicht bei allen Glaubensvorstellungen kann man aber Sätze finden und einander paarweise zuordnen, die sich gegenseitig ausschließen; das »credo quia absurdum« hat eine beachtliche Tradition, und es stimmt nicht, daß das Absurde überhaupt keine Bedeutung hätte; es stellt innerhalb des Konfigurationsraumes eines bestimmten Bedeutungssystems schließlich eine lokalisierbare »Stelle« dar. Wohl führt der kontradiktorische Satz: »Käse ist in Tibet billig, und es stimmt nicht, daß Käse in Tibet billig ist« genauso zu einem »semantischen Nullum« wie der Satz: »Dostojewski hat ein Mädchen vergewaltigt, und es stimmt nicht, daß Dostojewski ein Mädchen vergewaltigt hat«; dennoch werden wir auf die Frage, was wir aus diesem Satz erfahren haben, nicht antworten, wir hätten gar nichts erfahren. Logisch sind alle Zustände völliger Unwissenheit einander gleichwertig, nicht aber psychologisch: Der Zustand der Unwissenheit bezüglich des Käsepreises in Tibet ist nicht gleichwertig mit dem Zustand der Unwissenheit bezüglich des angeblichen Delikts Dostojewskis. Ein normaler Mensch wird, nachdem er einige widersprüchliche Sätze gehört hat, auf die Frage nach dem Käsepreis antworten, er kenne ihn nicht; aber auch wenn er sagen würde, daß ihm darüber, wie das mit Dostojewski und dem Mädchen gewesen ist, nichts bekannt sei, ist es doch sehr wahrscheinlich, daß er »sich etwas denken würde« in dem Sinne, daß dieses »nichts bekannt« eine pejorative Färbung erhält. Die Gesetze der Psychologie sind ja nicht identisch mit den Gesetzen der Semantik oder der Logik. Könnte man nicht dennoch versuchen, den Bereich der Literaturwissenschaft von der pragmatischen Seite aus anzugreifen, indem man eine Relativierung der Werke auf deren individuelle Rezipienten und auf die Kollektive dieser Rezipienten einführt? Dieses Problem liegt außerhalb unserer gegenwärtigen Überlegungen.

Innerhalb der Gesamtmenge aller Werke gibt es also ein semantisches Spektrum, angefangen von solchen, die sich der von Kmita vorgeschlagenen Theorie gut einfügen, bis hin zu solchen, die sich aufgrund ihrer unaufhebbaren Widersprüchlichkeit dieser Theorie entziehen. Natürlich sind die Widersprüchlichkeit eines Satzes und die semantische Kohärenz eines Satzes zwei verschiedene Dinge; schließlich gibt es ja Sätze, die nicht gänzlich, nicht klar oder nur halbwegs verständlich, aber keineswegs widersprüchlich sind, und ein gesondertes Problem ist noch der Status von verstümmelten, »antisyntaktisch« aufgebauten Sätzen, doch will ich darauf an dieser Stelle nicht eingehen.

Das erwähnte »semantische Spektrum« von Werken erstreckt sich vom Extrem solider Bedeutungskohärenz über Zustände, denen man eine solche Kohärenz gerade noch unter erheblicher interpretatorischer Anstrengung verleihen kann – einer Anstrengung jedoch, die einen unklar in der Schwebe bleibenden »Restwiderspruch« übrig läßt, der aber durchaus kein Ballast des Werkes zu sein braucht (für viele Leser mag er gerade das Salz des Werkes sein!) –, bis hin zu Werken, bei denen nicht einmal eine probabilistische, oszillierende, ungewisse Integration möglich ist, Werken, die für alle normalen Rezipienten »semantische Ruinen« darstellen. Es ist bekannt, daß die Ruinen (von nichtsprachlichen Gebilden) oft um vieles schöner, berückender, bedrohlicher sind als die unversehrten Gebäude. Auch diese Bemerkung ist, wie ich meine, nicht unangebracht.

6 Wenn wir die »poetische Information« als eine Art »Parasitismus« oder gar als »sprachliche Narkose« bezeichnen, so mag das töricht und geschmacklos erscheinen – aus empirischer Sicht ist es jedoch korrekt. Es gibt zahlreiche poetische (und übrigens nicht nur poetische) Texte, die in der Rezeption das Gefühl einer eigentümlichen, unter instrumentellem und pragmatischem Aspekt ganz und gar

scheinhaften Offenbarung vermitteln, die ebenso scheinhaft ist wie der Informationsgewinn, zu dem man in Zuständen der hypnotischen Trance, der Vergiftung mit Mescalin oder Psilocybin, bei gewissen Träumen, in der mystischen Versenkung usw. gelangt. Es hängt allein von den jeweiligen kulturellen Normen ab, ob man in diesem Falle von einer »anständigen Offenbarung« spricht oder von einem spezifischen »Mißbrauch«, einem »Sichberauschen«, »Halluzinieren« usw. Unser Urteil stellt keine Eigenwilligkeit, sondern eine Notwendigkeit dar, denn es folgt aus den zuvor gemachten Annahmen; wenn wir es nur widerstrebend akzeptieren, da es ja beinhaltet, daß die Wirkung der Lektüre eines ausgezeichneten Gedichts so etwas wie eine »verbale Lusterregung« des Geistes ist, die ähnlich empfunden wird wie eine entsprechende Erregung etwa durch chemische Mittel, dann veranlaßt uns dazu lediglich die Tradition einer bestimmten – nämlich der modernen – Kultur, die es uns verbietet, zwischen dem Schlukken irgendwelcher Betäubungsmittel und der Lektüre künstlerisch hervorragender Texte ein Gleichheitszeichen zu setzen. Vielleicht möchte jemand die strittige Frage empirisch formulieren und behaupten, ein Gedicht könne den Menschen eventuell »veredeln«, ihm etwa das Gefühl der »Erhabenheit« gewisser Thesen vermitteln, die er vielleicht sogar schon gekannt, mit denen er sich aber bislang »nicht befaßt« hat, während eine Droge niemandem etwas Derartiges vermitteln könne; dies betrifft jedoch nur eine bestimmte Gruppe von chemischen Verbindungen, und es läßt sich keinesfalls sinnvoll behaupten, daß es niemals chemische Substanzen geben wird, deren Einnahme den Menschen beispielsweise »veredelt« (und sei es nur im moralischen Sinne). Es führt nichts daran vorbei: Offenbarungen, die weder unsere instrumentalen Fähigkeiten noch unsere Kenntnisse der realen Welt steigern, sind, empirisch gesehen, scheinhafte Offenbarungen. Die Informationstheorie läßt es überhaupt nicht zu, sich mit Fällen zu beschäftigen, in denen allein schon der Empfang einer bestimmten Nachricht den Empfänger derart umgestaltet, daß dieser beispielsweise »moralisch besser« wird (falls das überhaupt geschieht), und nebenbei gesagt, sind solche »Wandlungen«, von denen die Künstler träumen, eher deren frommer Wunsch.

7 Wenn der Text einseitig den massenhaft-statistischen Aspekt des Prozesses betont, in dem die Struktur des Werkes sich bei der Rezeption herausbildet, das heißt stabilisiert, so liegt das weitgehend daran, daß diese Betrachtungsweise bislang von den Theoretikern der Literaturwissenschaft systematisch übergangen wurde. Wenn man sagt, ein Phänomen sei durch Faktoren statistisch-massenhafter Natur geformt, so heißt das nicht mehr, als daß ein Gebilde von Leben erfüllt ist. Es

geht hier lediglich um einen ersten Schritt einer allgemeinen Klassifikation, um eine Art Wegweiser, aber nicht mehr. Die Markowschen stochastischen Modelle bieten nur eine sehr grobe, sehr primitive Formel, die gewählt wurde in Ermangelung einer besseren und nicht etwa deshalb, weil jene Modelle tatsächlich zu erklären vermöchten, daß etwa ein bestimmter Typus von Werken in der Rezeption über längere Zeit hinweg aufsteigt, während andere, in derselben Zeit entstandene Werke gleichzeitig »eingehen«. So ist etwa die Dichtung eines Leśmian nicht nur weiterhin »lebendig«, sondern sie scheint in der Rezeption unablässig an Aktualität zu gewinnen, im Gegensatz zumindest zu einem großen Teil des Schaffens von Tuwim. Dabei herrschten vor etwa dreißig Jahren, als beide entstanden, genau umgekehrte Verhältnisse. Man kann jedoch von massenhaften und dabei zufällig erfolgenden Wahlvorgängen nur dann sprechen, wenn »am Start« Werke stehen, die einander sprachlich, d. h. hinsichtlich ihrer »Kompliziertheit« (auch unter semantischem Aspekt) mehr oder weniger ähneln. Daß die Gedichte Leśmians ihre Karriere einer Serie von grundsätzlich zufälligen Wahlen verdanken, wobei auf jeder Etappe eine »positive« axiologische »Verstärkung« eintrat (so daß sie aufgrund verschiedener, den Texten grundsätzlich äußerlicher Koinzidenzen immer positiver beurteilt wurden), ist ganz und gar unwahrscheinlich. Leider kann man solche Phänomene nur konstatieren, nicht aber sie theoretisch erklären; im Falle Leśmians kann man auch kaum davon sprechen, daß die Entwicklung der poetischen Codes sich mit seinen individuellen Codes getroffen hätte, denn weder der »starre« und präzise Versbau mit seinen vollen, aber seltenen Reimen noch das seinen Gedichten eigentümliche, stark betonte Barock, das nicht selten an die jungpolnische Sezession erinnert, sind gegenwärtig modern. Diesen Aufstieg wiederum mit rein psychologischen Faktoren zu erklären, etwa damit, daß die Rezipienten sich gerade an solche Texte schlicht »gewöhnt« hätten, hieße, das Problem trivial zu verflachen. Vermutlich ist eine ganze Reihe verschiedener Faktoren daran beteiligt, so etwa der sprachlich (nicht aber gegenständlich) sehr »kreative«, autonome Charakter dieser Dichtung, die im Rahmen von Codes, die immer noch intersubjektiv erkennbar sind, obgleich sie von der Menge der gebräuchlichen, stärker stereotypen Codes stark abweichen, »autonome Welten« errichtet; auch ein den Bestrebungen der einzelnen Autoren übergeordneter »Trend« in der Entwicklung der Dichtung, der gewissermaßen den Haupttrend, zumindest aber einen der zentralen Trends ausmacht; schließlich ist daran über das Gesagte hinaus auch der Umstand beteiligt, daß diese Dichtung nicht nur eine poetische Mitteilung ist, insofern sie tatsächlich eine bestimmte, durchaus eigentümliche, auch ontologisch extreme Haltung ausdrückt, und zwar in »authentischer«

Weise (in dieser Dichtung herrscht eine Spannung, eine Intensität des Ausdrucks, die die Authentizität der Überzeugungen dessen, der sich darin ausdrückt, zu bekräftigen scheint, und zwar deshalb, weil alle »Maskierungen« und »Verkleidungen« des Gedichts in der Tat dienende Elemente im Sinne der »ontologischen Verkündung« vieler Inhalte sind, auch solcher, die sich nicht vollständig in diskursive Sprache übersetzen lassen).

Das alles erklärt jedoch nicht, warum vor fast einem Vierteljahrhundert kein einziger Kenner diesen Sachverhalt zu erkennen vermochte; die Wurzeln des Phänomens scheinen mir doch massenhaft-statistischer Art zu sein, allerdings in dem Sinne, daß die Entwicklung der Kultur und ihre Strömungen, besonders im Zusammenhang mit der Zivilisationskatastrophe des zweiten Weltkrieges, insofern »auf der Linie« dieser Dichtung lag, als Leśmian ein Eschatologe reinsten Wassers war und mit seinen Artikulationen gewissermaßen (oft in verzweifelter Weise) gegen die Barriere anrannte, die den Tod vom Leben trennt: Besonders »agonale«, »tödliche«, »endzeitliche« Motive wurden zum semantischen Unterfutter vieler poetischer Werke von damals; mit seinen Gedichten, zumindest mit einigen Zyklen, geschah – bei allen riesigen Unterschieden zwischen diesen Arten von Werken – etwas Ähnliches wie mit Kafkas »Strafkolonie«. In diesem Sinne begann man Leśmian viele Jahre nach seinem Ableben »ernster zu nehmen«, als irgendeiner seiner Leser es zu Lebzeiten des Dichters vermocht hätte. Dagegen gibt es das Bürgertum, dessen Barde Tuwim war, in der Form, wie es vor dem Kriege bestand, bei uns praktisch nicht mehr, und deshalb »versiegt« seine Dichtung immer rascher.

8 Nach meinem Verständnis ist die massenhaft-statistische Betrachtung der Werkrezeption der Einzelbetrachtung komplementär, so daß bestimmte, auf diesem Wege festgestellte Aspekte eines literarischen Phänomens andere Aspekte, die durch eine Einzelanalyse nicht restlos erklärt werden, ergänzen. Der Anteil des »Erklärungsbeitrages« der statistischen Konzeption kann jedoch von Fall zu Fall verschieden sein. Schließlich entsteht ja die Meinung über ein Werk, die dessen Rezeption stabilisiert, nicht immer in genau der gleichen Weise; die Einzelheiten dieses Prozesses hängen sowohl von dem Werk (besonders hinsichtlich dessen, was seine »Andersartigkeit«, seine Originalität ausmacht, die sich durchaus nicht auf nur einen Parameter zu beschränken braucht) als auch von dem Rezeptionsmilieu ab. Die Struktur dieses Milieus (z. B. seine Schichtung), das Netz seiner gegenseitigen Informationszusammenhänge (Tendenz zur aktiven Verbreitung von Urteilen durch einzelne kommunikative Akte), seine Abhängigkeit von den veröffentlichten Meinungen von Kennern, –

dies sind zweifellos Variablen, deren konkrete Werte abhängig sind von der historischen Situation (unter politischem, sozialem und kulturellem Aspekt), von der Intensität, mit der Literatur gelesen wird, die ihrerseits von dieser Situation weitgehend abhängig ist, von dem Vertrauen, das die Rezipienten in die Kompetenz der Kenner setzen (und das ebenfalls einen erheblichen Schwankungsspielraum hat), von der Dauer des Umgangs der Leser mit einem Werk, von der Anzahl der Kontakte (Konkretisationen), ihrer »Dichte« innerhalb dieses Zeitintervalls usw. Man muß außerdem zugeben, daß uns die Soziologie der Rezeption nicht ein Bild vermittelt, das den typischen, in der »ungezähmten« Natur auftretenden Abläufen der biologischen Evolution entspricht; oft liefert sie vielmehr ein Bild, das einer – beispielsweise von Züchtern – »gelenkten« Evolution entspricht. Denn so wie der Züchter ein Selektor von Merkmalen ist, die für das Überleben einer Gattung nicht unbedingt wertvoll sind, so kann auch der Kenner – oder die Gesamtheit der Kenner – ein Selektor von Werken sein, die beim Publikum eine neutrale oder gar ablehnende Aufnahme finden (dabei bildet eigentlich das Publikum das »natürliche Milieu« der Werke, denn im allgemeinen werden sie ja nicht nur für die Kenner geschrieben). Am Ende vermögen die Kenner solche Werke zu lancieren, denen die Rezipienten mit großer Hartnäckigkeit die Zustimmung versagen; bei starker Kommerzialisierung des Buchmarktes kann eine »Überlebens«selektion dominieren, die den Verlegern den größten Profit garantiert, aber das ist ja nicht immer der Fall.

Auf einen zufällig-statistischen Charakter der Rezeption eines Kunstwerkes deuten auch die folgenden Erscheinungen hin: Erfahrene Theaterleute wissen sehr wohl, daß sich nicht vorhersagen läßt, wie ein bestimmtes Publikum ein Stück in der Uraufführung aufnehmen wird, und ebensowenig, wie es ein Stück aufnehmen wird, das anderswo schon großen Erfolg hatte; eine solche Vorhersage ist äußerst unsicher. Es kommt vor, daß ein Stück, das anderswo erfolgreich war, auf einer bestimmten Bühne durchfällt, ohne daß man die Schauspieler oder die Inszenierung dafür verantwortlich machen könnte, weil beide – etwa auf einer Tournee – die Probe mehrfach bestanden haben. Es kommt auch vor, daß ein Stück an einem Abend Beifall einheimst und sich offensichtlichen Erfolges erfreut, am nächsten Abend jedoch, obwohl es genauso gespielt wird, vom Publikum »ohne irgendeine Regung« aufgenommen wird.

Außerdem weiß man, daß der Grad der Zufriedenheit, ja sogar des Verständnisses ganz verschieden sein kann, je nachdem, ob zehn Personen sich ein bestimmtes Fernsehstück gemeinsam anschauen oder ob sie es, jeder vor einem eigenen Fernsehgerät, getrennt sehen. Allein das Verhalten bestimmter Zuschauer kann für andere schon ein Hinweis sein (z. B. darauf, daß man in einer bestimmten Dialogstelle oder einer Situation etwas Lustiges zu sehen hat, so daß es dann nicht nur zu einem »ansteckenden Lachen« kommt, sondern auch zur – von Erfolg gekrönten – gedanklich aktiven Suche nach den Ursachen dieser Lustigkeit), und im übrigen steigt bei einem Kollektiv die »psychische Temperatur« leichter als bei einsamen Menschen. Es gibt fast niemanden, der laut lacht, wenn er einen Text liest, über den er ganz sicher lachen würde, wenn er nur einer von vielen wäre, denen dieser Text vorgelesen wird.

Derartige Faktoren sind – wenn auch gewöhnlich in bestimmten Vermittlungen – gleichfalls an der Rezeption des literarischen Werkes beteiligt. Im allgemeinen lernt man ja ein Werk nicht kennen, indem man kollektiv seiner Rezitation lauscht, aber man hört doch – sowohl vor als auch nach der Lektüre – Meinungen, die über das Werk geäußert werden; dabei wirken diejenigen, die man vor der Lektüre erfährt, gewissermaßen einstellend in dem Sinne, daß sie den potentiellen Leser für oder gegen das Werk einnehmen, während diejenigen, die man anschließend hört, einen nicht selten dazu bewegen, sein Urteil zu überdenken, das Werk noch einmal zu lesen, seine ersten Eindrücke zu korrigieren usw. Es kann auch zu paradoxen Reaktionen kommen (X bewundert ein Buch, das mir mäßig gefallen hat; weil X in meinen Augen ein abgestumpfter Dummkopf ist, gelange ich zu dem Schluß, daß mir das Buch – wenngleich nur mäßig – »zu Unrecht« gefallen hat; Kritiker Z ist sich nicht ganz sicher, ob ein bestimmter Roman wirklich mittelmäßig ist, doch spricht er dieses Urteil öffentlich aus und wird daraufhin von einem anderen Kenner oder anderen Kennern öffentlich angegriffen; statt daß er nun versucht, seine Meinung zu revidieren, möchte er um jeden Preis recht behalten und versucht systematisch zu beweisen, daß das besagte Buch noch viel schlechter ist, als er ursprünglich behauptet hatte). Keiner, der sich im Literaturbetrieb auskennt und nicht Dutzende solcher Erlebnisse zitieren könnte. Es ist bekannt, daß die überwältigende Mehrheit der »Kenner« es strikt ablehnt, unmittelbar nach einem neuen Theaterstück das Wort zu ergreifen, und ganz typisch ist auch, daß sie, diese »Kenner«, unter den Kritikern, die an der Aufführung teilgenommen haben, einen nach dem anderen aufsuchen und deren Eindrücke sammeln, um anschließend auch den eigenen Eindruck zu begründen. Dieser muß übrigens nicht unbedingt mit dem der anderen übereinstimmen. Es handelt sich nicht, wie boshafter Klatsch gewöhnlich behauptet, um Menschen ohne literarischen Geschmack, ohne literarisches »Gespür« – zumindest handelt es sich nicht ausschließlich um solche. Die Konfrontation der eigenen Eindrücke und des eigenen Verständnisses von etwas

Neuem mit fremden Eindrücken muß man bei einem so gesellschaftlichen Wesen, wie es der Mensch ist, als etwas gänzlich Normales und Natürliches betrachten. Dabei sprechen wir hier keineswegs von den Tausenden von nicht-inhaltlichen Faktoren, die, oft in entscheidender Weise, das Urteil der Kenner beeinflussen (z. B. ihre ästhetischen und philosophischen Ansichten, ihre ganz menschlichen Sympathien und Vorurteile, sogenannte »Querschläger«-Situationen, wenn etwa jemand ein Stück »zerreißt«, weil er die Verantwortung für die Regie auf den Autor überträgt usw.). Wenn das Rezeptionsmilieu für ein Werk aus irgendwelchen Gründen sehr stark anisotrop, polarisiert ist, dann kann es geschehen, daß bestimmte Werke in diesem Milieu gewissermaßen von vornherein zum Untergang verurteilt sind; das war beispielsweise im Pariser Emigrantenmilieu mit dem Schaffen Słowackis der Fall, wobei die polnische Frage den radikal polarisierenden Faktor abgab. Eine solche Anisotropie erzeugt eine Art von »vorgesetzlicher Determinierung«, eine Rigidität, welche die Rezipienten um keinen Preis aufgeben mögen; in diesem Falle sind natürlich nicht statistische Faktoren wirksam, und im Grunde kommt es auch nicht zu einer Konfrontation von Anschauungen, sondern es entsteht ein monolithisches System, das für alle Texte, die sich ihm willfährig unterwerfen, verheerend ist. So, wie jedoch aus der Tatsache, daß durch eine Brechung des Lichts gelegentlich eine Fata Morgana entsteht, nicht gefolgert werden kann, daß von einer gradlinigen Ausbreitung des Lichts überhaupt nicht mehr gesprochen werden dürfe, so stellen auch die angeführten Phänomene und ähnliche Erscheinungen den prinzipiell stochastischen Charakter der Rezeption von Literatur nicht in Frage.

9 · Man könnte denken, daß Werke vom Typus des Kriminalromans vor allem deshalb in der Rezeption »ultrastabil« sind, weil ihre formale Struktur ein Gerüst kausaler Zusammenhänge bildet und die Bedeutungen gewissermaßen nur um dieses Gerüst »herumgebaut« sind. Die Struktur von »nicht-ultrastabilen« Werken ist dagegen keine rein kausale. Zwar lassen sich bisweilen physikalisch interpretierbare Voraussetzungen von »nicht kausalen Zusammenhängen« semantischer oder semiotischer Art feststellen, doch ist das für solche Werke nicht unbedingt wesentlich. Wenn jemand erfahren hat, daß er im Frühling an einer Krankheit sterben wird, und den Baum, der vor seinem Fenster wächst, zu hassen beginnt, weil dieser Baum für ihn ein »bedeutungshaftes Objekt« wird, indem er den Tod signalisiert (der eintritt, wenn dessen Knospen sich im Frühjahr öffnen), dann haben wir eine Zeichensituation, die aus einer »Verknüpfung von Bedeutungen« im Gefolge einer Reihe von rein physischen Ereignissen entstanden ist (jemand erkrankt, der Arzt stellt ihm die Prognose seines Hinscheidens,

der Baum entwickelt sich gemäß den Gesetzen der Botanik und dem örtlichen Klima etc.), doch kann das Werk den kausalen Aspekt gänzlich zugunsten der semantischen Relationen vernachlässigen; daß Kmicic sich in Oleńka Billewiczówna verliebte, hat »physikalische Voraussetzungen« in Gestalt der Randbedingungen (das Testament des Herakliusz Billewicz, die Schönheit Oleńkas, ihren Charakter usw.), doch legen sie noch nicht den Gang der Ereignisse deterministisch fest, und sie entscheiden auch nicht völlig über die in ihnen entstehenden Bedeutungen. Wenn sich eine außerkausale Interpretation einer Serie von Ereignissen praktisch nicht durchführen läßt, wenn man also vergeblich nach ihrem »semantischen Überschuß« sucht (es wäre Unsinn, wollte man einen Roman von Agatha Christie über das »kausale Minimum« hinaus »semantisch anreichern«), dann ist klar, daß ein solches Werk in dem Maße »ultrastabil« sein wird, in dem sein Gerüst von Ursachen und Wirkungen eindeutig ist. Je eindeutiger aber ein Werk im rein kausalen Sinne ist, um so eindeutiger konzentriert sich seine Bedeutung im allgemeinen um gegenständliche Ereignisabläufe und ist ihnen gegenüber sekundär; eine gewissermaßen indeterministische »Offenheit« der Kausalstruktur schafft dagegen Bereiche oder Klüfte, die sich mit »semantischen Überschüssen« ausfüllen lassen. Dies ist jedoch keine vollkommen sichere Regel, und man kann allenfalls davon sprechen, daß sie in realen Werken mit einer gewissen Häufigkeit verifiziert wurde.

10 Ein stochastischer Prozeß ist eine Serie von Ereignissen, die durch zufällige zeitliche Abstände voneinander getrennt sind, eine Serie, für die man jedoch sowohl den durchschnittlichen Abstand (Intervall) als auch die Grenzkonfiguration bestimmen kann, zu der die Frequenz (Häufigkeit) dieser Intervalle tendiert, wenn dieser Prozeß nur hinreichend lange dauert. Es geht, grob gesagt, um probabilistische Phänomene, bei denen wir nicht eine »reine Zufälligkeit«, sondern eine gewisse Ordnung beobachten, die sich jedoch nicht in »reiner«, diskret determinierter Gestalt extrahieren läßt, weil diese Ordnung gleichsam in prinzipiell unregelmäßige, weil zufällige Vorgänge »eingeschmolzen« ist.

Der Begriff der Stochastik ist eine Weiterentwicklung des Wahrscheinlichkeitsbegriffs im Bereich der nicht elementaren Systeme; mathematisch kompliziertere Formen nimmt er beispielsweise in der Informationstheorie an. In diesem Bereich ist das letzte Wort mit Sicherheit noch nicht gesprochen. Unter einem ergodischen Prozeß versteht man einen probabilistischen Prozeß, der innerhalb eines Systems abläuft und sich dadurch auszeichnet, daß er invariante Eigenschaften besitzt, die von den verschiedenen Transformationen des Gesamtsystems unberührt bleiben. Es handelt sich also um Abläufe von Systemereignissen, die, bei einer gewissen Unabhängigkeit von den zeitlichen Anfangsbedingungen, auf vorhersehbare Verteilungen (Zustände) zielen. Ein ergodischer Prozeß verhält sich also so, als würde er »teleologisch« auf bestimmte, extreme oder Grenzzustände zielen, so als sei er mit seiner Teleologie den Einflüssen der Umgebung (oder den ihn transformierenden Operatoren) nicht vollkommen ausgeliefert.

Nachwort

Wer die eindeutige Vorausbestimmtheit des Geschehens ablehnt, die Existenz eines unausweichlichen Schicksals bezweifelt, beschwört den Zufall. Er ist der Gegenpol zur Notwendigkeit, zur Ordnung, zur automatischen Höherentwicklung. Deshalb kam er in der Geschichte des philosophischen Denkens meist als das Nicht-Gesetzmäßige, als das dem Gesetz Widersprechende vor. Selbst der Dialektiker Hegel, der in seiner »Logik« Notwendigkeit und Zufall als innere Einheit von Gegensätzen erfaßte, forderte in der »Vernunft in der Geschichte« von der philosophischen Betrachtung, das Zufällige zu entfernen. Für viele Theoretiker in Geschichte und Gegenwart ist der Zufall ein Störfaktor im gesetzmäßigen Ablauf, den es zu beseitigen gelte, wenn existierende Strukturen, Prozesse und Entwicklungen in ihren wesentlichen Beziehungen untersucht würden. So entstand auch die – selbst in dialektischen Arbeiten der Gegenwart anzutreffende – Auffassung vom Zufall als einem unwesentlichen, vernachlässigbaren Faktor. Damit aber ist das Verständnis der Gesetzmäßigkeiten mit Eindeutigkeit, Einförmigkeit und Automatismus verbunden, der Mensch wird zum Erfüllungsgehilfen gesellschaftlicher Gesetze, und Freiheit erscheint als Einsicht in unabwendbare Notwendigkeiten. Das Schöpferische, nämlich das zufällige Entstehen von Neuem, hat in dieser Auffassung keinen Platz. Die Individualität, also die zufällige Erscheinung der Notwendigkeit, wird aus der theoretischen Analyse ausgeschlossen. Freiheit ist nicht begründbar, wenn Präformismus und eindeutige Determiniertheit aller Prozesse herrschen soll. Mit der Anerkennung des Zufalls werden solche einseitigen und starren Schemata aufgelöst.

Das mag der Ausgangspunkt für St. Lem gewesen sein, die Philosophie des Zufalls zu nutzen, um zu einer empirischen Theorie der Literatur zu kommen. Er will dabei das Phänomen erklären, daß literarische Meisterwerke nicht vorausgesagt werden können, aber post festum als solche für alle weiteren Generationen gelten. Je älter sie sind, als desto meisterlicher und verehrungswürdiger werden sie angesehen. Muß das so sein? Der »Problemdenker« Lem will den Beziehungen nachspüren, die zwischen Autor, Text, Werk und Rezipient bestehen. Damit soll die wissenschaftliche Maskerade des Strukturalismus entlarvt werden. Ein Unternehmen, dem auch viele literaturtheoretische Arbeiten gewidmet waren, die publiziert wurden, als die erste und die zweite Auflage dieses Werkes erschienen. Mit ihnen werden die positiven Resultate strukturalistischer Analysen und die Notwendigkeit, in der Literatur zu experimentieren, keineswegs bestritten. Lem ist selbst ein Freund des Experiments, wie seine Arbeiten zeigen. Die Kritik richtet sich gegen den umfassenden Herrschaftsanspruch strukturalistischer Theorien, gegen ihr einseitiges Werkverständnis und gegen die problematische philosophische Grundhaltung, die Struktur gegen Geschichte ausspielte und so die Diachronie gegenüber der Synchronie vernachlässigte. Lem behandelt dabei mit Kenntnis des literarischen Milieus tiefgründig philosophisch-theoretische Probleme, die die Determinismus- und Widerspiegelungsauffassung betreffen.

1

Lem ist nicht nur Schriftsteller, sondern auch Theoretiker. Er reflektiert über seine Tätigkeit, indem er Kenntnisse der Physik, Biologie, Spiel- und Informationstheorie und anderer Wissenschaftsgebiete nutzt, um sein Schaffen zu erklären. So faßt er das entstehende literarische Werk als Homöostaten (S. 77), um die Rückkopplungsmechanismen zwischen Text-Autor-Text in ihrer Bestimmtheit zu erfassen. Es gibt für ihn keine einfache Willkür, weil frühere Teile des Werkes spätere beeinflussen. Aber die Determination des Werkes ist damit nicht eindeutig und endgültig, denn eine auf Vorausbestimmtheit des Geschehens beruhende Voraussagbarkeit oder gar »Allwissenheit« (S. 78) existiert nicht.

Geschrieben ist dieses Buch in der Zeit großer Hoffnungen auf die heuristische Kraft der Kybernetik, ohne die eigene Leistung zu überschätzen. Deshalb ist von »einer Einführung in eine ›ankybernetisierte‹ Literaturwissenschaft« die Rede (S. 197). Auch wird festgestellt, »daß gerade der unauflösliche Zusammenhang zwischen Bedeutungen und Urteilen bis heute eine zugleich objektive und semantische Informationstheorie unmöglich macht« (S. 252). Überlegungen zur Semantik in der Informationstheorie sind zwar weiter gediehen, aber eine Theorie der Literatur läßt sich auch jetzt darauf nicht allein gründen.

Der Autor nennt dieses Buch sein »zweites unvernünftiges Unternehmen« (S. 5) nach der »Summa technologiae«, weil er als Schriftsteller nicht nur über seine Arbeit theoretisiert, sondern allgemeine Konzeptionen entwickeln will, die über die Literatur hinausreichen. Seine Zweifel am Gelingen dieses Vorhabens klingen an. Ihm fehlen viele Komponenten, um die gewünschte Theorie zu fundieren. Das ist auch der Entwicklung der Wissenschaften selbst geschuldet, »weshalb unsere Überlegungen über eher apodiktische Verallgemeinerungen nicht hinausgehen, deren Radikalität, durch den Gegensatz zu den bislang vorherrschenden Ansichten bedingt, als wahrscheinlich zu nihilistisch betrachtet werden muß« (S. 254). 1983 meint er dazu in »Mein Leben« in einer Anmerkung: »Meine ›Philosophie des Zufalls‹ ist ein mißlungener Versuch, eine empirisch begründete Theorie des literarischen Werkes zu formulieren, der aber insofern als Versuch gelungen ist, als ich mich mit diesem Buch selbst belehrt hatte, was für Faktoren den Aufstieg und den Untergang literarischer Werke bedingen.« Dieser mißlungene Versuch, um mit Lem zu sprechen, ist jedoch eine anregende Lektüre für denjenigen, der interessante theoretische Überlegungen eines vielgelesenen Schriftstellers über die Wirkung von Literatur als Einheit von Selbsteinschätzung, verallgemeinerter individueller Erfahrung und Auseinandersetzung mit einseitigen theoretischen Positionen durchdenken will. Zu den letzteren gehören die Leugnung des Zufalls, der vernachlässigte Inhalt der Werke in der Analyse der Strukturalisten, die mißbräuchliche Verwertung von Erkenntnissen der Naturwissenschaften, der Kybernetik und der Mathematik. Wer in dem Buch von Lem nur die Grundlagen einer Theorie der Literatur sucht, läßt wesentliche philosophische Gedanken außer acht. Lem zeigt, wie sich die statistische Denkweise als dialektisches Verständnis der Beziehungen von Gesetz und Zufall durchsetzen muß. Meisterwerke der Literatur werden nicht vorprogrammiert, sondern erweisen sich erst mit der Rezeption durch Kenner, die Qualitätskriterien anlegen, als solche. Philosophische Aspekte literaturtheoretischer Überlegungen spielen ebenso eine Rolle wie der Unterschied zwischen Wissenschaft und Kunst, der an konkretem Material behandelt wird. So erscheint die Literatur als das Vehikel, mit dem St. Lem sein Weltverständnis artikuliert, in dem Zufall, Originalität und Schöpfertum eine entscheidende Rolle spielen. Dieses Metier kennt er, aber er ist auch auf der Höhe des wissenschaftlichen Denkens unserer Zeit. Eine Fülle von Analogien, die den interessierten Leser faszinieren, wird gesucht und genutzt, um ungewöhnliche Beziehungen etwa zwischen biotischer Evolution und Literaturentwicklung aufzudecken oder um physikalische Modelle mit literaturtheoretischer Bedeutung zu entwickeln und sie selbst in ihrer Einseitigkeit zu kritisieren.

Scheinbar ziellos geht der Autor verschiedene Wege, um zum Ziel zu kommen, nämlich die Dialektik schöpferischer Tätigkeit in der Spontaneität und Organisiertheit des Zufalls zu begreifen, denn der Zufall existiert und läßt manches gut geplante Vorhaben scheitern. Zufälle sind, obwohl spontan wirkend, in gewissem Maße beherrschbar, wenn man ihre Existenz von vornherein einkalkuliert und nach neuen Denkrichtungen, Gestaltungsmöglichkeiten und anderen schöpferischen Einfällen sucht. Bewußt den Zufall nutzen heißt ihn organisieren. Lem philosophiert zur Statistik, um kreative Literaturprozesse und ihre Rezeption zu verstehen. Die dabei entwickelte philosophische Position, auf Lems Arbeiten selbst bezogen, führt ihn zur wesentlichen Rolle des Zufalls. Schon in der »Maske« hat Lem den eindeutig zielbestimmten Automaten vom Programm abweichen lassen. Diesmal stellt er sich theoretisch dem Zufallsproblem.

2

Der 1921 in Lwów geborene Stanisław Lem schildert in »Mein Leben«, welche Rolle der Zufall spielte. So wurde sein Vater, der Arzt in der österreichisch-ungarischen Armee war, 1915 von den Russen gefangengenommen. Beinahe wäre er nach der Revolution von den Roten als Klassenfeind erschossen worden, wenn ihn nicht zufällig beim Abtransport jemand erkannt hätte, der die Möglichkeit hatte, falsche Anschuldigungen zurückzuweisen. Nach der behüteten Kindheit St. Lems folgte die Ghettoerfahrung während der faschistischen Besetzung Polens. Er ließ sich in dieser Zeit, nach eigener Schilderung, auf »waghalsige und idiotische Verhaltensweisen« ein. Er beschuldigt sich selbst der Insubordination, des Leichtsinns und der Dummheit. Obwohl er also das Schicksal herausforderte, lebte er weiter. Der Gegensatz »Zufall-Ordnung« oder »Koinzidenz-Prädetermination« beschäftigte ihn deshalb immer wieder. Er nennt sie die beiden entgegengesetzten Pole, die seine schreibende Hand anziehen. Sie haben sein eigenes Leben bestimmt, seine literarische Arbeit und seine theoretischen Überlegungen. So schildert er im Buch »Das Hohe Schloß« Kindheitserinnerungen, um beim Schreiben zu bemerken, daß sein Los, der schriftstellerische Beruf, bereits damals in ihm keimte.

Das Problem, ob Verhalten vorherbestimmt ist oder

ob freie Entscheidungen möglich sind, beschäftigt jeden Menschen, der über den Zusammenhang von Willensfreiheit, Kausalität und menschlichem Handeln nachdenkt. Wer durchgängige Kausalität annimmt und sie dabei als das notwendige Hervorbringen einer Wirkung durch eine bestimmte Ursache erfaßt, kann Freiheit nicht erklären. Wer Freiheit dagegen als prinzipiell unbestimmte Entscheidungsmöglichkeiten versteht, wird wirkliche Freiheit nicht begreifen, denn diese verlangt sachkundige Entscheidungen. Die Willkür ist ziellos und unbestimmt, gegen wirkliche Freiheit gerichtet, die in der humanen Beherrschung der natürlichen und gesellschaftlichen Umwelt und des eigenen Verhaltens auf der Grundlage von Gesetzeserkenntnis durch Schöpfertum und Eigeninitiative besteht. In diese Richtung gehen die Überlegungen von St. Lem. Er betrachtet sich zwar als »enttäuschten Weltverbesserer«, meint aber, daß »die Menschheit kein für immer hoffnungsloser und unheilbarer Fall« sei.

Die »Philosophie des Zufalls« richtet sich gegen einen klassischen Determinismus, der alle gegenwärtigen und zukünftigen Zustände in den Anfangszuständen des Kosmos, nach dem Urknall, determiniert findet. Lem setzt sich mit solchen Positionen auseinander. Es gelingt ihm deshalb auch bei seinem kybernetischen Herangehen an Literatur, den Strukturalismus zurückzuweisen und einseitige Schaltschemata immer wieder aufzulösen. Dialektische Widersprüche als objektive Einheit von Gegensätzen, die sich gegenseitig bedingen und verändern, aber nicht immer zur Auflösung treiben, sind Ausgangspunkt vieler Überlegungen und Darstellungsprinzipien. Das wird deutlich, wenn Lem jede These mit Antithesen verbindet, sie in ihrer selbständigen Bedeutung, aber auch in ihrer Kopplung zeigt. Ausgangspunkt ist sicher dabei oft die dialektische Natur des Autors, der selbst ein Bild des Analytikers und Synthetikers, des Technizisten und Humanisten, des Skeptikers und gedämpften Optimisten, des Kritikers und konstruktiven Gestalters bietet.

Lem nutzt die statistische Denkweise. Er anerkennt Möglichkeitsfelder, Alternativen, relative Ziele und versucht die Beziehung von Bestimmtheit und Unbestimmtheit, von Determination und Zufall, von vorgegebenen Strukturen und Kreativität im literarischen Schaffensprozeß zu begreifen. Darüber hinaus betont er die statistische Natur der Rezeptionsprozesse, die nicht gleichbedeutend mit ihrer vollständigen Determinierung ist. Mit dem dialektischen Determinismus löst sich der in der Frage enthaltene Widerspruch: »Bedeutet das, daß ich inkonsequent bin, wenn ich einmal als jene Instanz, die unwiderruflich über Texte urteilt, in beinahe fatalistischer Weise die kollektiven Meinungen der Leser sowie der Kenner bestätige und mich dann wieder, wie oben, ihnen zu widersetzen versuche?« (S. 264). Statistische Gesetze, die auch den Rezeptionsmechanismus beherrschen, drücken aus, daß jeder Fortschritt auch Rückschritt einschließt, Alternativen in einem Möglichkeitsfeld existieren, Übergänge von einem Zustand zum anderen nicht zwangsläufig sind und wie zufällige Randerscheinungen einer Epoche zu Hauptprozessen anderer werden können. Die kollektive Meinung der Leser und der Kenner ist selbst wieder ein Kräfteparallelogramm, in dem es widersprechende und koexistierende Auffassungen gibt, aber auch solche, die sich teilweise überschneiden. Erst die Resultante legt im historischen Prozeß die Bewertung fest. Sie ist selbst aber wieder modifizierbar. Auch wenn Lem manchmal von Indeterminismus spricht, drückt er damit nur seine Haltung gegen den klassischen mechanischen Determinismus aus.

In den zwanziger Jahren unseres Jahrhunderts wurde bei der philosophischen Deutung der Ergebnisse der Quantenmechanik der Indeterminismus zum Synonym für die Ablehnung des mechanischen Determinismus, der Kausalität, Gesetz, Vorausbestimmtheit und Voraussagbarkeit gleichsetzte und für den der Zufall nur eine noch nicht erkannte Gesetzmäßigkeit war. Dagegen hatte schon F. Engels in seiner »Dialektik der Natur« mit dem Argument polemisiert, daß alle individuellen Besonderheiten, auch die Größe jeder Erbse in der Schote, die Farbe der Schale, ihre Dicke und Härte, wenn sie in der Wissenschaft in allen ihren Kausalbeziehungen zu untersuchen seien, die Wissenschaft zur Spielerei machen würden. Engels begriff den Zufall als Erscheinungsform der Notwendigkeit. Er war Determinist, weil er die objektiven Zusammenhänge zwischen Ereignissen anerkannte. Er war Dialektiker, da er die Notwendigkeit nicht als die einzige Form des Zusammenhangs betrachtete. So wendet sich der dialektische Determinismus gegen den Indeterminismus in seinen Formen wie Irrationalismus und Subjektivismus, aber auch gegen die eindeutige Vorausbestimmtheit des Geschehens.

Zufälle sind mögliche Ereignisse, die mit Wahrscheinlichkeit eintreten. Wir bezeichnen mit Zufällen alle die Vorkommnisse, die zwischen denen liegen, die entweder mit Gewißheit zu erwarten sind, also die Wahrscheinlichkeit Eins besitzen, oder unmöglich sind, also die Wahrscheinlichkeit Null besitzen. Die Begründung dafür, daß Zufälle existieren, liegt in der Unerschöpflichkeit der Materie und in ihrer Strukturierung nach Entwicklungsniveaus. Die Unerschöpflichkeit läßt ein deterministisches Modell des Weltgeschehens, nach dem alles vorausbestimmt ist, deshalb nicht zu, weil keine eindeutige Ausgangssituation existiert. Die Strukturiertheit der Materie zeigt sich in der Existenz relativ geschlossener Systeme, deren Verhalten durch die Systemgesetze bestimmt wird, wobei innere Struktur und äußere Faktoren Möglichkeitsfelder des Verhaltens entstehen lassen und sich bestimmte Möglichkeiten bedingt zufällig verwirklichen. Da es niedriger und höher entwickelte Systeme gibt, wie Atome und Zellen, Tiere und Menschen, aber der objektive Zusammenhang existiert, können natürliche Faktoren gesellschaftliches Verhalten beeinflussen, kann der Mensch die Natur nach seinen Zwecken gestalten, wirken wechselnde Elementarstrukturen auf das Systemverhalten ein. Wer den Zufall dabei nicht berücksichtigt, läßt ein Idealbild natürlichen und gesellschaftlichen Verhaltens zu, in dem Kreisläufe und

Automatismen enthalten sind, die der wirklichen Erfahrung widersprechen.

In der Geschichte der Philosophie gab es ständig Auseinandersetzungen um die Zufallsauffassung. Nach dem antiken Philosophen Demokrit bewegten sich alle Körper nach ihren eigenen Gesetzen. Dagegen ließ Epikur, um die Entstehung von Neuem zu erklären, geringe Abweichungen von der vorgeschriebenen Bahn zu. Im Mittelalter stritt man sich um die Rolle der Kontingenz, denn sie diente dazu, die Möglichkeit des Geschehens und Nichtgeschehens zu erklären. Einerseits war Gott die absolute Notwendigkeit, andererseits hatten seine Schöpfungen das Element der Zufälligkeit. Mit Kontingenz sollte erfaßt werden, wie aus absolut Notwendigem Zufälliges entstehen konnte. Stets drückten sich in den Auffassungen zum Zufall weltanschauliche Haltungen sowie erkenntnistheoretische und methodologische Forderungen an die Erkenntnisgestaltung der Wirklichkeit aus. Zufälle konnten als Wunder, als Werke des Schicksals gedeutet oder auch als nur noch nicht bekannte, aber prinzipiell vollständig erkennbare Zusammenhänge angesehen werden.

Mit der gegenwärtigen Wissenschaftsentwicklung wird der Zufall immer mehr zum immanenten Bestandteil der Theorieentwicklung. Es geht um Einsichten in die Gesetzmäßigkeiten zufälligen Verhaltens. Damit befaßt sich die mathematische Statistik. In der Physik wurde mit der Quantenmechanik die Rolle des Zufalls anerkannt. Biotische Evolution ist ohne Zufälle nicht erklärbar. War das 19. Jahrhundert vor allem dadurch charakterisiert, daß Statistik in der Gesellschaftsentwicklung eine Rolle spiele, während exakte Naturwissenschaften der mechanistischen Kausalität unterlägen, so konnte im 20. Jahrhundert gezeigt werden, daß auch letzte Bastionen des mechanischen (klassischen) Determinismus gefallen sind. Die statistische Denkweise, die objektive Gesetze als Einheit von notwendig sich verwirklichenden Systemmöglichkeiten und bedingt zufällig sich verwirklichenden Elementmöglichkeiten erfaßt, setzt sich durch.

St. Lem vertritt einen dialektischen Determinismus, denn der Zufall existiert, aber nicht an sich. Es gibt Selbstorganisation (S. 226), Ursachen (S. 244), aber keine Eindeutigkeit des Geschehens. Lem ist auch Entwicklungsdenker. Er weiß, daß sich die Tendenz zum Entstehen höherer Qualitäten nicht automatisch durchsetzt. Stagnationen und Regressionen sowie die Ausbildung aller Elemente einer Entwicklungsphase gehören zum Entwicklungszyklus. Anzumerken wäre aber, daß die Zyklizität des Geschehens, die in der dialektischen Negation der Ausgangsqualität eine revolutionäre Veränderung des Bestehenden darstellt, in der dialektischen Negation der Negation scheinbar zum Ausgangspunkt zurückkehrt, kaum eine Rolle in den philosophischen Überlegungen von Lem spielt. Das wäre aber eine Erklärung dafür, daß die Selektion, die durch die Kenner der Literatur, »die Filter«, vorgenommen wird, nicht absolut ist (S. 220f.). Es ist meist nicht der reine Zufall (S. 247), der über das Weiterleben eines Werkes allein entscheidet. Es geht um die Auswahl des Brauchbaren, die vom Zeitgeist abhängig ist.

Die dialektisch-deterministische Haltung ist auch bestimmend für Lems Kritik an den philosophischen Prinzipien des Strukturalismus, nach denen der »nouveau roman« konzipiert werden sollte. Er zeigt, »daß die Menge der Elemente des Werkes und die Menge der Operatoren innerhalb des ›nouveau roman‹ eine gleichsam natürliche Tendenz besitzen, auseinanderzutreten« (S. 301). Die Berufung des Strukturalismus auf Mathematik und Naturwissenschaften wird begründet zurückgewiesen. Die Kritik ist scharf: »Was stellt nun also der ›nouveau roman‹ in Wirklichkeit dar? Er ist eine unleserlich gemachte Nachricht, die zu einer eigenständigen Konstruktion werden *sollte*, aber nicht geworden ist« (S. 308f.). Die völlige Auflösung des Determinismus im Zufall führt Robbe-Grillet, einen wichtigen Vertreter dieser Richtung bei der Wahl und der Zahl der Operatoren, zur absoluten Determination der Themen. Deshalb die Feststellung: »Es ist also durchaus kein Zufall, daß

Robbe-Grillet in dem Maße, wie er von Buch zu Buch die *Zahl* der transformierenden Operatoren erhöht, zu immer starrer determinierten und dadurch banalen thematischen Stereotypen seine Zuflucht nimmt« (S. 309). In dieser Kritik trifft sich Lem mit anderen Autoren, die von anderen Ausgangspunkten her die gleiche Tendenz der Banalisierung aufzeigen. So macht auch R. Schober in ihren Arbeiten »Im Banne der Sprache« (1968) und »Von der wirklichen Welt in der Dichtung« (1970) auf die thematische Verarmung und Pervertierung aufmerksam.

3

Neben der Rolle des Zufalls, die nach Lem die zentrale Kategorie seiner Überlegungen in diesem Buch ist, spielt als anderer Aspekt die Sprache mit allen ihren Problemen, wie Bedeutung, Widerspiegelung u. a., eine Rolle. Dabei wird die Sprache auch unter informationstheoretischen Aspekten behandelt. Sicher ist damit nur der engere Informationsbegriff angesprochen, der Information als Nachricht faßt. Information in weiterem Sinne ist jede durch objektiv-reale Wechselwirkung entstandene Struktur, die als Struktur eines Systems Funktionen gegenüber den Systemelementen, der Verhaltensweise des Systems und umfassenderen Systemen erfüllt. Der Charakter dieser Information ist mit ihrer Funktionserfüllung verbunden. So ist Informationsentstehung ein Widerspiegelungsprozeß, Informationsverarbeitung an die Speichermöglichkeiten gebunden, Informationsübertragung ist Kommunikation als Informationsaustausch. Informationsstimulierung setzt sich über Steuerung und Regelung von Verhaltensweisen eines Systems durch und ist mit Informationsbewertung verbunden, weil Steuerung und Regelung die Wertung der erhaltenen Information einschließen. Information in engerem Sinne ist die durch Sprache in der Kommunikation vermittelte spezifisch menschliche Form der Widerspiegelung von Sachverhalten. In diesem Sinn wird Information als Kommunikation zwischen Partnern zum Austausch von Erkenntnissen über Seinsstrukturen und Sinnfragen, von Meinungen über Verhaltensweisen und Handlungszielen als Grundlage für Entscheidungen mit einer bestimmten Wertorientierung verstanden.

Lem wirft das Problem der Adäquatheit in der Widerspiegelung auf. Er kritisiert berechtigt den naiven Realismus (S. 279), »der den Erzähler mit dem Autor, die Sprache der Aussage (in ihrer Semantik, nicht aber in der Syntax!) mit der Umgangssprache und die von ihr bezeichneten Vergegenständlichungen mit einer wortwörtlich genommenen Welt sei es des kritischen Wachbewußtseins, sei es der Phantasie gleichsetzte«. Man darf tatsächlich keine vereinfachte Widerspiegelungsauffassung zulassen, wenn man solche Phänomene wie Schöpfertum, Bedeutungsüberschuß, Anschaulichkeit und die Tatsache, daß sich der Rezipient sein Werk selbst schafft, erklären will. Widerspiegelung ist im dialektisch-materialistischen Verständnis keineswegs einfache Spiegelung des Existierenden. Zu diesem Verständnis könnte der Terminus hinleiten. Er würde jedoch dann falsch interpretiert. Der Mensch ist in der Lage, zukünftige Zustände zu antizipieren, Denkmöglichkeiten sprachlich zu fixieren, märchenhaftes Geschehen zu ersinnen, wissenschaftliche Phantastik zu betreiben und sich eine neue Welt gedanklich zu konstruieren. Da also unser Bewußtsein seine Produkte sprachlich ausdrücken kann, die stets eine Einheit von Abbild und Konstruktion, von Dargestelltem und Schöpferischem sind, muß die Kompliziertheit der Beziehungen zwischen Wirklichkeit und Abbild beachtet werden. Widerspiegelung bedeutet dabei, daß das im Widerspiegelungsprozeß entstandene Widerspiegelungsresultat ein Abbild des Widerspiegelungsgegenstandes deshalb ist, weil damit eine Nachricht über den Gegenstand existiert. Zu berücksichtigen ist die Relativität der Adäquatheit, die Abhängigkeit der ideellen von den materiellen Gegenständen und die Notwendigkeit, Abbilder in der Praxis zu überprüfen, ob der Gehalt, der ihnen beigelegt wird, handlungsorientierend genutzt werden kann oder nicht.

Information ist dabei nicht nur Widerspiegelung, die durch die Adäquatheitsrelation zwischen Information und Sachverhalt bestimmt ist, sondern auch gespeicherte Information, die an ihrer Nutzerfreundlichkeit zu messen ist. Als Kommunikationsmittel ist sie durch den Gehalt (die Bedeutung) der übertragenen Signale bestimmt, mit der Gleichheitsrelation der Information zwischen Sender und Empfänger. Als Steuerung und Regelung ist sie Verhaltensregulator mit der Erfüllbarkeitsrelation zwischen Programm und Realisierung. Als Wertgrundlage ist sie Sinnfeststellung über die Bedeutungsrelation der Nützlichkeit, Sittlichkeit und Schönheit mit der Adäquatheitsrelation zu den gesellschaftlichen Werten. Als Entscheidungsgrundlage umfaßt sie die Einheit von Erkenntnis und Wertung und die Prognose der praktischen Relevanz mit der Adäquatheitsrelation zwischen den objektiven Erfordernissen und den Normen als Wertmaßstab und Verhaltensregulator. Ihre praktische Relevanz betrifft die Auswirkungen der Information auf Gesellschaft und Individuum im Sinne der Wirksamkeit. Es gibt also zwischen Information und Nutzer mehr Relationen als nur die Widerspiegelung.

Sprache ist Erkenntnis- und Kommunikationsmittel des Menschen. Sie hilft Analogien erkennen, und sie zaubert sie manchmal durch Wortgleichheit herbei. Sie orientiert Handeln, ermöglicht Nachrichtenübermittlung und macht Denkergebnisse mitteilbar. In wissenschaftlichen Arbeiten wird sie durch die Entsubjektivierung von Erkenntnissen eindeutig und adäquat. Sie bleibt in der Literatur deutbar, weil Wertungen in individuellen Handlungen veranschaulicht werden. Dabei gilt: Je präziser der sprachliche Ausdruck durch Merkmale festgelegt ist, desto spezieller und beziehungsloser ist der damit erfaßte Gegenstand. Je allgemeiner der mit dem Wort bezeichnete Begriff ist, desto langlebiger, unbestimmter, analogiefähiger und ausdeutbarer ist der Inhalt. Diese Vieldeutigkeit nutzt Literatur, wenn sie

Handlungen, Entscheidungen, Gefühle, Motive, Dialoge schildert. Dabei sind sprachlich fixierte Informationswelt und Ereigniswelt nicht miteinander identisch. Durch die Vielfalt von Informationen und die mit Informationstechnologien möglichen raumzeitlichen Verkürzungen von Informationsübermittlungen verschärft sich das in der Literatur schon bekannte Problem. Wohl kaum einer wird seine literarische Bücherwelt in der wirklichen Welt direkt suchen. Deshalb ist die Trennung von Informationswelt und Ereigniswelt unproblematisch. Was jedoch in der Literatur möglich ist, nämlich mit seinen Helden zu leben, kann in lebenspraktischen Situationen gefährlich sein, denn eine Welt der schönen Bilder, die sich aus Schilderungen ergeben kann, aber mit der wirklichen Welt nicht übereinstimmt, ist keine konstruktive Anleitung zum Handeln.

4

Für Lem ist die Philosophie die Klammer zwischen der Zufalls- und Informationsproblematik. Dabei spart er auch nicht mit kritischen Bemerkungen an ihre Adresse. Das ist sicher richtig. Bedenken zur Philosophie hat selbst der Philosoph, wenn er über philosophische Arbeiten anderer räsoniert. Diesem Dilemma entgeht er nur, wenn er sich unter die Fittiche eines Meisterdenkers begibt. Damit wird es aber schwer für ihn, sein eigenes unverwechselbares Profil zu finden. Lem hat es. Seine Verbindung von Wissenschaft und Phantastik, von literarischer Gestaltung und wissenschaftlicher Akribie, von analytischem Sezieren und synthetischem Philosophieren ist einmalig. Seine theoretischen Werke sind auch für den Philosophen anregend. Gerade wenn man als eine Funktion der Philosophie auch das Provozieren neuer Ideen sieht, dann ist Lems Arbeit von philosophischer Bedeutung.

Berechtigt ist sein Hinweis, daß die Philosophie auch heute noch Reservoir für wissenschaftliche Disziplinen und Theorien ist (S. 405). Physiologie und Psychologie bemächtigen sich gerade eines philosophischen Themas, nämlich der Kreativität. Die Mechanismen geistiger Tätigkeit werden umfangreich erforscht. Das kann zu einer wissenschaftlichen Revolution führen. Überall dort, wo philosophische Themen in den Bereich des Experiments, der wissenschaftlichen Analyse, der spezialwissenschaftlichen Theorienbildung übergeführt werden, muß Philosophie ihre weltanschauliche Aufgabe wahren, mit wissenschaftlichen Erkenntnissen ihre Antworten auf die Fragen nach dem Ursprung, der Existenzweise und der Entwicklung der Welt, nach der Stellung des Menschen in der Welt, nach der Quelle des Wissens, nach dem Sinn des Lebens und nach dem Charakter des gesellschaftlichen Fortschritts zu geben. Philosophie stirbt deshalb nicht aus. Sie muß sich aber als Weltanschauungstheorie stets weiterentwickeln. Die philosophische Zufallstheorie zeigt, wie Philosophie heute dabei ist, die statistische Denkweise zur Handlungsorientierung als weltanschauliche Lebens- und Entscheidungshilfe zu machen.

Wenn Lem die Philosophie als Grenzüberschreitung der Wissenschaften betrachtet, dann meint er doch, beide seien an eine bestehende Welt gebunden, während die Sprache darüber hinausginge (S. 159f.). Mir scheint hier eine Einengung der Philosophie vorzuliegen. Sie sollte, wenn sie Provokation und Initiator neuer Ideen sein will, auch die Potenzen der Sprache ausloten. Deshalb sehe ich es auch als eine Aufgabe der Philosophie an, mit anderen Mitteln, als es die Literatur tut, das Spiel mit Informationen zu erforschen.

Bedenkenswert ist der ständige Verweis auf den Unterschied von Wissenschaft und Literatur. Der Hinweis auf das Vergnügen, das Literatur vermitteln solle, ist wichtig (S. 156). Aber ist es dann gerechtfertigt, die Regel anzuerkennen, »daß es den in der Rezeption des Werkes entstehenden Informationsgewinn zu maximieren gilt« (S. 147)? Das könnte Literatur auf Informationsübermittlung einschränken und das Vergnügen sowie die Anregung zur eigenen Deutung vernachlässigen. M. Naumann und andere fordern aber in »Gesellschaft, Literatur, Leser« (1973), wie Lem eigentlich auch, gerade dazu auf, die komplizierten Beziehungen zwischen Werk und Leser zu berücksichtigen. Die Forderung nach Informationsmaximierung ist dabei nur ein Aspekt.

Die »Philosophie des Zufalls« ist keine Anbetung der Spontaneität. Sie ist Forderung aber nach dem, was manchmal fehlt: Kreativität, Originalität, Initiative im Rahmen des Möglichen.

Berlin, Januar 1987 Herbert Hörz

Inhalt

Von Stanisław Lem erschienen bei Volk und Welt:

Der Planet des Todes, 1954
Gast im Weltraum, 1956
Die Irrungen des Dr. Stefan T., 1959
Die Sterntagebücher des Weltraumfahrers Ijon Tichy, 1961, erweiterte 1973
Der Unbesiegbare, 1967
Test, 1968
Eden, 1971
Die Jagd, 1972
Das Hohe Schloß, 1974 (›Volk und Welt Spektrum‹ 65)
Der getreue Roboter, 1975
Imaginäre Größe, 1976
Der Schnupfen, 1977
Summa technologiae, 1980
Die Stimme des Herrn, 1981
Solaris, 1983 (Broschurausgabe)
Das absolute Vakuum, 1984 (in neuer Reihenausstattung)
Lokaltermin, 1985 (in neuer Reihenausstattung)
Provokation, 1985 (›Volk und Welt Spektrum‹ 198)
Der futurologische Kongreß, 1986 (in neuer Reihenausstattung)
Der Flop, 1986 (in neuer Reihenausstattung)
Das Fiasko, 1987 (in neuer Reihenausstattung)

Ivan Ivanji
Kaiser Konstantin

Historischer Roman
Aus dem Serbokroatischen von Barbara Antkowiak
Etwa 360 Seiten · Leinen · 9,60 M

Der 1929 geborene jugoslawische Schriftsteller Ivan Ivanji, in der DDR bekannt geworden durch seinen Roman »Kaiser Diokletian« (erstmals 1976 bei Volk und Welt), zeichnet in seinem neuen historischen Roman das faszinierende Porträt des römischen Kaisers Konstantin I. (272–337), eines machtbesessenen Herrschers, der auf seinem Weg nach oben rücksichtslos über Leichen ging, der aber zugleich das Römische Imperium zu wirtschaftlicher Prosperität führte und mit den Toleranzedikten von 311 und 313 den Boden für die Erhebung des Christentums zur Staatsreligion bereitete. Der Roman weitet sich zum vielschichtigen Bild einer Epoche, die als »Konstantinisches Zeitalter« in die Geschichtsschreibung eingegangen ist.